图解易经的奥秘

闫晗◎主编

中国物资出版社

图书在版编目（CIP）数据

图解易经的奥秘／闫晗主编 .—北京：中国物资出版社，2010.6

ISBN 978-7-5047-3286-6

Ⅰ. 图…　Ⅱ. 闫…　Ⅲ. 周易－研究　Ⅳ. B221.5

中国版本图书馆 CIP 数据核字（2009）第 221230 号

策划编辑　李　玲
责任编辑　李　玲
责任印制　方朋远
责任校对　孙会香　梁　凡

中国物资出版社出版发行

网址：http：//www.clph.cn

社址：北京市西城区月坛北街 25 号

电话：(010)68589540　邮编：100834

全国新华书店经销

中国农业出版社印刷厂印刷

开本：787mm × 1092mm　1/16 开　印张：25.25　字数：485 千字

2010 年 6 月第 1 版　2010 年 6 月第 1 次印刷

书号：ISBN 978-7-5047-3286-6/B·0210

印数：00001—11000 册

定价：39.80 元

（图书出现印装质量问题，本社负责调换）

前言

世人都说《易经》玄妙，难以读懂。其实《易经》难在爻与爻之间的关系。如果把《易经》比做一种语言，爻就是文字。每一个文字（每一爻）都有其独立的含义，但是将不同的文字组合成句（卦），又衍生出千变万化的意义。

《易经》是我们的祖先在生活中提取的智慧结晶。今天我们认为它神秘、难以捉摸，是某种程度上的误解。《易经》本质上是非常朴素的，与我们的生活息息相关。我们举手投足之间，都渗透着“易”的精神，我们在生活中遇到的大大小小的难题，都能在《易经》中找到对应的答案。那么，带给我们巨大影响的《易经》，究竟经历了怎样的发展历程？

《易经》又称《周易》，是我国最古老的经典，被尊为“群经之首”，在我国文化史上有非常深远的影响。我国传统文化中的阴阳相济、刚柔有应、自强不息、厚德载物等都出自《周易》。四书五经的首经即为《易经》，《道德经》有88句经文援引《易经》。

《易经》由卦辞、爻辞、象辞等部分组成，其中撰写象辞的周文王生活在殷周时代，“易”正是在这个时代得到了异常的壮大和发展。当时卜筮活动非常发达，国家甚至设置了专门机构和官员来掌管此类活动，很多爻辞反映了那时的社会风貌：

> 既济卦九三爻——高宗伐鬼方，三年克之，小人勿用。
>
> 既济卦九五爻——东邻杀牛，不如西郊之禴祭，实受其福。
>
> 泰卦六五爻——帝乙归妹，以祉，元吉。
>
> 贲卦六四——贲如皤如，白马翰如。匪寇，婚媾。
>
> 贲卦六五爻——贲于丘园，束帛戋戋。吝，终吉。

国家大事、民间习俗、社会风貌，都在爻辞的不同侧面有所展示。《易经》的精髓部分“八卦”早在原始社会就已经产生，形成了一套完整的哲学系统，终至成书，是在殷周。大家都知道“文王拘而演周易”，表面上看，是昏君纣王对姬昌的拘禁直接导致了《易经》的诞生，实质上是易学在殷周的繁荣，为姬昌的整理、创作活动打下了良好的文化基础。可以说这部书是“易文化”走入成熟后自然而然的产物，文王起到的实质上是一个文化“接生婆”的作用。

《易经》是作为一部卜筮之书流传下来的，也正因如此，才能躲过一次又一次文化劫难。其实《易经》自身的文化价值远远超越卜筮，其对中国传统文化的超凡意义，即使在文化空前繁荣的今天也不容小觑。在史学方面，它又是一部零珠碎玉攒集而成的、非官方的史书，而且它的整理者是一位不折不扣的君王。这在商周之后的任何一个朝代里，都是不可能想象、不可能发生的。

细心的读者会发现，爻辞和象辞个别部分会出现差异。比如大壮卦初九爻的爻辞说“壮于趾，征凶，有孚”。《象》则说：“‘壮于趾’，其‘孚’穷也。”“孚”是收获的意思。爻辞和象辞的前半部分没有分歧，都是说出行不吉利。既然不能出门，什么都不能做，为什么爻辞说会“有收获”，象辞却说“没有收获”呢？这是因为《周易》成书跨越时间过于漫长，从原始社会到奴隶社会。爻辞的形成年代，即《易经》的成书时代非常早，有平均分配的遗风。如果部落里猎到一头鹿，没出门的人也能收到分配下来的物资，如一条鹿腿或一条尾巴。而文王姬昌生活在公元前一千多年，那时阶级已经产生，有劳才能有所得，不能出去，自然“其‘孚’穷也”。

《易经》被历代文人推崇。孔子喜读《易经》，以至于“韦编三绝”，孔子甚至说“假我数年，五十以学易，可以无大过矣”。清人纪晓岚在《四库全书总目提要》中称：“易道广大，无所不包。旁及天文、地理、乐律、兵法、韵学、算术，以逮方外之炉火，皆可援《易》以为说；而好异者又援以入《易》，故易学愈繁。”《易经》蕴藏的广博智慧可见一斑，今天我们读来，也受益匪浅。

笔者编著本书，选取了大量生动、鲜活、有趣的事例，结合《易经》智慧，深入浅出地予以解答，力求兼顾知识性和趣味性。同时，我们尽量多涉及爻的内容，少牵扯“变”，使读者既能体会到《易经》深邃的智慧，又不被繁杂的逻辑推理所累。真诚地期望我们能以此书为平台进行交流，共同进步，携手在易学之路上走得更远，得到更多智慧的启迪。让我们一起用《易经》的智慧之眼看透生活，达到孔子所说的“无大过”的境界吧！

编者

2010年1月

目录

序 章

《周易》的核心思想

人们都认为，《周易》是一门古老玄秘的学问。其实，易学博大浩瀚，与后人不断阐发延伸有关，易的本质是简单朴素的。古人说："简则简，易则易。简则简之易，易则易之简，万物皆在一简一易中矣。"宇宙万物，时刻变化，人与事也演化不止。易学认为，这些看似繁复，实则简单，归结起来不过三点：

易：变易，这是指天地万物而言。我们要追随天地万物演化的规律，才能与时俱进。

不易：这是指天地万物的内在规律，它们是不变的。看似杂乱无章的人生，也是遵循一些规则发生发展的。

简易：天地万物是复杂的，但其中的规律却是简易的。剖开事物纷繁的表面，往往只能看到一个简单的内核，没有必要把事情想复杂。

所谓"易"，即是如此。

《周易》中最基本的要素为阴阳概念，一阴一阳谓之道，这是古代的两点论。其中，阳是主要的，阴是次要的。阳是领导，阴辅助领导。用阳爻（⚊）和阴爻（⚋）表示阴阳。将上述阴阳爻按照由下往上重叠三次，就形成了八卦，即乾、坤、震、巽、坎、离、艮、兑八个基本卦，称为八经卦。再将八经卦两两重叠，就可以得到六个位次的易卦，共有六十四卦，这六十四卦称为六十四别卦，每一卦都有特定的名称。

《易经》就是用这六十四卦阐述对天文、地理、人事的理解，构筑成一个严整的文化系统。

《周易》中常见的名词解释

1. 八卦

八卦，也叫经卦或单卦，是分别由三个爻组成的八种形式。每一卦形代表一定的事物。乾代表天，坤代表地，坎代表水，离代表火，震代表雷，艮代表山，巽代表风，兑代表沼泽。八卦互相搭配又得到六十四卦，用来象征各种自然现象和人事现象。

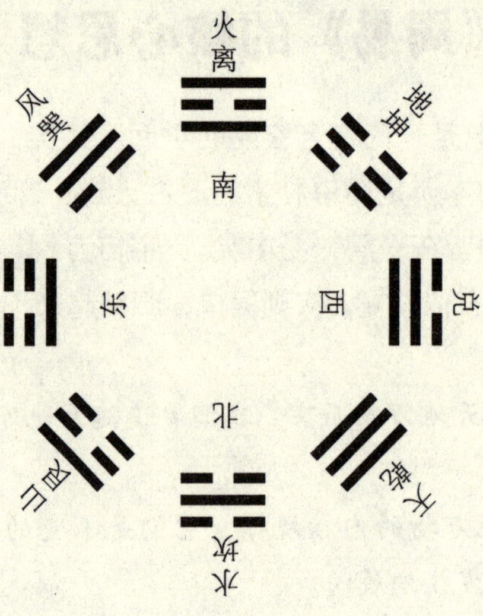

文王后天八卦图

2. 爻

“爻”是《易经》中的基本符号，一个是“—”，另一个是“- -”。最早在《易经》中并没有“阴阳”二字，数百年后的《易传》才把“—”叫阳爻，把“- -”叫阴爻。

所谓六爻，即是从下向上排列的六个阴阳符号的组合。

在最下面的符号称为初爻，最上面的符号称为上爻，其间从下向上依次为二、三、四、五爻。初爻加二、三爻成一个卦，称为内卦，也称为下卦；四、五爻加上爻成另一个卦，称为外卦，也称为上卦。

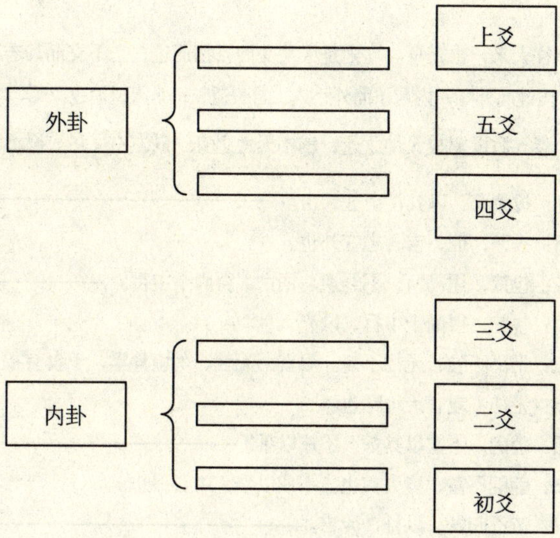

阳爻“—”又称九，阴爻“- -”又称六，如果初爻是阳爻，那么初爻也可以说成初九；如果上爻是阴爻，那么六爻也可以说成上六。

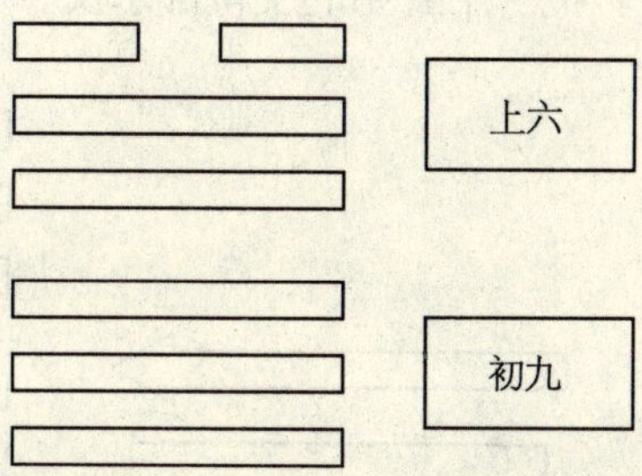

3. 卦辞

卦辞是对全卦总的断语。

4. 彖辞

彖辞是解释卦辞的传，可做卦辞意义的参考。

5. 象辞

象辞也属于传，分为大象辞和小象辞两种。大象辞附于卦辞下、彖辞后，说明全卦的卦象及道德修养意义。小象辞附在爻辞下，说明各爻的爻象或意义。

象曰：“泰：小往大来，吉，亨。”则是天地交而万物通也；上下交而其志同也；内阳而外阴，内健而外顺；内君子而外小人，君长道长；小人道消也。 ⟸ 卦辞

象曰：天地交，泰。后以财成天地之道，辅相天地之宜，以左右民。 ⟸ 卦辞

初九：拔茅茹，以其汇。征，吉。
象曰：拔茅，征，吉，志在外也。
九二：包荒，用冯河，不遐遗。朋亡，得尚于中行。
象曰：包荒，得尚于中行，以光大也。
九三：无平不陂，无往不复。艰贞，无咎。勿恤其孚，于食有福。
象曰：无往不复，天地际也。
六四：翩翩，不富以其邻，不戒以孚。
象曰：翩翩不富，皆失实也。不戒以孚，中心愿也。
六五：帝乙归妹，以祉，元吉。
象曰：以祉元吉，中以行愿也。
上六：城复于隍。“勿用师”，自邑告命。贞吝。
象曰：城复于隍，其命乱也。

（左侧括注：小象辞——各“象曰”；右侧括注：爻辞——初九至上六）

6. 错卦

错卦又称对卦、旁通卦。把一个卦中的爻全部求反，就得到了错卦。

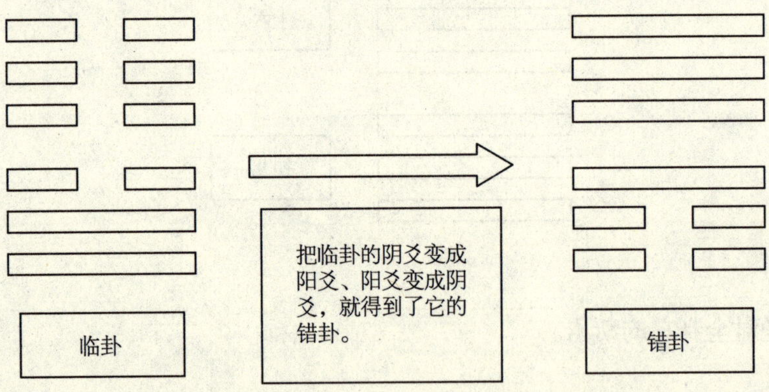

7. 综卦

综卦又称反卦和覆卦，将一卦颠倒过来就得到综卦。

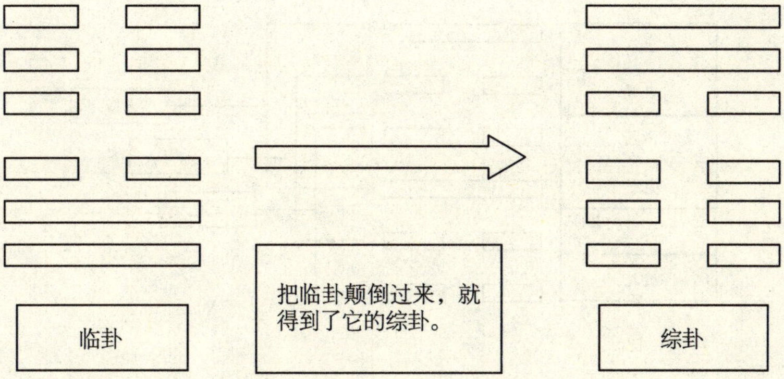

8. 比

在一卦的六爻中相邻两爻，一爻为阴，一爻为阳，就称为“比”。

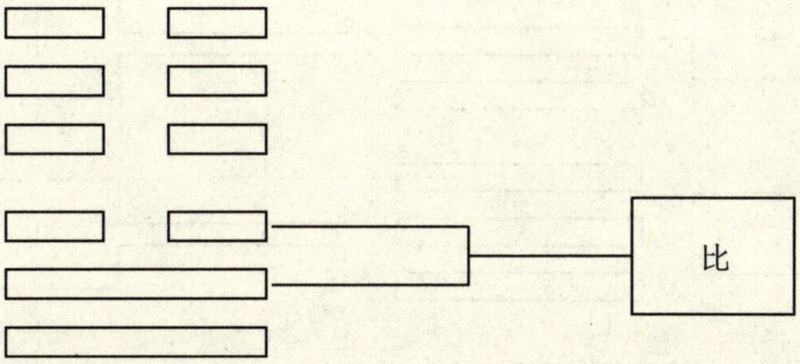

9. 应

一卦中，如果初爻与四爻、二爻与五爻、三爻与上爻是阴阳相对的，我们认为其有同志联盟的对应关系，称为“应”。反之，如果为阴阴或阳阳，则为“无应”或“敌应”。

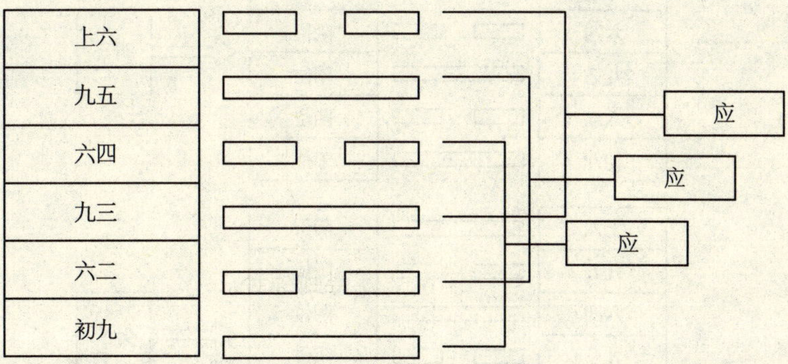

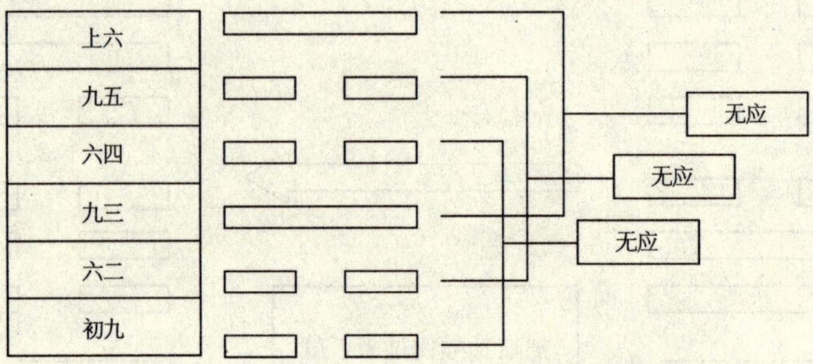

10. 中

内卦的二爻与外卦的五爻，因为分别在内卦与外卦的中间位置，被称为“中”，象征守持正道，行为不偏。

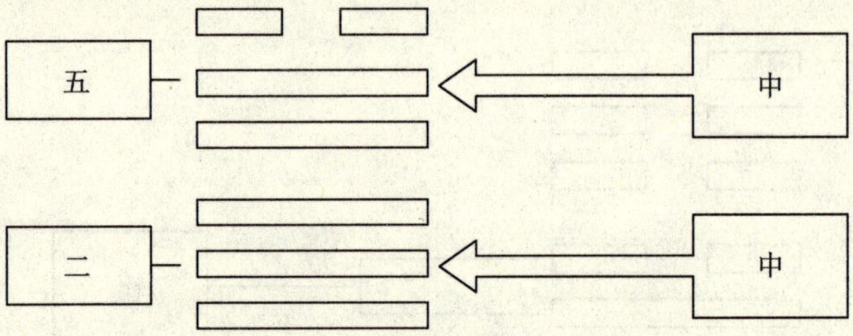

11. 正

在卦爻中，奇数为阳，偶数为阴。阳爻在阳位，阴爻在阴位，称为“得正”或“当位”。反之，阴爻在阳位，阳爻在阴位，称为“失正”或“不当位”。

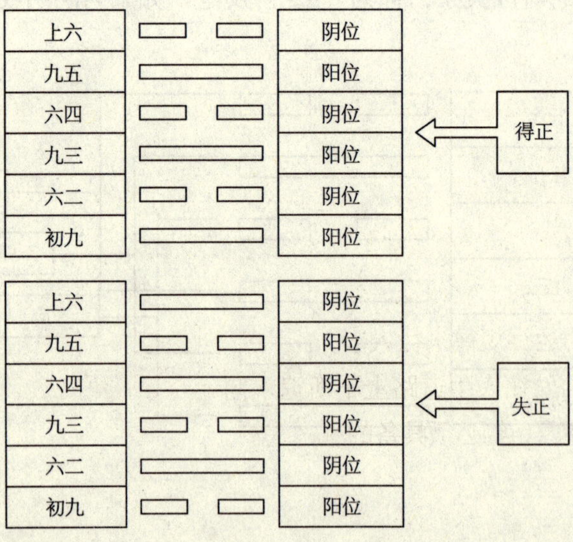

第一卦 ䷀【乾卦】

君子自强之道

【原文】

乾：元亨、利贞。

【释义】

乾卦：元为原始之意，寓意事物的起始或基础；亨为开通之意，寓意事物的发展和壮大；利为和谐之意，寓意事物的创造与收获；贞为贞固之意，寓意事物的趋正与静止，即发展过程的结束。

【智慧解读】

乾卦是《易经》六十四卦中的第一卦，为上上卦。乾卦的卦辞为：乾，元亨、利贞。“元亨、利贞”是对事物发展过程的描述，为乾之四德，是天道的本质，也是人道的本质。乾卦六条阳爻表示了六个时位、六种状态、六种做法，为了适应这六个时位、六种状态，必须采用六种不同的做法，才能趋吉避凶、趋利避害。其实可以说乾卦就是整个人生，它描述了人一生发展的沉浮，有沉静的积累，也有一展宏图的激情；有不被肯定的失落，也有青云直上的得意；有初出茅庐的冲动，也有老于世故的稳重……《易经》的博大精深也体现于此。

乾卦的卦象为天，天行健，君子以自强不息。天道的运行刚健有力。君子得此卦应根据天道的运行规律来行人事，把天道的刚健有力生生不息转化为自己的主体精神和内在品质。在人生道路上不断追求向上，自强不息，积极进取，永葆生机，奋发有为。这是成功者必须具备的基本素质。

养精蓄锐方能扶摇直上

初九：潜龙勿用。

象曰：潜龙勿用，阳在下也。

这一爻是乾卦第一爻，处于全卦最下位，表示事物发展过程的初始状态。初九为阳爻，“阳在下也”表明在全卦的开始阳气初升，势头是好的。但俗话说万事开头难，爻辞中“潜龙勿用”就说明此时“龙”的力量还不够强大，因此还要暂时潜藏在水中，积蓄力量，等待和创造时机。初九爻的意义就是当自身能力还不足够强大，不能取得一定成就的时候，必须要暂时居于人下，这并非灰心丧气，消极无为，而是在暗中积攒力量，等待大有作为的机会。

这一爻告诉我们，成功是很多因素的综合体，每个想要取得成功的人应该先加强个人修养，从各方面增强自身能力，然后再等待合适的机遇，有朝一日才能踏上成功之路。美国篮球名将乔丹就曾经说过：“机会是为有准备的人而准备的。抓紧所有的时间，让力量发挥到极致，那些斑斓多彩的机会，一个个就会来到这些人面前了。”很多例子，也都证明了这个道理。

刚柔者，立本者也，消息皆从此出，故先图乾坤。

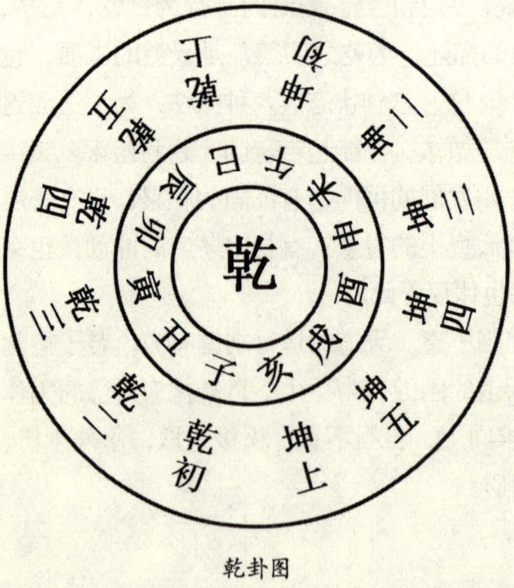

乾卦图

大学毕业后，何芸被分配到一个偏远的林区小镇当教师，工资低得可怜。何芸有很多优点，教学基本功不错，还擅长写作。于是，她一边抱怨命运不公，一边羡慕那些拥有体面的工作、拿优厚薪水的同窗。这样一来，她不仅对工作没了热情，连对写作也没了兴趣，整天琢磨着“跳槽”，幻想能有机会调到一个好的工作环境，也拿到优厚的报酬。

两年匆匆过去了，何芸的本职工作干得一塌糊涂，写作上也没有什么收获。这期间，她试着联系了几个喜欢的单位，但最终没有一个接纳她。

然而，一件微不足道的小事改变了她一直想改变的命运。

那天学校开运动会，这在文化活动极其贫乏的小镇无疑是件大事，因而前来观看的人特别多。小小的操场四周很快围出一道密不透风的环形人墙。

何芸来晚了，站在人墙后面，踮起脚也看不到里面热闹的情景。这时，身旁一个很矮的小男孩吸引了她的视线。

只见他一趟趟地从不远处搬来砖头，在那厚厚的人墙后面，耐心地垒着一个台子，一层又一层，足有半米高。何芸不知道他垒这个台子花了多长时间，不知道他因此少看到多少精彩的比赛，但他登上那个自己垒起的台子时，冲何芸粲然一笑，那成功的喜悦和自豪，却是那样清楚。

刹那间，何芸的心被震了一下——多么简单的事情啊！要想越过密密的人墙看到精彩的比赛，只要在脚下多垫些砖头。

从此，何芸满怀激情地投入到工作中去，踏踏实实，一步一个脚印。很快，她成了远近闻名的教学能手，编辑的各类教材接连出版，各种令人羡慕的荣誉纷纷落到她的头上。业余时间，何芸也笔耕不辍，各类文学作品频繁地见诸报刊，成了多家报刊的特约撰稿人。如今，何芸已被调至自己颇喜欢的中专任职。欲速则不达，急于求成只会导致最终的失败，所以做人做事都应放远眼光，注重自身知识的积累，厚积薄发，自然会水到渠成，达成目标。今时今日许多事业，都必须有一个痛苦挣扎、奋斗的过程，而这个过程本身就是将你锻炼得坚强、使你成长、使你有力的过程。

机遇，是长期勤奋积累后的奖赏，是对具有雄厚实力者的馈赠，它只会青睐那些坚持不懈、做好充足准备的人。我们不否认机遇，但也不能单纯依赖机遇。如果没有扎实的积累，即使机遇来临，也可能与你擦肩而过。所以，努力学习、磨砺素质、提高能力、扎实工作才是成功的关键。就像潜藏的龙，要甘于一时的居下忍耐，不灰心丧气，并暗中积蓄力量，等待大有作为的机会。

事实告诉我们，机遇可贵，积累更可贵。我们应该抛弃幻想，戒掉浮躁，不再消极等待，在漫长的等待中养精蓄锐，用扎实丰厚的积累去把握机遇、创造机遇。只有这样，才能不断提高成功的几率。

思想所到之处，是成功到达的地方

九五：飞龙在天，利见大人。

象曰：飞龙在天，大人造也。

这一爻的意思是：龙得到天时、地利，飞腾在天，拥有了无限的空间和无穷的潜力。九是阳的最高数，五是阳的最中位，象征着至高和中正。

这是乾卦中最好的一爻，意思是到了飞黄腾达的时候，后来的成语“九五之尊”就由此而来。这一爻的发展历程显示，它经历了“潜龙勿用”的积蓄力量阶段，“君子中日乾乾”的不懈努力阶段，“或跃在渊”的审时度势阶段，最终得到天时、地利，成为“九五之尊”。《易经》此卦寓意我们想要成“大人”，首先就要有“飞龙在天”的雄心与气魄，即你希望达到怎样的成功，首先你要在思想上做好准备，如果想都不敢去想，就更无法做到。

戴高乐将军曾经说过：“眼睛所到之处，是成功到达的地方，唯有伟大的人才能成就伟大的事，他们之所以伟大，是因为决心要做出伟大的事。”英国作家凯瑟琳·罗甘也说：“远见告诉我们可能会得到什么东西，远见召唤我们去行动。心中有了一幅宏图，我们就从一个成就走向另一个成就，把身边的物质条件作为跳板，跳向更高、更好的境界。这样，我们就拥有了无可衡量的永恒价值。”她说的远见其实就是我们说的思想，一个人要想成就一番事业，首先要从思想上认定自己能够成功，因为只有站得高，才能看得远，只有拥有深邃的思想和广阔的视野，按照既定目标坚持不懈，最后才能真正踏上成功之路。

19世纪80年代，约翰·洛克菲勒已经以他独有的魄力和手段控制了美国的石油资源，这一成就主要受益于他从创业中锻炼出来的预见能力和冒险胆略。1859年，当美国出现第一口油井时，洛克菲勒就从当时的石油热潮中看到了这项风险事业前景广阔。他在与对手争购安德鲁斯—克拉克公司的股权中表现出非凡的远见。拍卖从500美元开始，洛克菲勒每次都比对手出价高，当达到5万美元时，标价已经大大超出石油公司的实际价值，但洛克菲勒满怀信心，决意要买下这家公司。当对方最后出价7.2万美元时，他毫不迟疑地出价7.25万美元，最终战胜了对手。

年仅26岁的洛克菲勒开始经营起当时风险很大的石油生意。当他经营的标准石油公司在激烈的市场竞争中控制了美国市场上90%的炼制石油时，他并没有就此停止。19世纪80年代，利马发现一个大油田，因为含碳量高，人们称为“酸油”。当时没有人能找到一种有效的办法提炼它，因此一桶只卖15美分。洛克菲勒预见到这种石油总有一天能找到提炼方法，执意要买下这个油田，遭到董事会多数人的坚决反对，洛克菲勒说：“我将冒个人风险，自己拿出钱去购买这个油田，如果必要，拿出200万、300万。”洛克菲勒的决心终于迫使董事们同意了他的决策。结果，不到两年，洛克菲勒就找到了炼制这种酸油的方法，油价由每桶15美分涨到1美元，标准石油公司在那里建造了当时世界上最大的炼油厂，赢利猛增到几亿美元。

洛克菲勒在创业过程中表现出非凡的远见与魄力，正是这些让他取得了巨大的成功。远见就是通过现在能够洞察到未来的情景。只有看到别人看不见的事物的人，才能做到别人做不到的事情。

远见是成功者必备的素质之一，每一个渴望成功的人都要有意识地培养远见能力。如果你在思想上就认定自己将平凡一生，得不到伟大的成功，那你也就局限了自己的发展，而且离远见越来越远。远见就是一个远大的目标，在实现的过程中，不管遇到什么问题、逆境和障碍，只要长期不懈地努力，梦想终会成真。

卓越就是让自己更强大

象曰：天行健，君子以自强不息。

这是《象传》中对卦象的解释，乾卦的卦象为天，天道运行刚健，周而复始，永无止息。君子观此卦象，当以天为法，自强不息。

自古以来，中国就有天人合一的学术传统，认为人是天的副本，人与天具有形而上的相互感应关系，因此人的行为也要效法于天。比如这句象辞的意思是，天道运行，刚健不息，人也要效法于天，努力增强自身的道德修养，从各方面不断完善自己，这是一个人获得成功的必备素质，也是《易经》智慧的体现。一个人要想取得成功，就要全面地完善自己，在激烈的竞争中，只有不断地让自己变得更强大，才能取得更大的成功。

一位拳击高手参加锦标赛，自信地认为一定可以勇夺冠军。不料在决赛时遇到劲敌，难以招架。他找不出对方的破绽，而对方的攻击却往往能击中他的要害。

比赛结果可想而知，拳击高手惨败。

他懊恼不已地下台找他的教练，请求帮他找出对方招式的破绽。

教练笑而不语，在地上画了一道线，要他在不能擦掉这条线的情况下，设法让这条线变短。

拳击高手苦思不解，最后只得放弃继续思考，而求教于教练。

教练在原先那条线的旁边，又画了一道更长的线，两者相较之下，原先的那条线，看来变得短了许多。

教练开口道："夺得冠军的重点，不在如何攻击对方的弱点。正如地上的长短线一样，只要你自己变得更强，对方正如原先的那条线一般，也就在无形中变得较弱。"

我们在生活中也是一样，不要总是抱怨社会竞争日益激烈，也不要总想着去埋没别人的优点，而要设法让自己变得更强。只要自身的能力增强了，不管竞争怎样激烈，也不管对手如何强大，它们在你面前都会变得弱小。只有以这样的态度去面对挑战，面对人生，才会永远拥有向上的激情与动力。

亨利·福特从一所普通大学毕业后，便开始四处奔波求职，但均以失败告终。福特没有丧失对生活的希望，依旧信心十足，而且一直没有放弃努力。

为了找一份好工作，为了这一点点希望，他四处奔走。为了拥有一间安静、宽敞的实验室，他和妻子经常搬家。短短几年里，夫妻俩到底搬过多少次家连他们自己也说不清了，但他们依旧乐此不疲。因为每一次搬迁，夫妇俩都有新的收获。贫困和挫折不仅磨炼了他们坚韧的性格，也锻炼了他们的耐力和恒心，更使他们有机会熟悉社会、了解人生，为未来新的冲刺做好思想和技术上的准备。

尽管贫困和挫折带来了不少麻烦，但为了理想，福特依然勤奋，努力拼搏。工夫不负有心人，福特自强不息的精神和努力的打拼终于得到了回报。他应聘到爱迪生照明公司主发电站负责修理蒸汽引擎，终于实现了心愿。不久，他又因工作出色被提升为主管工程师。

孟子有一段著名的话："天将降大任于斯人也，必先苦其心志，劳其筋骨，饿其体肤，空乏其身，行拂乱其所为，所以动心忍性，曾益其所不能。"其含义在于：每个想要担当大任取得成功的人，首先都要经历一番精神和肉体上的历练，而也就是在历练的过程中，不断变得强大，最终成就卓越的人生。

所以，无论是在生活还是工作中，我们都需要脚踏实地，时时衡量自己的实力，不断调整方向，随时弥补不足，让自己一点点接近完美，变得更强大，向着目标不断迈进，创造更加卓越的人生。

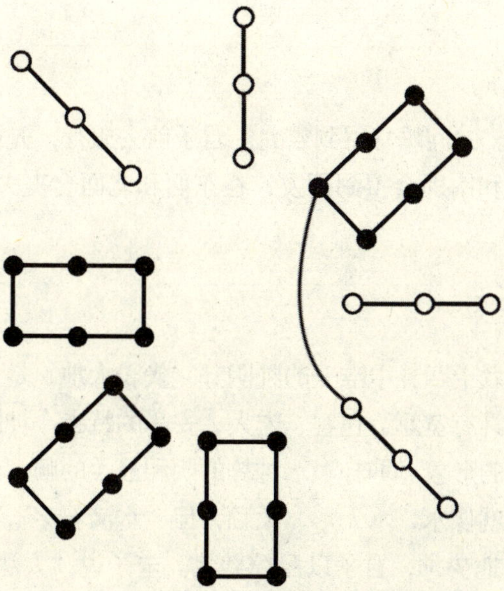

乾下交坤图

第二卦 ䷁ 【坤卦】

君子以厚德载物

【原文】

坤：元亨。利牝马之贞。君子有攸往，先迷后得主，利。西南得朋，东北丧朋，安贞吉。

【释义】

坤卦：大吉大利。占问雌马得到吉兆。君子前去旅行，先迷失路途，后来找到主人，吉利。在西面和南面会得到朋友，在东面和北面会丧失朋友，但结果平安、吉祥。

【智慧解读】

坤卦是《易经》六十四卦中唯一的纯阴卦，代表大地，是“至柔”、“至静”之卦，大地承载万物，具有宽厚、包容、宏大、安静的特点。坤的原意是伸，也有顺的含义，为地气舒展的形象。坤卦表示纯粹的阴和最柔的顺，而这种纯粹的阴和顺恰恰也是最坚强的，就像水，水无形、柔顺，但“水滴石穿”，水同时又是最坚忍、最有力量的。象曰：地势坤，君子以厚德载物。老子说“人法地”。这些都是要我们效法大地。大地孕育万物，承载万物，一切生灵所用所需都仰仗大地母亲的给养。然而，大地毫无怨言，不但生生不息滋养万物，还包容着万物的罪过。人类应效法大地含蓄内敛、谦卑宽容的伟大胸怀，修养德行，以深沉厚重的力量来承担重大的社会责任。这就是坤卦给我们的启示。

含蓄内敛是一种沉静的力量

六三：含章，可贞。或从王事，无成有终。

象曰：含章可贞，以时发也。或从王事，知光大也。

这一爻是下卦第三爻，这一爻处于下卦的最高位，太多凶险。所以爻辞说，只有隐藏自己的才华才可以获得“贞吉”。为什么隐藏才华才能够获得吉利呢？因为这时的才华像幽谷中的花朵，即使没有人来观赏，也不妨碍它宁静的美。反之，倒是汲汲于表现才能的人容易招致嫉妒和怨恨，就像开在狂风暴雨里的花朵，往往被“零落成泥碾作尘”。因此，一个人即使很有才华也不要急功近利，急切地表现自己，要懂得含蓄和内敛，把该做的事情做好，继续积蓄力量，才能安稳地踏上成功之路。

但是，很多人可能会说，这是一个张扬自我的年代，需要每个人积极地展示自己，才能得到成功的青睐，否则，才华很容易被埋没。那就让我们先来看看下面的事例吧。

北京有一家著名的中外合资公司，前往求职的人如过江之鲫，但其用人条件极为苛刻，录用几率很小。从某名牌高校毕业的小李非常渴望进入该公司，便给公司总经理寄去一封短笺。很快他就被录用了，原因不是他的学历，而是他那特殊的求职条件——请求随便给他安排一份工作，无论多苦多累，他只拿做同样工作的其他员工五分之四的薪水，但保证工作做得比别人出色。

进入公司后，他果然干得很出色，公司主动提出给他满薪，他却始终坚持最初的承诺，比做同样工作的员工少拿五分之一的薪水。

后来，因受所隶属的集团经营决策失误影响，公司要裁减部分员工，很多员工失业了，他反而被提升为部门经理。这时，他仍主动提出少拿五分之一的薪水，但工作依然兢兢业业，是公司业绩最突出的部门经理。

后来，公司准备给他升职，并明确表示不让他再少拿薪水，还允诺给他相当诱人的奖金。面对如此优厚的待遇，他没有受宠若惊，反而出人意料地提出辞呈，转而加盟了各方面条件均很一般的另一家公司。

很快，他就凭着非凡的经营才干，赢得了新加盟公司上下的一致信赖，被推选为公司总经理，当之无愧地拿到一份远远高于在那家合资公司时的报酬。

当有人追问他当年为何坚持少拿五分之一的薪水时，他微笑着说："其实我并没有少拿薪水，只不过是先付了一点儿学费而已。我今天的成功，很大程度上取决于在那家公司里学到的经验……"

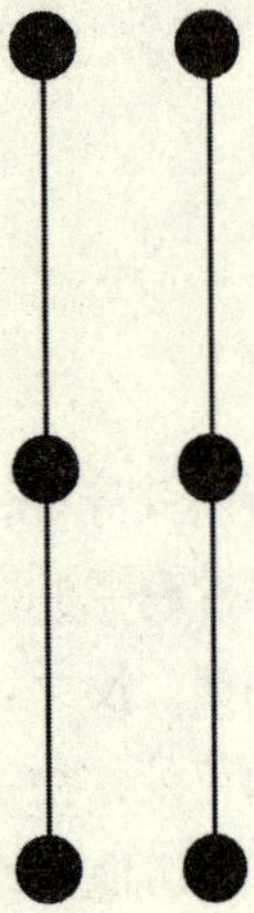

坤独阴图

小李正是一个懂得含蓄内敛的人，他没有恃才傲物、争名夺利，而是付出耐心与努力，积攒力量，最终获得了巨大的成功。

人们说，是金子总会发光的，诚然如此，然而金子发光，未必一定要去耀人眼目。世人见惯了色彩斑斓、争奇斗艳，对于金子的闪闪发光，未必真心喜欢。谦谦君子，温润如玉。如果像美玉一般发着柔和的光芒，并且不与人争奇斗艳，反倒会让发现美的眼睛喜出望外。卓越的才能再加上含蓄的气度，似明月临人，光亮而不觉刺眼，才是成大事者应有的风范。

谦卑谨慎更是一种明智之举

六四：括囊，无咎无誉。

象曰：括囊无咎，慎不害也。

这一爻到了坤卦中的第四个时位，是上卦的开始。爻辞中的"括囊"，是扎紧口袋的意思，可以引申为缄口不言；"无咎无誉"是说没有指责也没有赞誉。《象辞》的解释是：缄口不言就没有指责，谨慎才没有祸害。解读此爻，我们应得到启示：每个人在行事时都要有一种谦卑谨慎的态度，不要过于外露，过于表现自己，而应该隐藏才华，才能求得平安顺利。总之就是教我们为人做事要低调，特别是在取得一定成绩以后必须戒骄戒躁，否则可能连已经得到的都会失去。

公元前559年，居鲁士成为米底亚和波斯的国王。他打败了利比亚的统治者克里苏斯，征服了爱奥尼亚群岛及其他较小的王国，又顺利歼灭了巴比伦，成为欧洲之王——居鲁士大帝。

此后，他又准备进攻由女王汤米莉丝领导的马萨格它族。骄傲自负的他根本不把马萨格它族放在眼里，并认为自己是打不败的超人，他的帝国将更加辽阔。

不久，居鲁士开始发起对阿瑞各斯河的进攻。他们一渡过河，就在河边安营扎寨，并放上肉和烈酒，然后留下最弱的兵士守营，主力撤回西岸。马萨格它军队很快就攻占了营地，被胜利冲昏头脑的士兵被不可思议的宴席所吸引，忘记了危险，大吃大喝，酩酊大醉。当晚波斯军队返回营地，俘虏了沉睡的士兵，其中包括年轻的史帕戈皮西斯——女王汤米莉丝的儿子。

女王得知消息以后，送信给居鲁士，斥责他使用诡计。她说："如果你们离开我的国家，释放我的儿子，我将把 1/3 的土地让给你。否则，我会让你得到应有的回报。"然而，居鲁士对此置之不理。

不久，女王的儿子因无法忍受屈辱而自杀了。汤米莉丝悲恸欲绝。她召集王国内可以征调的所有军队，以报仇的狂热激励他们奋起反抗，和居鲁士的军队展开猛烈、血腥的战斗，并最终取胜。盛怒之下，汤米莉丝女王还把居鲁士的头砍下来，装进一个盛满人血的酒袋与士兵畅饮。

在取得了辉煌的胜利之后，居鲁士大帝就这样被杀死了。

人人都渴望成功、胜利，但是在面对接连不断的胜利时，很少有人能够做到心如止水。胜利带来的兴奋，会让人丧失理智与警惕。只有少数人懂得：胜利带来的骄傲、麻痹是最危险的，继续保持低调才是明智之举。

因此，我们应该时刻接受理智的约束，特别是在取得成功时，更要加倍小心谨慎。正如《易经》所说，要将自己"括囊"起来，悄无声息地生长壮大，从而期待更大的成功。

成功莫忘照顾上司面子

上六：战龙于野，其血玄黄。

象曰：战龙于野，其道穷也。

物极必反，坤卦六爻皆为阴爻，阴到极点，阳气就出现了。所以在上六的爻辞中出现了象征着阳刚的“龙”的字眼。天玄地黄，阴阳交错，就像阴电与阳电相交，电闪雷鸣，哪有平和可言？这一爻为我们描述了一幅惨烈的景象：在万物萧杀的荒野之上，风云相搏，两龙相斗，落败的龙鳞化作雪片，纷纷扬扬地落了下来……

以人事相比，这是谁与谁斗争呢？谁失败了呢？分析卦象可知，这是下属开罪上级，逆龙鳞所致。不言而喻，失败的那条龙，一定是下级。

如何避免这样的惨剧？那就是不与上级发生正面冲突，在维护自己尊严的前提下，尽量满足上级的自尊心。

在16世纪末期的日本，当时茶道风靡贵族阶层，统治者丰臣秀吉非常宠爱首屈一指的茶艺家千利体，他是丰臣秀吉最信任的咨议之一。千利体不但在皇宫里有寓所，其为人也获得全日本的尊崇。

然而在1591年，丰臣秀吉下令逮捕他，并且判处死刑。最后千利体自己结束了生命。后来人们发现千利体命运骤变的缘由是这位出身农家的朝廷新贵为自己制造了一座穿着木屐（贵族的表征）、仪态傲慢的木头雕像，并将这座雕像放置在宫内最重要的寺院里，让时常经过的王族清楚看见。对丰田秀吉而言，这件事意味着千利体做事没有分寸，以为自己和最上层的贵族享有同样的权力；他已经忘记自己的地位完全仰赖于幕府将军，反而以为自己是凭一己之力赢得荣宠，这是千利体对自己的重要性不可宽恕的误判，为此他付出了生命的代价。

千万不要以为自己的地位是理所当然的，也千万不要让任何荣宠冲昏了头脑。永远不要异想天开，以为上司喜爱你，你就可以为所欲为。受宠的部属自以为地位稳固，胆敢抢过上司的风头，终致失宠的事例数不胜数。古今中外，很少有人能够包容比自己强的下级，特别是当下级对自己的地位已经造成威胁时。所以，为了防止功高盖主，招来祸患，就要注意以下几点：

一要守规矩。从历史上看，循吏最易保全。《史记·循吏列传》中，司马迁所说的循吏，就是遵循法规、忠实执行命令、知时务识大体的臣子。

二不自傲。古人说："懔乎若朽索之驭六马，栗栗危惧，若将殒于深渊。"即身居高位所面临的危险惊心动魄得就像以腐朽的缰驾驭着六匹烈马，万分危惧，所以千万不要居功自傲，要时时谦让。

三不手握"重兵"。在古代，功高的臣子如果能够主动交出兵权，那么对君主的威胁就减少了，所以，不手握"重兵"就是远离权势以求自保的意思。

四多请教。古人说："三人行必有我师。"上司必然有独到之处，所以尽量在做事之前主动向其请教，了解他的意见，这样在办事时就有所凭借。

当然，处处尊重不是无原则地讨好、献媚，奉承会让上司放松自律之念，滋生骄傲情绪，也会让整个集体弥漫不正之风。当上司有不足时，要把握分寸巧妙地提醒、善意地规劝。做一个好的下属，对上司应该敬而不谀。如果观点与上司不同，最好在坚持自己的原则的同时也尊重上司的想法，相互调和，避免发生冲突。另外，不要总是显示自己比上司聪明，如果他觉得自己的地位受到了威胁，那你的日子就会像爻辞中所说的"龙战于野"，不得安宁了。

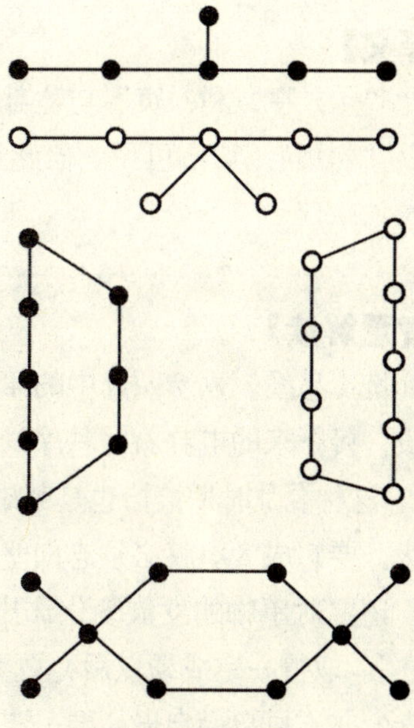
坤画三位图

第三卦 ䷂【屯卦】

创业的智慧

【原文】

屯：元，亨，利，贞。勿用。有攸往，利建侯。

【释义】

此处“元，亨，利，贞”与乾卦中含义相同，即开始就很吉祥。但由于是始生期，所以“勿用”，切不可用。但此卦毕竟还是吉祥的，有利于去建立功绩开拓国家。

【智慧解读】

屯卦是《易经》六十四卦中的第三卦，前面的乾卦和坤卦可以说是天地草创的初期阶段，接下来的屯卦就是秩序尚未建立，混乱不安的困顿时期。但所谓“乱世出英雄”，这种混乱时期恰恰也是英雄豪杰建功立业的大好时机。但这时的社会环境危机四伏，要想成大事就必须志向坚定，修炼自身，做到富贵不淫，贫贱不移，威武不屈；还要对事物的发展变化作出明确的判断，审时度势，懂得判断取舍，“勿用有攸往”。取得一定成绩以后，更要懂得感恩和回报，不可只顾“屯其膏”，不可存有恶念，亦不可自满自傲，要一直保持谦逊之心，广施恩泽，“勿以善小而不为，勿以恶小而为之”，这样才能在成功的道路上走得更远。做任何事都要怀有坚定的信念，勇敢而不盲动，谨慎而不怯弱，富贵而不贪婪，这就是屯卦给我们的启示。

犹豫不决是成功的大敌

初九：磐桓。利居正，利建侯。

象曰：虽磐桓，志行正也。以贵下贱，大得民也。

这是屯卦的第一爻，处于最下位，是指一件事尚在初始时期，举步维艰，呈现盘桓不前的状态，但此卦整体是好的，只要下定决心，加强自身修养，还是能够建功立业的。这一爻着重强调了“志行正也”的重要性，寓意一个人要想成功，就必须下定决心，脚踏实地地去做，不能只有空想没有行动，不能瞻前顾后犹豫不决，否则会一事无成。

犹豫不决是成功的大敌，总是犹豫不决的人往往性格懦弱，意志不坚，既不相信自已，也不为他人所信赖；他们不敢决断事情，不敢负责任；他们只怕如果今天决断了一件事情，也许明天会有更好的事情出现，以致对于第一个决断产生懊悔；许多惯于犹豫者，都不敢相信自已能解决重要的事情。许多人就是因为犹豫不决错失了很多好机遇，最终一无所获。

一个很有才华的青年想创办一份属于自己的杂志，这是他的梦想。

终于有一天，幸运女神眷顾了他。一个朋友告诉他，一个有钱人正想创办一份杂志，可以提供资金上的支持，而杂志的运作可以由青年来负责，他可以按照自己的想法来进行。

这真是一个天大的好消息。但是青年对朋友说，让我好好考虑考虑吧。

他想了很多，考虑与有钱人合作的过程会不会顺利，杂志是否能够真的按照他的想法来做，杂志发行后会不会受到欢迎。他甚至想到要招聘多少编辑，每个编辑都负责哪个板块，还有这本杂志能否赢利，如果不能，有钱人会不会很快就放弃……

转眼好几天过去了，朋友给他打了好几次电话，问他究竟要不要合作。他的回答总是：我的想法还不成熟，需要再考虑考虑。

又是几天过去了，他觉得考虑得已经很周全，于是兴高采烈地拨通了朋友的电话。但是，结果却令他大失所望，朋友说那位有钱人已经决定跟别人合作了。

年轻人就这样与实现梦想的机会失之交臂了。

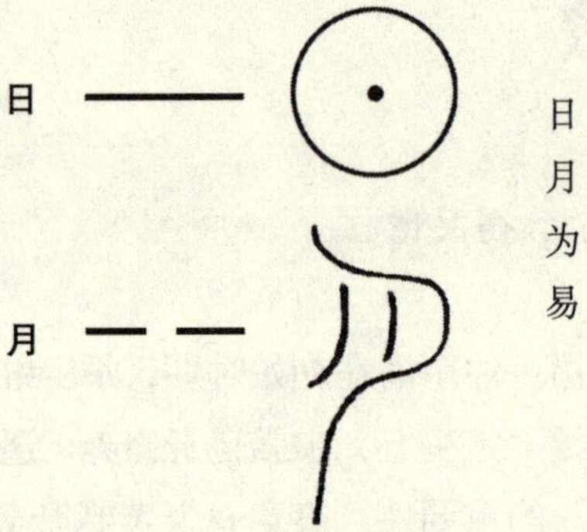

日月为易图

其实，在我们短暂的一生中，成功的机会或许多次光临，但很多人总是像这个年轻人一样瞻前顾后，患得患失，最终与成功擦肩而过。这也是为什么人人都有成功的机会，而真正的成功者却仅仅是极少数人的原因之一。

有人幻想一步登天，眼高手低；有人心中“完美主义”作祟，哪怕有一点点不完美便否定自我；有人总认为时间够用，慢一点决定又何妨……于是，他们总在起点上徘徊不前，总是停留在门口，却不知道一推门进去就能看见一片崭新的天空。在犹豫不决中他们错过了很多。

其实，当面临一个新的机会，在斟酌得失之间，每个人都会犹豫，这是很正常的心理变化，来自于对未知生活的不可把握。但这种心理是需要克服的，如果一味地犹豫不决，面对新的变化连开始的勇气都没有，你就只能停留在现状，没有任何突破。

任何事，有了开始才会有成功的希望，而没有开始，就永远没有成功的可能。犹豫不决会偷走你的时间和生命，所以，你要想得快一些，行动快一些，成功的机遇才不会悄悄溜走，才能“利封侯”。而很多事情并没有我们想象中那样难，只是我们自身的恐惧将事情中的困难因素放大了。毫不犹豫地放手去做、去试一下，或许你会发现，原来一切都很简单。

以退为进是一种大智慧

六三：即鹿无虞，惟入于林中。君子几，不如舍；往吝。

象曰：既鹿无虞，以纵禽也。君子舍之，往吝穷也。

从字面意思来理解，这一爻的意思是：在林中追逐野鹿，但是没有向导的指引，此时君子当见机行事，不如舍弃不追，因为继续前行会有艰难。从整卦来看，六三爻居下卦的最上一爻，上卦也都是阴爻，这意味着困难重重，再往前走会很艰难，因此不如见机行事，以退为进，暂时舍弃。

在创业过程中，人们想的往往是怎样尽快取得成功，实现目标，却很少有人愿意“舍弃”，殊不知，“舍弃”有时也是一种智慧、一种策略，有舍才有得，只要目标的大方向没变，有时候选择以退为进的策略，暂时舍弃一些会阻碍自己发展的东西，更是一种明智的选择。

肯尼迪在竞选参议员时，竞选对手在最关键的时候轻易地抓到了他的一个把柄：肯尼迪在学生时代曾因为欺骗而被哈佛大学劝退。这类事件在政治上威力巨大，竞选对手只要充分利用这个证据，就可以使肯尼迪诚实、正直的形象蒙上阴影，使他的政治前途黯淡无光。一般人面对这类事情的反应不外乎极力否认，澄清自己，但肯尼迪很爽快地承认了自己的确曾犯了一个很严重的错误，他说：“我对于自己曾经做过的事情感到很抱歉。我是错的。我没有什么可以辩驳的余地。”

肯尼迪这么做，等于说“我已经放弃了所有的抵抗”，而对于一个已经放弃抵抗的人，你还能纠缠不休吗？如果对手继续进攻，会显得毫无风度。肯尼迪就是用以退为进的智慧，化解了这次危机。

对于企业，当发生突如其来的危机事件时，与其极力辩解，倒不如勇敢承认错误，向公众明确自己负责任的态度，这更加容易得到谅解。

对于个人，有时候舍弃一件事情，就会为自己开启另一道成功的门。

拥有“中国色彩第一人”之称的于西蔓回国建立了“西蔓色彩工作室”。她将国际流行的“色彩季节理论”带到了中国，使中国女性认识到了色彩的魅力。

于西蔓在日本学习的本是经济，但她毕业后凭着对色彩的爱好，苦学两年，取得了相关专业色彩的资格，在当时，她成为全球2000多名色彩顾问中唯一的华人。

在国外，她看到了中国同胞的穿着经常引起别人的非议，每次听到这样的话，她都会产生一种强烈的感觉：要让中国人也美起来。

她于1998年在北京创办了中国第一家色彩工作室。面对中国消费群体的不同，刚开始于西蔓只是凭自己的主观确定价位。一段时间后，她发现这并不适合大多数群体，同时违背了她的初衷：要让所有中国人都知道什么是色彩。于是，她重做计划，降低价位，并做了很多辅助工作，结果，取得了很好的成绩，时尚一族纷至沓来，连上了年纪的人也成了工作室的座上宾，热线咨询电话响个不停。

在总结经验时，于西蔓说她成功的主要原因是懂得放弃，因为没有放弃就没有新的开始。

于西蔓几次放弃了令人羡慕的机会而重新开始，是因为她深深地了解自己的兴趣、特点及自身的价值。

一个人的精力是有限的，不可能把精力分散到每件事情上，期望所有事情都有好的发展。此时我们就应该明白“君子几，不如舍”的道理，学会适时放弃以退为进，才是成大事者的智慧。

帮助别人就是在帮助自己

九五：屯其膏。小贞吉，大贞凶。

象曰：屯其膏，施未光也。

这一爻从字面上来看是说：积累财富，从小的方面来看是吉祥的，从大的方面来看是凶险的。这是什么意思呢？首先，《易经》是针对建功立业、治理国家来说的。一个人如果想在事业上取得辉煌，如果只是一味地想着为自己敛财，一点也不回报别人和社会，那他早晚会失败。企业主若总是想着怎样克扣员工的薪水，怎样占客户的小便宜，那他的企业肯定不会做得很大，因为没人愿为他工作，也没有人愿与他合作。《易经》就是在告诫人们不能只想着“屯其膏”，还要懂得帮助别人、感谢别人，企业赢利了要适当回报员工和客户，这样事业才能发展得越来越大，从而赢得更多人的拥护与支持。

一位哲人说过：帮助自己的唯一方法，就是去帮助别人。

一个富翁忧心忡忡地来到教堂，祈祷之后去请教牧师：“我虽然有了金钱，但我感觉并不幸福。我甚至不知道应该用自己的金钱做些什么，它能买来欢乐和幸福吗？”

牧师让他站在窗前，看着外面的街道，问他看到了什么。富翁说：“来来往往的人群，多么美妙啊！”

牧师又把一面很大的镜子放在他面前，问他看到了什么，他说：“我看到了我自己，我很沉闷。”

牧师道：“是啊，窗户和镜子都是玻璃制作的，不同的是镜子上镀了一层银粉。单纯的玻璃让你看到了别人，也看到了美丽的世界，没有什么可以阻拦你的视线；而镀上银粉的玻璃只能让你看到自己，是金钱阻挡了你心灵的眼睛。你守着你的财富，却忘记了帮助别人。你守着一个封闭的世界，自然不会幸福。”

富翁得到了启示，就尽可能地去资助那些困难的人，而得到帮助的人则用无尽的感激和祝福报答他。富翁从中不断地得到幸福，心情也变得愉悦了。

富翁在帮助别人的时候，自己也获得了幸福感，不再感到沉闷。所以，帮助别人其实就是帮助自己。你为他人所做的一切将为你赢得尊重、感激、信任等弥足珍贵的感情。正所谓“投之以桃，报之以李”，一个人只有大方而热情地帮助和关怀他人，他人才会还以帮助。所以，想得到别人的帮助，应该先去帮助别人。

当然，帮助别人还能给自己带来精神上的欢愉和满足。能够让他人从困境中解脱出来，这本身就是一件值得自豪的事。我们应该时时伸出热情的手，时时帮助和关怀别人，因为我们的帮助，不仅能助人一臂之力，而且能给对方带来力量和信心，使他们有更大的勇气去战胜困难。特别是当一个人遇到挫折，处于逆境之中时，如果我们能热情相助，那将犹如雪中送炭，别人也定会有“滴水之恩，当涌泉相报”的感激。“危难中见真情”，很多人在受到别人真诚的帮助后，总能以更真诚的感激报答别人。

在这个世界上，个人的力量总是微小的，一个人无力去解决生活中的所有问题，没有谁能够离开别人的帮助而孤立地活着。为人处世，不能仅从“一己”考虑，只有多为别人着想，人们才会给你以友善的回报。对于一个想要取得成功的人来说，只有懂得帮助别人就是帮助自己的道理，才能在帮助别人的过程中，取得更大的成功。

给别人一杯水，自己就会有一桶水，而为了保住这一桶水，我们就必须时刻努力，这将成为自己前进的不竭动力。要知道，你给别人的越多，你的收获也就越大。不是吗？你种下的可能只是几粒花种，收获的却会是整个春天！

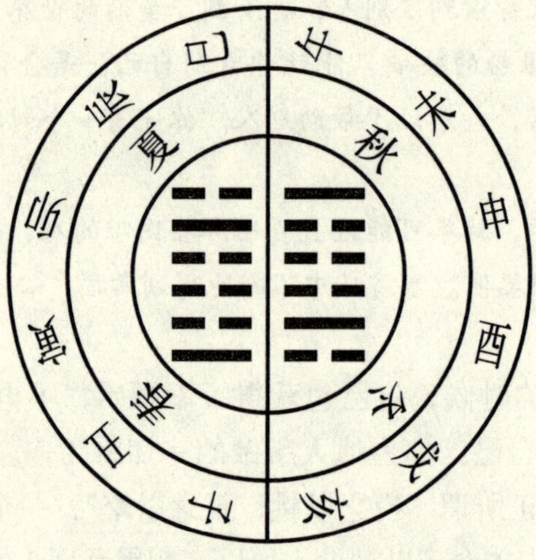

屯蒙二卦反对一升一降图

第四卦【蒙卦】启蒙的力量

【原文】

蒙：亨。匪我求童蒙，童蒙求我。初筮告，再三渎，渎则不告。利贞。

【释义】

蒙卦，亨通。不是我的需求像孩童一样蒙昧，而是此蒙昧时期需要我。遇到问题，先用蓍草筮问的办法去求告神灵，但不要再三地去筮问，再三则有亵渎神灵的意思，这样将得不到神灵的答复。最后一句“利贞”是说蒙卦虽为蒙昧无知之卦，但它利于贞正。

【智慧解读】

经历了屯卦的困顿阶段，开始进入第四卦“蒙”，即启蒙、蒙昧之意。蒙卦就像一个初生的小孩子，懵懂、蒙昧，但充满了旺盛的生命力和发展的潜力。《象传》说蒙：“山下出泉，君子以果行育德。”河流的起源多为山泉，因此山泉是河流的初期阶段，又因为是山泉，所以河道不固定，而且具有季节性，流量也不固定，形成混乱庞杂的局面。这个是蒙的意象。此卦用于现实生活中，就是一件事正处于发展初期，各种矛盾、问题层出不穷，形成混乱的局面。这时，一个人要想成功，必须要勇于面对暂时的困境，采取果断的行动，打开新局面。要怀有不断学习的谦逊之心，随时修正自身，方可获得吉祥。因此，蒙卦可以看成启蒙教育之卦。

知识是永不贬值的竞争力

六四：困蒙，吝。

象曰：困蒙之吝，独远实也。

“六四”爻辞的“困蒙，吝”，是说《周易》中的“君子”、“大人”们，绝对不应实行“困蒙”的愚民政策，若果真如此，将为凶兆。我们现在处在一个变革的时代，在这个历史过程中，技术、经济、社会、政治上的变革频率更快，世事变化更频繁。在这种情况下，学习成为终身事业，知识才是一个人或者一个企业永不贬值的竞争力。

北京某科技发展有限公司总经理刘某在谈起如何提高企业竞争力这一话题时，说道：“我们的公司是一个不断学习的组织，我们必须比我们的竞争对手学得更快一些，否则，我们就会在技术上落后而输给人家。终身学习、不断提高，是公司对我们领导层的要求。而一个不提倡继续学习的组织注定会走向失败。”

为什么成功的人都会强调学习的重要性呢？因为：

（1）教育不再只是年轻时学习，成年后运用了，学习已成为一生的要求。

（2）教育不再是课程沿用时代。在我们有生之年，课程也在持续地变化。

（3）组织必须成为终身学习的中心。对于“在职学习”这一做法，必须予以鼓励。

（4）我们生活在一个变化的时代，每天都会碰到挑战及发展中的问题，为了增强竞争力，必须不断学习新的知识。

（5）由于你的知识比较丰富，你作出的判断和决定会更快、更好。

如今，没有任何一个成功的企业家不注重员工的学习培养，即使有些员工可能因为在企业内部接受了培训而跳槽另谋高就。这不是一个适合“愚民政策”的时代，企业要想发展，要想提高竞争力，就要依靠有素质、有文化的员工，这是毋庸置疑的。而成功的企业家自身同样需要不断学习。

一位公司董事长在他的汽车里摆满了最新出版的《中国企业家》、《中外管理》和《财富》中文版，还有《时尚》、《女友》等刊物。为什么还有《女友》？他解释说：“了解一下女性在想些和谈些什么，她们是我最大的顾客群！”

有些人之所以成功就在于他们习惯于利用各种机会不断地丰富自己，挤出时间不间断地学习。他们常采用的方法是：

（1）与同行交谈。作为企业领导者，他们惯用的做法是“到处走走看看的管理方法”。换句话说，就是要深入到员工、客户、供应商、竞争对手和社区。每个阶层的人对涉及的问题可能有不同看法。同他们谈谈，了解一下他们对各种问题的看法，从中可以学到很多知识。

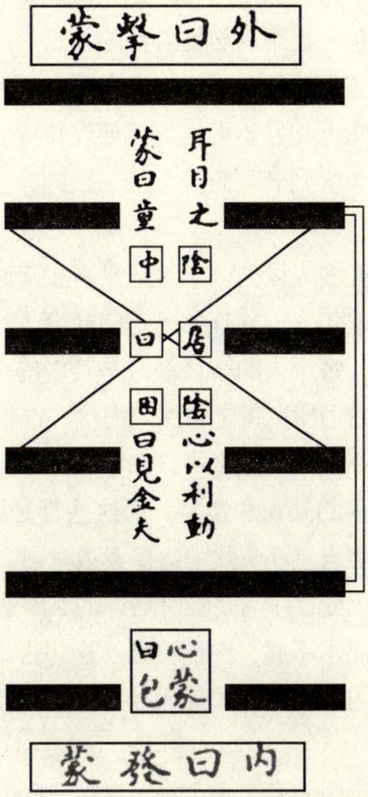

蒙养正图

（2）从所犯的错误中学习。经验是通过犯错误而总结出来的。犯错误时也是进行学习的最好机会。

（3）从别人的经验中学习。注意研究你观察到的人，学习他们身上你认为最有价值的东西，并照着去做。通过这样的观察比通过传统的学习提高得更快。仔细地观察别人身上最显著的优点，选择那些令你钦佩的素质，努力变为自己的。

爱迪生说得好：“知识仅次于美德，它可以使人真正地、实实在在地胜过他人。”学习是成功的基石和必要准备，任何人都不可忽略。

学习是随时随地的必要选择

六五：童蒙，吉。

象曰：童蒙之吉，顺以巽也。

这一爻的内容很简单，“童蒙，吉”：孩童的蒙昧是吉祥的。为什么呢？个中含意很丰富。孩童的特点是天真幼稚、柔顺乖巧，他们虽然蒙昧，但正处于学习的大好时机，是可以启发教育的。这一时位是阴柔之人居于尊位，又与下卦第二爻相呼应，表示像儿童那样虚心柔顺，愿意接受教育，所以很吉利。这就告诉我们，一个人愚昧无知并不可怕，只要懂得虚心学习，结果仍然是好的。这和现在提倡的“活到老，学到老”的观念是一致的，也表明不断地学习才是一个人事业成功的有力保障。

许多人以为，学习只是青少年时代的事情，只有学校才是学习的场所，自己已经是成年人，并且早已走向社会了，因而再没有必要进行学习。其实，在知识的海洋中，每个人的智慧都只是其中的一粒沙、一滴水，即使成功的大科学家也只是在某个方面研究得比较深入而已，谁也无法触摸到知识的边缘。

在人的一生之中，在学校里学到的东西是十分有限的。在工作和生活中都需要相当多的知识和技能，而这些都是课本上找不到的，老师更无法将其传授给我们，只有靠自己在实践中边摸索边学习。

因此，学习是随时随地的必要选择。

流水不腐，户枢不蠹。这句古语也可以用在人的智力增长上。只有在工作中不断学习新东西，才能保持思维的灵动，也只有这样，才能跟上时代的步伐，不被淘汰。

自强不息，永远注重学习，随时追求进步的精神，是一个人卓越的标志，更是一个人成功的保障。

在知识的山峰上登得越高，展现在你眼前的景色就越壮阔。

“终身学习”已成为21世纪的生存概念。衡量一个人价值大小的标准并不在于今天你站在什么样的位置上，而是看你在向哪个方向去。终身学习能力（也就是自学研究能力）将是未来每一个人必备的生存技能。

在知识经济时代，对人的自学研究能力提出了极高的要求。“未来的文盲将不是那些不会阅读的人，而是没有学会怎样学习的人。”这绝非危言耸听之语。自行学习、自我教育、自己管理自己是现代人汲取知识的重要渠道，也是终身教育的重要形式。

当你确立了求索事业的目标后，就不能不重视自学研究能力的训练和提高。自学研究能力是生命活动的一部分，是激发和保持创新优势，提高自身思维品质，优化知识和智能结构的有效方式。自学，是对学校教育和各种教育方式的补充和延伸。这种学习研究自由度较大，能更好地将书本知识和社会实践结合起来，能更有效地开发自身的潜能，并将学到的知识和能力转化为实践。

活到老，学到老。求知欲会让你的心灵充满活力，智慧的泉水永不枯竭。

正确的批评使人进步

上九：击蒙；不利为寇，利御寇。

象曰：利用御寇，上下顺也。

这一爻讲的是怎样治理蒙昧，是方式方法的问题，是说在治理蒙昧时，不宜过急过激，避免激化矛盾，导致逆反心理。这就像老师在教育学生时，不要说“你怎么这么笨”、“为什么别人能做好，你就做不好”之类的话，这样只能让学生反感，不会起到积极的作用。在生活中，无论什么场合批评人都要顾及人家的面子，力求语句委婉，才能达到使人进步的目的。以职场为例，如果是领导对待下属，一定要保全下属的脸面。即使下属犯了错误，在批评的同时也要进行鼓励，这样才能让下属心服口服。

首先，下属是你的合作者而不是敌人。批评下属的目的是要把问题谈透，找到解决方法，而不是打击下属。因此，虽是批评，用词也要有讲究，切不可气势汹汹，一团杀气。即使下属犯了较大错误，或态度不太好，也不必吵吵嚷嚷，令四下不安。须知，领导者批评的虽是一个人，但面对的是整个群体，你刚一出口，早已有别的下属窃窃私语、议论纷纷，议论的当然不止下属一方。所以，身为领导者，应该表现出一定的大家风范和君子气派，而不必小肚鸡肠，斤斤计较，必要时可适当选用具有一定模糊度的语言，暂为权宜之策。

其次，下属虽是同志，但毕竟犯了错误，需要批评而不是褒奖，如果批评时语言没有分量，嘻嘻哈哈不了了之，也就失去了批评的意义。这个没批评好，后继者将有恃无恐。本着惩前毖后的原则，要维护制度的威严，不能放弃原则，赏罚不明，使纪律松弛。

再次，同是犯错误，轻重可能不同，批评的语言也应相机而变。倘若等量齐观，一视同仁，就会引出一些不必要的错误。该轻则轻，不能揪着辫子不放；该重则重，切莫姑息迁就。此外，男女性别不同，心理有异，因而在批评异性下属时还要作适当考虑，做到有理、有节。

最后，批评下属时，不要让下属觉得自己一无是处，要适当给予安抚与鼓励，引导下属放眼未来，指出其开创未来的优势所在，使其产生对于未来的信心和希望，自然而然地摆脱不良情绪的影响，在以后的工作中做出好的成绩。

总之，领导与下属之间的关系，并不一定只有工作上的隶属关系。一个好的领导，懂得与下属建立互助合作的关系，以使彼此间的工作进行得更顺利。

在生活中，我们要与各种各样的人接触，也会和各种各样的人产生摩擦，不要想着用直白的语句去指出对方的不足，而要想办法婉转地说出对方的缺点，并使他高兴地改正。一个优秀的教师，懂得用合适的方法来激励学生，而不是打击对方的自信。因此，成功的教育方法必须是批评与鼓励相结合的，教育的目的是让被教育者变得更好，而不仅仅是让他知道自己错了。

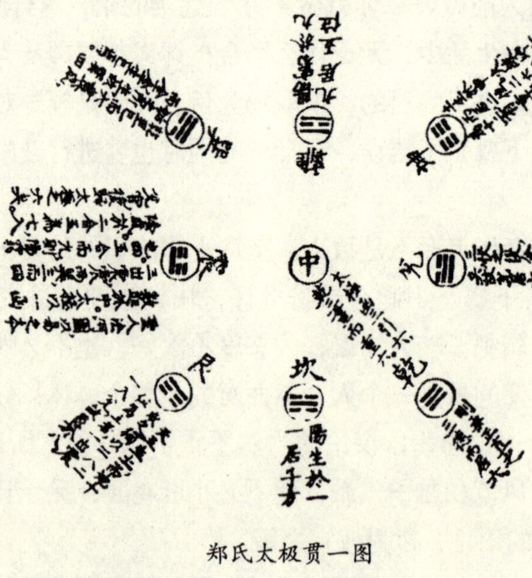

郑氏太极贯一图

第五卦 ䷄【需卦】

滴水穿石的精神

【原文】

需：有孚，光亨，贞吉。利涉大川。

【释义】

需卦，有诚信，则光明亨通；守持正固，才能获得吉祥，有利于涉越大江大河。

【智慧解读】

需卦中的“需”是等待的意思，此卦的卦象上卦坎为水，为云，下卦乾为天，所以是“云上于天”。云气在天上郁结集聚，但尚未形成雨水普降大地，意思是：降雨的条件已经具备，但时机还不够成熟，需要顺其自然，耐心等待降雨的到来，这就是需卦的象征。一个渴望有所作为的人如果处于需卦的整体形势下，就表明建功立业的时机还不成熟，这时应注意调整自已的行为，不可急于求成，而要“饮食宴乐”，把心态放平，暂时不去想该怎样取得成功，而是恭顺地生活、冷静地观察，饮食以养气体，宴乐以和心志，以静待物，以便在时机成熟之时谋求更大的发展，这也是人生的一种大智慧。

成功的秘诀：坚持到最后一秒钟

初九：需于郊，利用恒，无咎。

象曰：需于郊，不犯难行也。利用恒，无咎；未失常也。

在初九的爻辞以及象辞里，有个“常”字，还有个“恒”字，常则不变，恒则不易，这是坚持的最好诠释。坚持是成功者手里的利剑，可以披荆斩棘，无坚不摧。条件的缺乏、命运的不公、人为的阻碍，一切艰难困苦最终都不能阻挡成功者前进的脚步。

柏拉图曾说：“成功唯一的秘诀，就是坚持到最后一秒钟。”

在工作中，我们会遇到种种意想不到的问题、困难，浅尝辄止，轻易言退，是做事的大忌。成功，往往产生在放弃前的最后一步。

古印度莫卧尔皇帝勇猛善战。有一次，因战争失利，他不得不在一个马厩里躲避敌军的搜捕。作为一国统帅竟然不得不躲在马厩里，他越想越丧气，简直忍不住要冲出去拼杀一番。就在这时，他看到马厩里有一只蚂蚁在艰难地拖着一颗玉米粒，试图爬过一道看来它不可能过去的坎儿。已经是第30次了，蚂蚁从坎儿上翻滚下来，但小小的蚂蚁似乎没有意识到困难的巨大，它又一次衔起玉米粒爬了上去，最后它终于成功地翻了过去。莫卧尔从中受到了巨大的鼓舞。脱险后他再一次召集军队，不屈不挠地与敌人斗争，最后，他建立了中世纪最后一个横跨欧亚非的帝国。

这个故事告诉我们：绝不放弃，就会获得最后的成功。

有个青年去微软公司应聘，而该公司并没有刊登过招聘广告。见总经理疑惑不解，青年用不太娴熟的英语解释说自己是碰巧路过这里，就贸然进来了。总经理感觉很新鲜，破例让他一试。面试的结果出人意料，青年表现糟糕。他对总经理的解释是事先没有准备，总经理以为他不过是找个托词，就随口应道：“等你准备好了再来面试吧。”

一周后，青年再次走进微软公司的大门，这次他依然没有成功。但比起第一次，他的表现要好得多。而总经理给他的回答仍然同上次一样：“等你准备好了再来试。”就这样，这个青年先后 5 次踏进微软公司的大门，最终被录用，成为重点培养对象。

由此可见，人生中不管遭受多大的挫折和困难，都不要轻言“不”字。因为说“不”表示关上了人生追求的大门，有时“不”这个字就是指失败、垮台、延误。

职场中，许多遭受失败的人在遇到挫折时，很快就放弃了做进一步的尝试和努力。

工作中有许多障碍，不会因为你采取了坚定、明智且积极的行动，就从你的眼前消失。当你因为某件事而遭受挫折时，不妨想想爱迪生在找到合适的灯丝之前，那一万次的失败。

有人去问一个正在溜旱冰的男孩：“你是怎样学会溜旱冰的呢？”

那孩子回答道：“哦，这很简单，跌倒了爬起来，爬起来再跌倒，反复多次就学会了。”或许他是在摔了 100 次的时候才学会了溜旱冰，但是如果没有前面的 99 次摔倒，就没有最后的成功。男孩一直坚持下来，所以他学会了溜旱冰，而很多人没有学会，或许只是在第 99 次摔倒时就放弃了。

不能坚持到最后一秒是导致很多人失败的致命原因。很多时候成功就是一个从量变到质变的过程，只要你一直坚持不放弃，就不会错过质变那一刻的美妙体验。

成功偏爱有耐心的人

九二：需于沙，小有言，终吉。

象曰：需于沙，衍在中也。虽小有言，以终吉也。

从前，在一个小山村里，有两兄弟在一次上山途中偶然与神仙邂逅，神仙传授他们酿酒之法，叫他们把在端午那天收获的米，与冰雪初融时高山流泉的水相调和，注入千年紫砂土铸成的陶瓮，再用初夏第一个看见朝阳的新荷覆紧，密封七七四十九天，直到鸡鸣三遍后方可启封。

他们历尽千辛万苦，长途跋涉，终于找齐了所有材料，调和密封，然后开始了漫长的等待。终于，第四十九天到了。两人彻夜未眠，等着鸡鸣。

远处传来了第一遍鸡鸣。过了很久很久，才响起了第二遍。第三遍鸡鸣到底什么时候才会来呢？其中一个再也等不下去了，他迫不及待地打开陶瓮品尝，却惊呆了——里面的水像醋一样酸，又像中药一般苦。他万分失望地把它洒在地上。而另外一个心中的欲望虽如野火般燃烧，让他按捺不住想要伸手，但他还是咬着牙，坚持到了三遍鸡鸣响彻天空。

“多么甘甜清澈的酒啊！”他终于品尝到了亲手酿制的美酒。

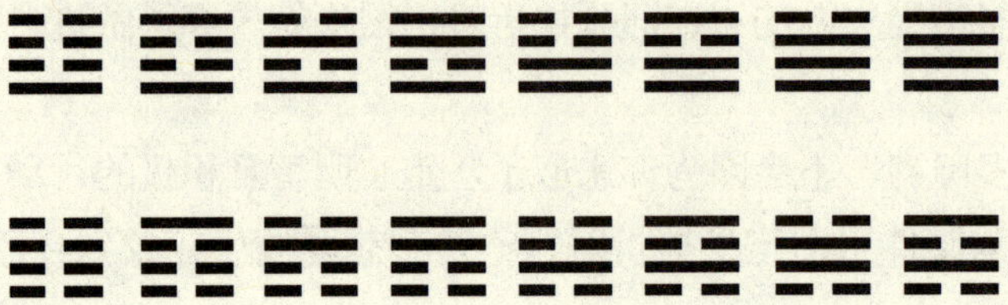

八卦之上各生一奇一偶图

这个故事就是对这一爻的最好诠释。九二爻的含义还是在说等待的重要性，“需于沙”，沙滩趋近水，离危险很近。因此在沙滩上等待时要有耐心，虽然可能遭到别人的责难，但只要坚持到底就能获得吉祥。在等待的过程中，可能会有很多风言风语，可能会面对很多诱惑，但一定要坚定立场，潜心等待成功到来的那一刻。

民间俗语“心急吃不了热豆腐”与这一爻的主旨很贴切，说明耐心是成功的关键因素之一。在心理学上，耐心属于意志品质的一个方面，即耐力。它与主动性、自制力、心理承受力等意志品质的其他方面有一定的关系。

每个人的成功道路不尽相同，但所有真正的成功者都有共同的特点，那就是拥有耐心，坚持到底。做到了这一点，即使身处最不利的环境，幸运之神也会垂青于你。所以，在通往成功的道路上，我们即使遇到不可逾越的坎坷和挫折，也应该保持耐心，不放弃最后的努力。只要有一丝希望，就应当去尝试。在困难的时候咬紧牙关再坚持一下，或许前面就是柳暗花明的精彩世界。

耐心本身是苦涩的，要忍住很多物质的诱惑，要顶住别人的讥讽和误解，甚至打击，要耐得住寂寞和孤独。但靠耐心所产生的结果是甜蜜的，不经历风雨就不会见到彩虹，那是脆弱者永远无法体会到的幸福。

人的价值，是靠耐心、决心与行动创造出来的。耐心实际上也就是持之以恒，甚至可以坚持到心脏停止跳动的决心和行动。具有这样耐心的人不会在失败中退缩，不会在命运中颓唐，更不会在成功后停顿。这样的人往往也正是最有价值的人。我们从来不缺做成一件事情的机会、时间和条件，对多数人而言，其实缺的就是足够的耐心。用足够的耐心把事情从头到尾做好，一点儿一点儿做成，如果中间必须遭遇失败与挫折，也要忍受住暂时的失落感。

足够的耐心意味着良好的心态，健康的思维，有序的节奏，乐观的判断，理性的思辨。耐心不是傻等，更不是固执地较劲。当然，耐心还得辅之以必要的行动，创造出机会，这样才是有效的耐心。我们做事情，应该以此为鉴。

世界上最小的门就是机会之门

上六：入于穴，有不速之客三人来，敬之终吉。

象曰：不速之客来，敬之终吉。虽不当位，未大失也。

上六，这是最危险的时位，也是马上要走出危险的时位，因此一定要把握好。“不速之客三人”指下卦的三条阳爻，表示意料之外的强大之人、强盛之事。在这个时候一定要恭敬、谦逊，不要抗拒天理、违背天道。我们可以将“不速之客”看成突然到来的机会，机会降临，这时一定要好好把握，不要错过，因为机会从来不等人，任何的犹豫、徘徊都会错失机遇，与成功擦肩而过。

机会不会向每个人冲奔而来，有时 “机会来到我们身边仅仅是短暂的瞬间。谁错过了这一瞬间，它绝不会再恩赐第二遍”。

富翁家的狗在散步时跑丢了，于是富翁在当地报纸上登了一则启事：有狗丢失，归还者，付酬金1万元。启事刊出后，送狗者络绎不绝，但都不是富翁家的。富翁的太太说，肯定是真正捡狗的人嫌给的钱少，那可是一只纯正的爱尔兰名犬。于是富翁致电报社，把酬金改为2万元。

一个沿街流浪的乞丐在一张旧报纸上看到了这则启事，他立即跑回他住的桥洞，因为前天他在公园的躺椅上打盹时捡到了一只狗，现在这只狗就拴在桥洞里。果然是富翁家的狗。乞丐第二天一大早就抱着狗出了门，准备去领2万元酬金。当他经过一个小报摊的时候，无意中又看到了那则启事，不过赏金已变成了3万元。

乞丐又折回桥洞，把狗重新拴好。第四天，悬赏额果然又涨了。

在接下来的几天里，乞丐天天浏览当地报纸的广告栏。当酬金涨到使全城的市民都感到惊讶时，乞丐返回桥洞。可是那只狗已经死了，因为这只狗在富翁家吃的都是鲜牛奶和烧牛肉，无法忍受乞丐从垃圾桶里捡来的东西。

机会从来不等人。贪婪的乞丐忽视了这个真理，最后只得带着满腹懊悔就此作罢，失去了一个足以改变命运的大好机会。

抓住机会，见机而动，这个道理并不难理解。许多人却令人遗憾地失去了机会，原因恐怕体现在两个环节上：一个是识机，另一个是择机。

时机来到，有的人能及时发现，有的人却视而不见；有的人虽然有所发现，但认识不清，把握不准。

致使良机丢失的另一个原因，是多谋少决，不敢决断。这固然受到对时机认识不明的制约和影响，但与决策者的心理素质也有很大关系。有的人天生意志软弱，缺乏决断力，面对几种互相矛盾的选择方案，不分良莠，不知取舍，无所适从。

可见，机遇并不是赐给每个人的。无论在社会生活还是社会斗争中，机遇只偏爱那些有准备头脑的人，只垂青那些深谙如何追求它的人，只赐给那些自信必能成功的人。机遇稍纵即逝，犹如白驹过隙，常言道，机不可失，时不再来。在进退之间，不能把握时机者，必将一事无成，蹉跎终生。

世界上最小的门是机会之门，只要你关闭，拒绝接受，就是连一根针也插不进去。世界上最大的门也是机会之门，只要你打开，它可以创造无数奇迹。其实，一个人生活中的每时每刻都充满了机会。学校里的每一堂课是一次机会，每一次考试是一次机会，每一个工作任务是一次机会……我们要做的，就是抓住每一次机会，让自己的人生朝着理想的方向迈进。

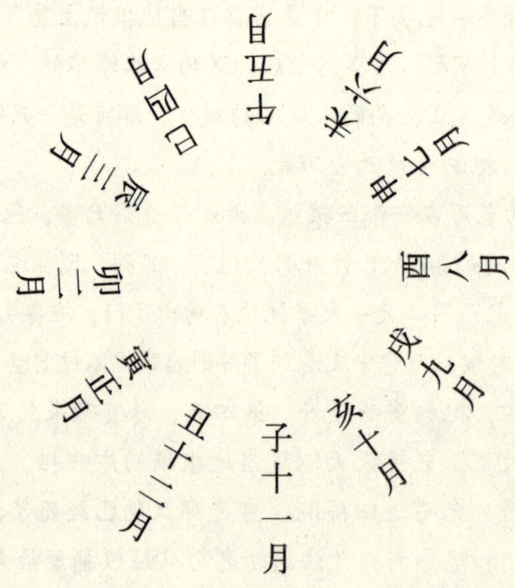

十二辰数图

第六卦 ䷅【讼卦】

不争的智慧

【原文】

讼：有孚，窒。惕中吉。终凶。利见大人，不利涉大川。

【释义】

讼卦，要有诚信，并有恐惧之心。中间过程是吉利的，但结果是凶险的。有利于“大人”，却不利于渡过大河、大川。

【智慧解读】

很多人认为讼卦是讲如何打官司的卦，这完全误解了讼卦的本意。讼虽为争讼之意，但此卦是教我们如何避免争讼的。天水为讼，天自东向西行，水自西向东流，二者方向相反，构成了争讼的景象。同时水居于天下，又是甘于居下、不与天抗争的景象。因此，争讼就会“终凶”，止讼就会“元吉”。

讼卦教给我们不争的智慧，做事谋始，不要有争讼之心，不可违背天道。老子说过：“上善若水。水善利万物而不争，处众人之所恶，故几于道……夫唯不争，故无尤。”做人也要像水那样，“善利万物而不争”，以和为贵，因为在很多时候，争讼是毫无意义的事情，我们应该做的就是用无可辩驳的事实来让人信服，这才是最有力的，也是最能得到对方认同的方法。

以柔为上的法则

初六：不永所事，小有言，终吉。

象曰：不永所事，讼不可长也。虽有小言，其辩明也。

初六爻的前半句“不永所事”是说此卦接上卦需卦而来，不会永远处于原来的平安状态，必然会有争讼；后半句“小有言，终吉”是说争讼被别国责难虽然难免，但终局还是吉祥的，这个过程中就是宽厚待人起了关键作用。在生活中我们也经常遇到有争执产生的情况，这时最正确的方法就是宽厚待人，以和为贵，促进彼此间的和谐关系。美国前总统威尔逊说过：“假如你握紧两只拳头来找我，我想我可以告诉你，我会把拳头握得更紧；但假如你来找我，说道：‘让我们坐下商谈一番，假如我们之间的意见有不同之处，看看原因何在，主要的症结在什么地方。’我们会觉得彼此的意见相去不是十分远。我们的意思不同之点少，相同之点多，并且只顾彼，此有耐性、诚意和愿望去接近，我们相处并不是十分难的。”

大家都知道：人与人、团体与团体之间关系是相互的，彼此之间和谐相处，就能形成良性互动，达到双赢。如果因为一点儿小冲突就意气用事，破坏和谐，则可能使自己陷入恶性互动，对双方都不利。这才是因小失大。

一次，上海一家著名饭店宴请外宾。一位中等身材的外宾被餐桌上摆放的雕有九条飞龙的精美酒杯——“九龙杯”所吸引，赞叹不已。于是，他趁人不备顺手把一只杯子塞进了自己的公文包里。这一举动被饭店服务员看在眼里，并立即向经理作了汇报。经理觉得此事比较棘手：如果直接到外宾的公文包内翻取，外宾会提出抗议，从而造成不良影响；如果想法把外宾引开，也不行，因为此时外宾肯定不会让公文包离身；如果等明天外宾离开饭店时扣下来，又怕夜长梦多，夜间发生变故。正在一筹莫展时，经理忽然想到周总理正在上海。于是，他向周总理作了汇报。周总理听后，说：“九龙杯是我们的国宝，一定要追回来，而且要有礼貌不伤感情地追回来。”接着，总理问晚上给外宾安排什么活动。当听说宴会后安排外宾看杂技表演时，总理笑了，说：“这不就很好吗？让外宾欣赏一下中国杂技的神奇奥妙嘛！”经过一番布置，杂技演出的最后一个节目为魔术。只见舞台中央的桌子上摆放着三只九龙杯，魔术师用一块黑色方布将杯子盖起来，走开几步，掏出道具手枪，对准杯子开了一枪，然后揭开黑布一看，三只酒杯只剩两只。魔术师指指空缺酒杯的地方，又指指台下，示意酒杯变到台下观众席中了。紧接着，魔术师走下舞台，来到宴会上拿九龙杯的那位外宾面前，先鞠了个躬，然后请他打开公文包。在这样的场合和气氛下，外宾不得不将公文包打开，魔术师从中取出真的九龙杯，举在手上。场内顿时响起雷鸣般的掌声。国宝终于巧妙地取了回来。

面对非常棘手的事情，周总理用这种巧妙的方式，既追回了国宝，又维护了外宾的尊严，可谓一举两得，是以和为贵处理事情的典范。

要宽厚待人，防止意气用事，还要时刻保持与人为善的心态，把美好的回忆铭刻在心里，把不愉快用最快的时间冲刷干净。

小马和小李、小张是好朋友。有一次他们三人一起去旅行，行经一处山谷时，小马失足滑落，幸而小张拼命地拉住他，将他救起。小马在附近的大石头上刻下了一句话："某年某月某日，小张救了我一命。"

三人继续向前走，几天后来到一条小河边，小张跟小马为了一件小事争吵起来，小张一气之下打了小马一个耳光。小马当时非常愤怒，跑到沙滩上写下："某年某月某日，小张打了我一耳光。"

当他们旅游回来后，小李好奇地问小马为什么要把小张救他的事刻在石头上，却将小张打他的事写在沙滩上，小马回答："小张救了我，我永远都感激他。至于他打我的事，我会随着沙滩上字迹的消失而忘得一干二净。"

有的人信奉"有仇不报非君子"的哲学，却常常因这种狭隘的报复心失去更多。其实，"冤冤相报何时了"，不如"相逢一笑泯恩仇"，放下那些微小的不愉快，真诚地工作、生活、与人交往，才能拥有更幸福、快乐的人生。

争辩之中无赢家

九四：不克讼，复自命，渝安贞，吉。

象曰：复即命，渝安贞；不失也。

这一爻的含义很明确，是说每次争讼都不能取胜，最好还是恢复原来的状态；只有暂时改变争讼，才能保持吉祥的结果。所以，我们在与人相处时，应该尽量避免与人争辩，因为争辩根本于事无补，甚至只会让情况变得更糟糕。而唯一让你迅速得到对方认可的方法就是：拿出令人信服的证据，而不是巧舌争辩。

在美国，一位推销员为了推销一套可供办公大楼使用的空调系统，与建设公司周旋了几个月也没有结果。每次洽谈最终都成为一场噩梦似的争辩，该公司的董事会对产品百般挑剔，这个推销员从专业人员的角度，很难跟这些理直气壮的“外行人”进行沟通。

天气越来越热，几名董事的脸上都渗出了汗珠，有一位还不知不觉地拿起了手边的一本产品宣传册扇起来。一个念头从推销员脑中闪过，只见他微微起身，很自然地说：“好热啊，请允许我脱去外衣！”说完，还掏出手帕，煞有介事地擦擦额头的汗水。

在一种强烈的暗示作用下，董事们一个接一个地脱下了外套，松了松领带，擦拭着汗水。终于，一位董事用不满的语气说：“别折腾了，到现在还没安装空调，怎么会不热！”

董事们从心理上真正开始考虑购买空调的问题，推销员这才认认真真地介绍产品。半个小时后，双方达成了购买合同。

从这个事例中我们可以看到，是天气炎热、急需安装空调这个事实而不是销售员的雄辩影响了董事们的决定。事实永远比你来我往的唇枪舌剑更有说服力。

在争辩中没有真正的赢家，即使你把别人辩得体无完肤，又能怎样呢？对方不会心服口服，甚至会因为你伤害了他的尊严而心生怨恨，而你也根本无法体会到胜利的快乐。

所以，永远不要争辩。为了自已，也为了他人，婉转一些远比直来直去更能令人接受，和和气气也一定比生硬否定别人更有效。当然，这需要极高的修养与智慧。

首先，必须胸怀坦荡，尽量不要认为他人别有用心，对别人的每一句话都去仔细猜度、思量一番，被一些所谓的“言外之意”气得面红耳赤，继而不假思索地开始反击，这完全是自寻烦恼。其实很多时候，“说者无心”，对方并不是真要伤害你。

其次，应该心态平和。一两句重话不必在意，连珠炮一般地还击，唇枪舌剑，你来我往，结果弄得朋友反目，给人留下心胸狭窄的坏形象。

再次，须知，不争辩不是无能、懦弱，倘若果真被不怀好意的人冒犯了，保持沉默可能让对方更加肆无忌惮，这时最好的回敬方式是保持泰然自若的风度，用几分幽默感、一点智慧、几句妙语为自己解围，也能让对方气焰顿消。

最后，千万不要满足于所有通过争辩获得的暂时性的胜利，事实上，这是一种付出极大代价后获得的胜利。这将引发怨恨和不幸，而且这些会变得越来越强烈，它们持续的时间会比任何暂时改变主意所需要的时间都长。

听听林肯的话吧：“一个成大事的人，不能处处计较别人，消耗自己的时间去和人家争论。无谓的争论不但对自己的性情有所损害，而且会失去自制力。在尽可能的情形下，不妨对人谦让一点。”

请记住，有分歧时，一定要用事实去证明，而不是用言辞去做无用的辩论。

与上司建立和谐关系

六三：食旧德，贞厉，终吉；或从王事，无成。
象曰：食旧德，从上吉也。

公司宣传部职员尹明是一个由于不尊重上级领导而断送前程的典型。在送阅一份材料给经理时，经理提笔改动了材料中引用的某报纸中的一句话。

“这句话不能改。”尹明说。

“为什么不能改？”

“这是引用报上的原话！”

“报纸也有错的时候！”经理显然不高兴了。

“不用这句话也行，但改动原话恐怕不太好。”尹明还在坚持己见。

“我就是要改！”经理有些恼火。

尹明怏怏而去……

经理记住了一个小职员对他的不尊重。每次研究拟提主管时，最有实力的尹明都会因此故败退。

之所以在本文的开头就引入这个事例，就是想告诉大家不要尝试挑战上司的权威，而这也是讼卦六三爻的寓意。“食旧德”就是安享原有的家业，吃喝不愁，坚守正道，处处小心戒备，终会获得吉祥；如果辅佐君王建功立业，不会有太大的成就。《象》中的解释更加直白一些，“从上吉也”，只要顺从上级就可以获得吉祥的结果，这是此爻的主旨所在。

冒犯领导的权威，实际上就是在和自己过不去。在与上级领导相处时，必须小心谨慎，来不得半点马虎和疏忽。因为有时候，才干和成绩只是晋升中的某些因素，与上级领导的关系往往是决定性因素。若下属偏偏与上司对立，经常让上司感觉被冒犯，这样的下属是不会有什么好下场的。一个公司要想发展，就得团结行事；如果七嘴八舌，各行其是，肯定难以办成大事。

上司身为主要决策者，其权威不容受到下属的挑战，虽然有时上司也会拿某个计划方案与下属讨论，但这并不意味着完全的民主。民主无论何时何地都有限度，更何况是在公司里，上司会有其必要的“独裁”。这时，明智的下属会了解上司的真实目的，如果这种方案已经被上司决定采用，征求下属的意见就只是例行公事，或希望得到肯定性的支持，下属就不要反驳，最好举手赞成或提出补充意见让其更加完善；如果你否定这个方案，很可能上司已经把你列入“黑名单”了。

但是长久地处于职场中，有时难免也会“得罪”上司，这可能是你造成的，也可能是对方引起的。但不管谁是谁非，得罪上司无论从哪个角度来说都不是件好事。如果你不小心得罪了上司，不要急于向人倾诉，也不要指望得到别人的理解，最好的办法是清醒地理清问题的症结，找出合适的解决方法，使自己与上司的僵化关系缓和。只要你还没想调离或辞职，就不可陷入僵局，否则在这样的环境里工作不仅不愉快，还可能会影响前程。

不论是出于何种原因得罪了上司，我们心里总是不愉快的，难免会有一些坏情绪产生，尤其错在上司而自己受了委屈的时候。这时总想向人倾诉心里的委屈，并且往往选择向同事诉说。这样做的结果其实并不好，没有哪个同事愿意介入你与上司之间的纠纷，一些同事为了避嫌，不使上司误以为他们与你串通在一起对他说三道四，反而会疏远你，使你越发孤立。

所以，当与上司之间有矛盾时，你应当做的是要消除隔阂。如果是你错了，要有主动认错的勇气，找出分歧的症结，向上司解释，表明自己会以此为鉴，希望继续得到上司的关心；假若是上司的原因，在较为宽松的时候，以婉转的方式，把自己的想法与对方沟通一下，无伤大雅地请求上司宽容，这样既可达到沟通的目的，又可为他提供一个体面的台阶。

你还可以利用一些轻松的场合来化解和上司之间的隔阂。比如会餐、联谊活动等，向上司问好、敬酒，表示你对他的尊重，上司自会记在心里，排除或淡化对你的不满。

其实，保持良好的心态，别将上司理想化最重要，因为他也是一个与你一样的普通人，同样承受着各种压力，多从他的立场上考虑，你和上司之间自然会建立起一种和谐的关系。

第七卦 ䷆【师卦】领导的艺术

【原文】

师：贞，丈人吉，无咎。

【释义】

师卦，坚守正道，有远见的贤明长者统率众人就会吉祥，没有灾祸。

【智慧解读】

第七卦是师卦，“师”即军队，又代表众人，因此这个卦主要讲的是如何统率下属的问题，具体来说，就是作为一个团队的领导者，应该如何提高自己的领导力，如何管理下属。其实，不论是古代带兵打仗还是现代管理团队，最首要的就是纪律严明，否则整个团队就会成为一群乌合之众，根本不能做成大事。其次，对于团队的首领来说，用人之道也至关重要，要把合适的人安排在合适的位置，才能充分发挥他的才能，大材小用或者小材大用都是不合理的，会导致人才流失或其他不可避免的损失。最后，贤明的领导者要赏罚分明，对于有功劳的下属要舍得封赏，以示激励，才能最大限度地调动下属的积极性。

纪律面前不打折

初六：师出以律，否臧凶。

象曰：师出以律，失律凶也。

“师出以律，否臧凶”，是说立师必须要有严明的纪律约束，不然则是一群乌合之众；如果一支军队纪律松弛，有令不行，有禁不止，则有败军之祸。对于一个团队，纪律是一切制度的基石，组织与团队要能长久存在，重要的维系力就是团队纪律，否则整个团队就会在激烈的竞争中逐渐被淘汰。

要建立团队的纪律，首要的一点是：领导者要身先士卒维护纪律。一个好的领导者必定是懂得自律的人，也一定是可以坚持及带动团队遵守纪律的人。

三国时，诸葛亮与司马懿对战，马谡自告奋勇要出兵守街亭，诸葛亮有所担心，但马谡表示愿立军令状，若失败就处死全家，诸葛亮才勉强同意他出兵，并指派王平随行，并交代在安置完营寨后须立刻回报，有事要与王平商量，马谡一一答应。可是军队到了街亭，马谡执意驻扎在山上，完全不听王平的建议，而且没有遵守约定，将安营的阵图送回本部。等到司马懿派兵进攻街亭，围兵在山下切断粮食及水的供应，使得马谡兵败如山倒，重要据点街亭失守。事后诸葛亮为维持军纪而挥泪斩马谡，并自请处分降职三级。

诸葛亮斩马谡时非常痛心，但有军令状在先，诸葛亮必须严肃军纪。马谡出兵也是诸葛亮同意的，因此他也自降三级以示惩罚。

美国历史上个性最强的巴顿将军，也深知纪律对于一个团队的重要作用，他曾经说：“纪律是保持部队战斗力的重要因素，也是士兵们发挥最大潜力的基本保障。所以，纪律应该是根深蒂固的，它甚至比战斗的激烈程度和死亡的可怕性还要强烈。”

纪律是团队文化的精髓。一个团队如果没有纪律，就不称其为团队。每个团队建立之初的第一件事情，就是制定明确的纪律规范。没有规矩不成方圆，团队是人的组合，人都有自己的思想和行为。团队要求步调一致，因此纪律的约束是非常必要的。

纪律是一个团队生存和发展的保障。没有了纪律，团队就会像一盘散沙，各自为战，没有一个正确的前进方向。对于一个企业来说，最重要的就是要把已经制订的计划变成现实，也就是执行。但在执行过程中，纪律不可缺少，纪律是保证执行力的先决条件。纪律首先意味着服从，下级服从上级、部门服从公司、公司服从集团。令行禁止，决定的事和布置的工作必须有反应、有落实、有结果、有答复。

谈到纪律，我们想到的都是限制和约束，其实，纪律更是对个人自由和权利的保障。只有我们遵守这个社会的规范、法律，社会才能在和平的环境中发展，个人的权利才能得到保证。具体到某一个企业、某一个公司、某一个团队，只有在纪律的约束之下，其中的每一位成员才能获得自由，才不会受到别人的侵犯，才能真正进行那些具有创造性的工作。可以说，企业的纪律正是对员工权利的最大保护。而正是在纪律的约束下，每个人才能对自己严格要求，充分发 挥个人的聪明才智，从而提高整个团队的素质。

让金子在合适的位置上发光

六三：师或舆尸，凶。

象曰：师或舆尸，大无功也。

这一爻是说如果发现师旅经常往回搬运尸体，就说明战败了，自然意味着凶险。六三爻是阴爻，表明阴柔之人担任统帅，又处于凶险之位，是很危险的。这提示我们，用人之道，一定要量材而用，一定要考察任用之人能否胜任这个职位，否则不恰当的人处在不恰当的位置上，肯定不能取得成功。

少年时代，李嘉诚常常听父亲讲战国孟尝君的故事：孟尝君能成大事，得“客卿”之助也。因为孟尝君能够尊重德才兼备的人才，人才因此都投奔他。李嘉诚能成宏业，“客卿”也功不可没。

李嘉诚认为人才对于公司非常重要。他广纳贤才，不在意人才的出身和背景。只要有能力，均奉为上宾。一个人要成就一番事业，就必须有得力的人才辅佐。他曾高兴地对记者说：“你们不要老提我，我算什么超人，是大家同心协力的结果。”他身边有300员虎将，其中100个是外国人，200个是年富力强的香港人。20世纪80年代中期，李嘉诚的长实集团的管理层基本上实现了新老交替，各部门负责人大都是30～40岁的少壮派。其中最引人注目的要数霍建宁。

霍建宁擅长理财，负责长实全部的财务策划。李嘉诚很赏识他，长实的重大投资安排、银行贷款、债券兑换等，都是由霍建宁亲自策划或参与决策。这些项目动辄涉及数十亿资金，亏与盈都取决于最终决策。从李嘉诚对他如此器重和信任来看，可知盈多亏少。霍建宁本人的收入也很可观，他的年薪和董事基金，再加上非经常性收入如优惠股等，年收入可能在1000万港元以上。1985年，李嘉诚委任他为长实董事，两年后又提升他为董事副总经理。此时，霍建宁才35岁，如此年轻就担任香港最大集团的要职，实属罕见。

同样出色的还有一位女将洪小莲，她全面负责楼宇销售时还不到40岁。在长实上市之初，洪小莲就作为李嘉诚的秘书随其左右，后来又出任长实董事。长实总部虽不到200人，却是个超级商业帝国，每年为它工作与服务的人数以万计，资产市值在高峰期达2000多亿港元，业务往来跨越大半个地球。日常的大小事务，都要到洪小莲这里汇总。她工作勤奋、务实，颇得李嘉诚赏识。

曾有记者问李嘉诚："你的集团雇用了不少'鬼佬'做副手，是否含有展现华人经济实力和提高华人社会地位的成分？"李嘉诚答道："我还没那样想过，我只是想，集团的利益和工作确确实实需要他们。"

李嘉诚说的是实话，他身边的外国人都发挥出了实实在在的作用。在20世纪80年代中期，李嘉诚已控有几家老牌英资企业，管理这些企业最有效的办法就是"用洋人管洋人"，这样更利于相互间的沟通。这些老牌英资企业与欧美澳有广泛的联系，长实集团日后必然要走跨国化道路，任用洋人做代表，更有利于开拓国际市场，进行海外投资。

李嘉诚成功的一个重要原因就是身边有各种各样的优秀人才，他知人善任，给他们广阔的发展空间。香港的《壹周刊》曾说："如果非要给一些事业上没有李嘉诚成功的富豪挑挑毛病，那就是他们不懂得任用人才。"人才是一个人致富的"左膀右臂"，为了聚揽人才，郭台铭曾专门刊登1000万的广告，他说："人才再贵，也要坚决引进。"任用人才打拼天下是所有成功人士的共识，一个人再有智慧，也有解决不了的难题，集思广益，任用有才之人才是获取财富、取得成功的王道。

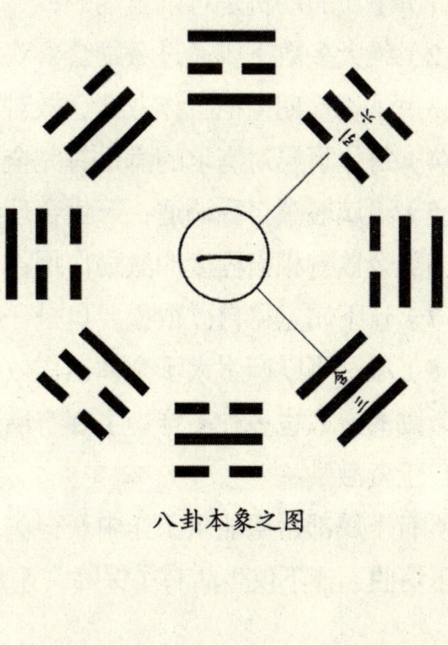

八卦本象之图

用好激励这把“宝刀”

上六：大君有命，开国承家，小人勿用。

象曰：大君有命，以正功也；小人勿用，必乱邦也。

这一爻是说：军队凯旋，天子颁布了诏命，按功劳大小而分封功臣，或封为诸侯，或封为上卿，或封为大夫，但小人绝不可以重用，否则必然危害并扰乱国家。用人之道也是如此，要舍得封赏，善于封赏，对那些做出成绩或者期待其做出成绩的人可以适当采用激励的方法来鼓舞士气。

有人说：“过度的压力可以让天才变白痴，适当的激励却可以让白痴变天才。”这句话道出了激励的伟大力量。

激励是一种有效的鞭策，可以激发员工努力工作，好好表现。缺乏激励则可能产生不良现象，如士气低落；员工流动率过大；彼此之间漠不关心，没有人情味；大家厌烦工作，生产力降低；不用心、不专心，到处制造浪费；一动不如一静，抵制革新……种种因素加在一起，就造成绩效不佳的可怕后果。

有人将“激励”比喻成一把宝刀，有刀刃，也有刀背，用得正确，用对地方，用对时机，效果很好；反之，则可能伤到自己，危及组织。因此，领导者更需用心学习正确的激励之道。

激励下属的第一步，是领导者首先建立正确的激励理念：

（1）下属的动机是可以驱动的；

（2）绝大多数下属通过激励会喜欢自己的工作；

（3）下属都期望把工作做好、做对，而不会存心犯错；

（4）每位下属对需求的满足有完全不同的期待；

（5）下属愿意自我调适，产生合理的行为；

（6）金钱有相当程度的激励作用；

（7）让下属觉得自己很重要也是一种激励手段；

（8）激励可以产生大于个体运作效果的绩效。

激励的方式也多种多样，主要有以下几种：

1. 工资激励法

所有下属都希望能从工作中获得满足。工资待遇是满足其生存需要的重要手段。有了工资收入，不仅生活有了保障，还是社会地位、角色扮演和个人成就的象征，具有重要的心理意义，工资收入要与下属付出的劳动相对应。

2. 奖金激励法

奖金是超额劳动的报酬，设立奖金是为了激励下属超额劳动的积极性。在发挥奖金激励作用的实际操作中，应注意以下三点：

（1）必须信守诺言，不能失信于人。失信一次，会造成以后重新激励的困难。

（2）不能搞平均主义。奖金激励一定要使工作表现最好的下属成为最满意的人，这样会使其他人明白奖金的实际意义。

（3）使奖金的增长与企业的发展紧密相连，让下属体会到，只有企业兴旺发达，自己的奖金才会不断增多，而下属的这种认识会收到同舟共济的效果。

3. 工作激励法

工作激励主要指工作的丰富化。工作丰富化能起到激励作用，是因为它可以使下属的潜能得到更大的发挥。

4. 支持激励法

上司可以明显地感觉到，对下属来说，“我批准你怎样做”与“我支持你怎样做”，两者的效果是不同的。一个好的上司，应善于启发下属自己出主意、想办法，善于支持下属的创造性建议，善于集中下属的智慧，把下属头脑中蕴藏的聪明才智挖掘出来，使人人开动脑筋，勇于创造。

5. 关怀激励法

得到关心和爱护是人的精神需要。它可以沟通人们的心灵，增进人们的感情，激励人们奋发向上，挖掘人们的潜力。上司应对全体下属关怀备至，创造一个和睦、友爱、温馨的环境。下属生活在团结友爱的集体里，相互关心、理解、尊重，会产生兴奋、畅快的感情，有利于开展工作。相反，如果下属生活在冷漠的环境里，就会产生孤独感和压抑感，情绪会低沉，积极性会受挫。

6. 竞争激励法

人们总有一种在竞争中成为优胜者的心理。组织各种形式的竞争比赛，可以激发人们的热情。比如，各技术工种之间的操作表演赛，各种考察下属个人的技能、智能、专长的比赛，以及围绕下属的学习、工作等开展的各项竞争比赛，对下属个体的发展有较大的激励作用。

总之，激励是一种充满智慧的管理方法，是上司给下属注入的“兴奋剂”。通过激励，可以将所有成员更紧密地团结在一起，也可以使下属更快乐、高效地工作，这无论对于员工本身还是整个团队，都具有积极意义。

第八卦 ䷇【比卦】交友之道

【原文】

比：吉。原筮，元永贞，无咎。不宁方来，后夫凶。

【释义】

比卦，吉祥。追寻、占问比和之道，只有抓住最根本的原因，才能获得永久的安宁；只有坚守正义，才不会遭遇凶险。原先不安顺的诸侯都来归顺，那些后来的顽固分子将会遭遇灾祸。

【智慧解读】

这个卦是异卦（下坤上坎）相叠，坤为地，坎为水。水附大地，地纳河海，相互依赖，亲密无间，阐述了相亲相辅、宽宏无私、精诚团结的道理。

那么，如何达到这样精诚团结的和谐局面呢？比卦强调了诚信的重要性，爻辞中“有孚比之，无咎”就是说用诚信的态度与人相处，结果是吉祥的。另外，比卦还谈到不要与不讲诚信的人相交，“比之匪人，不亦伤乎”，和行为不端正的人交朋友，这难道不是一件很可悲的事吗？强调了人际交往中诚信也是一个重要的原则。此外，比卦中还一如既往地谈到了关于人的道德修养问题，人应该胸怀宽广，即使对待对手、敌人、仇家也要有宽容的心态，化干戈为玉帛，这样的人才是君子，才是能成大事之人。

莫被恶友拖下水

六三：比之匪人。

象曰：比之匪人，不亦伤乎？

曾经有人这样说过："交上怎样的朋友，就会有怎样的命运。"这说明朋友对一个人的影响至关重要，所以在交朋友时，应该选择与乐观向上、富于进取心、品格高尚和有才能的人交往，这样才能保证你拥有良好的社交环境，获得好的精神食粮以及朋友的真诚帮助。而不要像"六三"爻中所说"比之匪人"，和行为不端正的人交朋友，这样的人只会跟你唱反调，最好远离他们。如果择友不慎，结交了那些思想消极、品格低下、行为恶劣的人，你就会陷入恶劣的环境难以自拔，甚至受到"恶友"的连累。

在一个名叫金巴兰的大森林里，住着一头鹿和一只乌鸦，它们相处得很和睦。一天，一只豺来到森林里，对鹿说："你住在这座森林里，也没有一个伴儿，你如果和我交个朋友，那该多好啊。"鹿听了便把豺领到家里。乌鸦远远地看见豺走来的时候，就对豺有了戒心。它把鹿叫到一边，悄悄地说："兄弟，你同地位、身份和脾气都不了解的豺交朋友，可不太明智啊。"但鹿没有听乌鸦的劝告，仍然同豺交了朋友。

一天，豺对鹿说："朋友，离这儿不远的地方有一大片金黄的稻田，到那里去你可以吃到最喜欢的食物。"于是鹿就每天到那片稻田里去吃稻子。护田人发现后就布了网，准备捉住它。一天，鹿刚来到田里就陷进网里了。鹿在网里想：在这危难时刻，我的朋友豺如果能来帮忙该多好啊！这时，豺果然到稻田里寻找鹿，看到这一情景便想：鹿终于陷进网里了，好哇！这回护田人剥了它的皮，我就可以吃肉了。

鹿突然发现了豺，急忙哀求道："朋友，你能救我脱险吗？你不救我，我肯定活不了了，请你想办法咬破网救救我吧，我是不会忘记你的恩情的。"

豺说："朋友，我可怜你，我看到你落难，心里十分难过，我一定要咬破这张网。不过，今天是我的斋戒日，不能吃肉，这网是用羊肠做的。明天一早，我就来救你。"豺说完就走了，来到隐蔽的地方藏了起来。

天快黑了，乌鸦还不见鹿回家，心里非常着急。它四处寻找，最后发现鹿正陷在网里。乌鸦说："朋友，你怎么会掉进网里？你的朋友豺在哪儿？"

鹿说："兄弟，这就是我不听你的话和豺交朋友的下场，真的，'不听好人言，遭殃在眼前'。"

"朋友，你赶快鼓起肚子躺在地上装死，听我大声叫的时候，你立刻爬起来逃走。"乌鸦说完，便飞到一棵树上。鹿依言而行。

护田人走近一看，以为鹿真的死了，便放下木棒去收网。这时，乌鸦立刻呱呱大叫起来。鹿闻声爬起，撒腿就逃。护田人发现后便拾起木棒向鹿扔去，没有打中鹿，却正好打中了藏在树丛后面等着吃鹿肉的豺。

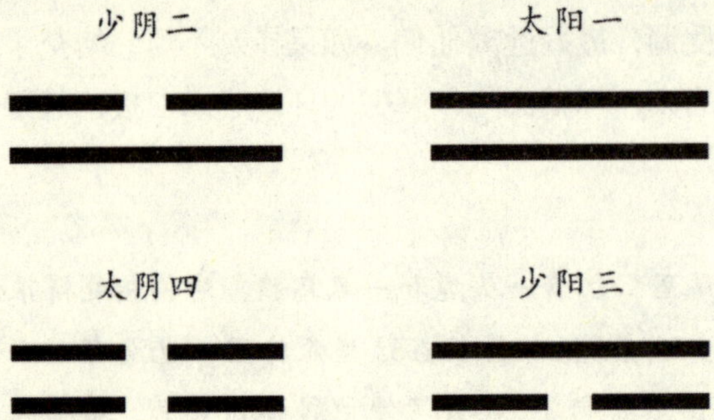

四象图

明代苏浚将朋友分为四种："道义相砥，过失相规，畏友也；缓急可共，生死可托，密友也；甘言如饴，游戏征逐，昵友也；利则相合，患则相倾，贼友也。"所谓畏友，就是基于道义而互相劝勉、规劝过去的朋友；所谓密友，就是可以同生死共患难的朋友；所谓昵友，就是整天在你面前甜言蜜语的酒肉朋友；所谓贼友，则像上文故事中的豺，看到你有利可图才与你在一起，当你遭遇困难却躲得远远的那类人。因此，要多交益友、畏友、密友，而不交损友、昵友、贼友。

古训说："近朱者赤，近墨者黑。"一个人交到什么样的朋友，会对他的思想、品德、学识产生深刻的影响。与身心健全的人交往，学习其身上的美好品质，不仅可以提升自我，受到别人的尊敬，也可以促进自己的身心健康，提高品德修养，享受到人生的美好。

所以，一个人要多接触高尚的人和美好的事物，从中寻求自己的定位，追求自己的目标，千万不要结交品德低下的朋友，避免被拖入无益的泥淖。

化敌为友，有容乃大

九五：显比，王用三驱，失前禽，邑人不诫，吉。

象曰：显比之吉，位正中也。舍逆取顺，失前禽也。邑人不诫，上使中也。

九五爻是在描述君王狩猎时的情景，要从三面驱赶，而将正前方空出，留一条逃生的通路。这样做的目的就是不要赶尽杀绝。君王狩猎都要心怀仁慈，给飞禽走兽留一条生路，我们在生活中更要胸怀坦荡、包容为大，即使对待对手甚至敌人，在不触犯原则的问题上，也要以大局为重。退一步海阔天空，多一些理解和宽容，化敌为友，这样才能在不知不觉中收获更多。

在美国一家市场里，有个中国女人的摊位生意特别好，引起了其他摊贩的嫉妒，大家常有意无意地把垃圾扫到她的店门口。这个中国女人只是微微一笑，不予计较，反而把垃圾都清扫到自己的角落。旁边卖菜的墨西哥妇人观察了她好几天，忍不住问道："大家都把垃圾扫到你这里来，你为什么不生气？"中国女人平静地回答："在我们国家，过年的时候，都会把垃圾往家里扫，垃圾越多就代表会赚越多的钱。现在每天都有人送钱到我这里，我怎么舍得拒绝呢？你看我的生意不是越来越好吗？"她的宽容、大度让那些捉弄过她的摊贩暗自惭愧不已，从此，那些垃圾再也没有出现过。她也渐渐成了市场里最受欢迎的人。

这个中国女人用一颗宽容的心，巧妙地将别人的"诅咒"化为美好的祝福，她用智慧宽恕了别人，更赢得了大家的尊重，同时，也为自己创造了融洽的人际环境。如果当时她带着怒气选择"报仇"，针锋相对，又会怎样呢？结果可想而知。

其实，消灭敌人最好的办法是把他们变成自己的朋友。在现实生活中，人与人之间的矛盾、摩擦不可避免，但大可不必将它们看得过重，动辄便上升到仇恨的地步。多一些宽容，多一些爱心，生活才会多一些温暖，多一些阳光。当你用宽容换来自己内心的豁达，用宽恕换来对方的微笑，你难道不是把最好的留给了自己吗？宽容的受益人不只是被宽容者，宽容别人就是解放自己。我们远离嫉妒与怨恨，就是远离了痛苦、心碎、绝望、愤怒和伤害。宽恕别人的过错，宽容别人的无意冒犯，宽容别人的缺点与不足，同时也是宽容了自己。

宽容体现了一个人的人格魅力，浓缩了友爱、体贴、理解、修养。宽容，应该是每一个人最重要的品质修养。

当然，宽容绝不是无原则的宽大无边，而是建立在自信、助人和有益于社会基础上的适度宽大，必须遵循法律和道德规范。对于事业上的对手甚至敌人，可以适当宽容，和谐共存，共生共赢。而对那些无理取闹甚至是用卑劣手段伤人的人，就要拿起法律武器维护自己的权益，不能心慈手软。

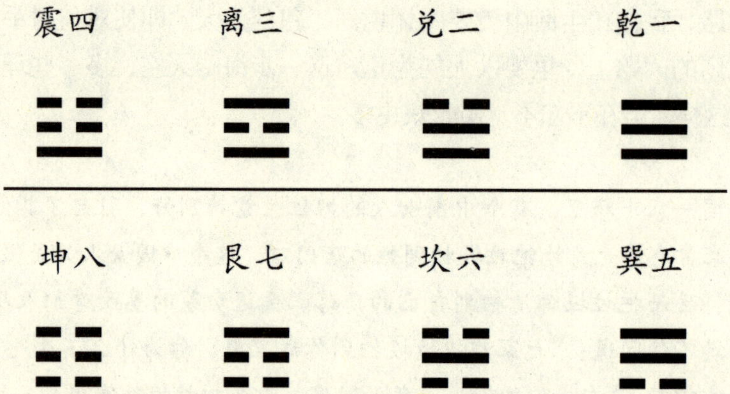

八卦图

第九卦【小畜卦】

常胜之道

【原文】

小畜：亨。密云不雨，自我西郊。

【释义】

小畜卦，亨通。天空中乌云密布，但是还不到下雨之时，更多的乌云正从西天而来。

【智慧解读】

天空中乌云密布，但还不到下雨的时候，即还未达到云行雨施、阴阳和合的地步，还只是小成功。更多的乌云从西天而来，即还需要继续积攒力量，需要更努力，慢慢扩大成就，这就是小畜卦的寓意。小畜，小有成就，但这只是万里长征的第一步，离将来的成功还差得很远，只有不断奋斗、提升自己，你的才能慢慢显露出来，你的人生才会更加美好。

当然并不是努力就能取得成功，从整个爻辞来看，还需要几个方面的条件：一是“复自道”，回到适合自己的道路上来，为自己准确定位，接下来的努力才是有意义的；二是用人之道：用人不疑，疑人不用，信任是一种最好的激励；三是一旦成功了，不能独享，要懂得共赢，与大家分享。

把自己放在胜者的位置

初九：复自道，何其咎，吉。

象曰：复自道，其义吉也。

复归于正道，是吉祥的。什么是“正道”？就是最适合自己的道路，舍弃这条正确的人生道路不走，别的都是歪门邪道。这一爻以阳刚位居最下，暗示着以前没有走正道，现在要醒悟改正，给自己重新定位，选择正确的人生方向，因此结局还是“吉”的。

一个乞丐站在路旁卖橘子，一名商人路过，向乞丐面前的纸盒里投入几枚硬币后，就匆匆忙忙地赶路了。

过了一会儿，商人回来取橘子，说：“对不起，我忘了拿橘子，因为你我毕竟都是商人。”

几年后，这位商人参加一次高级酒会，遇见了一位衣冠楚楚的先生向他敬酒致谢，此人就是当初卖橘子的乞丐。而他生活的改变，完全得益于商人的那句话：你我都是商人。

你把自己定位为乞丐，你就是乞丐；当你将自己定位为商人时，你就是商人。

定位决定人生，定位改变人生。

在现实生活中，总有这样一些人：他们或因受宿命论的影响，凡事听天由命；或因性格懦弱，习惯依赖他人；或因责任心太差，不敢承担责任；或因惰性太强，好逸恶劳；或因缺乏理想，混日为生……总之，他们把自己放在一个很低的定位上，遇事逃避，不敢为人之先，不敢转变思路，被一种消极心态支配，甚至走向极端。

其实，成功对每个人都有着不同的含义，但无论你怎样看待成功，都必须有自己的定位。

汽车大王福特从小就在头脑中构想能够在路上行走的机器，用来代替牲口和人力，而全家人都要他在农场做助手，但福特坚信自己可以成为一名机械师。于是，他用一年时间完成了别人要三年才能完成的机械师培训，随后花两年多时间研究蒸汽机，试图实现梦想，但没有成功。随后他又投入到汽油机研究，每天都梦想造出汽车。他的创意被发明家爱迪生所赏识，爱迪生邀请他到底特律担任工程师。经过十年努力，他成功地制造了第一部汽车引擎。

福特的成功完全归功于他的准确定位和不懈努力。他一直坚信自己能够成为一名机械师，并为之不懈努力，最终成为汽车大王。

亚里士多德说过，错误成千上万，正确只有一个。在众多的人生道路中，你只能选择最适合自己的那条，然后坚定不移地走下去，只有这样，才能取得越来越多的成就，才能不断接近成功。

"复自道"，找准自己的定位，是迈向成功人生的第一步。

善于运用信任之术，能得到更多的支持

六四：有孚；血去惕出，无咎。

象曰：有孚惕出，上合志也。

六四，此爻居于九五爻之下，柔受制于刚，表示下级与上级志同道合。说明作为下级要甘居其下，对领导诚心诚意，才能摆脱凶险。从另一个角度来看，也可以理解为上级一定要信任下级，这样才能营造和谐关系。因为，有时再多的奖赏也比不上一句信任的话，信任堪称上级对下级最有力的激励手段。

在土伦包围战期间，拿破仑命令一个炮兵连驻扎在一个暴露的位置。他的同僚反对，认为这样的兵力部署无异于自杀，并说士兵是不会服从的。于是拿破仑给这个炮兵连送去了一块牌子，上面写着"无畏的炮兵连"。结果尽管面对敌人的猛烈炮火，整个连队却始终坚守阵地。

就是这样简单的一句话，让一个炮兵连真的变成了"无畏的炮兵连"，这就是信任的力量。对于领导者来说，信任也是网罗人心、推进上下关系的一大法宝。

林肯传记提到他用人的方法：总统选召政敌参与内阁，不是没有前例。但

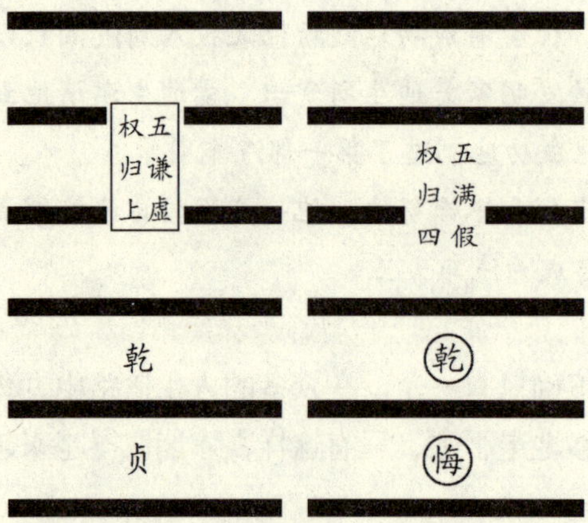

大小畜吉凶图

是蓄意将所有对自己失望的政敌都摆在身边似乎是惹祸上身。这是林肯真诚善意的表示——他要一些像他一样强或更强的人给他建议。他不害怕被排挤或被漠视，这正显示出他卓越的纯洁品格，以及对自己领导能力毋庸置疑的信心。他对别人的重视和信任，尤其是对政敌的重用和信任，更加突显了他的领导力。

南北战争期间，林肯授权的能力在他与将军们之间扮演了很重要的角色。起初，他难以找到可以推心置腹的人，当南方独立后，最好的将军都南下投奔南部邦联了，但林肯从没放弃希望。虽然有几位将军背信弃义，但他仍然给予留下来的将军充分的权力与自由。1863年6月，林肯把波多马克军队的指挥权交给米德将军。林肯希望米德能带得比前几位将军如本塞及胡克更好。在与米德会谈之后几小时，林肯差人送信给他，内容大致如下：

就目前局势而言，没有人比你得到过更大的指挥权，我相信你不会辜负国家对你的信任。你不会受总部任何时候的指示所干扰，你的军队可以视情况、照你的判断来行事……在你的军事行动范围内，所有的军力都听凭你调度。

米德在宾州小镇葛底斯堡面临第一次重大的挑战，并通过了这项考验。后来他成功遏制了李将军的部队，阻止南军攻进华盛顿，战功赫赫。

由此可见，林肯非常善于运用信任的方法来激励下属，是一位具有卓越领导能力的人。

给予别人充分的重视和信任能够充分激发别人的信心和创造力，对于个人来说，这是非常健康自信的心态，对于一个领导者来说，他收获的将是下属不遗余力地完成任务，结果往往会比他想象的还要好。

一度成为副总统候选人的詹姆士·斯多戈达尔将军曾宣称："领导必须建立在善意之上，就是以坦诚之心，全力扶助跟随者。"善于运用信任之术的人，必须做到以诚信待人，而且把这种信任准确无误地传达给别人，方能赢得更多的尊重和追随者。

最会赢的人总是和别人一起赢

九五：有孚挛如，富以其邻。

象曰：有孚挛如，不独富也。

此爻的意思是：坚持诚信，并与大家共享富贵，使周围的邻居也得到财富和实惠。这其实就是一种共赢的智慧。无论是与人合作，还是与人竞争，都不能只强调自己的利益，而要兼顾双方的利益，双赢双利才是真正的赢。现代有很多企业为了打击竞争对手，恨不能将对方置于死地而后快，这是一种狭隘的思维方式，注定不能长久。战争的至高境界是和平，竞争的至高境界是合作，最会赢的人不是自己赢，自己享受高处不胜寒的胜利，而是和别人一起赢，一起品尝胜利的果实。

中国人喜欢用筷子做餐具，用过筷子的人都知道，只有将两根独立的筷子放在一起才能夹起东西。如果你分开它们，用其中的任一根来用餐，那么恐怕你就会饿肚子了。这正是对共赢思想的最好诠释——和他人一起赢，你将会赢得更多。

一名商人在一团漆黑的路上小心翼翼地走着，心里懊悔出门时为什么不带上照明的工具。忽然前面出现了一点光亮，并渐渐地靠近。灯光照亮了附近的路，商人走起来也顺畅了一些。待到他走近灯光时，才发现那个提着灯笼走路的人竟然是一位盲人。

商人十分疑惑地问那位盲人："你双目失明，灯笼对你一点用处也没有，你为什么要打灯笼呢？不怕浪费灯油吗？"

盲人慢条斯理地回答道："我打灯笼并不是为给别人照路，而是因为在黑暗中行走，别人往往看不见我，我便很容易被人撞倒。而我提着灯笼走路，灯光虽不能帮我看清前面的路，却能让别人看见我。这样，我就不会被别人撞倒了。"

这位盲人为他人照亮了漆黑的路，为他人带来了方便，同时因此保护了自己。正如印度谚语所说："帮助你的兄弟划船过河吧！瞧，你自己不也过河了？"

"互利互惠"才能"双赢"，这是与竞争对手寻求共同利益的最好办法。

杨溢在竞争记者部主任一职时败给了竞争对手杨乐，心里很不是滋味。她担心自己以后没有好日子过，就想调离记者部去做专职编辑，但又不甘心放弃记者生涯。正在犹豫不决时，她忽然得到一项重要任务：负责一个重大选题的采访，并被任命为首席记者。

这就是记者部主任杨乐对待同事兼竞争对手的策略："如果我不任命她为首席记者，不委以重任，部门里就会形成以她和我为中心的两个帮派。这样工作还怎么展开？我的目标就是让我们这个部门做得更出色，取得更大的成绩，而不是打击我的对手。只有让部门里的人同心协力，我才能做得更好，才能有更大的发展。所以我尽量对杨溢委以重任，给她一些重大且富有挑战性的采访任务，让她有受到器重的感觉。何况她还是整个部里最有实力的记者，工作能力很强，又有威望，处理得好，会成为我最得力的助手。"果然，很快杨溢就对杨乐心服口服，忠心辅助杨乐，办公室里的向心力也大大增强。杨乐因此进入了事业上如鱼得水的空间。

同事间本来就是既合作又竞争的关系，若换个角度想，以健康的心态看待竞争关系，当同事能力越来越强，无异于在无形中促使你提升实力。更何况，社会竞争如此激烈，你只有不断地提升自己，不断挑战更大的目标，才能让自己变得更强，而不只是与同一个屋檐下的同事比高低。

一个真正理解竞争的含义、敢于接受挑战的人不会惧怕对手，更不会将胜利定位于打败对手。其实，竞争正是你提升自己的绝佳机会，在对手的身上你能更清楚地看到自己的不足，更清楚应努力的方向。这不是一种莫大的收获吗？在竞争中与他人一起进步，赢得更多，这是《易经》小畜卦给予我们的智慧。

第十卦 ䷉【履卦】

“如履薄冰”的处世心态

【原文】

履，履虎尾，不咥人，亨。

【释义】

履卦，踩在老虎尾巴上，老虎没有来咬，这是亨通的。

【智慧解读】

《履卦》的卦象是兑（泽）下乾（天）上，为天下有泽之表象。上有天，下有泽，说明要处处小心谨慎，如行在沼泽之上，一不注意就会陷下去；君子要深明大义，分清上下尊卑名分，坚定百姓的意志，遵循礼仪而行，必然秩序井然。

“履”即如履薄冰、小心谨慎之意，这是此卦的基调，寓意做事要循礼而行，小心实践。同样是踩到老虎的尾巴，卦辞、九四爻辞说老虎不咬人，六三爻辞却说老虎会咬人，为什么？因为前者小心谨慎，后者莽撞冒失。这说明做事成功与否，关键在于自己的行动，在才能不足时，切勿冒险逞能，要懂得韬光养晦、积蓄力量。即使取得一定的成功，也要有惶恐之心，懂得居安思危，不可妄自尊大、刚愎自用。

在劣势中懂得隐藏自己的实力

初九：素履，往无咎。

象曰：素履之往，独行愿也。

初九，一直谦恭地走正道，因此前进途中必无灾祸。这是本卦第一爻，说明当人处于逆境时，一开始就要小心谨慎，低调行事，就像踩在老虎尾巴上那样如履薄冰，才能获得吉祥，实现心中的愿望。日本著名科学家系川英夫在著作《一位开拓者的思考》中，讲了一段极富哲理的话："人生的重挫酷似游客翻船，为使身体不致被水流动所产生的吸力紧紧地吸附于船底，窒息而死，就要在落水后借助坠落的劲儿蜷缩身体一沉到底，然后再顺着水流浮出水面，以求摆脱葬身鱼腹的命运。"

这里的"蜷缩身体"、"一沉到底"，看上去好像非常卑微，一副无所作为、听天由命的样子，却正是最好的求生之道。如果不顾客观实际，落水后拼命胡乱扑腾，只能事与愿违，葬身鱼腹。

同样的道理，当人生处于逆境时，如果违背客观规律，非要蛮干硬顶，不仅无助于事情的解决，反而会加剧事态的进一步恶化。按照系川英夫的观点，逆境之中最关键的就是"韬光养晦"，小心翼翼地适应所处的环境，暗中积蓄力量。

1966年1月，印度总理夏斯特里突然去世。消息传出，印度政坛各派纷纷摩拳擦掌。

当时，很有实力争夺总理职位的人是国大党资历最老的德赛和代总理南达，英迪拉就政治实力而言位居下风。英迪拉向幕僚们表示了角逐总理职位的雄心。然而，对手十分强大，如何才能实现称雄政坛的夙愿呢？在冷静分析之后，英迪拉决定不过早地投入角逐，而是韬光养晦，等到政敌们两败俱伤时再出击。

形势的发展果然如她所料。德赛骄横固执，以唯一候选人的身份自居，不愿与人分享权力。德赛的表现大伤人心，尤其伤害了党内辛迪加派的感情。该派决定阻止德赛上台，开始物色新的候选人。

代总理南达也不甘示弱，四处奔走为升任正式总理摇唇鼓舌，与政敌斗得你死我活。

各派争斗越发激烈。

在一旁静观的英迪拉由于没有过早出击，政坛各派以为她无意问津，因而无人向她发难，在公众心目中她仍是一个有谦恭风范的政治家。

局势渐趋明朗时，英迪拉不失时机地开始行动。她凭借大名鼎鼎的尼赫鲁之女的特殊身份，党内各派及社会舆论对她无恶感等有利条件，施展卓越的政治才华。她说服了辛迪加派和担心专横的德赛上台的人，并得到了他们的支持。接着，她又利用政治手腕笼络住国大党的多数党员。经过辛迪加派的疏通，国大党执政的十个邦的首席部长表示愿意支持英迪拉。南达见称雄政坛无望便退出了竞选，唯有德赛欲与英迪拉决一死战。德赛对英迪拉大肆攻击谩骂，意在抓住英迪拉反击时露出的破绽而大做文章。而英迪拉仍然保持谦和的风度，令公众大加赞赏，结果以压倒性优势当选印度总理。

英迪拉的成功之处在于她处于劣势时善于守拙，深藏不露，静待时机，待政敌互相倾轧、元气大伤时方果断出击。

人的处境有时无法选择，当身陷危险或尴尬时，头脑一定要灵活，遇事该方则方，不该方时就要圆熟一些，尤其在遇到对自己不利的形势时，应将刚正不阿和委曲求全结合起来，先将自己置于有利地位，再伺机反击。在上例中，英迪拉就选择了韬光养晦、巧妙周旋的道路，事实证明，这也是正确的道路。

人无远虑，必有近忧

九四：履虎尾，诉诉，终吉。

象曰：诉诉，终吉，志行也。

踩在老虎尾巴上，如果十分谨慎小心，终究还是吉祥的。

人要有恐惧之心，要有忧患意识，就像踩在老虎尾巴上，必须"战战兢兢，如履薄冰"，才能安然无恙。古人云，人无远虑，必有近忧，只有小心行事，时时处处警觉，才能趋吉避凶，化险为夷。万不可觉得自己已经功成名就，可以躺在功劳簿上高枕无忧了。殊不知，危险正是在懈怠中悄悄产生的。等到突变到来，才手足无措，再想挽回，已经无能为力。

未来不可预测，人也不是天天走好运的，所以，我们要有危机意识，以便应对突如其来的变化。有危机意识，或许不能把问题消弭，却可把损害降到最低，为自己找到生路。

危机意识是不可缺少的，正因为那些潜在的威胁，你才不会沉沉睡去，而是小心提防，时刻保持高度警惕，这样才不会给敌人以可乘之机。有了危机意识，才不会让自己真的陷入困境，束手无策。这也就是“人无远虑，必有近忧”蕴藏的道理。

无论目前自己的发展状况有多么稳定，都不能排除来自敌人的威胁。在敌人积聚实力的同时，自己不突破、不进步，势必会落后。要想不被敌人打败，必须以更快的发展来超越敌人的发展，以更快的进步来超越敌人的进步，一刻也不能停息。

有一只野猪对着树干磨它的獠牙，一只狐狸见了，问它为什么不躺下休息享乐，而且现在没看到猎人和猎狗。野猪回答：“等到猎人和猎狗出现时再磨牙就来不及啦！”

的确，时刻也不能放松，如果没有远见，看不到潜在的危险，那么，在你防备最松懈的时候，危险突然而至，你除了惊慌失措、束手就擒之外，还能有什么作为？

那么，应如何把危机意识落实在日常生活中呢？

首先要随时有接受、迎接突发状况的准备，要有远虑，这是心理预防。心理有准备，到时便不会手足无措。

其次是在生活中、工作上和人际关系方面要有足够的认识和准备：人有旦夕祸福，如果有意外的灾难，生活应该怎么继续？要如何解决困难？世上没有天长地久的事，万一失业了，有何退路？有人取代了我现在的位置，我又该怎么办？

其实你要想的“万一”并不止这几样，所有的事都要有“万一……怎么办”的“远虑”，未雨绸缪，早做准备。尤其关乎前程与生存的事业，更应该有危机意识，随时把“万一”摆在心里。

没有危机感就是最大的危机。成就的花朵再美，也只属于过去的时光，前面有着更重的担子、更曲折的征程在等着我们，这就要求我们必须牢记《易经》的教诲：要在一生之中，时刻保持警觉，保持上进心，这样，危险因素就会消弭在膨胀之前，人生因而平安和乐。

锋芒过露，伤别人也害自己

九五：夬履，贞厉。

象曰：夬履贞厉，位正当也。

本来这一爻为刚爻，居刚位，当位又居中，是"九五之尊"，非常好的情势。然而由于过分主观武断，锋芒毕露，刚愎自用，反而变成了危险。

古人认为，一个人若无锋芒，那就是提不起来，所以有锋芒是好事，是事业成功的基础，在适当的场合显露一下既有必要，也很应当。然而，锋芒太盛会刺伤别人，也会刺伤自己。若过分展露锋芒，就会遭到小人的嫉恨，最终导致失败。

在现实生活中存在着很多自视颇高的人，他们锐气旺盛，锋芒毕露，咄咄逼人，处事不留余地，有十分的才能与智慧，就十二分地表现出来。他们往往有着充沛的精力、极高的热情，也有一定的才能，但这种人往往在人生旅途中屡遭挫折。

一位本科毕业刚分配到某矿务局工作的大学生，刚进单位就牢骚满腹，没到一个月，他就给单位领导上了洋洋万言的意见书，上至单位领导的工作作风与方法，下至单位职工的福利，都一一列出了现存的问题与弊端，提出了周详的改进意见。但效果却适得其反，某些掌握实权的领导视他为狂妄乃至神经病，不仅没有采纳他的意见，还借某些理由将他退回学校再作分配。两年之内，他因同样的情况换了四个单位，而且单位越换越不如意，他牢骚更甚，意见更多，却无可奈何。

这位大学生是锋芒毕露者的典型，这类人在为人处世方面少了一根弦，以致屡屡在新的人际关系圈子中不能处理好各种关系，加上在工作上又不注意讲究策略与方式，结果不仅没有将个人的才能最大限度地发挥出来，还招来了排挤打击。随着时光的流逝，这种人最后并没有因锋芒毕露而走向成功，却屡受挫折，磨光了棱角，最后成为毫不起眼的"钝器"。

所以，做人还是低调点好，锋芒毕露只会将自己暴露在弹火纷飞的壕沟外，饱受"明枪暗箭"的攻击。

当然，如果没有了锋芒，就很难为自己奠定事业成功的基础，但如果总是锋芒毕露，而不懂得藏锋入鞘，那也是件很危险的事，甚至很可能将事业的基础毁于一旦。锋芒可以刺伤别人，也会刺伤自已，运用起来应该小心谨慎。所谓物极必反，过分外露才华反而容易导致失败。

因此，在适当的场合显才、露才固然必要，但要想做成大事，也要学会藏锋入鞘，不要总是锋芒太露，为事业成功增加难度。而如果你锋芒毕露、急于求成，凡事都要争个“先手”，有时还要 “抢跑”，就会使自已在实力还不够时过早掀起或卷入竞争，成为众矢之的。

第十一卦 ䷊【泰卦】

如何与人和谐处

【原文】

泰：小往大来，吉，亨。

【释义】

泰卦象征通达：这时弱小者离去，强大者到来，吉祥，亨通。

【智慧解读】

泰卦的卦象为乾（天）下坤（地）上，地气上升，乾气下降，阴阳二气一升一降，互相交合，顺畅通达；君主这时要掌握时机，成就天地交合之道，促成天地化生万物之机宜，护佑天下百姓，使他们安居乐业。这其中暗含了沟通调和的道理，这也是泰卦告诉我们的化解矛盾的方法。

其实，很多矛盾都是由于缺少沟通导致的，只要把误会解开，矛盾也就解决了。所以一个人一定要“包荒”，要与别人沟通，不能自视过高、孤芳自赏。泰卦的最后一个字是“吝”，这就是不沟通的结果。泰卦里面还提到了一个非常有名的故事“帝乙归妹”，这种联姻的方式其实也是一种沟通交合的方法。

向成功者学习成功

初九：拔茅茹，以其彙，征吉。
象曰：拔茅征吉，志在外也。

本来要拔一根茅草，结果把草丛、草根都拔出来了，这是告诉我们要用类推的方法来预知、推理事情。应用到为人处世方面就是要我们明白：物以类聚，人以群分。你想成为什么样的人，就要经常与什么样的人接触，跟他们打交道，学习他们为人处世的方法，这样你就能很快地融入他们那个圈子当中，成为他们中的一员。

一位著名的企业家通过"十年修得同船渡"的方法结识了许多社会名流，他的经验是："在每次出差的时候，我都选择飞机的头等舱。一个封闭的空间，不会有其他杂事或电话干扰，可以好好地聊上一阵。而且搭乘头等舱的都是一流人士，只要你愿意，大可主动积极地去认识他们。我通常都会主动地问对方：'可以跟您聊天吗？'由于在飞机上确实也没事可做，对方通常都不会拒绝。因此，我在飞机上认识了不少大人物。"

与成功人士交往，目的是使自己也成为成功者。心理学研究表明，环境可以让一个人产生特定的思维习惯，甚至是行为习惯。环境能够改变我们的思维与行为习惯，直接影响我们的工作效能与生活。有时决定一个人身份和地位的并不完全是他的才能和价值，而是他与什么样的人在一起。一个人要想取得成功，就必须结交一些成功人士，为自己平步青云铺路。

拿破仑·希尔在美国家喻户晓，他创造性地建立全新的成功学，并在人际学、创造学、成功学等领域比卡耐基有着更高的地位。

1883年10月26日，希尔出生于美国弗吉尼亚的一个贫寒之家，这是一个深谙教育孩子去争取成功、激励孩子获得成就的家庭。18岁时，他正上大学，并为一家杂志社工作，他有幸被派去采访"钢铁大王"、人际关系学家卡耐基。卡耐基很快发现了希尔身上的创造性，他征询希尔是否愿意从事对美国成功人士的研究工作。

希尔当即同意。

卡耐基不愧为一位可敬的导师，他拿出大量时间与希尔讨论成功学问题，并利用私谊写信给美国政界、工商界、科学界、金融界取得卓越成绩的高层人士，介绍希尔与他们相识。

在以后的20年中，已经获得博士学位的拿破仑·希尔访问了包括福特、罗斯福、洛克菲勒、爱迪生、贝尔等著名人士在内的500多位成功者，并进行深入的研究。在整整20年后，他完成了划时代意义的八卷本《成功规律》。这部书成为激励千百万人获得财富和权势的教科书，希尔也成为美国社会享有盛誉的学者。

此后希尔成为美国两位总统伍德罗·威尔逊和富兰克林·罗斯福的顾问，他影响了两位总统所作的决定，而这些决定又影响着美国历史的进程。数年后，他辞谢官职，集中全部精力从事著述，1937年希尔完成了《思考致富》一书，创下了1000多万册的惊人销量。

1960年，希尔与他事业的接班人克里曼特·斯通合著出版了《人人都能成功》。这本书激励人们通过纠正意识、性格和生活习惯上的缺点，获得人生的财富。它又为希尔赢得了极大的荣誉和尊敬。

因此，你要想做什么样的人，就要和什么样的人在一起。你要想成为一个成功者，就先要学会和成功者在一起。与成功者为伍，有助于我们在身边形成一个“成功”的氛围。在这个氛围中，我们可以向身边的成功人士学习正确的思维方法，感受他们的热情，了解并掌握他们处理问题的方法。

墙角的花孤芳自赏时，天地就小了

九二：包荒，用冯河，不遐遗，朋亡，得尚于中行。

象曰：包荒，得尚于中行，以光大也。

这一爻为阳爻，但是居阴位，表示它有包容心，能用安泰、通泰的精神包容无能之辈和边远地方的人。“包荒”，包容广大，包容有缺点的人甚至无能的人，也能包容那些偏远地方的贤士，“朋亡”又表明包容不等于结党营私。这样做实际上就是“中行”，走中正的道路。在人际交往中，我们也应该怀有包容之心，以谦让豁达来赢得更多的朋友；不要结党营私，局限在某个小团体之内，更不要妄自尊大、孤芳自赏，走到孤立无援的地步。

安德森是个非常优秀的青年，头脑一向很聪明，在大学期间是令人羡慕的学习尖子。或许正因如此，其他人在他眼里简直不值一提。

他是一个特立独行的人，时时感到自己“鹤立鸡群”。他不仅瞧不起周围的同学，对一些教授也不放在心上，因为他们讲的课程对他来说实在太简单了。

学业上的优秀使安德森逐渐形成了一种优越感，因而在人际交往上常常变得极为挑剔，容不得别人有一点毛病。一次，有位同学向他借了一本书，书还回来时弄破了一点，虽然那位同学一再向他表示歉意，但安德森仍然无法原谅他。尽管碍于面子，他当时什么话也没说，然而从那以后，他再也不愿理睬那位同学了。

渐渐地，安德森成了其他同学眼中的怪人，大家不敢再和他交往，甚至不愿意和他交往。当然，这种集体排斥并没有阻碍安德森在学业上的成功。

安德森的功课门门都很优秀，年年都拿奖学金，还曾代表学校参加国际性竞赛并获得了奖项。许多老师和学生都一致认为，他是一个难得的天才。

数年寒窗苦读后，安德森以优异的成绩毕业，顺利进入一家待遇优厚的大公司。他心中对未来充满憧憬，准备干出一番轰轰烈烈的事业。不过，上班后的生活远远不像在学校里那样简单，每天都少不了和上司、同事、客户等各种各样的人打交道，安德森对此感到十分厌烦。原因在于，他在与人交往时仍然抱着那种挑剔的心理，一旦与人接触就对他人的缺点非常敏感。

毕竟，安德森太优秀了，很少有人能够和他相提并论。他对别人的挑剔越来越严重，逐渐发展成对他人的厌恶。他讨厌那些平庸的同事、低能的上司，有时甚至说不清对方有什么具体的缺点，但他就是感觉不对劲。

长此以往，安德森与周围的人关系搞得很紧张，彼此都感到很别扭。他经常与同事闹得不可开交，也往往因一些微不足道的小事而与上司发生口角。

终于有一天，安德森彻底变成了一个无人理睬的闲人。尽管他确实很有才干，但上司不再派给他任何任务，同事们也像躲避瘟疫一样远离他。在走投无路之际，他被迫写了一份辞职书，结果马上得到批准。

随后，安德森又到别处应聘，可是一连换了四五家单位，竟然没有一家让他感到满意。这位原本前途远大的青年，心情变得越来越苦闷，日益形单影只。在巨大的痛苦煎熬下，他的精神逐渐崩溃，最后被送入了一家精神病院。

安德森的人生可谓一场悲剧，但这场悲剧是他孤芳自赏的性格造成的。一个很优秀的人，难免会有些骄傲和自信心膨胀，这便需要保持清醒的头脑，看到自身的不足，用谦虚恭敬的态度为人处世，只有这样才能不断提高自己，同时获得别人的认可。

总之，做人不能太自以为是，否则就容易忘乎所以、刚愎自用，对人对事吹毛求疵。这样的人，即便本领再高强，也不会受人尊敬、被人重用。

敢想，然后去做

六五：帝乙归妹，以祉元吉。

象曰：以祉元吉，中以行愿也。

“帝乙把女儿嫁给贤德而又富裕的人家，因此获得了深厚的福分，是吉利的事情”，说明因实现了长期以来心中祈求的意愿，所以结果是吉祥的。六五爻是泰卦最关键的一爻，正因为六五爻的做法，才带来了泰卦的大吉大利。其实每个人都是一样：做一件事，首先在心里要十分确定并且很想做成，才有可能真的成功。不能心里想着试试看就好，不行就放弃，不竭尽全力去做，是很难成功的。

一位哲人在风烛残年之际想考验并点化一下那位平时看来很不错的助手，以期他能接替自己。他把助手叫到床前，说：“我的蜡烛所剩不多了，得找另一根蜡烛接着点下去，你明白我的意思吗？”

“明白。”那位助手赶忙说，“您的思想光辉是应该得到很好的传承……”

“可是，”哲人慢悠悠地说，“我需

阴阳鱼图

要一位最优秀的传承者，他不但要有相当的智慧，还必须有充分的信心和非凡的勇气……这样的人选直到目前我还没有，你帮我寻找和发掘一位，好吗？”

“好的，好的。”助手很温顺很谦恭地说，“我一定竭尽全力地去寻找，不辜负您的栽培和信任。”

哲人笑了笑，没再说什么。

那位忠诚而勤奋的助手，不辞辛劳地通过各种渠道开始四处寻找。可他领来一位又一位，总被哲人一一婉言谢绝了。

当那位助手多次无功而返，无奈地回到哲人病床前时，病入膏肓的哲人硬撑着身子坐起来，抚着那位助手的肩膀说：“真是辛苦你了，不过，你找来的那些人，其实还不如你……”

“我一定加倍努力，”助手言辞恳切地说，“找遍城乡各地、五湖四海，我也要把最优秀的人挖掘出来，举荐给您。”

哲人笑笑，不再说话。

半年之后，哲人眼看就要告别人世，最优秀的人选还是没有眉目。助手非常惭愧，泪流满面地坐在病床边，语气沉重地说：“我真对不起您，令您失望了！”

“失望的是我，对不起的却是你自己。”哲人说到这里，很失意地闭上眼睛，停顿了许久，不无哀怨地说，“本来，你就是最优秀的。只是你不敢相信自己，才把自己忽略、耽误、丢失了……”话没说完，一代哲人就永远离开了人世。

成功有一个必要条件——心向往之。内心灼热的欲望是一团火，会燃起身上沉睡的潜能。没有什么是不可能的，只要你肯努力，你就能成为你想成为的那种人。哲人的助手因为缺乏这种欲望，而与世上最伟大的思想家的嫡传弟子失之交臂。如果有人能很好地把握这种欲望，就能使平庸的生活被奇迹代替。

有这样一个真实的故事，一个女孩小时候因医疗事故导致胸部以下失去知觉，她瘫痪了。她觉得自己的一生只能这样终结了，一个整天躺在床上的人能做些什么呢？于是她整天看些闲书来打发时光。

一天，来为她做针灸的大夫在离开时对她说：“你既然能看这些闲书，干吗不去自学落下的功课呢？”这句话让女孩猛醒过来，开始了病床上的求学之路，每门课程结束，她都会让爸爸给自己考试，当成绩合格的时候，她才会松一口气。她用五年的时间完成了初中、高中的全部课程，完全能够参加高考了，却发现一个残酷的现实：她当时的身体状况根本不允许她进行这么长时间的考试。

但她没有放弃，又参加了英语自考辅导班。用了四年时间，她在没有初中和高中毕业证的情况下，获得了全国的英语专科自考毕业证。

再后来，她又先后获得了自考的本科学历证和在职硕士进修班的毕业证。令所有人震惊的是，她竟然还拿到了第四个学位证——博士证。现在，她凭借丰富的专业知识和惊人的毅力，已经在工作岗位上取得了非凡的成绩。她终于实现了梦想，成为一个有用的人，一个成功的人。

如果这个女孩接受了世俗的眼光对她的认定，那么，今天她也许只会是躺在病床上等着别人照顾的弱者。但是，坚强、勇敢和不屈不挠改变了她的一生，实现了自己的梦想。

所以，想要成为什么样的人，就向着那个目标去努力，不要害怕任何艰难险阻，永远不要停歇。做自己想做的人，首先你要敢想，战胜内心对陌生事物的恐惧感。生命的长度有限，生命的宽度却不可测量，你要敢于不断去延展它。我们需要的许多能量其实就在自己身上，要做的只不过是将它挖掘、激发出来。

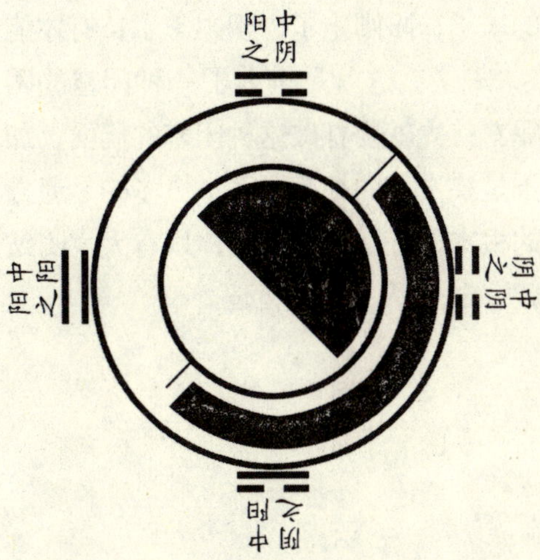

两仪生四象图

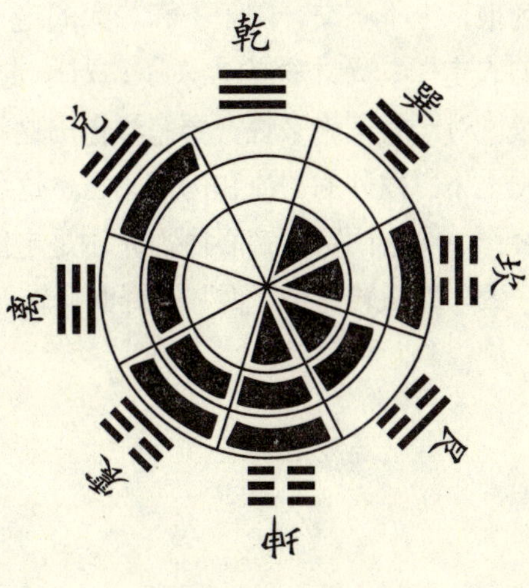

四象生八卦图

第十二卦 ䷋【否卦】

保全自己的智慧

【原文】

否：否之匪人，不利君子贞，大往小来。

【释义】

否卦，在否塞的状况下，是没有人道的，对君子来说是不利的。大的走了，小的来了。

【智慧解读】

否卦的卦象与泰卦正好相反，是天地之气不沟通、不交合的情景。上为天、下为地，上下不交，阴阳不和。大的走了，小的来了；阳刚走了，阴柔来了；有才能的人走了，无才德的人来了；君子走了，小人来了。这就是进入了一种闭塞的困境。对于管理者来说，要怎样走出这种困境呢？首先就要打破这种闭塞的局面，加强上下、内外的交流和沟通，当然这种沟通不是狭义上的相互联系，更多的是通力合作、同心同德、齐心协力，才是走出困境的根本保证。否极泰来，只有大家团结一致才能扭转这种“否”的局面，转而为“泰”，这是人生的大哲理。

同心协力是走出困境的保障

初六：拔茅茹，以其汇，贞吉，亨。

象曰：拔茅贞吉，志在君也。

拔起一把茅草，只见它们的根连在一起，物以类聚，找它们时要以其种类来识别，结果是吉祥的，亨通。

初六，同泰卦初九爻一样，下面三条爻全为阴爻，即带出了一片。下三爻皆为阴爻，上承的是天，配应的是君主，故此句意思是要辅佐君主。只要甘居人下，诚心辅助君主，就能改变否塞局面，变为亨通了。另外，并不是否卦不好，六条爻就都不好，任何事物都是这样，即使在最不好的情况下也会蕴涵着好的情况，只看是不是善于运用。从初六爻来看，植物尚且懂得团结起来力量大的道理，人类更应明白：在遭遇困境时，只有同心协力才能有所突破。

一群狼被猎人赶进了一个洞里。

猎人在洞口安放了一只兽夹，哪只狼先出洞就会被夹住，但其余的狼就得救了。狼群在洞里饿了一天一夜，开始讨论谁先出洞的问题。

老狼说："我年岁最大，先出洞不太合适吧。"

小狼说："我的年龄最小，不该我先出去。"

母狼说："我家里还有三只狼崽等着我喂奶，你们忍心饿死他们吗？"

一只跛脚狼说："我已经负伤了，应该照顾我。"

只剩下一只壮狼了，他说："我不能先出去。如果我最后冲出去，我可以为大家报仇，去咬死猎人。"

几天后，猎人从洞里拖出一群饿死的狼。

看了这则寓言故事，大家可能都会觉得那群狼真笨，只想自己活着，那么自私，那么贪生怕死，谁也不能带个头，结果都死在了洞里。它们只晓得自己拾柴为自己取暖，却不知把大家的柴聚在一起热量会更强。

法国人创造了"团体精神"这个名词。日本的企业成员也不一定具有血缘关系，但凡是进入某一"家"共同生活者，即被认为是这一"家"的完整成员。这就是“团体的意识”。

单打独斗的个人英雄主义时代早已不适应双赢的时代了。我们早已迈入合作就是力量、讲求团队默契的新纪元。领导不再是明星，虽然位高权重，拥有领导统御的大权，但是如果缺少了一批忠心耿耿的下属，还是很难成就大事。任何组织、任何部门，现在需要的不仅是一位面面俱到的领导人才，更需要整个团队的合作精神。

管理大师威廉·戴尔在《建立团队》一书中就一针见血地指出，近15年来，经理人在组织内的角色已经发生重大改变：“过去被视为传奇英雄，并能一手改写组织或部门的强硬经理人，在现今日趋复杂的组织下，已被另一种新型经理人取代。这种经理人能将不同背景、训练和有经验的人，组织成一个有效率的工作团体。”

有句老话：“驼负千斤，蚁负一粒。”讲的是从自身重量来看负重的力量，单个蚂蚁的力量虽然微不足道，但蚁群的力量就远远超过了骆驼的力量。富兰克林说：“没有任何动物比蚂蚁更勤奋，然而它却最沉默寡言。”这是对蚂蚁精神最好的写照，团结在一起，不用说谁做的更多，团体的力量会是所有单人力量加在一起的很多倍，当困难来临时，这才是最有力的支撑。

逢人未可全抛一片心

六二：包承。小人吉，大人否亨。

象曰：大人否亨，不乱群也。

六二爻，是下卦坤卦的中位，又居正位。坤代指地，故有包容性，上面是乾卦，代指天，地能顺承天，这里六二爻包承的是九五爻这个君主。可见这一爻既能守住中正之道，又能包容并顺承天道，因此是吉祥的。这种包容与顺承就是“大人”改变否塞之道的方法。但常言道“防人之心不可无”，虽然“包承”小人可以改变否塞的局面，但对于小人切不可“全抛一片心”，在未弄清对方底细之前，还是要多一些戒备之心，以防被小人利用或者陷害。

林群在一家广告公司工作，过着平静安稳的生活，和同事们打成一片，关系相当不错。但不久这样的生活被公司新来的一个业务员瑶瑶完全扰乱了。瑶瑶嘴很甜，处处讨好林群，林群也很快就和她成了好朋友，并且非常信任她，重要的客户资料都任她随意翻看。一次林群在工作中出现了一个失误，赵主管严厉地批评了她一顿。林群出了门，便怒气冲冲地约瑶瑶逛街，瑶瑶为了逗林群开心，便把赵主管大骂一通。林群觉得很可笑，也就跟着骂了几句。

一段时间后，林群发现自己的许多重要客户都不再跟自己联络了，便跑去调查。结果她震惊了，客户居然转到了瑶瑶手里。林群生气地去找赵主管告状，没想到赵主管却冷淡地对她说："工作做不好，也别去抱怨别人。还有，以后有什么意见请当面跟我说，犯不着背后骂人！"林群目瞪口呆地走出办公室，怪谁呢？只恨自己识人不清。三天后，林群离职了！

想必林群压根就没想到瑶瑶会是一个暗地里告状的小人，也就放松了警惕，落得个离职的结果。知人知面不知心啊，小人岂能不防?

避免被小人陷害的关键在于：不要轻信他人。在为人熟知的农夫和蛇的故事里，农夫因为轻信了蛇的谎言，将快冻僵的蛇救活，结果却被以怨报德的蛇咬死了。这个农夫就是一个典型的容易轻信他人的人。

这个世界，真实与谎言永远并存，怀疑一切太悲观，相信一切恐怕又过于天真了。所以，不要轻信那些甜言蜜语的人。某些人绞尽脑汁说出些动听的话，只是他们对你有所求，当你轻信赞美的时候，你的心将不再设防，对方也可以轻易地达到目的。不要轻信那些喜欢许诺的人。各种各样的许愿、承诺、契约，司空见惯，如过眼云烟。不要轻信那些爱传是非的人。很多时候，传言可能就是谣言，如果你把这些荒谬不经的话当真，被其影响，作出错误的选择，终有一天会后悔莫及。

"逢人未可全抛一片心"是一种为人处世的策略，更是对自己的保护。芸芸众生，鱼龙混杂，为使自己避免被小人伤害或利用，还是要适当地多一些怀疑精神。当然这并不是要我们对一切都怀着不信任的态度，人与人之间要交往、要合作，最需要的还是彼此之间的信任，戒备是暂时的考察，信任才是长久的保障。

当心"小人"迷惑你

六三：包羞。

象曰：包羞，位不当也。

六三，这一爻与上九爻相应，意思是包容上九爻，当然招来了羞辱，为什么呢？因为它自己的位置不中不正，包容的上九爻也不中不正，所以招来了羞辱。这就告诫我们改变否塞是需要包容精神的，但对品行不端的人不能一味包容，是与人交往时内心应该恪守的原则。

现实生活中，并不是所有的朋友都靠得住。这就给我们提出了两个值得重视的问题：一是在选择交友对象时一定要慎重，要识得庐山真面目，要交真朋友，防着点小人；二是一旦我们交上了那些弄虚作假的朋友，绝不可藕断丝连，当断不断。

1898年，以康有为、梁启超为首的维新派，在中国掀起了轰轰烈烈的维新变法运动。

这场变法运动不久便演变成了以光绪帝为首的维新派和与慈禧太后为首的顽固派之间的权力之争。在这场争斗中，光绪帝感到自己的处境非常危险，便写信给维新派人士杨锐："我的皇位可能保不住。你们要想办法搭救。"维新派为此都很着急。

正在这时，荣禄手下的新建陆军首领袁世凯来到北京。袁世凯在康有为、梁启超宣传维新变法的活动中，明确表示支持维新变法运动。所以，康有为曾经向光绪帝推荐过袁世凯，说他是个了解洋务又主张变法的新派军人，如果能把他拉拢过来，慈禧太后的主要助手荣禄的力量就小多了。光绪帝认为变法要成功，非有军人的支持不可，于是在北京召见了袁世凯，封他做侍郎，旨在拉拢袁世凯，为己效力。

当时康有为等人也认为，要使变法成功，要解救皇帝，只有杀掉荣禄，而能够完成此事的人只有袁世凯，于是谭嗣同深夜密访袁世凯。袁世凯当时慷慨陈词，说杀荣禄就像杀条狗。但事实上，他是个诡计多端、善于看风使舵的人，康有为和谭嗣同都没有看透他。他早就搭上了慈禧太后这条船。他决定先稳住谭嗣同，再向荣禄告密。

不久，袁世凯回到天津，把谭嗣同夜访的情况一字不漏地告诉了荣禄。荣禄吓得当天就到北京颐和园面见慈禧，报告光绪帝要如何抢先下手的事。

第二天天刚亮，慈禧怒气冲冲地进了皇宫，把光绪帝带到瀛台幽禁起来，接着下令废除变法法令，又命令逮捕维新变法人士和官员。变法经过103天最后失败。谭嗣同、林旭、刘光第、杨锐、康广仁、杨深秀在北京菜市口英勇就义。

袁世凯是彻头彻尾的小人，维新派却轻信了他，最终落得悲惨的结局。

小人不可交，他们惯会当面一套，背后一套；过河拆桥，不择手段。他们很懂得什么时候摇尾巴，什么时候摆架子；何时慈眉善目，何时如同凶神恶煞一般。他们在你春风得意时，即使不久前还是“狗眼看人低”，但马上便会趋炎附势，笑容堆面；而当你遭受挫折，风光尽失后，则会避而远之，甚至会落井下石。

所以，不要相信小人的甜言蜜语，他们对你永远也不可能有什么真心。一旦发现小人，就赶快远离他们，千万不要被这种“朋友”迷惑。

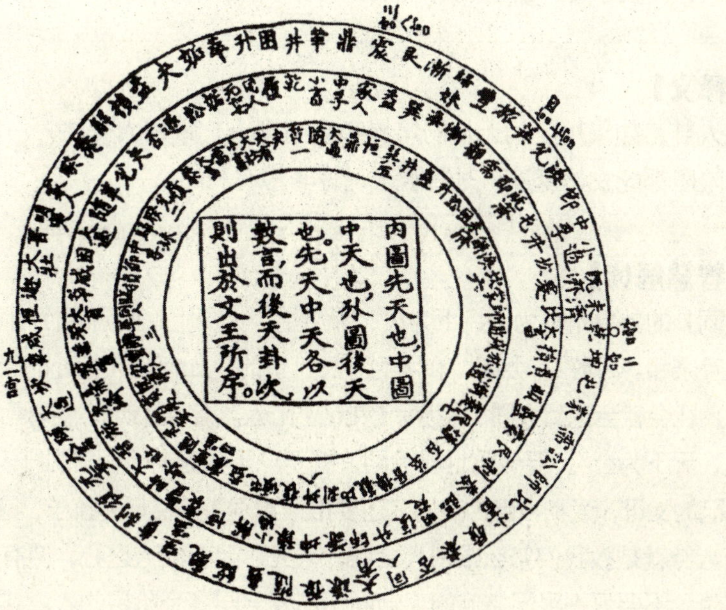

先后中天总图

第十三卦 ䷌【同人卦】

如何打造白金人脉

【原文】

同人：同人于野，亨。利涉大川，利君子贞。

【释义】

同人卦，如果用广阔无垠的境界来会同别人，跟别人交往，一定是亨通的。任何艰难险阻都能安然挺过，对君子来说是非常有利的。

【智慧解读】

大同卦的卦象是上为天、下为火，天居上，火炎上，两者属性相同，为同类相聚，表示相互亲和。“同”有会同、和同的意思，讲的是如何与人相处的问题。如果人人都会同了，社会就会达到大同的境界。《礼记·礼运》篇中就谈到过构建大同世界，“大道之行也，天下为公”。要做到世界大同，就要“不独亲其亲，不独子其子”，不仅仅要孝顺自己的父母，爱护自己的孩子，还要推广到别人的父母和孩子，这就是大同。

同人卦就是教我们怎么跟别人会同，首先，要有同人之心，要有宽阔的胸怀、宽广的气量，不要只去跟同宗族的人会同，还要会同各个阶层的人。其次，在力量弱小时，要能隐忍、和合，暂时忍辱负重。最后，在强大之时，仍然要保持会同之心，只有这样，才能在与人相处时营造和谐的局面。

处处交朋友，相识满天下

六二：同人于宗，吝。

象曰：同人于宗，吝道也。

六二，为什么“同人于宗，吝”呢？关键在“宗”上，宗就是同一宗族。如果只想与同宗族的人相会同，那就太狭窄、太小气了，是小同，不是大同，当然会有遗憾。因此，这一爻教我们要打开心胸，不要将眼光只局限于自己所在的那个小圈子，要胸怀宽阔，同各行各业、各个阶层的人相交，这样才能为成功积累广泛的人脉资源。

华人首富李嘉诚，14岁投身商界，22岁正式创业，半个世纪的奋斗铸就了辉煌的业绩。

有道是：“一个篱笆三个桩，一个好汉三个帮。”在创业过程中，李嘉诚总是有意识地去结交朋友。选择朋友时，他不全是以客户为选择标准。李嘉诚认为，今天成不了客户，或许将来会是客户；一个人成不了客户，可能会引荐其他的客户。即使做不成生意，帮助出出点子，叙叙友情，也是一件好事。

当年包玉刚想收购英资九龙仓集团时，李嘉诚本也有意入主。但他知道包玉刚已经买入不少九龙仓股份，如果自己加入战圈争夺，将两虎相斗，必有一伤。李嘉诚处世的态度是处处以他人利益为先。于是他放弃了争夺，还将手中的九龙仓股份转让给包玉刚，成人之美。之后包玉刚就和李嘉诚成了好朋友。当时，他们两个集团的影响力、实力不分伯仲。两位集团的领导人就因为这一次机会而结识，成了好朋友。之后，他们合作发展了不少项目。

李嘉诚和香港汇丰银行集团的关系也极为密切，曾任汇丰银行副主席多年。这是继包玉刚之后，香港第二位登上汇丰银行副主席之位的华人。其实，李嘉诚在业务发展期间和汇丰银行的关系就已经发展得极好。李嘉诚的信誉得到汇丰银行的欣赏，于是早年汇丰银行就在业务上支持他。业务不断扩张之后，李嘉诚仍然很珍惜和汇丰银行的关系。所以，到今日，汇丰银行仍然是长江实业集团及其下属机构众多往来银行中重要的一家。

中国人讲究“和为贵”。这不单是在商场上存在的哲学，更是人生处世的哲学。李嘉诚不仅在商场上能够处处识朋友，相识满天下，现实中的他更是胸怀广阔、善待同仁、善待员工、深得人心。

20世纪70年代后期，一个著名记者为其广告公司租借场地，来到长江大厦——李嘉诚第一幢工业大厦考察，发现李嘉诚还在生产在当时早已过时的塑料花。当时长江地产已创出名号，赢利丰厚。这位记者问道："为什么还要维持生产？"李嘉诚说："这是为了给以前的员工留一些生计，为了让他们衣食富足。"

"同人于野"，以开放的胸怀与人和谐相处，而不论对方的身份地位，是真正的君子所为，是一种广博的气度，李嘉诚做到了这些，因此取得了成功。对于所有想要成功的人来说，胸怀宽广、平和仁爱都是要修炼的。因为，天时、地利、人和都是成功必备的要素，天时、地利犹可待，唯有人和是依靠广博的爱来经营和维系的。

人在屋檐下，一定要低头

九三：伏戎于莽，升其高陵，三岁不兴。

象曰：伏戎于莽，敌刚也；三岁不兴，安行也？

九三爻，"伏戎于莽"，将军队埋伏在密林草莽中，为什么要这样呢？因为敌人力量强大，我方力量弱小，只能潜伏下来。这个敌人就是上卦的三条阳爻，太刚强了。九三爻企图与上面的三条阳爻抗争，当然不行，力量太薄弱了，因此要潜伏。"三岁不兴"，三年都不兴兵作战，才能带来平安的发展。这就是不争、和合的思想。特别是在个人力量还不够强大的时候，更要懂得"不兴"的重要性。

俗话说"人在屋檐下，不得不低头"。人在一生中总会有不同的际遇。顺风好行船，逆境难为生；位高好成事，位卑难做人。想成大事的人，就要甘于暂时的卑微。历史上很多风云人物就是对这条处世原则很好的践行者。

隋炀帝十分残暴，各地农民起义风起云涌，隋朝的许多官员也纷纷倒戈，转向农民起义军，因此，隋炀帝的疑心很重，对朝中大臣，尤其外藩重臣，更是颇多顾忌。唐国公李渊（即唐太祖）曾多次担任朝官和地方官，所到之处，有目的地结纳当地的英雄豪杰，多方树立恩德，因而声望很高，许多人都来归附。这样，大家都替他担心，怕他遭到隋炀帝的猜忌。正在这时，隋炀帝下诏让李渊到他的行宫去晋见。李渊因病未能前往，隋炀帝很不高兴，多少有点猜疑之心。当时，李渊的外甥女王氏是隋炀帝的妃子，隋炀帝向她问起李渊未来朝见的原因，王氏回答因为他病了，隋炀帝又问道："会死吗？"

王氏把这消息传给了李渊，李渊更加谨慎起来。他知道隋炀帝对自己起疑心了，但过早起事又力量不足，只好低头隐忍，等待时机。于是，他故意广纳贿赂，败坏自己的名声，整天沉湎于声色犬马之中，而且大肆张扬。隋炀帝听到这些，果然放松了对他的警惕。

试想，如果当初李渊不主动低头，很可能就被正猜疑他的隋炀帝除掉，哪里还会有后来的太原起兵和大唐的建立？

在今天"人在屋檐下，不得不低头"已经演变成了"人在屋檐下，一定要低头"。"不得不"还有一丝无奈与不情愿，而"一定要"则变成了一种主动的行为，已经成为人们为人处世的训诲。"屋檐"就是别人的势力范围。当你身处别人的势力范围之中，并且靠这股势力生存时，你就在别人的"屋檐"下了。这时，你经常会受到很多有意无意的排斥，这种情形在所有人的一生当中几乎都出现过，除非你有自己的一片天空，是个强人，不用靠别人来过日子。可是你能保证一辈子都可以如此自由自在，不用在别人的"屋檐"下避避风雨吗？任何人都无法保证。所以，我们要学会"低头"的智慧，当处于别人的屋檐下时，不用别人来提醒，也不要等撞到屋檐了才低头，这是一种对客观环境的理性认知，是审时度势后的一种明智的选择。

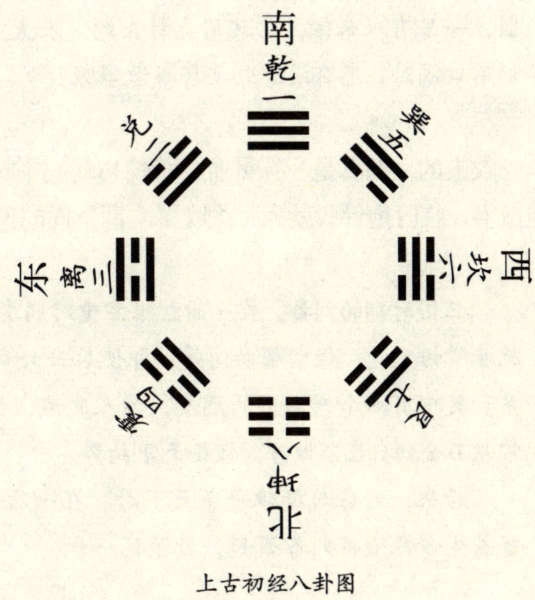

上古初经八卦图

好交情重在平时的维护

上九：同人于郊，无悔。

象曰：同人于郊，志未得也。

“在荒郊也愿与人和睦相处，即使未遇到志同道合者，也不后悔”，寓意不以喜好而求同，乃以大同之德而和同于人，不结私群，此同人长久之道也，故曰“无悔”。怀着与世无争的心态与人相处，不要存着太多功利心，才是长久的会同之道。而平日不理不睬，用到别人帮忙时再临时抱佛脚，是不可取的。真正和谐的人际关系，是靠平时的积累与维护，只有这样，在你需要帮助的时候，对方才会伸出援手。

有这样一则寓言：

黄蜂与鹧鸪口渴得很，就找农夫要水喝，并答应付给农夫丰厚的回报。鹧鸪向农夫许诺会替葡萄松土，让葡萄长得更好；黄蜂则表示能替农夫看守葡萄园，一旦有人来偷，它就用毒针去刺。农夫并不感兴趣，对黄蜂和鹧鸪说：“你们不口渴时，怎么没想到要替我做事呢？”

农夫的反问真是一针见血，黄蜂与鹧鸪平时与他并无交往，有求于他时才想到为他做事，临时抱佛脚就为时太晚了。而下面的例子却正好相反。

三国时期的刘备，在平时就很注重对朋友的感情投资。当刘备还在读私塾时，就非常讲义气，经常帮助同学。即使后来大家分开了，刘备还时常与同学保持联系。其中有一个叫石全的朋友，为人真诚，但家中很贫穷。刘备不嫌石全家贫，常邀石全到自己家做客，谈论天下局势。

后来，刘备与群雄争夺天下时，在一次战役中，兵败受到敌人追杀，石全冒着生命危险将刘备藏起，救了他一命。

若不是刘备平时的感情投资，石全也不会冒着生命危险去救他。可见，朋友关系的维系来自于平时的努力。只要你有这份心、这份情，能够真诚地维持朋友关系，那你的人际面会更加广泛，路也会比别人多出几条。所以，好交情关键在于平时的维护。

在日常生活中，一些人常犯这种毛病：一旦与对方建立了良好关系，就不再觉得有责任去维护了，往往会忽略双方关系中的一些细节问题。例如，该通报的信息不通报，该解释的情况不解释，总认为“反正我们关系好，解释不解释无所谓”，结果日积月累，堆积成难以化解的矛盾。

更有甚者，在与对方成为朋友之后，总是一味地向朋友索取回报，而不继续进行感情投资。这主要表现为对别人要求越来越高，总以为别人对自己好是应该的，但是别人对自己稍有不周，就有怨言。这种做法必然会损害双方的关系。

俗话说：“常用的钥匙最有光泽。”只要我们平时注意和周围的人培养、联络感情，即使原本陌生的人也会变成朋友。而对于已经成为朋友的人，只有平时经常联络，彼此之间的感情才不至于疏远，在你遇到困难时，朋友才会心甘情愿地帮助你。

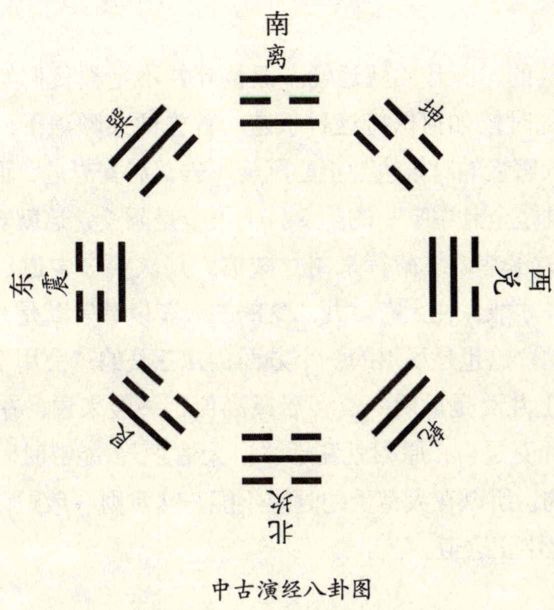

中古演经八卦图

第十四卦 ䷍【大有卦】

建立正确的财富观

【原文】

大有：元亨。

【释义】

大有卦，大富有，一开始就通顺。

【智慧解读】

大有卦是很吉祥的，一开始就通畅。但整卦并不是教我们怎么才能做到大富贵，而是在大富贵的时候如何保持这种状态。首先要柔顺谦下，从初九爻开始就“无交害”，就是在大富贵的时候也要把心沉淀下去，居安思危，而且要做到不伤害别人。另外，六五爻是全卦中唯一的阴爻，上下全是阳爻，这就表示即使处于很高的地位，也要柔顺、谦恭，靠德行来树立威信。其次要守中道，要积累，积累善德、见贤思齐，这样才能保住大有。九二爻的“大车以载”就是在讲积累，九四爻的“匪其彭”讲节制，这也是积累的一个方面；九三爻的“公用亨于天子”则是讲守中道才能亨通。上九爻是最后一爻，居最高位，一般来说，在这个位置是凶险的，但大有卦的上九爻是吉，原因就在于“自天佑之”，能够时时想到是天道的保佑，而天道是公平的，所以在大富贵的时候不能一味贪财、敛财，据为已有，要虚空，广施善财，才是中正之道。

君子爱财，取之有道

初九：无交害，匪咎，艰则无咎。

象曰：大有初九，无交害也。

初九爻，大有卦第一爻，“无交害，匪咎”，指不要相互伤害，就没有灾祸。而且，要时时想着灾难。在大富有的时候，能做到不伤害别人和牢记灾难是不容易的，需要将心沉淀下去，不要凭着富有为非作歹，获取不义之财。

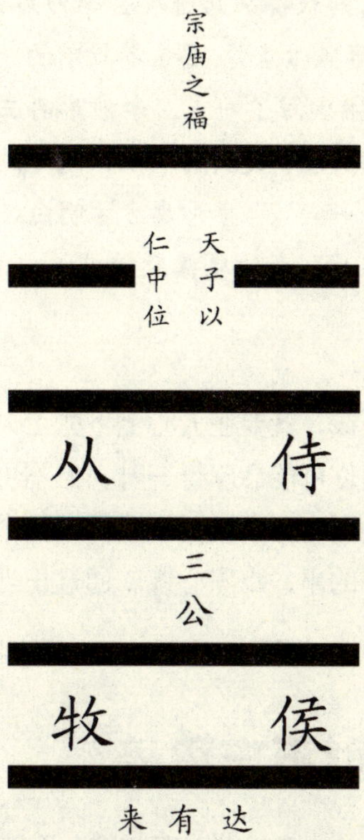

大有守位图

君子爱财，取之有道。明理人都懂得财富要靠自己去创造，靠自己的劳动、知识和智慧赚来的钱，花起来心里舒坦，才能真正享受金钱的快乐。但是，财富对每一个人都有很大的诱惑力。正是这种诱惑，使得有些人在财富面前把持不住自己，不顾一切，继而泯灭人性，误入歧途。

不义之财来得容易，但会让你战战兢兢，提心吊胆，惶惶不可终日。

柳宗元的《鞭贾》中记载了这样一件事情：

有一个商人，出售的马鞭质量并不好，但装饰颇为华丽，值四五千元的货竟要价四五万元。一次，一个糊涂的富家子弟花五万块钱买了一根鞭子，向人炫耀。可当马不听使唤时，他挥鞭使劲抽打，鞭杆一下子断裂开来，才知道美丽的外表里面却是腐朽的木头，根本不是鞭商所吹嘘的用南山的木料制成。他去找鞭商理论，鞭商又以货物出门概不负责为由，拒绝退赔。买主便在市场上向众人大肆宣传此事，使鞭商丢尽脸面，无法立足。这位商人自以为得意，发了不义之财，但是没有想到这笔财砸了他的饭碗。

靠不正当的手段获取不义之财，终究不会长久。

清代乾隆年间，南昌城有一位点心店主李沙赓，以货真价实赢得顾客满门，但其赚钱后，便掺假使假，对顾客也怠慢起来，生意日渐冷淡。一日，书画名家郑板桥来店进餐，李沙赓惊喜万分，恭请题写店名。郑板桥挥毫题写“李沙赓点心店”。墨宝苍劲有力，引来了不少人观看，但还是没人进餐。原来“心”字少写了一点，李沙赓再三请求补上。郑板桥却说：“没有错啊，你以前生意兴隆，是因为‘心’有了这‘一点’，而现在生意冷淡，正是因为‘心’少了‘一点’。”李沙赓方才明白经营人心的重要。

从此，李沙赓痛改前非，以真心待人，重新赢得了人心，生意又红火起来。

想赚钱，就要在人心上下些工夫，堂堂正正地赚钱，不要想着用坑蒙拐骗的手段，否则你可能会赢得一时，但不可能赢得一世。如果赚取财富的路子不正，最终你会失去所有。所以，不论从事哪个行业，重要的是用心做事，平心而论，不能做违背良心的事，赚黑心钱。通过正当渠道获取财富，才能创造更多财富，创造成功的人生。

积财不忘积善

九二：大车以载，有攸往，无咎。

象曰：大车以载，积中不败也。

用大车装载财富，可以顺利前进，没有灾祸。这是九二爻的字面意思。那么怎样才能达到用大车装载财富的目的呢？只有一个办法：积累。“诸恶莫作，诸善奉行”，“勿以善小而不为，勿以恶小而为之”。积累善德不为恶行，就会积累财富，就可以达到大车以载。在现实生活中，即便在事业上取得了一定成绩，或者有了一些特殊优势，也千万不要过于狂妄，挥金如土，傲气十足，还是应该保持适度的节俭，多用自己的财富做一些好事，造福他人。

有这样一个案例：

湖北某市有一家汽车修理部，规模很大，可承接各式汽车的中型维修，老板叫刘津。当初刘津夫妇带着一对儿女刚从农村老家来到该市打工时，妻子为人洗碗，丈夫在一家汽车修理部当小工，生活很是贫困。好心的邻居经常帮助他们，为此，刘津夫妇对他们租住地的左邻右舍都非常感激，有的邻居请他们帮忙，他们都很乐意，很热心。

经过几年奋斗，刘津买下了租的房子，自己经营上了汽车修理部。老家的两个弟弟和侄子也过来帮忙，刘津开始赚钱了，朋友多了，路也宽了，和当地的派出所关系也很密切，于是刘津也渐渐财大气粗起来，他的儿子还不时欺负邻居的孩子。因为家里有钱，他儿子也成了当地的“小霸王”，无人敢惹。

一次，刘津运来许多旧汽车轮胎堆在住房周围，导致行人过往很不方便。几家邻居找到刘津，让他往边上重新堆一堆。刘津便打电话找来十几个人“摆平”这些邻居，最后竟将一个老汉踹倒。这个邻居的儿子知道此事后，打了刘津一拳，刘津花了1000多元看病，并找来派出所干警，让邻居报销，还罚款500元。

2004年的一天夜里，刘津从外面与朋友玩麻将回来，他将轿车停到门前，刚一下车，就上来三四个人猛地将他打倒，抢走了手机和身上的钱。在撕扯当中，有人掏出刀子狠狠地刺向刘津的肋部，随后几个人逃走了。抢劫的过程，有的邻居已经从屋中听到了，但无人走出来救他。后半夜，刘津的弟弟与朋友才发现哥哥已经死在车前。后经法医鉴定，刀子并未伤及要害，刘津是因流血过多而死。

试想，如果当时有人将刘津送往医院及时抢救，他的命就可以保住了，可惜他骄横跋扈的做法已经得罪了邻居，他们都不愿再管他的事，刘津就这样失去了生命。如果刘津富起来之后还能感念邻居们对他的帮助，还能与大家和睦相处，就不会结下那么多仇家，更不会发生这样的惨剧了。

在一所大学中曾发生过这样一件事：

同住一个宿舍的两名大学生，一个学生的父亲是一家公司的经理，他也跟着养成了吆三喝四的脾气；另一个学生性格内向，自尊心很强，家长是下岗工人。后者不幸患上了轻度的肺结核，同学们都积极地关心他、照顾他，而那个蛮横的同学却扬言要把他撵出这个宿舍，以免传染。这话严重伤害了患病同学的自尊心。后来，他们又因晚上睡觉熄灯问题发生争吵，那位高傲的同学本来没理，却蛮横地大骂。骂完，他没事一般地去休息了。那位性格内向的同学被人劝到别的寝室住了一宿。他在床上越想越气，借了一把锤子，在一天深夜趁那位出口伤人的同学熟睡之际，用锤子向他头部猛击十多下，将他打死，自己也被判处死刑。两个不满20岁、入学不到一年的大学生，就这样结束了年轻的生命。

是什么害了他们呢？就是富而忘本、为富不仁的作为，当然也是因为他们不成熟的性格。这真是惨痛的教训。

其实，人与人之间是平等的，拥有更多的财富并不代表身份地位上就高人一等。所以，为人处世“诸恶莫作，诸善奉行。”做一个好人，做一个用自己财富为大家谋福利的好人，才能得到别人的拥护，从而将自己的事业越做越大。

享受生活永远比赚取财富更重要

九四：匪其彭，无咎。

象曰：匪其彭，无咎；明辨晰也。

九四，大富有之后，不要太过分，不要太浪费，这样就没有灾祸，老子说：“天之道，损有余而补不足；人之道，损不足以奉有余。”我们要按照天道行事，富有了但不要过盛，不要一切据为己有，这样就无咎了。不要富有了还要更富有，一味地求财敛财，根本顾不上享受生活、享受生命，甚至不惜损害别人的利益来为自己赚取更多的钱财，这样的人生无疑是可悲的。

美国石油大王洛克菲勒出身贫寒，创业初期，当黄金像贝斯比亚斯火山流出岩浆似的流进他的口袋里时，他变得贪婪、冷酷。深受其害的宾夕法尼亚州油田附近的居民对他深恶痛绝。有的受害者做出他的木偶像，亲手将“他”处以绞刑。无数充满憎恶和诅咒的威胁信涌进他的办公室。连他的兄弟也十分讨厌他，而特意将儿子的遗骨从洛克菲勒家族的墓地迁到其他地方，他说：“在洛克菲勒支配下的土地内，我的儿子变得像个木乃伊。”

由于洛克菲勒为金钱操劳过度，身体变得极度糟糕。医生终于向他宣告了一个可怕的事实，以他身体的现状，他只能活到50多岁，并建议他必须改变拼命赚钱的生活状态，必须在金钱、烦恼、生命三者中选择其一。这时，洛克菲勒才开始醒悟到贪婪的魔鬼控制了他的身心。他听从了医生的劝告，退休回家，开始学打高尔夫球，去剧院看喜剧，还常常跟邻居闲聊，经过一段时间的反省，他开始考虑如何将庞大的财富捐给别人。

于是，他在1901年设立了洛克菲勒医药研究所，1903年成立了教育普及会，1913年设立了洛克菲勒基金会，1918年成立了洛克菲勒夫人纪念基金会。他后半生不再做钱财的奴隶，而是喜爱上了滑冰、骑自行车与打高尔夫球。到了90岁，洛克菲勒依旧身心健康，耳聪目明，过得很愉快。

洛克菲勒逝世于1937年，享年98岁。他死时，只剩下一张编号为第一号标准石油公司股票作为纪念品，其他产业都已捐掉或分赠给继承者了。

毋庸置疑，财富可以使人们在很多方面生活得更美好：物质、娱乐、教育、旅游、医疗、朋友、更强的信心、更充分地享受生活、更自由地表达自我、提供从事公益事业的机会……在金钱的巨大诱惑下，洛克菲勒在最初也不能免俗。

但是财富不应该成为我们人生的唯一目标，它并不是生活的全部。财富不是唯一能够满足心灵的东西，虽然它能为心灵的满足提供多种手段和工具，但在现实生活中，享受生活永远比赚取财富重要得多。只追求财富会让自己早日堕落，而享受生活却能够不断地品尝到人生的幸福。享受生活的人并不在于有多少财富，多可以过，少一样可以过，重要的是处处能够感悟到生活的美好。只追求财富的人却过于相信财富的力量，认为财富可以买到一切，这种人的生活是空虚的，也是可怜的。

所以，财富只是身外之物。赚取财富是为了活着，但活着绝不是为了赚取财富。假如人活着只把追逐财富作为人生唯一的目标和宗旨，那人将是一种可怜的动物，人将会被自己制造出来的这种工具捆绑起来，最终被生活遗弃。

第十五卦 ䷎【谦卦】

虚心的艺术

【原文】

谦：亨，君子有终。

【释义】

谦卦，它是亨通的，君子能够自始至终保持谦虚。

【智慧解读】

谦卦是六十四卦中唯一一个六条爻全是吉利的卦。它的卦象是地山谦，上面是地，下面是山。山本来是高出地面的，现在却在地面以下，这就是谦虚的表现。人在贫困的情况下做到谦虚很容易，但谦卦承接大有卦而来，是说一个人在大富有、大成功之后依然应该保持"谦"的状态，这就很难得了。谦卦唯一的一个阳爻是九三爻，九三爻居在三条阴爻之下，也表示谦虚。此卦从始至终都在强调谦虚，只要谦虚，做什么事都是吉利的，而且要"君子有终"，从始至终都做到谦虚。这很困难，但如果能做到，就会"终吉"，无论谋事做人都能成功，这是做大事者应有的胸襟，是为人处世的一种大策略、大智慧。

永葆一颗“归零心”

谦：亨，君子有终。

象曰：地中有山，谦；君子以裒多益寡，称物平施。

整个谦卦的主旨就是谦虚，“地中有山”，山本来是在地面之上的，但从卦象来看，山却居于地面以下了，这就是谦虚的表现。真正的君子就应该永葆一颗“归零心”，总是能够发现自己的不足，不断进步，自然就是吉祥的。谦虚的反面是骄傲自满，骄傲自满是通往成功之路上的绊脚石，它像有色眼镜，让我们看不到别人的闪光点，自以为是，止步不前，进而变得狭隘、自私、目中无人，如井底之蛙，看不到更广阔的世界。

伊索寓言中有这样一个故事：

有一只狐狸喜欢自夸自大，以为在森林中自己最大。

傍晚，它单独出去散步，看见地上有一个巨大的影子，觉得很奇怪，因为它从来没有看过那么大的影子。后来知道是它自己的影子，就非常高兴。它平常就以为自己最大，有优越感，只是一直找不到证据可以证明。

它摇摇头，影子的头部也跟着摇动，这证明影子是自己的没有错。它很高兴地跳舞，影子也跟着舞动。它继续跳，正得意忘形时，来了一只老虎。狐狸看到老虎也不怕，就拿自己的影子与老虎比较，结果发现自己的影子比老虎大，就不理它继续跳舞。老虎趁着狐狸跳得得意忘形的时候扑过去，把它咬死了。

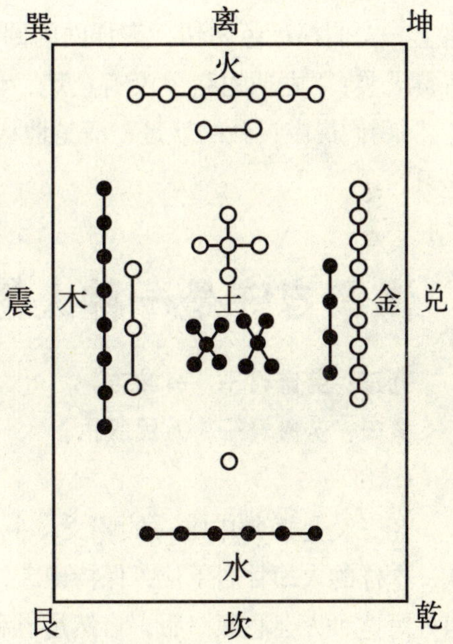

伏羲则洛书之数定卦位图

骄傲的狐狸因为一个影子就自我膨胀，最终葬身虎口，这就是妄自尊大的后果。富兰克林说过："骄傲是一个人要除掉的恶习。"从根本上来看，骄傲并不是自尊或自信。有一位哲学家说："一个人若种植信心，他会收获品德。"但一个人若种下骄傲的种子，他必收获众叛亲离的果实，甚至带来不可预知的危险，就像那只自夸自大、自我膨胀的狐狸。

人因自谦而成长，因自满而堕落。老子在《道德经》中说："生而不有，为而不恃，功成而不居。"又说："功成名遂，身退，天之道。"功成名就之后能隐退，甘心去做一个平凡人，这才符合天道。如果成功之后，只知自我陶醉，而迷失于成果之中停滞不前，那就是为自己的成就画下句号。

成功常在辛苦日，败事多因得意时。"谦受益，满招损。"太多的警句都在告诫我们骄傲自满的危害。要知道，一个人的成绩都是在谦虚好学、伏下身子扎实肯干的时候取得的，一旦骄气上升，自满骄傲，那么他必然会停止前进的脚步。

所以，我们要时刻保持谦虚，颗粒饱满的稻穗是低着头的，只有空瘪的稻穗才昂着头。在这个世界上，每个人都在为成功拼搏，都想站在成功的巅峰上欣赏最美的景色，但成功的路只有一条，那就是放低心态，不断学习。在通往成功的路上，人们都行色匆匆，霎那间的回首，就有可能被别人超越。因此，有句话很值得借鉴："成功的路上没有止境，但永远存在险境；没有满足，却永远存在不足。"我们最应该做的就是：清楚地认识到自己的不足，并为弥补这些不足而努力学习。

谦恭自守是一种人生的大智慧

九三：劳谦君子，有终吉。

象曰：劳谦君子，万民服也。

九三爻是谦卦中唯一的阳爻，上下都是阴爻，可以看成阳刚之人，即有功之人，这样的人却甘居下位，保持谦虚，是很难得的。有了功劳而始终保持谦虚，老百姓对这种人会心服口服，自然是吉利的。居功而不自傲、虚怀若谷、谦恭自守是一种美德，是一个人取得更大成功的保障，而"自满者败，自矜者愚"，一旦你觉得自己伟大，并希望别人对你顶礼膜拜时，那你就准备迎接失败吧！

富兰克林早年为一点成就沾沾自喜，他那种过分自负的态度使别人看不顺眼。一天，一个朋友把他叫到一旁，劝了他一番，从而改变了他的一生。

“富兰克林，像你这样是不行的，”那个朋友说，“凡是别人与你的意见不同时，你总是表现出一副强硬而自以为是的样子。你这种态度令人觉得如此难堪，以致别人懒得再听你的意见了。你的朋友觉得不同你在一处时还自在些。你好像无所不知、无所不晓，别人对你无话可讲了。的确，人人都懒得来和你谈话，因为他们费了许多力气，反而觉得不愉快。你以这种态度来和别人交往，不去虚心听取别人的见解，这样对你自己根本没有任何好处。你从别人那儿根本学不到一点东西，但是实际上你现在所知道的的确很有限。”

富兰克林非常惊讶，他从未想过，自己过于自负的种种行为在别人心中留下了这么差的印象。从那以后，他开始有意地严格要求自己，把已经取得的成绩丢到一旁。他需要别人的意见和建议，借以完善和提高自己。

事实证明，当他不再自负，虚心接受别人的意见时，他发现了自己的许多不足。过去，把自己看得非同凡响，是多么愚蠢啊！

自负是一种心理疾病，绝对不能与自信画等号。自信的人对自我价值有积极的认识，他们坚强乐观，笑对生活中的挫折和坎坷；自负的人却过高地估计自我，狂妄自大，从不懂适时的收敛，最终将会跌进失败的深渊。

“水满则溢”，一个容器若装满了水，稍一晃动，水便会溢出来。自负的人心里装满了自己过去的所谓“丰功伟绩”，再也容纳不了新知识、新经验和别人的忠言。长此以往，事业或者止步不前，或者猝然受挫。

列夫·托尔斯泰曾打过一个很有意义的比方：“一个人就像一个分数，他的实际才能好比分子，而他对自己的估价好比分母，分母越大，则分数的值越小。”

因此，一个人不管有多丰富的知识，取得了多大的成绩，或有了何等显赫的地位，都要谦虚谨慎，不能自视过高。应心胸宽广，博采众长，不断地丰富知识，增强本领，进而获得更大的业绩。如能这样，则于己、于人、于社会都有益处。谦虚永远是成大事者具备的一种品质，只有浅薄者才会为自己的成功自鸣得意。

谦逊不是做“滥好人”

六五：不富，以其邻，利用侵伐，无不利。

象曰：利用侵伐，征不服也。

六五爻，爻辞中并未提到“谦”字，只说“不富”，其实，不富也是谦。六五爻的邻居是六四爻和上六爻，这两条都是阴爻，也都是不富的，“以其邻”就是与它的邻居一起，“利用侵伐”就是用谦虚之心来讨伐那些不谦虚的、骄横的人，就可以无往不利。其实，做人就是这样，虽然谦卑恭顺是好的，但是切不可让人以为你软弱可欺，或者是毫无原则的滥好人，要懂得不卑不亢，软硬兼施，才是为人处世的哲学。

一个山村里住着许多小动物，有千里马、花猫、黄狗、乖乖兔等。它们幸福美满地生活在这个应有尽有、世外桃源般的村子——幸福村。

这儿的村民数黄狗、花猫最为有名，它们一个以没教养著称，一个以有教养著称。有趣的是它俩还是邻居。

每天黄狗上街就寻衅滋事，村民们对它深恶痛绝，能躲即躲；相反，花猫总是处处为别的动物着想，见到村民们总是笑容满面地打招呼，别人有困难的时候，它就会伸出友谊之手，因此，它曾多次荣获“助人为乐积极分子”、“幸福村优秀青年”等称号。

一天，发生了一件奇怪的事，有教养的花猫向没教养的黄狗寄去了一封邀请函，请它第二天到自己家去庆祝生日，奇怪就奇怪在花猫不请其他的动物，只请黄狗。千里马疑惑地问：“花猫，你怎么叫黄狗呢？”乖乖兔问：“你不是不明白，它可是没教养的，你这是为什么呢？”花猫神秘地说：“秘密，无可奉告！”

第二天，黄狗如期而来，还没进门就骂开了：“你奶奶的，还没准备好吃的，想饿死老子，不想活啦！”任凭黄狗的言语多么难听，花猫都毫不介意，只是默默地准备佳肴，进行着它的计划。就这样，在黄狗的骂声中，午餐结束了。

吃晚饭时，黄狗又来了，与中午不同的是，花猫不忙碌了，只顾自己吃鱼，黄狗刚想骂，突然听到平日里彬彬有礼的花猫也破口大骂起来：“好你个黄狗，到我家给我过生日，却不带礼物，还骗吃骗喝，什么意思！”黄狗听了不由一愣，改口道：“我专程前来，却遭你这样对待，这算哪门子道理？”“哟，生气了，看不出，别人对你不好，你生气；可你对别人无礼，别人又怎么样呢？远的别说，就今天上午你如此待我，我都没吱声，你想到什么时候才改掉那没教养的坏毛病？”

黄狗顿时脸红了。

花猫以其人之道还治其人之身，教训了黄狗。

所以，做人不可时时都做滥好人，要学会软硬兼施，才是高明的处世哲学。人生在世，待人接物，应当和颜悦色、与人为善，因为大多数情况下，大家还是和和气气地相处。当然，工作、生活中少不了各种各样的矛盾，但矛盾只要不是很尖锐，更多的还是相安无事。所谓凡事好商量，有话好好说，都是人们待人接物中常有的温和态度和常用的退让方法。但是并不是所有的时候温和的手段都灵验，社会上有的人就是欺软怕硬、得寸进尺，把妥协退让当成软弱可欺。你越是好言相劝，苦口婆心地讲道理，他越是不依不饶。在这种情况下，就必须采取强硬的态度和手段。

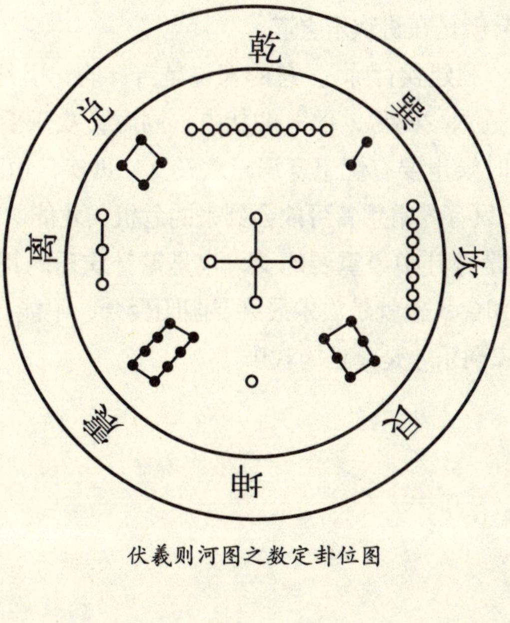

伏羲则河图之数定卦位图

第十六卦 ䷏【豫卦】分享快乐

【原文】

豫：利建侯行师。

【释义】

豫卦，有利于建功立业，讨伐叛逆。

【智慧解读】

豫有两个意思，一是快乐，二是准备、预备。豫卦的卦象上面是雷、下面是地，意思是雷出地奋，雷已经在地上开始震动，雷声轰鸣，大地振奋，一片欢乐景象。由此看来，豫卦就是在讲欢乐之道。

豫卦的卦辞是“利建侯行师”，总的来说是吉祥的，但凡事都要有个度，不能太过分，否则就会进入“鸣豫，凶”的状态。同时，欢乐要始终跟忧患联系在一起，即使在欢乐的时候也要有忧患意识，六五爻“贞疾，恒不死”，就是讲“生于忧患，死于安乐”，只有经常想着可能会到来的危机，才能“恒不死”。九四爻是全卦中唯一的阳爻，是豫卦中最重要的爻，也是豫卦欢乐的根源。其他阴爻归附于它，可以看成阴阳和合，也就是欢乐最终要阴阳聚合，不能自己独享欢乐，要将快乐跟大家分享，大家同乐才是真正的欢乐。

从容淡定才是成大事者的气度

初六：鸣豫，凶。

象曰：初六，鸣豫，志穷凶也。

初六爻是豫卦的第一位，“鸣豫，凶”：自鸣得意，高兴过头，必遭凶险。全卦一开始就强调欢乐也要有节制，不能只看到眼前的一点收获就骄傲自满，得意忘形，这样必然会遭凶险。做人要学会宠辱不惊，得意之时不忘形，失败则继续努力，无论怎样的上升和降落，都应泰然处之，从容淡定地面对人生。

李想刚调到市人事局的那段日子里，在同事中几乎连一个朋友也没有，他也搞不清是什么原因。

原来，他认为自己正春风得意，对自己的机遇和才能满意得不得了，几乎每天都使劲儿向同事们炫耀他在工作中的成绩，炫耀每天有多少人找他帮忙。他得意忘形的样子让所有人看了生厌，一听见他的吹嘘就避之唯恐不及。

后来，还是当了多年领导的老父亲一语点破，他才意识到自己的问题到底在哪里。他很惭愧，这段时间太高兴了，根本没有心思处理手边的工作。从此，他开始有意地自我收敛，与同事打交道时谦虚低调，常向前辈请教，努力做好本职工作，很快，他成了单位里最受欢迎的人，上级对他器重有加，下一次提拔的机会已经近在眼前。

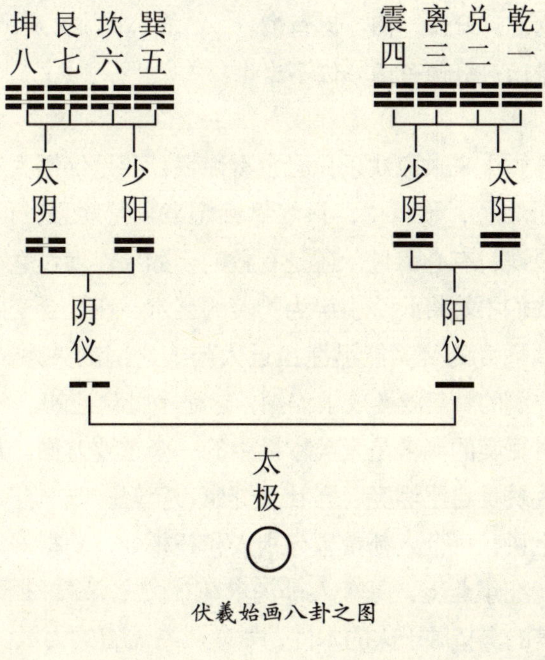

伏羲始画八卦之图

从李想的亲身经历中，我们可得到一个宝贵的教训：人生得意之时，千万不能忘形，更不要将得意之色在正处于低谷的人面前显露。这样你才不会伤人，也不会被伤。得意到了狂妄的地步，整个人飘到半空中，就很容易摔下来，而且会摔得很惨。乐极生悲的例子总是屡见不鲜，因此，在得意时请压抑自己过度张扬的欲望，多一点谦虚，少一些炫耀。把过去的辉煌当成一种人生经历，你不可能从那上面得到更多了，所以暂且放下，去迎接下一次辉煌。

当然，因为顺境连连而甚感欣慰，愉悦之情不时流露是不可避免的。但是，不要光顾着高兴，你应该想的是怎样才能维持好运，永葆成功，万不可只顾得意，进而忘形。一个人如果自以为已经有了许多成就而止步不前，那么他离失败也不远了。

自我检查一下：若最近运气特别好，你会自鸣得意吗？如果是，那你就要好好学一番涵养的功夫，把过度兴奋压下去。一个人伟大与否，也许可以从他对自己的成就所持的态度上看出来。伟大的人物不会为一时的得意而忘乎所以，只会继续创造更多的成就，在从容淡定中登上成功的巅峰。

善用赞美这剂良方

六三：盱豫，悔。迟有悔。

象曰：盱豫有悔，位不当也。

靠媚上来求取欢乐，必定有悔恨；要是悔悟太迟，必定又生悔恨。六三爻是阴爻居于阳位，不当位，只好靠献媚来求得欢乐，但这不合正道。如果能够认识到这种错误，有心悔过，还是有救的，如果连悔过之心都没有，就无药可救了。在这里，我们不妨将此爻引申为赞美的艺术，在社会交际中，每个人都希望听到别人的赞美，适度的赞美能迅速拉近人与人之间的关系。但是，切忌毫无实际内容的赞美，空洞的赞美就变成了谄媚，这是不受欢迎的。

对赞美的渴求是人类本性中的一个重要方面。从生理层次上讲，每个人都愿意听别人赞美自己漂亮、强壮、健康、年轻，吃、穿、住等条件比别人优越；从人际关系上讲，每个人都希望与别人和睦相处，获得好的人缘，得到亲朋好友的尊重和认可；在事业上，每个人都渴求在社会上谋得一席之地，实现自我价值。一句话，对赞美的渴望源于人的本性，赞美具有无穷的力量。

著名心理学家杰丝·雷耳说："称赞对人类的灵魂而言，就像阳光，没有它，我们就无法成长。但大多数人只是敏于躲避别人的冷言冷语，却吝于把赞许的阳光给予别人。"

赞美是一种重要的交际手段，能在瞬间沟通人与人之间的感情，使人在复杂的人际关系中游刃有余。

赞美不能过重。赞扬会让对方的虚荣心得到满足，但言过其实、过分夸张时，反而会让对方产生怀疑，认为自己受了愚弄。过分粗浅的夸赞更会毁坏你的名声。

赞美要不露痕迹，令人浑然不觉。过于明显直白的赞颂之语不仅令对方听了别扭，更有谄媚邀宠之嫌。

赞美要用得巧妙。一定要赞美对方引以为豪的地方。最好不要胡乱称赞，以免自讨没趣。

赞美别人并不费力，只要几秒钟，便能满足人们内心的强烈需求。看看我们遇到的每个人，寻觅他们值得赞美的地方，然后加以赞美，并把赞美他人变成一种习惯，相信这会为你营造良好的人际关系氛围，你的成功之路也会因此更加平坦。

把快乐带给别人

九四：由豫，大有得，勿疑，朋盍簪。
象曰：由豫，大有得；志大行也。

九四爻，由于他给大家带来了欢乐，使大家大有收获；不用怀疑，同道朋友会像用簪子把头发束在一起那样来聚合。他把快乐带给大家，大家回报给他的是友爱，这是另一种层面上的快乐。古语就提出"独乐乐不如众乐乐"，一个人快乐不如大家一起快乐，把快乐带给别人不仅是一种积极的生活态度，也是对他人的一种热爱。

一家馒头店的老板每天出笼三次，每次固定蒸120个馒头，100个出售，20个接济老人和孩子。生意好时常常馒头一出笼就被抢光，但无论客人如何要求，他从不肯把多出的20个馒头出售。"这是送的，不卖！"老板用十分坚定的口吻拒绝每一个想买的客人，还一边说，一边把热乎乎的馒头分送给老人和孩子。在那一刻，老板黝黑的脸上绽放出明亮的光彩，那种动人的亲切和笑容，是在其他人脸上看不到的。

把快乐带给别人，在你付出的同时，你一定能够感受到一种特别的快乐。快乐是一种流动的空气，当你自私时，它便停止流通。你关上门，使快乐无法流向你，困守在自设的真空中，不肯接受也不肯付出，结果很可能会窒息。而当你敞开心胸，乐于付出时，快乐、富裕和真正的自由，便会源源不断地进入你的心中。

热爱生活、享受生命，让自己充满欢乐，是人生的至高境界。但是人不应仅仅让自己成为一个快乐的人，还应该把快乐带给别人，使大家都沉浸在快乐之中。这样，你不仅能成为一个给人带来快乐的开心大使，还可能成为一个受人欢迎的交际明星。那么，怎样才能把快乐带给别人，让别人喜欢自己呢？

1. 在别人忧愁时加以抚慰

人们常常会因为受到社会压力的冲击而表现出忧愁的情绪。当朋友陷入忧愁时，你适时而至，给予对方抚慰，说不定对方就会走出情绪低谷，重新获得快乐。也许你的话未必百分之百地符合真理，却可能使他暂时卸下思想包袱。当然，根据具体情况，抚慰的方式也要因人而异，不可生硬、简单。

2. 在别人发生矛盾时加以化解

人与人之间难免出现这样那样的矛盾。矛盾不仅会导致人际关系走向僵局，更赶走了人与人之间应该有的快乐。想把快乐带给身边的人，要做的就是让双方正常交往、融洽关系，使快乐重新回到大家中间。化解矛盾需要当事人自行努力，但误会产生了，你给双方做工作，让他们感到这本是小事一桩，然后你再点拨："真正的朋友有如健康，不到失去时，不知道它的珍贵呀！"相信他们一定会在一笑间尽释前嫌，并向你表达诚恳的谢意。

3. 在气氛沉闷时加以激活

在交际中不免出现沉闷的情景，比如陌生人之间、交际主体情绪低落时、人际关系不够和谐时，都会出现这种现象。沉闷会导致僵局和窘境，这不仅与交际的交流、沟通宗旨相悖，也让人失去了交往的快乐。所以，你应该设法激活这种沉闷的局面。比如在旅途中，由于彼此素不相识，大家便保持沉默，你主动发话，一个小笑话、一个小故事，气氛就会活跃起来。再如两个长期处于"冷战"状态的人，不可避免地邂逅，那情景既别扭又令人窒息。你巧妙地加以激活，不仅能打破沉闷的局面，或许还会带来两个人重新握手的契机。

把快乐带给身边的人，你就能成为一个开朗、洒脱、快乐的人，也会成为一个受欢迎、受尊重的人。

第十七卦 ䷐【随卦】

择善而从的方略

【原文】

随：元亨利贞，无咎。

【释义】

随卦，一开始就亨通，有利于守持正道，这样才没有灾祸。

【智慧解读】

随卦为异卦相叠，下卦为震，震为刚，上卦为兑，兑为柔，这是阳刚居于阴柔之下，君王礼遇臣民，臣民拥戴君上，君王有所举动，臣民乐于听从，因而卦名为随。随卦是在讲随从的道理，天下万事随时而行，因而无过失。随卦主要讲了三个方面："官有渝"，思想要随着时代的变化而变化，与时俱进；"系丈夫，失小子"，跟随德高望重的人，舍弃年轻轻浮的人，才能有所收获；"孚于嘉"，要随从美德，选择正道，择善而从，才是大吉。孔子说过："三人行，必有我师焉，择其善者而从之，其不善者而改之。"随卦讲的就是择善而从，从善如流。

加强自我修养才能减少过失

初九：官有渝，贞吉。出门交，有功。

象曰：官有渝，从正吉也；出门交，有功，不失也。

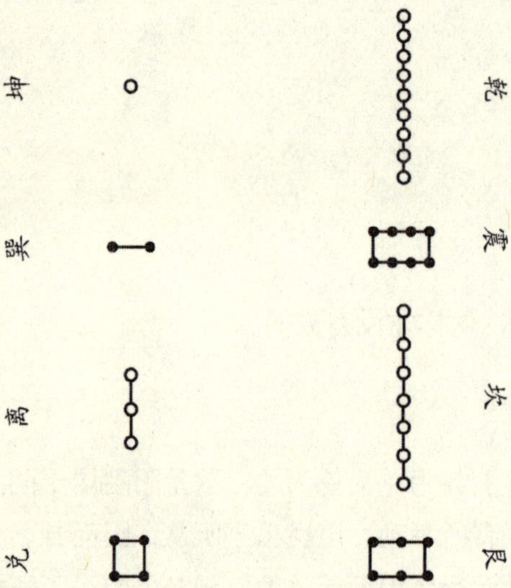

河图用九各拱太极之图

“官有渝”，官为心，渝，改变，即思想随时代而变化，坚持正道可获吉祥，出门交朋友，一定能成功而没有过失。初九爻是随卦的开始，即一开始就要转变思想，择善而从，加强自我修养，唯有如此才能没有过失。

俗话说，做人要美，做事要精，立业先立德，做事先做人。做任何事情，都是从学做人开始的。如果连人都做不好，还谈什么事业。荀子在两千多年前就曾明确提出：“君子博学而日参省乎己，则知明而行无过矣。”到了宋代，更是有人提出“修身、齐家、治国、平天下”，把修身立德放到了一个基础地位，先有高尚的品行，然后才能在事业上获得成功。

一个人的品行就是“德”，自古“才”与“德”并重，形容一个人最好的词语就是德才兼备。所以，要获得成功，首先要以德立身，是成功者必须具备的内在素质。

瑞士有一家钟表店门庭冷落，很不景气。一天，店员贴出了一张广告，上面说：本店有一批手表，走时不太精确，24 小时慢 24 秒，望君谨慎择表。

广告一经打出，很多人都迷惑不解，更有好友打来电话询问。店主坦率地说：“诚实是我开店的原则，我不会为了个人私利而损害大家的利益。”

出人意料的是，广告打出不久，表店的生意开始好转，很快销完了库存积压的手表。

正是因为店主有着非同一般的品格，他才能作出这样的决定。很多顾客正是被店主诚实的做人态度所感动才来光顾此店。

富兰克林是美国独立战争时期的民主主义者、著名的科学家，一生受到无数人的爱戴和尊敬。但是，富兰克林早年的性格非常乖戾，无法与人合作，做事经常碰壁。后来，富兰克林在失败中总结经验教训，为自己制定了13条行为规范，并严格执行，为自己铺就了一条通向成功的道路。

（1）节制：食不过饱，饮不过量，不因饮酒而误事。

（2）缄默：讲话要利人利己，避免浪费时间的琐碎闲谈。

（3）秩序：把所有日常用品都整理得井井有条，把每天需要做的事排出时间表，办公桌上永远都不凌乱。

（4）决断：决心履行你要做的事，必须准确无误地履行你所下定的决心，无论什么情况都不要改变初衷。

（5）节约：除非对别人或对自己有什么特别的好处，否则不要乱花钱，不要养成浪费的习惯。

（6）勤奋：不要荒废时间，永远做有意义的事情，拒绝去做那些没有多大实际意义的事情，对人生目标的追求永不间断。

（7）真诚：不做虚伪欺诈的事情，做事要以诚挚、正义为出发点。如果要发表见解，必须有根有据。

（8）正义：不做任何伤害或者忽略别人利益的事。

（9）中庸：避免极端的态度，克制对别人的怨恨情绪，尤其要克制冲动。

（10）清洁：不能忍受身体、衣服或住宅的不清洁。

（11）镇静：遇事不要慌乱，不管是普通的琐碎小事还是不可避免的偶然事件。

（12）贞洁：要清心寡欲，如果不是有益于身体健康或者为传宗接代，尽量少行房事。绝不做任何干扰自己或别人安静生活的事，也不要做任何有损于自己和别人名誉的事情。

（13）谦逊：要向耶稣和苏格拉底学习。

荀子说过："人，力不若牛，走不若马，而牛马为用，何也？"人的力气不如牛大，跑起来没有马快，但牛和马却被人役使，为什么呢？"人能群，彼不能群也"，就是人与人之间懂得相互协作。社会是人和人之间各种关系的组合，孤立的个人不可能存在，也做不成任何事。人之所以能移山填海，上天入地，创造出许多伟大业绩，只是因为人能“群”，而其基础就是修身立德。

高贵的灵魂懂得尊重别人

上六：拘系之，乃从维之。王用亨于西山。

象曰：拘系之，上穷也。

只有拘禁起来强迫命令他，他才不得不顺从追随，再用绳索捆绑紧，这样才能追随到底，君王在西山设祭，要出师讨伐那些不顺从的人。随卦是“无咎”的，为什么到了这里要用强迫的手段呢？这是因为上六爻高居最上位，物极必反的缘故。想要别人追随自己，强迫的手段只是迫不得已时的办法，真正的长久之计是以德服人，即使居于高位者也应放下身段与大家平等相处，别人感受到你的尊重，反过来会更加尊重你。

瑞典前首相帕尔梅是十分受人尊敬的领导人。他虽贵为政府首相，但仍住在平民公寓里，生活十分简朴，平易近人，与平民百姓毫无二致。帕尔梅的信条是：“我是人民的一员。”除了正式出访或特别重要的国务活动外，帕尔梅去国内外参加会议、访问、视察和私人活动，一向很少带随行人员和保卫人员，只是在参加重要国务活动时才乘坐防弹汽车，并有两名警察保护。一次，他去美国参加一个国际会议，人们发现他竟独自一人乘出租车去机场。

1984年3月，他去维也纳参加奥地利社会党代表大会，也是独自前往的。当他走入会场的时候，还没有人注意到他，直到他在插有瑞典国旗的座位上坐下，人们才发现。对他的举动，与会者都啧啧称赞。

帕尔梅从家到首相府，每天都坚持步行，在这一刻钟左右的时间里，他不时同路上的行人打招呼，有时甚至与同路人闲聊几句。帕尔梅同周围人的关系处得都很好。在工作之余，他还经常帮助别人。帕尔梅一家经常到法罗岛去度假，和那里的居民建立了密切的联系。他还常常在闲暇时间独自骑车闲逛、锄草打水、劈柴生火，帮助房东干些杂活，以此来联系和接触群众，使彼此之间亲如家人。

帕尔梅喜欢独自微服私访，去商店、学校、厂矿等地，与店员、学生、工人进行平等融洽的交流，同时虚心听取他们的意见。他谈吐文雅、态度诚恳，从没有首相的架子，也从不搞前呼后拥的威严场面。这些都使他深得瑞典人民的爱戴。

帕尔梅任首相期间，平均每年收到1.5万多封来信，其中三分之一来自国外，为此他专门雇用了4名工作人员及时拆阅、处理和答复，做到来信皆阅，来信均复。对于助手起草的回信，他要亲自过目，然后才能签发。这一切都使他的形象在人民心目中日益高大。在瑞典人民的心目中，帕尔梅是首相，又是平民；是领导人，又是兄弟、朋友，他是人们心目中的偶像。

帕尔梅贵为一国首相，依然能够以平常心看待自己，与平民百姓打成一片，与他们交朋友，他的平易近人得到了大家的支持和拥护。

很多人往往取得一点成绩就觉得自己很了不起，总是一副高高在上的样子，根本不屑与普通人交往，这其实是一种狭隘的心理，他们不懂得尊重别人，自然也得不到别人的尊重。真正的高贵是华而不显、贵而不炫，是发自心底的对世间万物的尊重，只有这样的人才能得到众人的拥戴、人心的归附。

第十八卦 ䷑【蛊卦】

谨慎行事的智慧

【原文】

蛊，元亨，利涉大川。先甲三日，后甲三日。

【释义】

蛊卦象征救弊治乱，拨乱反正，从开始就很亨通，有利于涉越大河。不过，在做大事以前，要考察现状、分析事态；在做大事以后，要讲究治理措施，预计到后果。

【智慧解读】

蛊卦的卦象与随卦正好相反，上面是风、下面是山，为山下起大风之表象，象征救弊治乱、拨乱反正。这时，君子应救济人民，培育美德，纠正时弊。

但是，蛊惑的形成是一个漫长过程，所以，要拨乱反正、消除蛊惑同样不是一蹴而就的，在不同阶段要采用不同的方式方法。从整个爻辞来看，初六爻的“干父之蛊”是一开始就要纠正父亲的过错，但初六爻是阴爻，所以纠正的时候要柔顺些，不可太过；九二爻的“干母之蛊”是有能力去纠正了，但纠正时不要太固执，居阴位就要阴柔一些；九三的“干父之蛊”是阳爻居阳位，不会有大的灾祸；六五的“干父之蛊”，是柔中带刚。到了上九爻，前面纠正了父辈的过错，然后就该成就祖业了，但这时已经走到最高位，再继续往前就会有灾难，所以要隐退以求吉。

先思考，再决断

蛊：元亨，利涉大川。先甲三日，后甲三日。

象曰：山下有风，蛊；君子以振民育德。

总体来说，蛊卦是亨通的，但“先甲三日，后甲三日”又寓意：“蛊”这种弊端的形成和解除都需要一个过程，要根据不同时期的情况想出相应的对策，做事之前要三思而行，不能草率行事，否则就无法改善“蛊”的局面。

在做任何事之前都需要“三思而后行”，否则就会产生不堪设想的后果。与其为了日后的不如意而痛悔终生，何不在行事前谨慎、再谨慎一些？

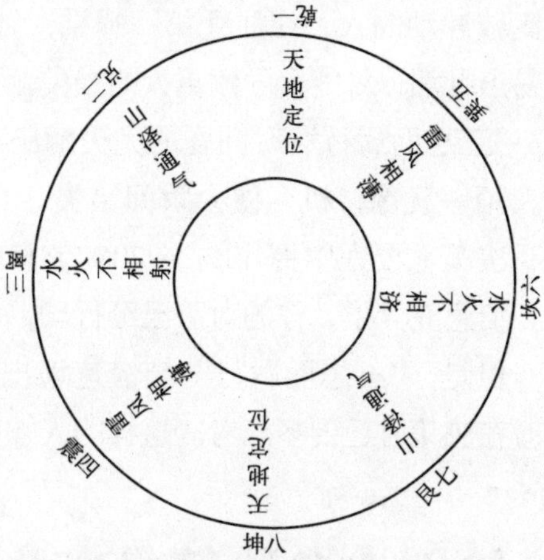

连山易卦位合河图

赵兵大学毕业后不久便顺利地找到了一份比较理想的工作。公司负责人口头承诺为他报销出租车发票，赵兵抓住这个“难得的”机会，能“打的”就“打的”，半年下来，居然累积了数额达几千元的出租车发票，报销时却被告知公司有报销额度限制，而且新员工不享受这项待遇。赵兵勃然大怒，认为公司领导言而无信，他连招呼也不打，就愤怒地离开了公司。

令赵兵万万没有想到的是，这一时的“潇洒”会让他付出这么大的代价。他满以为能很快再找到一份新工作，事情却没有他想象的那么顺利。相对于应届大学毕业生，许多用人单位更青睐具有三年以上工作经验的“老手”，而赵兵那段不太光彩的辞职经历也成了他的“致命伤”，每当一些单位问起他为什么这么快就辞职的原因，他都不知道该如何回答。在经历多次求职失败后，他自嘲已成为职场上的“弃儿”，至今也没有找到合适的工作。为什么当初不先考虑周全再决定呢？他常常这么问自己。

赵兵会有这样的遭遇，是因为他还缺乏容纳社会、完善自我的心态，盲目贪图

"便宜"，出了问题就一走了之，根本没有去思考这样会给自己带来什么样的后果。这是一种缺乏经验和历练的典型表现，是一种不成熟的处世作风。如果他能够在做事之前，留些思考的时间和余地，问问自己什么能做，什么不能做，就不会落到今天这么困窘的地步。

"三思而后行"的古训出于《论语》，这句话的意思非常明确，即我们要养成做事前多思考的好习惯。这并不是胆小怕事、瞻前顾后，而是成熟、负责的表现。做事比较冲动的人，往往凭第一感觉，凭一时冲动，结果很多时候考虑问题不周全，容易出纰漏，可能会导致重大的损失。

"三思而后行"对问题的完美解决有很大的帮助。但是在这个快速多变的社会中，稍一犹豫，机会便会瞬间错失，有时考虑太多也不好。正如鲍威尔曾经讲过的：决策需要在掌握40% ~ 70%信息的时候做出。信息过少，风险太大，不好决策；信息充分了，你的对手已经行动，你就出局了。

但是，"三思而后行"与快速地把握时机并不矛盾，做事情要学会把握时机，同时在决策时还要多思考。这样的人才有希望到达成功的彼岸，立于不败之地。

给别人台阶就是在为自己铺路

九二：干母之蛊，不可贞。

象曰：干母之蛊，得中道也。

九二，是阳爻居阴位，所以行事也要阴柔一些，纠正先辈的过错不要太强硬，不要太固执，这样就可以得中道了。纠正别人的过错本来就是不受欢迎的事情，如果不讲究方式方法，很容易招致误解甚至怨恨。因为其中包含中国人很看重的"面子"问题。

鲁迅先生说过，面子是中国人的精神纲领：爱面子似乎已经成为人性的一大特点。可是我们不能只爱自己的面子，而不给他人面子。因此，为人处世时我们应谨记一条原则：别让人下不了台阶。

几年以前，通用公司面临一个需要慎重处理的问题：免除一位老员工担任的计算部门主管的职务，这个人在电气方面是一流的专家，可担任计算部门主管却很不胜任。那么，不能下一道免职令，解除他的职务吗？不能，公司少不了他，而他又特别敏感，容易激动。最后，公司给了他一个新头衔，让他担任

“通用公司顾问工程师”，工作还是和以前一样，只是换了个头衔。与此同时，他们巧妙地让另外一个合适的人担任了计算部门的主管。

这位员工非常满意，公司这一人性化的举措令他十分感激。

有句老话说“人要脸，树要皮”，“面子”对人的确很重要，所以，做人还是应该和气一些，宽宏大度一些。“面子”问题说白了就是一个人的尊严问题。给人留点面子，就是尊重和重视对方的表现。对方在感激的同时理解了你的好意，自然会对你心生好感。

一天，某机关主任对他的下属说：“你打字的速度真是越来越快了。”那位下属受宠若惊，脸都红了。主任又说：“可是，我希望你今后打字的时候，对标点符号注意一些才好。”她听后高兴地答应了，以后的文件中标点符号果然规范多了。

我们总是信奉“忠言逆耳”，其实忠言不一定就逆耳，给人忠告完全可以顾及对方的颜面，用顺耳的方式说出来，这样会收到更好的效果。就像上面的例子，主任如果直接叫下属以后对标点符号要特别注意，她就会觉得受了上司的责备，十分羞愧，也许会为此好几天都不愉快。而主任用这样一种很委婉的方式说，下属就很容易接受，还会感激主任维护了她的面子。

对于中国人来说，“面子”问题是不容置疑的，一个人宁愿在金钱方面吃点亏，也不愿在面子上吃亏，这是一种民族集体心理。如果你不经意回驳了一个人的面子，伤害了他的自尊心，他可能会记恨你一辈子；而你如果在某件事上维护了一个人的面子，他可能会感激你一辈子。所以，多为别人着想，多维护别人的面子，别人会在心里记着你善意的行为，也会尽力维护你的面子，这样，不知不觉中你就积累了更多的人脉资源。多给别人一些台阶，其实就是在给自己铺路，这样你的成功之路就会走得更加顺畅。

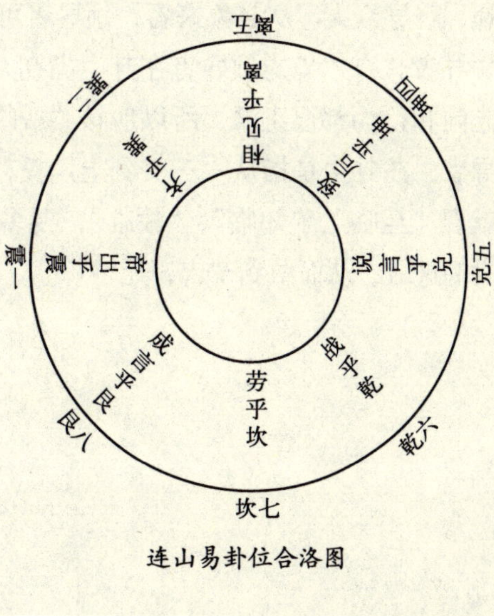

连山易卦位合洛图

第十九卦 ䷒【临卦】领导的艺术

【原文】

临：元，亨，利，贞。至于八月有凶。

【释义】

临卦，君临天下，一开头就亨通，有利于贞问，但是到了八月份就有凶险了。

【智慧解读】

临卦的卦象是兑下坤上，为地在泽上之表象。泽上有地，地居高而临下，象征督导。君子由此受到启发，应费尽心思地教导人民，并以其无边无际的盛德保护人民。

临卦，“临”，督导。全卦讲的是领导的艺术，居高位者应以怎样的德行管理下属，督导众人。从卦象来看，领导者可以分成两类：有才华的领导者和才能不够的领导者。有才华的领导者在卦中指初九爻和九二爻，这种类型的领导者性格刚健，志向和行为都很正派，所以应该“咸临”，通过感应别人而去领导。才华不够的领导者，在卦中是指从六三爻到上六爻，这种类型的领导者才能有限，决策不果断，就要“至临”、“知临”、“敦临”，要多亲近下属，善于运用智慧，又要温柔敦厚，勤勉进取，从而做到“吉，无咎”。

十个空想家抵不上一个实干家

六三：甘临，无攸利；既忧之，无咎。

象曰：甘临，位不当也。既忧之，咎不长也。

六三爻处于下卦的最高位，这种领导者是阴爻居刚位，意思是才华不够，不适合这个位置，只靠甜言蜜语去督导，必无所利，而要有忧患意识和改过之心，要勤勉进取，才能避免灾祸。作为一个团体的领导者，最需要的不是侃侃而谈，不是每天向下属描绘未来的美好图景，更重要的是要有实干精神，带领下属将设想变为现实，否则未来的美好图景只能停留在想象中。

孙强大学毕业，在一座大城市做过很多工作，但从未持续超过三个月，原因就在于他做任何事总是停留在想象的层面上，却懒于将想法变成行动。他想象自己会是一个很棒的设计师，却从来没有绘制过一幅设计图；他觉得自己文笔很好，却从来没有踏实地写过一篇文章；他认为自己很适合做市场营销，却从来没有尝试过……孙强总是这样，在思想上很积极，在行动上却很懒惰，是思想的巨人，行动的矮子。

不久，孙强又去一家公司求职，这家公司也觉得孙强有市场策划的才能，决定经试用后再录用他。这家公司让他用半个月的时间搞个市场策划。这次孙强决心要好好做，他计划用 7 天搞市场调查，用 5 天写出规划，3 天进行修改。这样，15 天就能完成工作任务。开始几天孙强不辞辛苦地奔波于各大市场进行调查，可坚持了没几天，他的计划就搁浅了，他总觉得自己还有很多时间。结果，10 天过去了，材料还没动笔写。一天，经理要看他写的市场策划材料，他推说还不到交稿时间。经理见离交稿

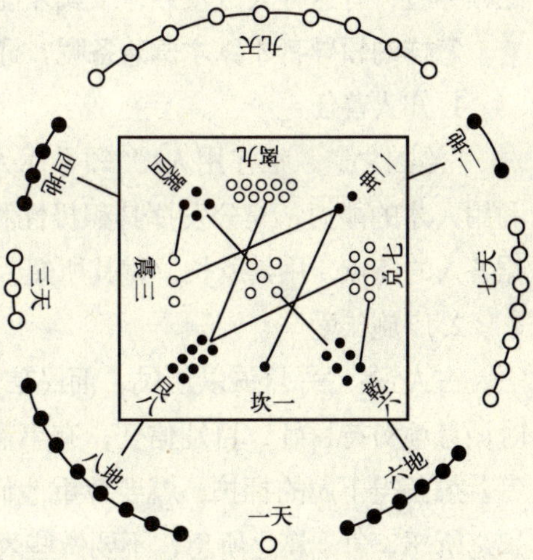

河图与八卦

时间只有3天，他还没出成稿，便嫌他对工作不认真，对他说："你也不用写了，从明天起你就不用来上班了。"这份工作又因孙强的空想而失去了。

十个空想家也抵不上一个实干家。空想家将生命浪费在构建空中楼阁的时候，务实的人早就一步一个脚印，开始创造属于自己的一切了。两者的区别显而易见。幻想写出鸿篇巨制的年轻人，从未真正开始着手实现自己美好的愿望，最终贻误终生。空想对于我们的人生是多么危险，由此可见一斑。

这个世界上有太多思想的巨人、行动的矮子。而更多的时候，我们不仅仅需要一对梦想的翅膀，更需要一双踏踏实实做事的脚去开创未来。清谈者坐而论道，百无一用；空想者原地踏步，一事无成。唯有行动，才能让自身不断超越，变得越来越优秀。

怎样做领导者更令人信服

六五：知临，大君之宜，吉。

象曰：大君之宜，行中之谓也。

"知临"，用智慧来领导众人，六五爻强调了智慧的重要性。但一个领导者只有智慧是不行的，德行更加重要，小胜靠智，大胜靠德。这里的"大君"即德才兼备的领导者，有这种人做领导，下属才能信服，才会大吉。

怎样的领导者才算才德兼备呢？通常包括以下几个方面：

1. 知人善任

"治国之道，唯在用人。"领导用人的核心是知人善任，即要最大限度地挖掘和利用人才的能力，充分发挥其积极性和创造性。作为上级领导，必须量才使用，根据各人的特点，用其所长，避其所短，做到人尽其才，才尽其用，各得其所。

2. 广施仁爱

古人说："平日诚以治民，而民信之；则凡有事于民，无不应矣。"意思是：平时诚恳地对待百姓，百姓信任；有事需要百姓支持，则没有不答应的。所以，领导者若想获得下属的拥护，就要尊重他们，真诚地对待他们，热忱地体贴他们，想下属之所想，急下属之所急，不要做些表面文章，而要为他们做些实际的事情。

3. 当忍则忍

所谓"宰相肚里能撑船"，就是说领导要能容人、容事、容得不同意见、容得下属的错误。领导对待下属如果能宽宏大量，那么在下属眼里就绝非一个普通的领导，下属一定会以报恩的形式回馈。

4. 将赞美溢于言表

领导者应该认识到，赞美对于下属来说，就像荒漠中的甘泉。对有才华的下属，你可以称赞他的才干；对尽心尽力才完成最低定额的下属，应该称赞他的任劳任怨；对勇于创新的下属，应该称赞他的开拓精神。

总之，不论对任何下属，都应该根据实际情况，看到他的贡献和新的起点，给予真诚的赞美。每个人都需要赞美，领导者应该善于发现机会，及时给予。要相信赞美的力量甚至胜过增加的薪水。

5. 勇于承担，突显责任

一般来说，每个下属为了在领导面前留下长久的形象，都有把事情办好的意愿。但是，由于主客观条件的限制及复杂性，下属在工作中难免出现这样或那样的失误，使工作结果与主观愿望和工作目标之间存在一定误差。失误会给下属带来巨大的心理压力，甚至会打击或者击溃下属把工作干好的自信。在这种情况下，如果领导不留情面地严厉批评，那下属就会彻底崩溃。而领导者如果能够及时地帮助下属查找失误的原因，并适度承担一定责任，不仅会使下属在比较宽松的环境里对失误进行认真的自省，还会使下属感受到领导的平易近人与威严，从而更加积极地做好工作。

6. 清廉

一个领导无论能力多强、政绩多大，如果自身不廉洁，就会使自己的形象在下属心中一落千丈，甚至会遭到下属的唾弃。因此，领导要想赢得下属的由衷钦佩，就必须克己奉公，两袖清风，始终保持出淤泥而不染，以自己的优良品质来取得下属的信任、尊重和爱戴，使下属不仅在表面上能够接受领导，在内心里也乐意接受领导，始终与领导同心同德。

7. 树好典范

古人云：“人不率，则不从；身不先，则不佳。”作为领导，不仅要说得有理，更要做得感人。平时要吃苦在前，享受在后；关键时刻要冲锋在前，退却在后。只有这样，才能对下属产生巨大的感召力与吸引力，才能征服下属的心，笼络下属的情。

8. 满足下属的合理需求

领导者应该对下属的需要有准确的把握，并努力予以满足。当然，下属的需求不可能都得到完全满足，除去要求中不合理的成分之外，客观条件的限制也是一个重要原因。这就需要领导者给予解释和说明，使下属理解领导者的难处，并主动放弃某些需求。

以上几点归纳，是领导者做到“德才兼备”的一部分重要内容。其实，领导是一门很精深的学问，需要领导者在工作过程中不断学习、总结。一个德才兼备的领导者如果能与下属搞好关系，一定能收到“人心齐，泰山移”的效果。

管理的本质就是“爱”

上六：敦临，吉，无咎。

象曰：敦临之吉，志在内也。

温柔敦厚地实行督导，就能获得吉祥。上六是阴爻处于最高位，就像领导者，他的才华没有达到能担任这个职位的标准，但如果他能懂得“敦临”，温柔敦厚地管理下属，并且勇于承担责任，那么结果也是好的。管理的本质就是“爱”，一个领导者应该让下属感知到他的爱，即使在批评下属错误的时候，也应该让对方明白：这种批评是出于对下属的爱护，是一种善意的批评。

美国成功学大师戴尔·卡耐基在其著作《人性的弱点》中，就讲述了他批评他的秘书的技巧：“数年前，我的侄女约瑟芬离开在堪萨城的家到纽约来充任我的秘书。她当时19岁，3年前由中学毕业，她的办事经验比年龄稍多一点，现在她已经成了一位完全合格的秘书。……当我要使约瑟芬注意一个错误的时候，我常说：‘你做错了一件事，但天知道这事并不比我所做的许多错误还坏。你不是生来具有判断能力的，那是由经验而为；你比我在你的岁数时好多了。我自己曾经犯过许多愚鲁不智的错误，我有绝少的意图来批评你和任何人。但是，如果你如此做，你不是更聪明吗？’”

听到这样的批评，任何下属都会很乐意地接受，以后也会更认真细心地工作。

下面是会计师马歇尔·格兰格写给戴尔·卡耐基的一封信：

开除员工并不是很有趣，被开除更是没趣。我们的工作是有季节性的，因此，在三月份，我们必须让许多人走。

没有人乐于动斧头，这已成了我们这一行业的格言。因此，我们演变成一种习俗，尽可能快地把这件事处理掉，通常是这样说的：“请坐，史密斯先生，这一季已经过去了，我们似乎再也没有更多的工作交给你处理。当然，毕竟你也明白，你只是受雇在最忙的季节里帮忙而已。”

这些话给他们带来失望以及“被遗弃”的感觉。他们之中大多数一生皆从事会计工作，对于这么快就抛弃他们的公司，当然不会怀有特别的爱心。

我最近决定以稍微圆滑和体谅的方式，来遣散我们公司的多余人员。我在仔细考虑他们每人在冬天里的工作表现之后，一一把他们叫进来，而我就说出下列的话：“史密斯先生，你的工作表现很好（如果他真是如此）。那次我们派你到纽华克去，真是一项很艰苦的任务。你遭遇了一些困难，但处理得很妥当，我们希望你知道，公司很以你为荣。你对这一行业懂得很多，不管你到哪里工作，都会有很光明远大的前途。公司对你有信心，支持你，我们希望你不要忘记！”

结果呢？他们走后，对于自己被解雇的感觉好多了。

下属也是有自尊的人，你应该对曾经为你工作过的员工心怀感激，感激他曾经认真工作，即使解雇他，你也应该让他感觉到你的善意和爱护。

来自领导的爱护会让下属一直铭记在心，他回报你的会是更加努力的工作和更加出色的业绩。所以，出色的领导者会将管理变成“爱”，用“爱”的力量将员工凝聚在一起，发挥出最大的团队效力。

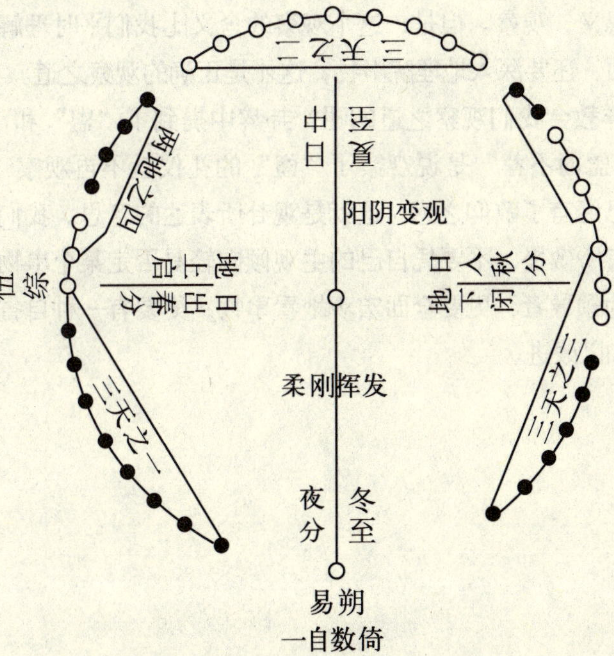

三天两地倚数之图

第二十卦 ䷓【观卦】

放眼看世界

【原文】

观：盥而不荐，有孚颙若。

【释义】

观卦，先观察了用酒浇地的“盥”礼，就不必再观察后来的进奉祭品的“荐”礼了，因为心中已经升起了一种虔诚、敬畏之感。

【智慧解读】

观，顾名思义，观察。但是，这个观察的含义比我们平时理解的要宽泛，不仅要看事物的表面，还要深入地理解事物，这才是正确的观察之道。

观卦是怎样教会我们观察之道的呢？卦辞中提到了“盥”和“荐”，这是两种祭祀的礼仪。“盥而不荐”是说观察了“盥”的礼仪就不再观察“荐”的礼仪了，因为这时内心已经有了敬仰之感。这就是观卦所表达的意思。我们不管观察什么事物，内心都要有所敬畏，不要凭自己的主观倾向轻易否定某个事物，避免“童观”、“窥观”。而作为领导者，更要全面宏观地看事物，更要有一种自省精神，多检视自己的不足，并加以改进。

将眼光放远，将志向放大

初六：童观，小人无咎，君子吝。

象曰：初六童观，小人道也。

“童观”指像孩童一样观察，这是什么意思？孩童的观察有什么特点呢？比较浅显，只能看到事物表面的一些东西，不会看到事物的发展趋势和未来走向，不够全面，不够宏观。初六爻就像人的孩童阶段，“小人”可以理解为德行不高的人，小人像孩童一样观察事物是没有危害的，但君子就不能这样。因为君子是要领导别人、影响别人的，如果君子也像孩童观察事物那样浅显，就会有灾祸。一个人能在成功的路上走多远，也取决于他观察事物的方式，能否用长远的眼光看事物决定着他的成败。

战国时期，有两位好朋友，同受业于当时的名师鬼谷子门下。他们就是我国历史上有名的说客苏秦和张仪。

苏秦出道较早，成功也来得顺利，而张仪初出道时较为普通，郁郁不得志，不知前途如何。看到苏秦已成大事，便想投身其门下，找到一条晋升的捷径。他来到苏秦的府邸，但一连几天，苏秦也没有来见他。之后，苏秦的属下安排他住下来，好不容易才碰上这位发达了的老友。可惜，苏秦没有热情地款待他，吃饭时不但没有同坐，还安置他在最末的位子，吃着仆役们吃的粗饭。苏秦又用话语羞辱他，说：“以阁下的才干，怎么会潦倒到如此地步呢？我实在没有法子帮你，你还是靠自己的运气吧！祝你好运。”

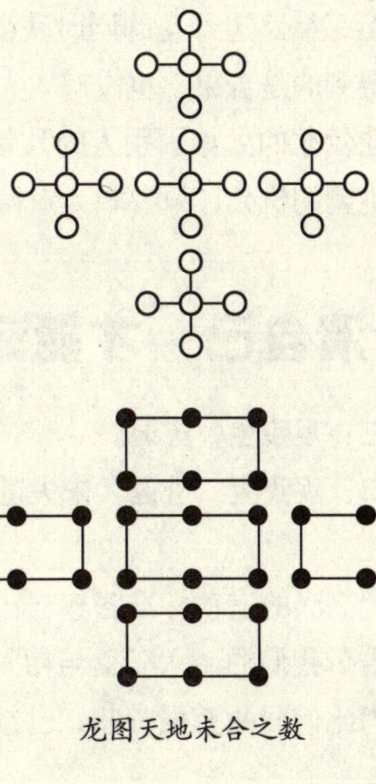

龙图天地未合之数

远道而来的张仪满以为见到老朋友后，一定会得到热情的招待和帮助，没想到反而招来羞辱，于是，愤怒地离开了苏秦的住处，希望凭才能与苏秦一争高下。

张仪走后，苏秦又暗中派人沿途用金钱接济他，支持他进行游说秦国的工作。苏秦的门人很奇怪，纷纷问苏秦是怎么回事，苏秦说："张仪的才干在我之上，我怕他为了贪图一时的眼前小利，过分安于现状而丧失了斗志。所以，我羞辱了他一番，以便激起他的上进心。"

张仪是幸运的，有好朋友激励他、帮助他。并不是所有的人都有这样的朋友，所以，不断提醒自己、激励自己，让目光始终盯着远方，让自己沉浸在实现远大目标的行动之中，才是最重要的。

眼光长远的人往往能走在时代的前沿，能看见别人不能看见的东西，掌握事物发展的未来趋势，因而能先行一步。在这个竞争日趋激烈的时代，这是成功不可或缺的元素。短视者即使曾经拥有过很优越的条件，但往往被眼前的利益所迷惑，在享受今天的同时，忽略了给明天播种，最后只能被明天抛弃。

就像下棋，技高者能看出五步、七步，甚至十几步棋，技低者只能看出两三步。高手顾大局，谋大势，不以一子一地为重，以最终赢棋为目标；低手则寸土必争，结果在辛苦中屡犯错误，以失败告终。

人生就像一场马拉松比赛，谁先到达终点，谁就是胜者，就是英雄。没有人可以在不断采摘路边野花的同时获得冠军。而且，过程是为目标服务的，再美妙的过程如果得到的是苦果，也没有太大的意义。

莫让梦想的火焰因别人的几句冷言冷语而熄灭。只关注眼前的风景会使你丧失向远方眺望的机会，只要眼光看得够远，你会发现，最远处的风景才绝美无二。

看清自己，才能超越自己

六三：观我生，进退。

象曰：观我生，进退，未失道也。

对照高尚的道德标准省察自己的言行，审时度势，小心谨慎地决定进退。这是六三爻告诉我们的。六三爻与初六、六二都是阴爻，但六三处于下卦的最高位，观察的能力比前面两爻强一些，已经懂得"观我生，进退"，即观察自己的生活方式，用观察的结果来指导行为，决定进退。六三爻的观察之道其实就是“自省”。孔子说：“人苦于不自知。”人的很多迷惑和苦难都是不自知的结果。“自省”就是让我们检视自己的内心，从而做到自知，更清楚地了解真实的自己。

爱因斯坦小时候十分贪玩，他的母亲常常为此忧心忡忡，再三的告诫对他来讲如同耳边风。16岁那年秋天的一个上午，父亲将正要去玩的爱因斯坦拦住，给他讲了一个故事，改变了他的一生。

“昨天，”爱因斯坦的父亲说，“我和咱们的邻居杰克大叔去清扫南边工厂的一个大烟囱。那烟囱只有蹬踏梯才能上去。你杰克大叔在前面，我在后面扶着扶手，一阶一阶地终于爬上去了。下来时，你杰克大叔仍旧走在前面，我还是跟在他的后面。后来钻出烟囱，人们发现了一件奇怪的事情：你杰克大叔的后背、脸上都被烟囱里的烟灰蹭黑了，而我身上竟连一点烟灰也没有。”

爱因斯坦的父亲继续微笑着说：“因为我看见你杰克大叔的模样，心想我肯定和他一样，脸脏得像个小丑，于是到附近的小河里去洗了又洗。而你杰克大叔呢，他看我钻出烟囱时干干净净的，就以为他也和我一样干净，于是只草草洗了洗手就上街了。结果，街上的人都笑痛了肚子，还以为你杰克大叔是个疯子呢。”

爱因斯坦听罢，忍不住和父亲一起大笑起来。父亲笑完了，郑重地对他说：“其实，谁也不能做你的镜子，只有自己才是自己的镜子。拿别人做镜子，白痴也会把自己照成天才。”

爱因斯坦听了，顿时满脸愧色。从此，爱因斯坦逐渐离开了顽皮的伙伴，时时用自己做镜子来审视和映照自己，终于映照出了生命的独特光辉。

自己的那面镜子就是“自省”，用它，我们能够照亮自己的内心。

林肯诚恳地说过：“我相信自己绝不至于老到不能说话时，仍能大言不惭。”他随时愿意承认自己的错误，使他赢得了共事者的尊敬和友善。

一位教授曾经说：“如果我对一件事情的处理方法不奏效，那么我相信我必定还有许多东西未学会。可能我需要求助于别人，或事情的后续发展会告诉我如何解决。不管如何，我首先得肯承认自己的错误，然后才能找到答案。”

肯反省的人才有自我超越的可能。中外历史上许多杰出的人物都曾进行过深入、细致、全面的自我分析。孔子的学生曾参说：“吾日三省吾身，为人谋而不忠乎？与朋友交不信乎？传不习乎？”只有进行自省，才能了解自己，对自己进行正确的认知和评价。也只有这样，才能扬长避短，驾驭情绪，让自己的人生道路少些坎坷，多些收获。

心中有阳光，世界就是美丽的

六四：观国之光，利用宾于王。

象曰：观国之光，尚宾也。

看到一个国家光明的一面，有利于成为君王的宾客和辅佐。这是什么意思？先看六四爻的位置，六四阴爻位于九五阳爻之下，就像臣子与君主的关系，这个臣子应该怎样辅佐君王呢？你应该看到这个国家光明的一面，对它有信心，相信能够发展得更好，这并不代表着忽略那些黑暗的方面，只是换一个角度看问题。一个鞋厂要开拓新市场，派出去两个人，一个人很沮丧地回来说：“那个市场根本没希望，那里的人们根本不穿鞋。”而另一个人却兴高采烈地说：“太棒了，这真是一个庞大的市场。”为什么有这种区别？就是因为他们看问题的角度不同。正面的想法带来积极的结果，负面的想法带来消极的结果。乐观的人，会在每一个忧患中看到机会；悲观的人，会在每一个机会中看到忧患。

从前，有个男孩住在山脚下的一幢大房子里。一天，男孩对上帝说：“我想了很久，我知道自己长大后需要什么。”

上帝问：“你需要什么？”

男孩说：“我要住在一幢前面有门廊的大房子里，门前有两尊雕像，并有一个带后门的花园。我要娶一个高挑美丽的女子为妻，她性情温和，长着一头黑黑的长发，有一双蓝色的眼睛，会弹吉他，有着清亮的嗓音。

“我要有三个强壮的儿子，我们可以一起踢球。他们长大后，一个当科学家，一个做参议员，而最小的一个将是橄榄球队的四分卫。我要成为航海、登山的冒险家，并在途中救助他人。我要有一辆红色的法拉利汽车。”

“听起来真是个美妙的梦想。”上帝说，“希望能够实现。”

有一天，在踢球时，男孩磕伤了膝盖。从此，他再也不能登山、爬树，更不用说航海了。因此，他学习了商业经营管理，而后经营医疗设备。他娶了一位温柔美丽的姑娘，那个姑娘有一头黑黑的长发，但她不高，眼睛也不是蓝色的；她不会弹吉他，甚至不会唱歌，却做得一手好菜，画得一手好花鸟画。因为要照顾生意，他住在市中心的高楼大厦里，从那儿可以看到蓝蓝的大海和闪烁的灯光。他的屋前没有雕像，却养着一只长毛猫。

他有三个美丽的女儿，坐在轮椅中的小女儿是最可爱的一个。三个女儿都非常爱她们的父亲。她们虽不能陪父亲踢球，但有时她们会一起去公园玩飞盘，小女儿坐在旁边的树下弹吉他，唱着动听的歌曲。他过着富足、舒适的生活，虽然他没有法拉利。

一天早上醒来，他记起了多年前的梦想。“我很难过。”他对周围的人不停地诉说，抱怨他的梦想没能实现。他认为现在的这一切简直是上帝同他开的玩笑。妻子、朋友们的劝说他一句也听不进去。

最后，他终于悲伤地病倒了，住进了医院。一天夜里，所有人都回了家，他对上帝说：“还记得我是个小男孩时，对你讲述过我的梦想吗？”

“那是个可爱的梦想。”上帝说。

“你为什么不让我实现这个梦想？”他问。

“你已经实现了。”上帝说，“只是我想给你一个惊喜，给了一些你没有想到的东西。我想你该注意到我给你的东西：一位温柔美丽的妻子，一份好工作，一处舒适的住所，三个可爱的女儿——这是个最佳的组合。”

“是的，”他打断了上帝的话，“但我以为你会把我真正希望得到的东西给我。”

“我也以为你会把我真正希望得到的东西给我。”上帝说。

“你希望得到什么？”他问。他从没想到上帝也会希望得到东西。

“我希望你能因为我给你的东西而快乐。”上帝说。

他在黑暗中静想了一夜。他决定要有一个新的梦想，他要让自己梦想的恰恰就是他已拥有的东西。

后来，他康复出院，幸福地住在公寓中，欣赏着孩子们悦耳的声音、妻子的眼睛以及精美的花鸟画。晚上他注视着大海，心满意足地看着明明灭灭的万家灯火。

这个男孩多么幸福，他拥有了想要的一切，虽然这些与他最初的要求有些出入，但那又有什么关系，换一个角度去看，一位温柔美丽的妻子，一份好工作，一处舒适的住所，三个可爱的女儿，这些真是再完美不过了。

很多时候我们不快乐并非因为真的发生了令人沮丧的事情，而是我们的内心充满忧虑，当我们用这颗忧虑的心来看世界的时候，整个世界都变得令人忧虑了。而当我们内心快乐的时候，世间的一切都显得那么美好。所以，只要我们的内心充满阳光，世界就是艳阳高照的。遇到不愉快的事情时，换一个角度去看，你会发现，这或许正是一件值得庆幸的事呢。

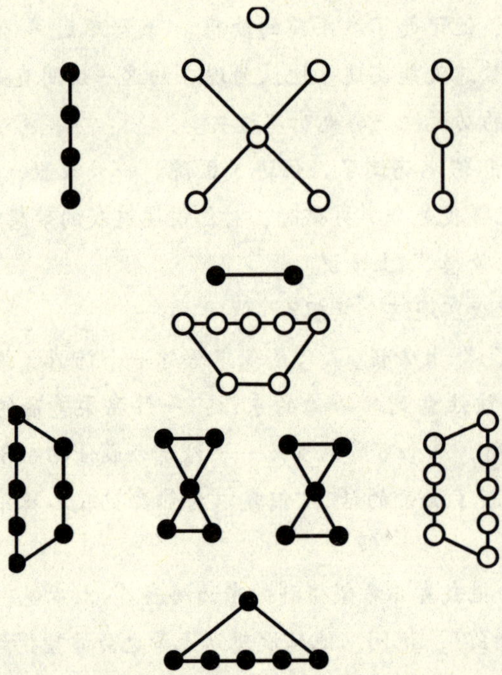

龙图天地已合之位

第二十一卦 ䷔【噬嗑卦】

威慑之术

【原文】

噬嗑：亨。利用狱。

【释义】

噬嗑卦，亨通，适合于对罪犯施用刑狱。

【智慧解读】

噬嗑卦的卦象是震（雷）下离（火）上，为雷电交击之表象。雷电交击，就像咬合一样；雷有威慑力，电能放光明，古代帝王效法这一现象，明刑法，正法令。从卦象可知，噬嗑卦是讲刑法的，前面临卦讲领导的艺术，侧重才能和德行方面，噬嗑卦则侧重法制。任何一个团体没有法制的约束都是不行的，但是噬嗑卦并没有过分强调法制严明，从初九爻到上九爻，六条爻是刑罚逐渐加重的过程。初九爻是小惩大诫，这是“无咎”的；上九爻是用刑太过，凶险，是不被提倡的。值得一提的是六五爻，位于九四和上九两条阳爻之间的一条阴爻，象征刚柔相济、柔中带刚的用刑之道，可以看成全卦的主旨。

小惩大诫，驾驭“刺儿头”下属

初九：屦校灭趾，无咎。

象曰：屦校灭趾，不行也。

“足戴脚镣，断掉了脚趾”，受到警戒，不至于旧罪重犯。初九爻是全卦的开始，一开始就给犯人的脚戴上刑具，犯人因此受到惩罚，不会再旧罪重犯。这是用小的刑罚达到惩戒的目的，因此无咎。这就是刑罚存在的意义，其目的并不在于罚，而在于诫。对于一个团体的领导者来说，难免会遇到一些比较难对付的“刺儿头”下属。对待这些下属，领导者不应该采取简单粗暴的方式和手段，而应因势利导，热情帮助，积极督促他们改掉坏毛病，向着好的方向转化，达到诫的目的。

某军队研究所有名副科长因为没有被提拔为某重要课题研究室的负责人而心生不满，但他不从自己身上找原因，而是归咎于领导有偏见，因此到处散布领导收礼受贿之类的谣言，还屡屡向上级提出转业申请，严重影响了领导的正常工作。研究所领导对其进行了严厉的批评后，该副科长仗着老资格我行我素，成了有名的“刺儿头”。为教育他，领导决定指派他到研究室临时“帮助工作”，目的是让他找镜子照照自己。果然，干了一段时间后，该副科长自觉难以胜任，主动回到了原单位。于是，研究所的领导约见了他，告诉他：如果不思悔改，部队将考虑接受其转业申请，否则就请他老老实实地做好自己的工作。至此，该副科长才似挨了当头一棒，头脑清醒过来，表示会彻底检讨自己的过错。

总是会有这样的下属：本事不大，牢骚不少，对自己的能力认识不清，总是觉得给别人做下属屈才。这不仅影响了领导的工作，更重要的是对工作环境造成了恶劣影响。这样的人，给他出些难题，让他在众人面前显示才能，就能够封住他的嘴巴。给他一些难题，使他有自知之明，再辅以教育手段，会彻底解决他自以为了不起的狂傲心态。

对待“刺儿头”员工，还有一种更高明的办法，即“一物降一物”。这种方法一来可以省去领导不少精力和时间；二来可以化害为利，充分利用这些下属为自己服务；三来可以彻底制伏这些下属。

所谓一物降一物，就是利用下属的缺点、毛病来制伏下属，或者利用下属之间的矛盾，指使这一下属去制那一下属，领导不用亲自动手，就能达到控制下属的目的。

“一物降一物”驾驭“刺儿头”下属常见的手段有：

（1）严治恶人。某下属品行恶劣，不服管教，可以将他交给一个以严著称的中层领导整治，没用多少时间，该下属就变老实了。

（2）以懒人治懒人。张三办事不勤快，李四干活节奏慢，领导干脆将他们搁在同一个科室里，给他们定下硬指标，并且指定由李四管张三。这样，他们谁也依靠不了谁，完不成任务都得受罚，慢慢就都变“勤快”了。

（3）以庸人治“恶”人。某下属才华横溢，但傲气十足，谁也看不起。领导故意让他接受某个德才平庸的中层干部管理。能人碰上庸人，有理说不清，有才使不上……时间一长，傲气就被磨掉了。

（4）以贪人治贪人。甲乙二人，待人处事都爱占小便宜，领导故意将他俩安排在一起，指定甲管理乙。由于两人有同样的毛病，谁也不愿意吃亏，但也很难再做到事事都占便宜。时间长了，两人便达成默契，双方利益均摊，谁也不沾谁的光。

上述手段都是一些巧妙的小方法，领导只要加以合理运用，既不会太伤害下属的感情，又会对他们起到惩戒的作用，让那些“刺儿头”变得乖顺。

有威慑才会有服从

六二：噬肤灭鼻，无咎。

象曰：噬肤灭鼻，乘刚也。

冯异是刘秀手下的一员大将，他不仅英勇善战，而且忠心耿耿，品德高尚。刘秀转战河北时屡遭困厄，一次行军在饶阳滹沱河一带，矢尽粮绝，饥寒交迫，是冯异送上仅有的豆粥麦饭，才使刘秀摆脱困境。他还首先建议刘秀称帝。他治军有方，为人谦逊，每当诸位将领相聚，各自夸耀功劳时，他总是一人独避大树之下。因此，人们称他为“大树将军”。

冯异长期转战于河北、关中，甚得民心，成为刘秀政权的西北屏障。这自然引起了同僚的妒忌。一个名叫宋嵩的使臣四次上书，诋毁冯异，说他控制关

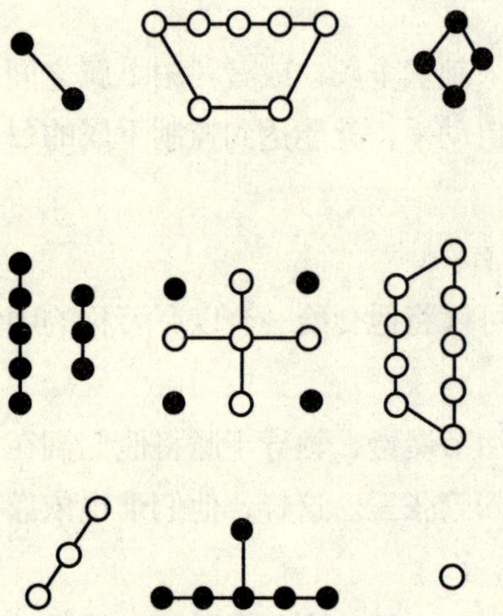

洛书天地交午之数

中，擅杀官吏，威权至重，百姓归心，都称他为“咸阳王”。

冯异对自己久握兵权、远离朝廷也不大自安，担心被刘秀猜忌，于是一再上书，请求回到洛阳。刘秀对冯异的确也不大放心，可西北地区又少不了冯异。为了解除冯异的顾虑，刘秀便把宋嵩告发的密信送给冯异。这一招的确高明，既可解释为对冯异深信不疑，又暗示朝廷早有戒备恩威并用，使冯异连忙上书自陈忠心。刘秀这才回书道：“我将军之于，从公义上讲是君臣，从私恩上讲如父子，我还会对你猜忌吗？你又何必担心呢？”

说是不疑，但哪一个君主会对下臣真的信任不疑呢？尤其像冯异这样位高权重的大臣，更是国君怀疑的重点人物，刘秀对告密信的处理，只是做出一种姿态，表示不疑罢了，真正的目的还是给大臣一个暗示：我已经注意你了，你不要轻举妄动。既是拉拢，又是威慑，一箭双雕，手腕可谓高明。

刘秀的做法可以看成很好地践行了六二爻。肤，指皮肉，比喻最轻的刑法。“噬肤灭鼻”，用很轻的刑罚给你一些警告，对你的心理形成一种威慑作用，刑罚的目的就达到了。刘秀将告密信送给冯异的做法就是一种比较高明的威慑法。

所以，在一个团队中，作为领导者，仅有宽容仁爱之心是不够的。在一个团队中会有各种各样的人，有的人只有用威慑的手段才能起作用。对待这样的人，领导者一定要拿出威信。

李元度是曾国藩的老部下，两人在一起多年，曾国藩早就把他当成兄弟一样看待。久经沙场的李元度，即使在艰难的岁月里也一直守在曾国藩身边，替他排忧解难。可是，因为指挥失利，造成徽州失守，李元度依然免不了受罚。

当时，很多人都劝曾国藩，说李元度这么多年一直守在大人左右，没有功劳也有苦劳啊。再说打仗本来就有很多偶然性，因为一时失利丢了城池，以后再夺回来就好。可是曾国藩没有因为别人的劝说而放弃军纪，依法惩戒了李元度。军中将士眼见像李元度这样与曾国藩有深厚交情的都免不了军法处置，便都不敢再大意了。

作为一个团队的领导者，就是要有一定的威信，这样才能对下属起到威慑作用。当下属犯了错误时，就可以像六二爻“噬肤灭鼻”一样，通过小小的惩罚让他认识到错误。同时又施以宽容仁爱，这样才能让他对你又尊重又信服，从而提高整个团队的凝聚力和执行力。

刚柔相济才是施法之道

六五：噬干肉，得黄金，贞厉，无咎。

象曰：贞厉无咎，得当也。

六五，吃干硬的肉时，发现肉中嵌有细粒黄金，虽然咽下去便有生命之危，但无灾祸。六五爻是阴柔之人处于中正之位，所以一方面要刚正不阿，另一方面又不能失去阴柔的本性，因此执法手段要柔中带刚、刚柔相济，才能无咎。

刚柔相济是一种很巧妙的管理方法，它可以使激烈的争论停下来，也可以调节气氛，增进感情。

下面这个例子是日本著名企业家松下幸之助的故事：

有一次，部下后藤犯下大错。松下怒气冲天，一面用挑火棒敲着地板，一面严厉责骂后藤。骂完之后，松下注视着挑火棒说：“你看，我骂得多么激动，居然把挑火棒都扭弯了，你能不能帮我把它弄直？”

这是一句多么妙的请求！后藤自然遵命，三下五除二就把挑火棒恢复了原状。松下说：“咦？你的手可真巧呵！”松下脸上立刻绽开了亲切可人的微笑，高高兴兴地赞美后藤。后藤一肚子的不满立刻烟消云散了。

更令后藤吃惊的是，他一回到家，竟然看到太太准备了丰盛的酒菜等他。“这是怎么回事？”后藤问。“哦，松下先生刚来过电话说：‘你老公今天回家的时候，心情一定非常差，你最好准备些好吃的让他解解闷吧。’”此后，后藤自然干劲十足地工作了。

松下幸之助的方法可谓巧妙，他让后藤认识到了自己的错误，也感受到了上司的关心与爱护。

公元214年，刘备夺取四川后，诸葛亮在协助他治理时立法“颇尚严峻，人多怨叹者”，当地官员法正提醒诸葛亮，对于初平定的地区，大乱之后应“缓刑弛禁以慰其望”。诸葛亮认为自己的做法并没有错，他对法正说：四川的情况与一般不同。自从刘焉、刘璋父子守蜀以来，“有累世之恩，文法羁縻，互相奉承，德政不举，威刑不肃。蜀土人士，专权自恣，君臣之道，渐以陵替”。现在如果用在他们心目中已失去价值的官位来拉拢他们，以他们已经熟视无睹的“恩义”来使他们心怀感激，是不会有实际效果的。所以，只能用严法来使他们知道礼义之恩、加爵之荣，“荣恩并济，上下有节，为治之要”。

诸葛亮之所以要用严厉的刑法来治理四川，关键是四川之地一直受到恩宠，导致“文法羁縻，德政不举，威刑不肃。蜀土人士，专权自恣……”这种情况下再施以恩义是不会有任何改善的。所以，单纯的德治和法治都不能收到良好效果，恩威并施才是正确的施法之道。

刚柔相济，就像一块巨石落在一堆棉花上，巨石被棉花轻松地包在里面，它们会相处得很融洽，谁也不会受伤。而以刚克刚就像两块石头硬碰硬，谁都不服谁，结果只能是两败俱伤。

刚柔相济的施法之道其实和做人的道理一样，一个人过于刚强就会处处碰壁，事事受挫，而如果他能懂得刚柔相济的道理，该强硬时强硬，该示弱时示弱，就会避免很多不必要的摩擦，成功之路也会走得更顺畅。

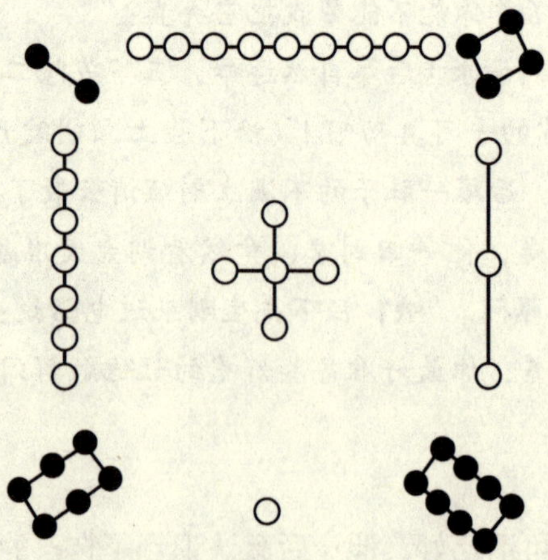

洛书纵横十五之象

第二十二卦 ䷕【贲卦】

本真之心

【原文】

贲：亨。小利有所往。

【释义】

贲卦，是亨通的，会有小小的利，可以继续前进。

【智慧解读】

贲卦的卦象是离（火）下艮（山）上，为山下燃烧着火焰之表象。山下的火焰把山上万物照得通明，如同披彩，这就叫装饰。“贲”，修饰、文饰，贲卦专谈文饰美化的道理，适当的文饰美化能在一定程度上彰显优点、弱化缺点，起到积极作用。但是，文饰过度就会浮华有余而质朴不足，反而掩盖了想要表达的东西，适得其反。

从贲卦的六条爻来看，初九爻“贲其趾”，谈文饰应表现质朴；六二爻“贲其须”，谈文饰不能脱离实质；九三爻“贲如濡如”，谈应避免以文害质；六四爻“贲如皤如”，谈素洁之美；六五爻“贲于丘园”，谈简朴之风；上九爻“白贲”，谈返璞归真。从下到上，文饰的程度越来越淡。上九爻处于最高位，谈返璞归真，这表明文饰的最高境界是返璞归真，就像化妆的最高境界是自然美。所以，人任何时候都应该注重内心与本质，而不是外表的修饰。

良好的形象帮你叩开成功之门

贲：亨。小利有所往。

象曰：山下有火，贲；君子以明庶政，无敢折狱。

贲卦专谈文饰美化的道理。然而，在当今社会，一个人的外表往往有着很重要的意义。举个简单的例子，如果去参加面试，首先就要在外表上得到别人的认同，才能得到进一步的面试机会，然后才有可能得到这份工作。

所以，不要相信“是金子总会发光的”，如果你的才华掩盖在邋遢的外表之下，谁又能发现呢？《易经》在几千年前就已经意识到了文饰的重要性，何况现在呢？如果你渴望成功，还是先为自己设计一个最佳形象吧。

我们不妨想一想自己身边的人，形象出众的人自然会让我们另眼相看。而对于那些衣衫不整的人，我们会下意识地低估他们的能力和品位。所以，形象对一个人事业的作用不但不可忽略，而且相当重要。无论选择雇员还是提升职员，我们都会更倾向于穿着出色者。庄重而有品位的着装能够赢得别人的信任。

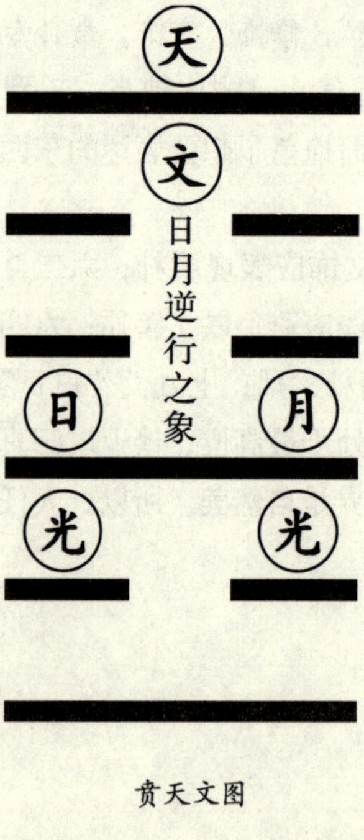

贲天文图

在人们的潜意识里，富有魅力的形象无疑在向周围的人传递这样一个信息：“这是一个重要人物，很可靠、实力雄厚，因此不可小视。我们都应该尊重他，仰慕他，信赖他。”而且人们似乎也都听从、认可了，你也许什么都没做，就已经在别人的心中获得了一定的地位。

每当看到那些小有成就却形象猥琐的人时，我们都免不了为他感到惋惜。这样的人只能成功地做成某些事，却很难登上成功的最顶峰。要想取得成功，先改变你的形象，当你的形象有了超强的魅力时，你会发现，你的人生也将出现可喜的转变，成功会成为你生命的一部分。

形象是一个人通往成功的门票，这其实

并不夸张。常言道，“人靠衣装，佛靠金装”，“外包装”在视觉上传递出你所属的社会阶层的信息，也能够帮助你建立自己的社会地位。在大部分社交场所，你要看起来就属于这个阶层的人，就必须包装得像这个阶层的人。人们往往把优秀的服装与高素质的人、不菲的收入、高贵的社会身份、一定的权威、高雅的文化品位等相关联，穿着出色、昂贵、优质的服装就意味着事业上有卓越的成就。

当然，并不是说形象决定成功，但成功与形象之间一定是相互促进的关系：你越成功，你的形象就越有影响力；你的形象越富有影响力，你也就越容易获得成功。

真正的高贵源自内心

九三：贲如，濡如，永贞吉。

象曰：永贞之吉，终莫之陵也。

九三，修饰得很俊美，光泽柔润。永远守持正道才是吉利的。不管外表修饰得如何俊美，内心永远守持正道才是最重要的，因为真正的高贵源自内心。人本身并无高低贵贱之分，但由于每个人内在灵魂的巨大差异，才分出了高贵和平庸，乃至高贵和卑鄙。要想做一个成功的人，至少应该具备两个特征——高贵的自尊和面对任何境况都能宠辱不惊的雍容气度。

贝多芬，人类历史上最伟大的音乐家，世界上无数的人被他的音乐所感动，所震撼，令人们震撼的不仅仅是他的音乐，还有他的苦难、他的欢乐、他的勇气、他高贵的灵魂！

贝多芬总是高高昂起他那狮子般的大头颅，从不献媚于任何人，比贵族还要高贵。

一次，在利西诺夫斯基公爵的庄园里，来了几位“尊贵”的客人——侵占了维也纳的法国军官。当时贝多芬正住在公爵的庄园里，当军官们从主人那里得知后，公爵便请求贝多芬为他们演奏一曲。贝多芬不愿为侵略者演奏，断然拒绝，猛地推开客厅大门，在倾盆大雨中愤然离去。回到住处，他把利西诺夫斯基公爵给他的胸像摔个粉碎，并写了一封信：“……公爵，你之所以成为一个公爵，只是由于偶然的出身；而我之所以成为贝多芬，完全是靠我自己。公爵现在有的是，将来也有的是，而贝多芬只有一个！”

正如贝多芬所言，由于偶然的出身，这个世界上确有过无数公爵，然而，历史最公正，时光最无情，当这些曾显赫一时的公爵都一个个灰飞烟灭、消失在历史的长河中时，贝多芬却没有从人们的记忆中消失。贝多芬没有高贵的出身，却有不朽的作品，正是它们，为贝多芬赢得了无数的荣誉，也正是它们，为贝多芬在人们心中筑起了一座无形的丰碑。要知道人们从来就不承认世俗的册封，他们首肯的永远是那些让他们心悦诚服的高贵的灵魂。

19世纪中叶，美国实业家菲尔德率领他的船员和工程师，用海底电缆把“欧美两个大陆联结起来”。菲尔德因此被誉为“两个世界的统一者”，成为美国最光荣、最受尊敬的英雄。但因技术故障，刚接通的电缆传送信号中断，顷刻之间，人们的称赞之语骤然变成愤怒的狂涛，纷纷指责菲尔德是“骗子”。面对如此悬殊的宠辱逆差，菲尔德泰然自若，一如既往地坚持自己的事业。经过六年努力，海底电缆最终成功地架起了欧美大陆的信息之桥。面对重大的波折，菲尔德始终不为所动，表现出一种雍容的气度。

大凡成功者，全身上下总会透露出一份坚毅和自信，即使在最狼狈的时候，即使衣衫褴褛、形容憔悴，成功者也会始终保持一颗高贵的心灵。因为他们始终坚信，自己的人生一定会非常精彩。

这种内心的高贵不是仪表的华美，不是出身的高贵，不是地位的显赫，也不是金钱的多寡或其他外在的装饰，而是一种内在的、深沉的、自然散发、由里及外的灵魂的美丽和大度；是一种有丰富内涵、有独特思想和见地、有高尚情感和无私奉献的心灵，有一种大爱的心，爱人类、爱万物、爱一切的生命；是一种热爱生活、执著追求、不懈努力、永不气馁的心。高贵，源自灵魂的力量，源自充盈的内心，值得我们用尽此生去追寻。

返璞归真，做最好的自己

上九：白贲，无咎。

象曰：白贲，无咎，上得志也。

“装饰素白，不喜好华丽，没有祸害”，上九处于最高位，也就是到了文饰的最高境界，但上九爻谈到的是返璞归真才没有祸害，所以文饰的最高境界就是返璞归真，就像化妆的最高境界是自然美，一个人的最高境界，就是做最好的自己。

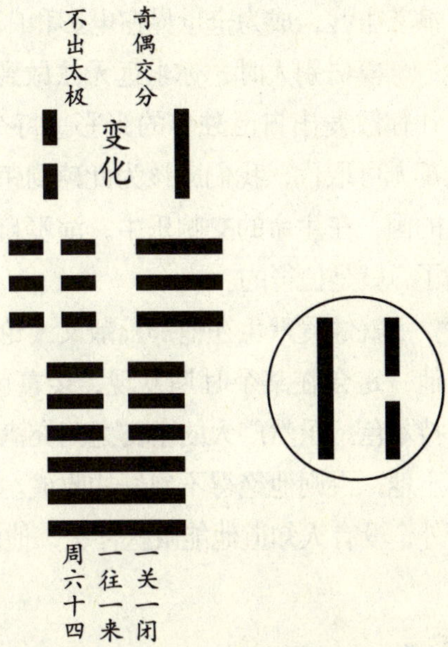

太极涵三自然奇偶之图

一位公共汽车驾驶员的女儿想当歌星，但不幸的是她长得不好看，嘴巴太大，还长着龅牙。她第一次在新泽西的一家夜总会里公开演唱时，直想用上唇遮住牙齿，她企图让自己看来显得高雅，结果却弄得不伦不类，这样下去她注定要失败。

幸好当晚在座的一位男士认为她很有歌唱的天分，他很直率地对她说：“我看了你的表演，看得出来你想掩饰什么，你觉得你的牙齿很难看？”那女孩听了觉得很难堪，不过那个人还是继续说了下去：“龅牙又怎么样？那又不犯罪！不要试图去掩饰，张开嘴就唱，你越不以为然，听众就会越爱你。再说，这些你现在引以为耻的龅牙，将来可能会带给你财富呢！”她接受了那人的建议，把龅牙的事抛诸脑后，只把注意力集中在观众身上。她开怀尽情地演唱，后来成为电影及电台中走红的顶尖歌星，别的歌星倒想来模仿她了。

卓别林开始拍电影的时候，那些电影导演都坚持要他去学当时非常有名的一个德国喜剧演员，可是卓别林直到创造出一套自己的表演方法之后方才成名。

鲍勃·霍伯也有相同的经验。他多年来一直在演歌舞片，结果毫无成绩，直到他挖掘出独特的笑话本事之后，才一举成名。

玛格丽特·麦克布蕾刚进入广播界的时候，想做一个爱尔兰喜剧演员，结果失败了。后来她发挥本色，做一个来自密苏里州、很平凡的乡下女孩子，结果成为纽约最受欢迎的广播明星。

金·奥特雷刚出道时想改掉得州乡音，穿得像个城里的绅士，自称是纽约人，结果大家都在背后笑话他。后来，他开始弹五弦琴，唱西部歌曲，开始了了不起的演艺生涯，成为全世界在电影和广播两方面最有名的西部歌星。

模仿别人时，你永远无法做到最好。而当你做回自己时，那些属于你的特质会让你散发出自己独有的光彩。每个人在这个世界上都是独一无二的个体，每个人都无可取代，我们应该为此感到荣幸，并努力保持一切个性，唱自己的歌，画自己的画，在生命的交响乐中，演奏自己的小乐器，即使不能做到最好，只要我们做过了，就是值得的。

就像爱默生在他那篇散文《论自信》里所说的："在每一个人的教育过程之中，他一定会在某个时期发现，羡慕就是无知，模仿就是自杀。不论好坏，他必须保持本色。虽然广大的宇宙之间充满了好的东西，可是除非他耕作那一块给他耕作的土地，否则他绝得不到好的收成。他所有的能力是自然界的一种新能力，除了他之外，没有人知道他能做些什么，他能结什么，而这都是他必须去尝试求取的。"

第二十三卦【剥卦】

防微杜渐

【原文】

剥：不利有攸往。

【释义】

剥卦，继续前往就不利了。

【智慧解读】

剥卦的卦象是坤（地）下艮（山）上，好比高山受侵蚀而风化，逐渐接近于地面之表象。“剥”就是剥落，落下来，掉下来，全卦六条爻，五条阴爻在下，一条阳爻在上，阴盛而阳孤，喻小人得势，君子困顿，事业败坏。位居在上的人看到这一现象，应当巩固基础，使它更加厚实，这样才能巩固其住所而不至于发生危险。

从剥卦中我们可以得到启示：任何事物的败坏都不是一下子形成的，而是从下往上，从小到大慢慢演变的结果，“千里之堤，溃于蚁穴”，剥卦讲的就是这个道理。怎样才能阻止“剥”的局面呢？首先要防微杜渐，不要忽略任何一个细节，否则就可能造成无法挽回的损失。其次，作为最上面的君子，要懂得与下面的百姓一起分享成果，不能只顾自己享乐。这也是防止败落的一个重要方面。

1%的错误也可能导致100%的失败

初六：剥床以足，蔑贞凶。

象曰：剥床以足，以灭下也。

初六，从床脚开始坏，“剥”的局面开始了。这就好比一个人、一个组织，万事万物都是这样的，总是从不起眼的地方开始坏，然后慢慢影响到整体。“千里之堤，溃于蚁穴”就是这个道理。很多时候，我们认为小事无关紧要，可以忽略，但或许就是这些小事造成了难以挽回的损失。

村子里有一家酒店卖的酒味道好，分量足，店主招待顾客也很殷勤，门口还高高地挂着招牌，老远就能看到。

照理说，这家酒店的生意一定会很好。可是却不然，来这里买酒的人很少。由于生意清淡，一坛坛酒堆在那里卖不出去，日子一长，味道就开始变酸了。

店主看到这种情况，心里很急，就去问村上一个有见识的人这是怎么回事。

那人想了想，说：“你家养的狗是不是对人很凶？”

店主说：“确实很凶，可这跟卖酒有什么关系呢？”

那人说：“你家的狗看见人又追又咬，张牙舞爪，本来想到你那里买酒的人，却因为怕狗而不敢去。这样，就难怪你家生意不好，酒要变酸了。”

一粒老鼠屎糟蹋了满锅粥，一只狗坏了整个生意。我们生活在这个越来越挑剔的年代，只有做好每一个关键的细节，才能获得成功。

所以，作为一个企业，一旦发现产品或者服务方面存在不合理的现象，一定要立刻设法铲除，不可姑息。不要对出现的问题讳而不宣，等到让消费者发觉时，受损害的就不止是这些产品，而是整个公司的名誉和信用。

有着百年辉煌历史的爱立信与诺基亚、摩托罗拉并世称雄于世界的移动通信业。但自1998年开始的3年里，当世界蜂窝电话业务高速增长时，爱立信的蜂窝电话市场份额却从18%迅速降至5%，即使在中国市场，其份额也从1/3左右迅速地滑到了2%。爱立信在中国的市场销售额一日千里地从手机销售头把交椅跌落，不但退出了销售三甲，还排在了新军三星、飞利浦之后。在中国这样一个快速成长的市场上，国际上很多濒危的企业都起死回生、生龙活虎，爱立信却在这块风水宝地上失去了往日的辉煌。

2001年，在中国手机市场上，大家去买手机时，都在说爱立信如何如何不好。当时，它的一款“T28”手机存在质量问题。这本来就是一种突然出现的危机，但爱立信并没有采取正确方式对待。“我的爱立信手机的送话器坏了，送到爱立信的维修部门，很长时间都没有解决问题。最后，他们告诉我是主板坏了，要花700块钱更换。而我在个体维修部那里，只花25元就解决了问题。”这位消费者确切地说出了爱立信存在的问题。那时，几乎所有媒体都注意到了“T28”的问题，似乎只有爱立信没有注意到。爱立信一再地辩解自己的手机没有问题，而是一些别有用心的人在背后捣鬼。然而，市场不会去探究事情的真相，也不给爱立信以“申冤”的机会，就无情地疏远了它。

一款产品的不合格导致了消费者对整个爱立信品牌的不信任，这就是1%的错误导致了100%的失败。

做到百分百的完善很不容易，但不论企业还是个人，都不能忽略一些细小的错误，因为这些毫不起眼的错误可能就会决定一个人或者一个企业的命运。

借人之力，成己之事

六三：剥，无咎。

象曰：剥之无咎，失上下也。

六三，继续剥落，却没有什么灾祸，这是因为六三爻处于下卦的最高位，与处于上卦最高位的上九爻相应，上九爻是唯一的阳爻，它可以帮助六三爻，所以，六三爻“剥，无咎”，这说明相应、相助的重要性。

俗话说：“一个篱笆三个桩，一个好汉三个帮。”一个人不能单凭自己的力量完成所有任务，战胜所有困难，解决所有问题。须知：借人之力也可成事。善于借助他人的力量，既是一种技巧，又是一种智慧。

《圣经》中有这样一则故事：

当摩西率领以色列子孙们前往上帝那里要求领地时，他的岳父杰罗塞发现，摩西的工作实在超过他能负荷的，如果他一直这样，不仅仅是他自己，大家都会有苦头吃。于是，杰罗塞就想办法帮助摩西解决问题。他告诉摩西，将这群人分成几组，每组1000人，然后再将每组分成10个小组，每组100人，再将100人分成两组，每组50人。最后，再将50人分成五组，每组10个人。然后杰罗塞告诫摩西，要他让每一组选出一位首领，而且这个首领必须负责解决本组成员遇到的任何问题。摩西接受了建议，并吩咐负责1000人的首领，只有他才能将那些无法解决的问题告诉自己。自从摩西听从了杰罗塞的建议后，他就有足够的时间来处理那些真正重要的问题，而这些问题大多数只有他自己才能够解决。

杰罗塞教给摩西的，其实就是要善于利用别人的智慧，善于调动集体的智慧，用别人的力量帮助自己解决难题。

很多事情就是这样的，当我们无力去完成一件事时，不妨向身边可以信任的人求助，也许对我们来说费力不讨好的事情，对别人来说却不费吹灰之力就能轻松做好。与其自己苦苦追寻而不得，不如将视线一转，求助于有能力解决问题的人。

孤掌难鸣，世上没有完美的人，每个人都会有缺点。但如果大家可以结合在一起，可能就会弥补彼此的缺点，取得意想不到的成果。所以，一个人在社会中，如果没有他人的帮助，他的境况会十分糟糕。普通人如此，成就大事业的人更是如此。如果不懂得借他人之力，成自己之事，任何事业都无从谈起。

善于借助别人的力量，就要善于利用别人的智慧，广泛地接受意见，多和不同的人聊聊自己的构想，多倾听别人的想法，多用点脑子来观察周遭的事物，多静下心来思考周遭发生的现象，将让你受益匪浅。

所以，不要忽视你遇到的任何人。在人生的道路上，你不知道前面有什么等着你，也不知道在向你伸出的手中哪一双有足够的力量能够支撑你。

做人圆滑，不露破绽

上九：硕果不食，君子得舆，小人剥庐。

象曰：君子得舆，民所载也；小人剥庐，终不可用也。

上九，君子如果能够摘食硕大的果实，则如同坐上大车，受到百姓拥戴；如果被小人摘食，则必然招致破家之灾。上九是唯一的阳爻，又处于最高位，如果不能小心应对，就会有灾祸。居正位的领导者要警惕身边的小人，以防小人作乱。

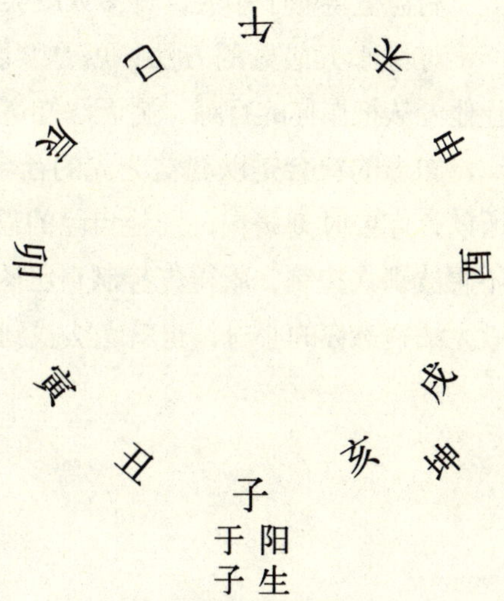

坤作成物图

大千世界，鱼龙混杂，不管你是否愿意面对，都不可避免地要与小人打交道，而这些布设在你身边的小人就像一颗颗定时炸弹，随时都会置你于险境，而不管你是否愿意承认，这些小人总是比好人更有能量，因为破坏一件事比做好一件事容易得多。把一匙酒倒进一桶污水，得到的是一桶污水；把一匙污水倒进一桶酒，得到的还是一桶污水。全力以赴成就事业时，“提防小人”应是你时时谨记在心的戒律。

小人最擅长的是阿谀奉承，他们这样做的最终目的是从那些喜欢被奉承的人身上得到回报，一旦他们取得了那些人的信任或仰仗，就会很快使自己的羽翼丰满起来，到那时，他们真实的嘴脸就会暴露出来，说不定还会反咬一口。

一定要留意身边一味顺着自己的意志说好话的人，那很可能就是一个势利小人。切不可因为他说的都是自己爱听的话就重视他、依赖他，那样做无异于养虎为患。

很多人对小人非常痛恨却又无可奈何，因为他们始终在暗处，用的始终是卑鄙的手段，而且不会轻易罢手。如果得罪了他们，就会遭到他们的攻击，不知不觉中遭其陷害。对待小人切不可采取强硬的态度，而要以柔制胜，既维护了他们的自尊和面子，也让他们明白你的实力。否则，他们会一直与你为敌，阻碍你的发展。

李明刚进入新公司时，由于不了解同事的性格，因此一直保持着在学校时耿直的处世之道。可没想到在一次工作研讨会上，他当众反驳了一位同事的提议，却让自己在工作中尝尽了苦头。这位同事表面笑脸相迎，内心却嫉妒心极强，李明的反驳让他记恨在心。在以后的工作中，他处处作梗，为难李明，有一次竟无事生非，在上司面前告了一状，让李明平白无故挨了批评。

利益上得罪了小人，许多人就会像李明一样蒙受不白之冤。

对付小人最好的方法，就是“躲起来”，而“躲”的最好方法就是深藏不露，让他无从把握你的行踪，更无法知道你的心思，这样他就没有任何缝隙可钻。

如今的社会是以利益为先的社会，人们都善于察言观色，顺着别人的性子走。所以，你要时刻警惕，别让自己的喜怒哀乐、言行举止成为别人利用的对象。如果不想被别人控制，就得先控制自己的情绪，必要时伪装自己，深藏不露。这样小人就无法猜透你的心思，也就无法找到破绽陷害你了。

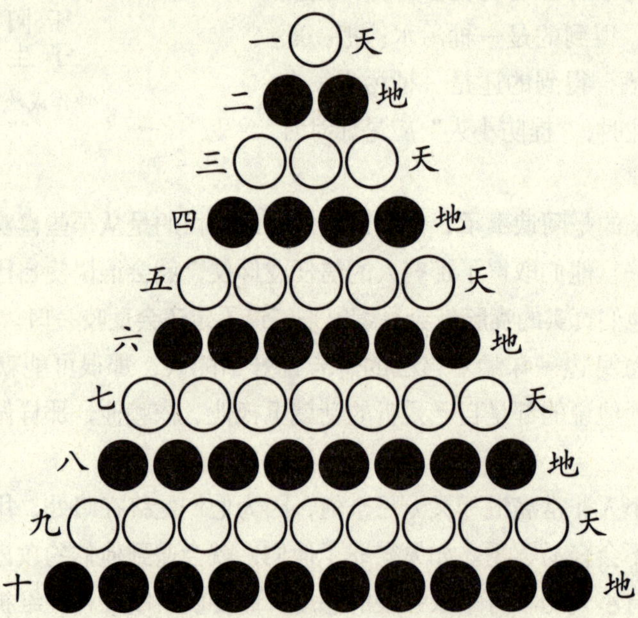

天尊地卑图

第二十四卦 ䷗【复卦】

灵活变通的法则

【原文】

复：亨。出入无疾，朋来无咎。反复其道，七日来复，利有攸往。

【释义】

复卦，亨通。阳气生长出入顺畅，没有疾患。朋友前来没有危害。返回到原来的大路上，过了七天就可以回归，有利于继续前往。

【智慧解读】

复卦谈的是回复，其实就是变通之道。全卦讲述了改正错误的几种状况：“不复远”，走得不太远就返回了，吉；“修复”，愉快地返回，吉；“频富”，勉强返回，无咎；“独复”，独自返回；“敦复”，虔诚地回复，无悔；“迷复”，误入歧途而不知返回，凶。从这六条爻来看，全卦体现了变通的重要性，有了错误及时改正是正确的，如果不知悔改，则是凶险的。做任何事都要懂得变通，不能一条道走到黑，像上六爻，明知误入歧途仍不知变通，一直走到最后，结果必然是凶险的。

多变的思维成就非凡的事业

初九：不复远，无祇诲，元吉。

象曰：不远之复，以修身也。

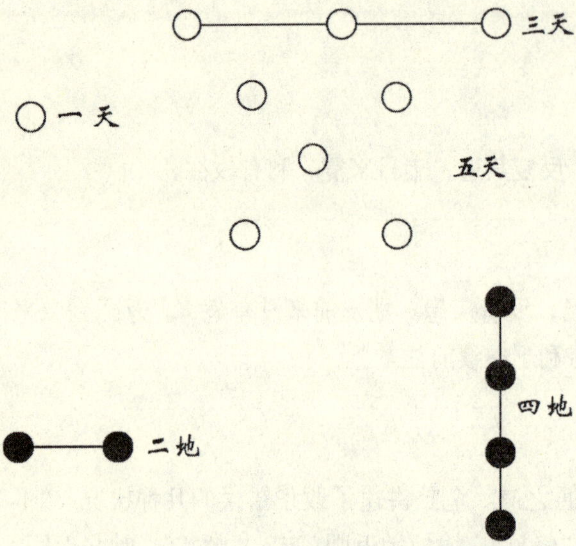

三天两地图

“祇”，乃出现之义，“无祇诲”指不会出现后悔的情况。初九，走得还不太远就返回，就没有灾祸和悔过。表示深得变通之道，发现错了就及时改正，所以一开始就是吉祥的。

莫里哀曾说：“变通是才智的试金石。”世间万物都在变。没有变通，就会落后，就无法生存。事变我变，人变我变，适者方可生存。成功离不开变通。

“变”是成功人士的重要法则之一。在汉语里面，有很多反映思想僵化的词语，比如，死板、呆板、顽固等。很多人做事之所以处处碰壁，最重要的原因就是不会变通。

而只有变通才能让我们的思维灵活起来，从而触类旁通，不局限于某一方向，不受消极思维定式的桎梏，从多方面选择和考虑问题，越过思维定式的障碍。同时，变通力是创造力中求异思维的较高级层次，使我们的思维沿着不同的方向扩散，表现出极其丰富的多样性，使人产生超常的构思，提出不同凡响的新思想、新观点。

1982年，在美国《幸福》杂志上所列的全美500强大企业名单里，赫然跃上了一家名不见经传的电子工业公司——苹果计算机公司。

一年之后，奇迹再次发生。在《幸福》杂志的排位中，年轻的苹果计算机公司青云直上，一举跃到第291位，营业额达9.8亿美元，职工人数4000人，它的迅速发展引起了美国企业界的极大关注。

原来，领导这家公司的主要是两位年轻人——史蒂夫·乔布斯、斯蒂芬·沃兹奈克。当时，在美国，许多计算机生产厂家都把研制和生产的重点放在大型计算机上。微电脑在美国市场上已经出现，但大多是供工程师、科学家、电脑程序设计师使用，还没有普及，普通家庭很少购买。

这两位年轻人决定另辟蹊径，将注意力集中到个人计算机上。

创业伊始，困难重重，乔布斯和沃兹奈克工作得很辛苦。但工夫不负有心人，1976年，他们终于研制成功了一台家用电脑，命名为“苹果1号”。当他们把这台电脑拿到俱乐部去展示时，立刻吸引了不少电脑迷，他们纷纷要掏钱购买，一下子就订购了50台。为了生产这50台电脑，他们跟几家电子供应商谈妥，以30天的期限，赊了2.5万美元的零件，结果在29天之内就装配了100台家用电脑。他们用50台电脑换了现金，付清了欠款。

从此，局面打开了，他们的订单源源不断。他们认定家用电脑的发展前景广阔，于是打算成立一家公司，专门生产家用电脑。

他们的想法得到了投资家马克拉的帮助，他愿意投资9.1万美元，美国商业银行也贷给了他们25万美元。然后，他俩又开始了游说活动，募集到60万美元资金。这样，1977年，“苹果计算机公司”正式宣告成立。

他们将办公地点从车库里搬出，又网罗各方面人才，共同进一步研制和改良家用电脑。不久，他们向市场推出了“苹果2号”、“苹果3号”和“里萨”等个人电脑新产品。

苹果计算机公司独辟蹊径，瞄准别家计算机公司遗漏的“盲区”，闪电般向市场推出家用电脑，迎合了美国大众的需要，销路非常好。到1981年，苹果计算机公司生产的个人计算机占据了美国市场上个人电脑总销售量的41.2%。难怪纽约基础书籍出版公司在1984年出版的畅销书《硅谷热》中，对于苹果计算机公司发迹和崛起的速度极为赞叹，认为：“一家公司只用了5年时间就有资格进入美国最大的500家企业之列，这还是有史以来的第一次。”

想做一名杰出的成功者，就必须懂得变通，不停地调整观念，以适应社会的变化，这样才能打破常规，迈出成功的一步。

现在社会注重创新，其实变通就是不竭的创造力。我们改变不了过去，但可以改变现在；我们很难改变环境与困难，但可以改变自己。擦亮眼睛，变换思维的角度，千变万化将由你驾驭。

用不完美成就完美

六二：休复，吉。

象曰：休复之吉，以下仁也。

六二爻处于下卦的中间，又中又正，所以是愉快地返回，大吉。愉快地改正自己的错误是一种良好的心态，这样的人勇于承认并面对自己的错误，不苛求完美，发现错了就随时改正，没有沮丧和勉强。其实，人的一生难免有很多不完美之处，每个人都会有这样或那样的缺憾，缺憾也是完美存在的一种状态。

谢尔·西尔弗斯坦在《失落的一角》里讲过这样一个故事：

一个圆环被切掉了一块，圆环想使自己重新完整起来，于是就到处去寻找丢失的一角。可是由于不完整，它滚得很慢，它欣赏路边的花儿，它与虫儿聊天，它享受阳光。它发现了许多不同的一角，可没有一块适合它。于是它继续寻找着。

终于有一天，圆环找到了非常适合的一角，它高兴极了，将那一角装上，然后又滚了起来，它终于成为完美的圆环了。它能够滚得很快，以至于无暇注意花儿或和虫儿聊天。当它发现飞快地滚动使得它的世界再也不像以前那样时，它停住了，把那一角又放回到路边，缓慢地向前滚去。

不完美有不完美的好处，不完美的人生才使人有了追逐的目标与乐趣，谁又能说，这样的人生不完美呢？

著名音乐家托马斯·杰斐逊其貌不扬，他向心上人玛莎求婚时，还有两位情敌。一个星期天，那两人在玛莎的家门口碰上了，于是，他们准备联合起来，羞辱杰斐逊。这时门里传来优美的小提琴声，还有一个甜美的声音在伴唱。如水的乐曲在房屋周遭流淌着，两人此时竟然没有勇气去推玛莎家的门，他们心照不宣地走了，再也没有回来过。

杰斐逊并不完美，也不出众，但是他有了小提琴和音乐才华，就不可战胜了。

对于每个人来讲，不完美是客观存在的，但无须怨天尤人，在羡慕别人的同时，不妨想想，怎样才能走出误区。或用善良美化，或用知识充实，或用一技之长发展自己……生命的可贵之处，在于看到自己的不足之处之后，能坦然面对。

人生就是充满缺陷的旅程。从哲学的意义上讲，人类永远不满足自己的思维、自己的生存环境、自己的生活水准。这就决定了人类不断创造、追求，从简单的发明到航天飞机，从简单的词汇到庞大的思想体系。没有缺陷，产品便不会一代代更新。没有缺陷就意味着圆满，绝对的圆满便意味着没有希望，没有追求便意味着停滞。

生活不可能完美无缺，也正因为有了残缺，我们才有梦，才有希望。为梦想和希望而付出努力时，我们就已经拥有了一个完整的自我。

变中求生存

上六：迷复，凶，有灾眚。用行师，终有大败；以其国，君凶。至于十年不克征。
象曰：迷复之凶，反君道也。

上六，犯了错误，仍然执迷不悟，不知悔改复归正道，必然凶险，会有天灾人祸不断降临。在这种情况下，用兵作战，终将一败涂地；用于治国，国君会遭受凶险。这样的状况会一直持续下去，长达十年之久，国家不能振兴。由此可见，不知变通的危害有多大。很多人无法获得成功，一个很重要的原因就是不知变通。

古时候有一个渔夫，是出海打鱼的好手。他有一个习惯，每次打鱼前都要立下一个誓言。有一年春天，听说市面上墨鱼的价格最高，于是他立下誓言：这次出海只捕捞墨鱼，好好赚一笔。但这一次鱼汛所遇到的都是螃蟹，他非常懊恼地空手而归。等他上了岸，才得知现在市面上螃蟹的价格比墨鱼还要高，他后悔不已，发誓下次出海一定打捞螃蟹。

第二次出海，他把注意力全放在螃蟹上，可这一次遇到的全是墨鱼。不用说，他又只能空手而归。他懊悔地发誓，下次出海无论是遇到螃蟹还是墨鱼，全部都打。

第三次出海，渔夫严格地遵守诺言，不幸的是，螃蟹和墨鱼他都没有见到，见到的只是一些马鲛鱼，于是，渔夫再一次空手而归。

渔夫没有赶得上第四次出海，他在自己的誓言中死去了。

有一个脑筋急转弯：“一个人要进屋子，但那扇门怎么拉也拉不开，为什么？”回答是：“因为那扇门是要推的。”

这样需要变通的情况，常常在我们的工作中出现。有时候，你会为某一个计划的失败而懊悔，但是，如果你稍稍变通一下，就会是另一种结局。工作是多变的，事物也是多变的，在一个时刻变化的世界中，你得学会随机应变。多多训练应变能力，你将受益无穷。

变通讲究灵活，不从一个角度看问题，而是时常变换角度，以找到合理的解决办法。

你早晨起床、穿衣、刷牙、洗脸、吃早饭、上班……在这一系列生活片段中，你一定会养成某些习惯。比如，刷牙时，你常用一定的姿势；吃饭时，你常坐某个位置；上班时，你常走某条线路。习惯使你的生活有规律，可以使你少动脑筋，很自然地完成一些事，习惯使你感到舒畅。

但是，习惯有一个很大的害处，就是使你总是在走老路，总是在重复过去的工作方式，而这在很多情况下是行不通的。很多人会告诉你，做事要有恒心，要有韧劲，这没错。但是，很多时候，你会因此而固执己见，不知不觉中，一条道儿走到黑。事实上，坚持一个方向走到底是不太现实的，就像开车，不可能总是方向不变，而要不时地调整方向。有时候，环境变化得太厉害，你就不得不另辟新路，否则就会栽跟头。

有个成语叫“曲径通幽”，意思是做事时可以用迂回的方式达到目的。工作中，有许多事强攻硬取往往不能成功，但如果用“旁敲侧击”的方法，却能收到非凡的效果。

讲变通，就是不要死守老路，变一种思维、换一种方式，事情可能就会简单很多。当然，变通不是朝令夕改，不是故意寻求不同，但它会让你更好地实现目标。

第二十五卦 ䷘【无妄卦】

不妄为的底线

【原文】

无妄：元，亨，利，贞。其匪正有眚，不利有攸往。

【释义】

无妄卦，如果不妄为，一开始就会亨通，有利于所为之事。如果不守正道，就会有灾祸，不利于前行。

【智慧解读】

无妄卦是异卦（下震上乾）相叠。乾为天为刚为健，震为雷为刚为动，为天打雷劈之象。君子得此卦者当恪守中道，不可轻举妄动恣意妄为，方能有所收获。

从卦象来看，“无妄”即不可妄为，否则就会遭到天道的惩罚。全卦六爻均为“无妄”，但结果有凶有吉，关键在于所处时位不同。初九，一开始就不要妄为，因此是吉祥的；六二，不要把结果看得太重，这样才能有所收获；六三，不妄为却有灾祸，是因为没有遵守中正之道；九四，守正道就没有灾祸；九五，守正道即可逢凶化吉；上九，虽然没有妄为，但已经走到最高位，再往前走就会有灾祸。所以，并不是不妄为就可以吉祥，重要的是要坚守正道。在对的时间去做对的事，这样才能取得成功。

做事就要做牢、做实

初九：无妄，往吉。

象曰：无妄之往，得志也。

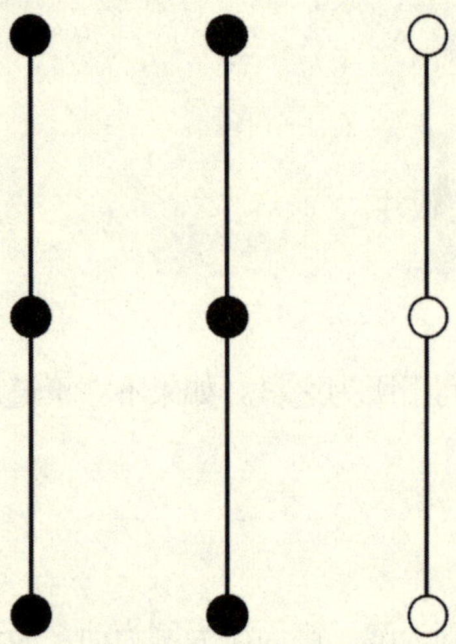

乾元用九，坤元用六图

初九，一开始就不要妄为，这样前往是吉利的。我们经常说“好的开始是成功的一半”，做任何事情，开始都是很重要的，如果一开始就恣意妄为走上歧途，结局肯定不是吉利的。所以，不要给自己再来一次的机会，开始就把事情做好，这样才能真正做到无妄。

很多人都有过这样的经历：开始没有把工作做好，结果越来越忙碌，解决了旧问题，又发生了新问题，在一团忙乱中不断出现各种各样的问题，轻则不得不手忙脚乱地改错，浪费大量时间和精力，重则返工检讨，造成重大损失。

由此可见，开始没把事情做对，然后忙着改错，改错中又很容易产生新的问题，恶性循环的死结越缠越紧，最后不仅让自己忙，也会连累别人跟着你一起乱作一团。

所以，盲目的忙乱毫无价值，必须终止。再忙也要在必要的时候停下来思考一下，动脑筋解决问题，而不是拼体力交差了事。一开始就把事情做好，做到位，才是解决问题的正确途径。

李峰和刘黎受雇于同一家超市。一次，经理安排他们做一个简单的市场调查。李峰很快“完成”了任务，他向经理报告市场上只有土豆、西红柿、鸡蛋等几种商品。“价格各是多少呢？”经理问道，李峰愣住了，为了追求速度，他只是在市场上随便逛了逛。这时，刘黎走进来，汇报说现在市场上有土豆、西红柿、鸡蛋等几种产品，土豆的价格适中，质量很好；西红柿和鸡蛋的价格略有上涨，他还带回了一些样品，请经理过目。

一件简单的小事让李峰和刘黎在经理心中立刻分出了高下，这两人的能力、素质也许差别并不大，但刘黎做事更加认真细致，能够一次就把事情做到位，当然更能得到经理的重视。“差之毫厘，谬以千里。”这半步之差，就成了成功者与失败者的分水岭。其实很多时候，天才和普通人的区别就在于天才能比普通人多想一步。同样的小事情，如果有心，照样可以做出大学问。

因此，做任何事情都要认真、再认真一些，养成开始就把事情做对、做好的习惯，能一次办好的事情，坚决不做第二次，这是个人能力的体现，也是工作整体的要求。办事无头绪，思想上不在乎，反反复复，拖拖拉拉，是工作之大忌。

所以，不论做什么事，你都应该要求自己：开始就把它做到最好，不要用差不多来应付了事，否则，在以后的工作中，这开始时的差不多会不断为你增添新的麻烦，浪费你更多的时间和精力，阻挡你成功的步伐，绝对得不偿失。

莫受“轻信”之毒

六三：无妄之灾，或系之牛，行人之得，邑人之灾。

象曰：行人得牛，邑人灾也。

六三，不妄为却有灾祸，好比拴住一头牛，却被行路的人偷去了，村中的人就会遭受灾祸。为什么不妄为也有灾祸呢？这是因为受到了别人的干扰，而自己没有防备。有句老话告诉我们，“害人之心不可有，防人之心不可无”，因为人生的道路从来不是平坦宽阔的，只有谨慎前行的人才有可能顺利地走过人生这条崎岖的长路，不断享受美好动人的幸福时光。

荀子在论人性时说：“人之性恶，其善者伪也。”这一说法固然有些偏激，但现实生活中的确要在与人打交道时谨慎小心一些，对交往不深的人不妨多点戒心，考虑一些防患对策，为自己留些“逃生”的余地，才不至于在事情发生后追悔莫及。

其实，从某种角度看，人生也是一场战争。在这种战争中，为了求生存，必须要有一些“防人之心”，这样才不至于上某些人的当，吃大亏。

有一些人是你应该特别注意提防的：

（1）得了便宜还卖乖的。

（2）无事生非的。这种人的特点是总说不腻别人的闲话，听风就是雨。可以想象背过头去，你马上也会成为他的谈资。

（3）当面一套，背后一套的。这种人是最可怕的，他永远不会对你表示出反感，也许某一天你的落魄正是拜他所赐。

（4）言行不一致的。这种人的特点是说得到，做不到。与这种人交往不要抱有任何期望，他就算给了承诺，也永远不履行。

（5）嫉妒心特别强的。这种人是埋藏在你身边的“定时炸弹”，起初还好，一旦你表现出优秀和不凡，立刻便会点燃他心中的毒火。

不可轻率允诺

上九：无妄，行有眚，无攸利。

象曰：无妄之行，穷之灾也。

上九，没有妄为，但一味前行必有灾祸，这是不利的。上九爻是最高位，就像一条路已经走到头了，如果再继续贸然前行，就危险了。就像很多人总爱许诺，但根本不知道这些诺言会不会实现。其实，我们只要做好现在的事情就足够了，未来的事情我们无从把握，也不要轻易允诺，避免因为诺言实现不了而破坏自己在别人心目中的印象。

百事可乐公司总裁卡尔·威勒欧普就是个信守诺言的人。

快下班时，卡尔·威勒欧普接到市长邀请他参加晚宴的电话，他毫不犹豫地谢绝道：“很抱歉，我已经答应今天晚上陪我的女儿过生日，我不想失约。”

走出办公大楼，卡尔给女儿买了生日礼物，驱车直奔市中心新开业的游乐园，去那里与妻子一道为女儿过生日。

卡尔正兴致勃勃地看着女儿吹灭红红的蜡烛，并开始切分蛋糕，助理急匆匆地赶来了。他把卡尔叫到旁边，小声汇报——有一个非常重要的客户很想在这个晚上与他见一面。

“可是，我已答应了女儿，整个晚上都陪在她身边。”卡尔面露难色。

“客户此前确实没有预约，他只在此地短暂停留，临时决定要拜见总裁……”助理委婉地说道。

卡尔没有犹豫，他告诉助理：“我觉得我还是应该留下来陪女儿，你去接待一下客户，并替我转达真诚的歉意，跟他约好时间，届时我会亲自登门拜访。”

“卡尔先生，您是不是先去……”助理提醒总裁这个客户实在太重要了，丝毫不能得罪，要不然就不会匆匆地找来了。

“不，我已说过，我不想做一个失约的父亲。今天晚上，市长的宴请和客户的约见确实都很重要，但我一个月前向女儿许下的承诺更重要，谁都不能改变我做出的承诺。”卡尔一脸坚定，让助理打消了继续劝说的念头。

第二天，卡尔上班后做的第一件事，就是打电话向那位客户道歉，谁知客户非但没有生气，反而由衷地赞叹道：“卡尔先生，其实我要感谢您啊，是您用行动让我真切地记住了什么叫一诺千金，我明白百事可乐公司兴旺发达的真正原因了。”此后，卡尔和这位客户竟成了非常亲密的合作伙伴，甚至在公司遭遇最大困难的时候，也不曾动摇彼此的信任。

为人处世，信守诺言非常重要。但办事要量力而行，许诺亦然。因为诺言的兑现不仅有自己努力的程度问题，还有客观条件的因素，我们不可轻易就许下诺言，而一旦许诺就一定要兑现。所以，不要轻率地在别人面前许诺。有的事，明知办不到，就应向对方说清楚，千万不要逞能。否则，不但得不到对方的信任，反而会得罪朋友。

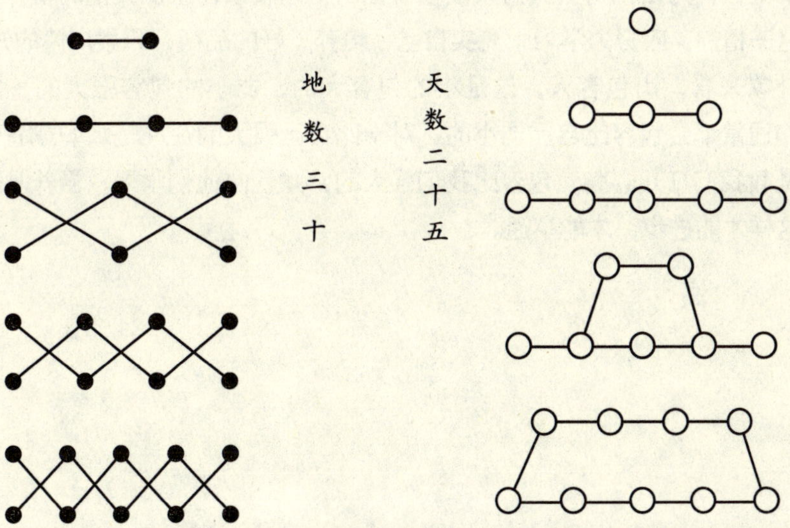

天地之数图

第二十六卦 ䷙【大畜卦】

性情的修炼术

【原文】

大畜：利贞，不家食吉，利涉大川。

【释义】

大畜卦，是有利的，不独自在家里吃饭，这是好事，有利于渡过大河。

【智慧解读】

前面有个小畜卦，是指小的收获、小的积累，那么大畜卦自然就是大的收获、大的积蓄，这是字面上的理解。从卦象来看，大畜卦是异卦（下乾上艮）相叠。乾为天，刚健；艮为山，笃实。为天被包含在山里之表象，象征大量的畜养积聚。君子效法这一精神，应努力学习，充实自己，培养美好的品德，积累广博的知识。

从卦象来看，山包容天，这是小的包容大的，弱小的包容强大的，怎么理解呢？我们通常都会包容比自己弱小的，对于比自己强大的往往是嫉妒或者敬畏。大畜卦就是教我们打开心胸，包容比我们强大的，并且向他们学习，涵养品德、积累知识，这样才能进步，才能亨通。

做人低调，做事高调

初九：有厉利已。

象曰：有厉利已，不犯灾也。

初九，不顾一切地贸然前进就会有危险发生，这时只有暂时停下来不勉强前进才会有利。有时候，暂时的退让是非常必要的，更有利于争取最后的胜利。

俗话说：退一步海阔天空。实际上，退是另一种方式的进，而防守也是另一种形式的进攻。暂时退却，忍住一时的欲望，养精蓄锐，后退后的前进将是更快、更有效、更有力的。欲速则不达，退一步才能进十步，就是这个道理。

一位计算机博士学成后开始找工作，因为有个“吓人”的博士头衔，一般的用人单位“不敢”录用，而经验的缺乏又让很多知名企业对他抱有怀疑。在整个社会不景气的就业形势下，他发现自己的“高学历”竟然成了累赘。思索再三，他决定收起所有学位证明，以最低的身份进入职场，去获取自己最需要的财富——经验。

不久，他被一家公司录用为程序输入员，这种初级工作对于拥有博士学位的他来说简直是种“侮辱”，然而他并没有敷衍了事，反倒仔仔细细、一丝不苟地工作起来。一次，他指出了程序中的一个重大错误，为公司挽回了损失，老板对他进行了特别嘉奖，这时，他拿出自己的学士证。于是，他得到了一个与大学毕业生相称的工作。

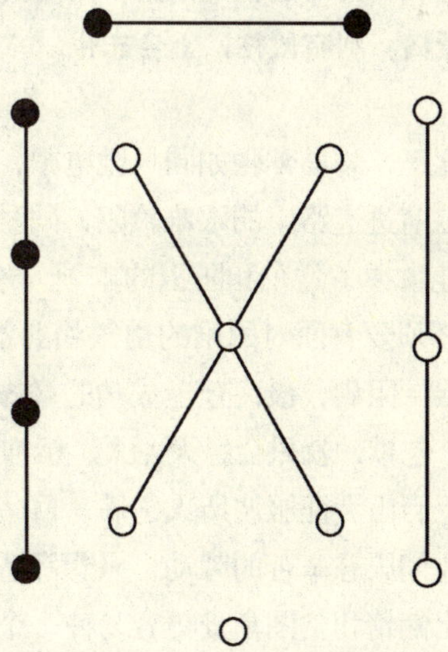

河图天地十五数图

这对他是个很大的鼓励，他更加用心地工作，不久便出色地完成了几个项目，在老板欣赏的目光中，他又拿出了自己的硕士证，为自己赢得了又一次提升的机会。

爱才惜才的老板对他产生了浓厚的兴趣，开始悉心地观察他，注意他的成长。当他又一次提出一些改善公司经营状况的建议时，老板和他进行了一次私人谈话。看着他的博士证书，老板笑了。他终于得到了理想中的那个职位，尽管有些曲折，他却觉得从最低处开始努力的整个过程都很有意义。

这位博士以退为进，先将自己放在一个极低的水平线上，然后踏踏实实地奋斗，为自己积蓄了内在资本。“真金不怕火炼”，他在平凡的岗位上显示出了光彩，被慧眼识英的老板委以重任。在目标不可能一蹴而就的时候，他选择了暂时的“退”，为自己赢得了另一个事业起步的机会。

一个人只有深谙进退之道，知道审时度势，才能明确自己的处境，从而知进识退，进退有节，挥洒自如，在激烈的社会竞争中立于不败之地。

睿智的人不会在形势不利时硬拼硬打，那样，有可能是以卵击石，自寻死路；也有可能是两败俱伤，损伤惨重。在这种时候，他们会先“退一步”，以求打破僵局，为自己积蓄力量赢得机会，从而可以“前进十步”。

用勤奋卸掉懒惰的包袱

九三：良马逐，利艰贞。曰闲舆卫，利有攸往。

象曰：利有攸往，上合志也。

九三，骏马奔驰如同风驰电掣，但是，贸然前行会有陷入危险的可能，所以应该警惕前进道路上的艰难险阻，同时应当坚守正道，只有这样才能安然无恙。只有娴熟地掌握了驾车和防卫的本领，才能利于行事。成功的道路上没有一帆风顺的，我们必须要有面对困难的勇气和准备，相信勤能补拙的良训，不畏艰辛努力奋斗，穿越层层阻碍，最终登上成功的巅峰。而懒惰则是成功的大敌，人们一旦背上了懒惰这个包袱，就只会怨天尤人、精神沮丧、无所事事，这种人根本不会成功。

亚历山大征服波斯人之后，目睹了这个民族的生活方式。波斯人的生活十分腐朽，他们厌恶辛苦的劳动，只想舒适地享受一切。亚历山大不禁感慨道：没有什么东西比懒惰和贪图享受更容易使一个民族奴颜婢膝的了，也没有什么比辛勤劳动的人更高尚的了。

英国圣公会牧师、学者、著名作家伯顿给世人留下了一本内容深奥却十分有趣的书《忧郁的剖析》。约翰逊说，这是唯一一本使他每天提早两个小时起来拜读的书，伯顿在书中提出了许多独到而精辟的论断。

他指出：精神抑郁、沮丧总是与懒惰、无所事事联系在一起。“懒惰是一种毒药，既毒害人们的肉体，也毒害人们的心灵。”伯顿说，“懒惰是万恶之源，是滋生邪恶的温床；懒惰是七大致命的罪孽之一，是恶棍们的靠垫和枕头；懒惰是魔鬼们的灵魂……一条懒惰的狗都遭人唾弃，一个懒惰的人当然无法逃脱世人对他的鄙弃和惩罚。一个聪明却十分懒惰的人必然成为邪恶的走卒，是一切恶行的役使者，因为他们的心中已经没有勤劳的地位，所有的心灵空间必然都让恶魔占据了，这正如死水一潭的臭水坑中，各种肮脏的爬虫都疯狂地增长一样，各种邪恶、肮脏的想法也在那些生性懒惰的人们心中疯狂地生长，这种人的灵魂都被各种邪恶的思想腐蚀、毒化了……”

凡成大事者都相信勤奋是促使自己成功的基本要素，而懒惰者永远也不会成功。天道酬勤，命运掌握在那些勤勤恳恳工作的人手中。

有一个年轻人曾问卡笛尼学拉小提琴要多长时间。卡笛尼回答道：“每天12个小时，连续坚持12年。”很多成功人士恪守勤奋是金这一原则。一位芭蕾舞演员要练就一身绝技，不知道要流下多少汗水，饱尝多少苦头。泰祺妮在准备夜晚演出之前，往往得接受父亲两个小时的严训。歇下来时真是筋疲力尽，她想躺下，但她不能脱下衣服，只能用海绵擦洗一下额头，借以恢复精力。有时，人真是完全失去知觉了。舞台上那灵巧如燕的舞步，往往令人心旷神怡，但这又来得何其艰难。台上一分钟，台下十年功，这十年功的酸甜苦辣，泰祺妮作为一位芭蕾舞演员有更深刻的体会。

一点点进步都来之不易，任何成功都不可能唾手可得。许多成功人士都是经过顽强拼搏才成就事业的。如果你想成功，勤奋是最好的资本。谁能不停止勤奋的脚步，谁就能一步步走向成功。

追求高尚的精神生活

六四：童豕之牿，元吉。

象曰：六四元吉，有喜也。

六四，给头上尚未长角的小牛预先装上一块横木，以防止它长出角后顶人，是大吉大利的。在不好的事情还没发生时就制止，这样才能避免危害。所以，我们应该时刻防止自己的恶性，永远把树立高尚的道德品质作为自己的原则，这样才能赢得别人的尊重和信任。

做人必须从“德”开始，树立高尚的道德品质，这样才能成大事。道德、品德关系到一个人的行为动机，是做人的首要问题。从大方面讲，较高的道德修养决定了一个人的行为是向着有利于社会、集体、他人的方向努力的；反之，缺乏道德观念的人只会对社会、集体、企业造成损害。从小方面讲，一个人只有守住“德”字，才能为人生找到立足点，否则你在欺骗别人的同时，也会受到别人的欺骗；你在损害他人利益的同时，自己的利益也得不到保障。那么，做人的“德”标准是什么呢？就是在对道义与功利的取舍上。一句话，舍利而取道，即是做人之本。这是每个人一生中应该恪守的做人原则。

曾经的“奥地利皇帝”海因茨·波姆是一位真正高尚的人。

这位德国演员继系列影片《茜茜公主》之后，就息声影坛。近20年来，他远离电影事业，在现实生活中扮演了一个完全不同的角色——援助人员，在极其贫困的埃塞俄比亚工作。

20多年前，海因茨·波姆带着同胞为非洲难民捐助的120万马克，来到了这个贫穷得令人无法想象的国家——埃塞俄比亚，他和他成立的“人帮助人”基金在这片贫瘠的土地上做了大量的工作。

基金会的工作之一是帮助埃塞俄比亚建立现代化农业，防止水土流失，进行农田建设，实行农田灌溉和绿化造林，同时进行了饮用水供应、扩建公路和建设学校等项目。为了改变埃塞俄比亚落后的医疗状况，海因茨·波姆和他的工作人员尽了最大的努力，建成了40个医疗站、3所诊所和2所医院。每一个实现的项目都是一项成就，但他并不满足业已取得的成就。他曾经说过这样一段话：“我在这里工作的目的是，有一天，埃塞俄比亚的政府首脑，不管他是谁，到我这里来，对我说，你在这里已经待了很久，谢谢你。但是我们现在不需要你了，我们自己能解决这里的问题。这就是我的愿望、我的目的，我为这个目的而工作。”

在海因茨·波姆身上闪耀着人性的光辉。“超级影星”、“杰出艺术家”的称号本来可以为他赢得巨大的财富和荣耀，而且看上去几乎轻而易举，但他满不在乎地抛下这些，毫无所求地为他人奉献出自己的全部。他毕生奉行的道德准则让他选择了一条更加意义深远的人生道路。他曾经饰演过一位皇帝，然而在现实中，谁能说他不像君主般高贵？他宽广的胸怀、无私的品质令千万人为之心动。从这个意义上说，他是最成功的。他的生命没有虚度，因为没有什么能比别人发自内心的尊重和爱戴更有价值的了。

要走向成功，必须以德立身，这是一个人最应该确立的内在标准。没有这个内在的标准，人生就会失去支撑，最终失败将是必然的。同样，用道德的标准指导自己为人处世，必然能够得到他人的尊重和认可，为自己打造坚实的人脉基础。这就是所谓的“以德立身，以德服人”。

将“道德”两字铭刻在心中，你将为自己铺平一条通往成功的道路。

第二十七卦 ䷚【颐卦】
颐养身心的秘密

【原文】

颐：贞吉。观颐，自求口实。

【释义】

颐卦象征颐养：只有坚守正道才能获得吉祥。通过观察能够体现颐养的具体实例，以及自己是如何谋取口中食物的，这样才能真正掌握颐养之道，获得吉祥。

【智慧解读】

颐卦的卦象是震（雷）下艮（山）上，为雷在山下震动之表象，引申为咀嚼食物时上颚静止、下颚活动的状态，因而象征颐养；颐养必须坚守正道，君子应当言语谨慎以培养美好的品德，节制饮食以保养健康的身体，此为颐养身心之道。

颐卦六条爻，下卦三爻都是凶，从初九到六三，都违背了正确的颐养之道，“舍尔灵龟”、“颠颐”、“拂颐”都有违背的意思，所以是凶险的。上卦三爻则都是吉祥的，因为它们没有违背颐养之道，不仅养自己，还去养别人，一直坚守正道，因此为吉。由此我们可以得到启示：颐养，不仅是养身，还要修心，不仅是养自己还要去养别人，这才是真正的颐养之道。

亮出你自己

初九：舍尔灵龟，观我朵颐，凶。

象曰：观我朵颐，亦不足贵也。

初九，舍弃你如同神龟般的聪明智慧，痴呆地看着我进食，结果必然导致凶险。初九是阳爻，但居于最下位，舍弃了自己阳刚的本质，反倒去羡慕别人，就像有些人总是羡慕别人的能力，却不敢表现自己，这样永远只能看着别人在成功的舞台上闪光，而自己却只是亿万平凡人中的一个。其实，每个人都有长处，只要你勇于表现自己，你就是成功舞台上最夺目的一个。

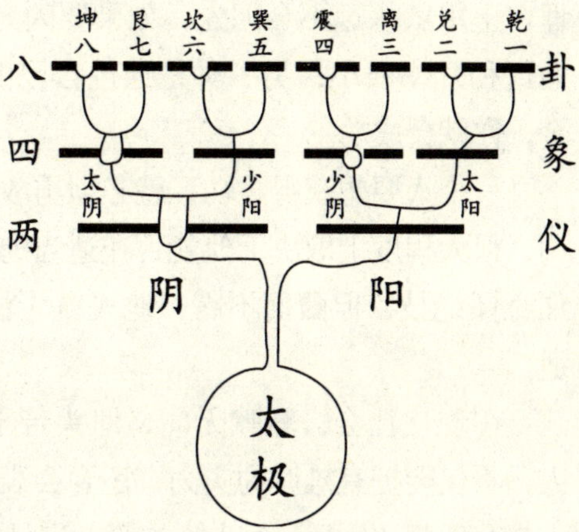

伏羲八卦次序图

有一匹千里马，身材非常瘦小，混在众多马匹之中，暗淡无光，主人不知道它有与众不同的奔跑能力，它也不屑表现，它坚信伯乐会发现它的过人之处，改变它被埋没的命运。

有一天，它真的遇到了伯乐。这位“救星”径直来到千里马面前，拍了拍马背，要它跑跑看。千里马激动的心情像被泼了盆冷水，它想：真正的伯乐一眼就会相中我，为什么不相信我，还要我跑给他看呢？这个人一定是冒牌货！千里马傲慢地摇了摇头。伯乐感到很奇怪，但时间有限，他来不及仔细考察，只得失望地离开了。

又过了许多年，千里马还是没有遇到心中的伯乐。它已经不再年轻，体力越来越差，主人见它没什么用，就把它杀掉了。千里马在死去的一刹那还在哀叹，不明白世人为什么要这么对待它。

千里马的一生非常悲惨，“怀才不遇”，终年混迹于平庸之辈中，普通人不能看出它的不凡之处，伯乐也错过了提拔它的机会。但是，造成这种悲剧的是谁呢？是它的主人吗？是伯乐吗？都不是。千里马应该反省自身，假如它能够勇敢地亮出自己，表现自己的与众不同和优秀品质，假如它能让自己比那些平庸的马显得更高贵、更光彩些，假如在伯乐面前它能不顾一切地奔跑起来，用速度与激情证明自己的实力，恐怕它早就可以离开这个狭窄的空间，到属于自己的广阔天地尽情施展，做出一番大事业了。

所以，一切都靠你自己去争取，美好的东西不会主动跑到你面前。金子如果被埋在土里就永远不会闪光。如果要闪光，只有两种可能：一种是被矿工侥幸发掘，而这种几率很小；另一种是通过自己的力量破土而出，如果你努力，如果你是真金，你就会成功。

一个人要想获得成功，就必须勇敢地亮出自己。一个有才干的人能不能得到重用，很大程度上取决于他能否在适当的场合展现本领，让他人全面认识自己。如果你身怀绝技，但藏而不露，他人就无法了解，到头来也只能是空怀壮志、怀才不遇。

在现代社会，默默无闻、埋头苦干的人，不一定能够获得成功。一个成功的人，不仅要拥有雄厚的实力，还要会表现自己，这样才有机会脱颖而出。绝大多数人都有理想和目标，但人生的第一步是学会亮出自己，为自己创造机会。

简单的生活更幸福

六三：拂颐，贞凶，十年勿用，无攸利。

象曰：十年勿用，道大悖也。

六三，违背颐养的正道，一味地只求口腹之欲，结果必然遭遇凶险，在十年的漫长岁月里被遗弃而得不到养育，没有一点好处。六三为阴爻，说明体质比较弱，这样的人应该休养生息、少动寡欲，但他违背了正常的颐养之道，多欲妄动，自然是凶险的。因为过多的欲望会让人的精力和体力双重透支，还谈何颐养。而放下贪欲，追求平实简朴的生活，才是正确的颐养之道，人才容易感觉到幸福。

据说上帝在创造蜈蚣时，并没有为它造脚，但是它仍可以爬得和蛇一样快。有一天，它看到羚羊、梅花鹿和其他有脚的动物都跑得比它快，心里就很不高兴，便嫉妒地说："哼！脚越多，当然跑得越快。"于是它向上帝祷告说：

"上帝啊！我希望拥有比其他动物更多的脚。"上帝答应了蜈蚣的请求，把好多好多的脚放在蜈蚣面前，任凭它自由取用。蜈蚣迫不及待地拿起这些脚，一只一只地往身上贴去，从头一直贴到尾，直到再也没有地方可贴了，它才依依不舍地停止。

它心满意足地看着满身是脚的自己，心中暗暗窃喜："现在我可以像箭一样地飞出去了！"

但是，等它一开始要跑步时，才发觉自己完全无法控制这些脚。这些脚都各走各的，它非得全神贯注，才能使一大堆脚不致互相绊跌而顺利地往前走。

这样一来，它走得比以前更慢了。

过度的欲望让蜈蚣步伐缓慢、举步维艰，而人心一旦产生过多的欲望，终有一天，也会出现超载的现象，而这种负荷的结果是不堪设想的。

古人云"人心不足蛇吞象"，欲望的沟壑是填不满的，如果我们每天都去注意欲望是否得到满足，就会时刻处在痛苦的煎熬之中。因为旧的欲望满足了，新的欲望又来了，而且欲望一次比一次大、一次比一次难以满足。所谓欲壑难填，就是这个道理。这样一来，人生哪里有什么快乐、幸福可言？

《菜根谭》中指出："人生减省一分，便超脱一分。"在人生旅程中，如果什么都减省一些，便能超越尘事的羁绊。一旦超脱尘世，精神会更空灵。简言之，即一个人不要太贪心。人们无论做什么事，只要减省某些部分，大都能收到意想不到的效果。倘若这里也想插一手，那里也要兼顾，就不得不动脑筋，过度地使用智慧，容易产生奸邪欺诈。所以，只要凡事稍微减省些，便能回复本来的人性，过得简单而幸福。

《呻吟语》的作者吕新吾也说过："福莫大于无祸，祸莫大于求福。"意即没有不幸的灾祸降临，就是最大的幸福；一天到晚四处钻营的人，比任何人都更加不幸。

所以，人一定要克制欲望，不要为欲望所驱使、奴役。心灵一旦被欲望侵蚀，就无法超脱红尘，最终淹没在欲望的深渊。只有减少欲望，在现实中追求人生的目的，才会活得快乐。

拥有一颗感恩之心

上九：由颐；厉吉，利涉大川。

象曰：由颐厉吉，大有庆也。

“天下百姓都依赖他的养育而得以安居乐业，必须谨防危险，有所戒惧才能获得吉祥”，养育天下百姓，得到天下的信任和爱戴，因此是吉利的。没有哪个人的成功是完全靠自已努力得来的，或多或少都会得到别人的帮助，正因为如此，才应该懂得感恩和回报。回报社会，感恩帮助过自己的人，是成功者应该具备的胸襟。

金钱、别墅、香车能带给我们快乐吗？当然能，但这种快乐是短暂的。在人类的生活中，能为我们带来源源不断快乐的是一颗感恩之心，因为感恩，所以能平静地面对人生的悲喜；因为感恩，所以知足；因为知足，所以能获得内心的愉悦。

小李是一家电脑公司的编程员，一次在工作中遇到一个难题，同事主动过来帮助他，同事一句提醒的话使他茅塞顿开，很快就完成了工作。小李对同事表示感谢，并宴请他。

从此，他们的关系变得更近了，小李也因此在工作上获得了很大的成绩。

小李很有感触地说：“是一种感恩的心态改变了我的人生。我对周围的点滴关怀和帮助都怀抱强烈的感恩之情，我要竭力回报他们。结果，我不仅工作得更加愉快，所获帮助也更多，工作更出色，我很快获得了加薪升职的机会。”

感恩是认定别人帮助的价值，从而达到彼此感情交流的一种有效手段。当别人为你做了某些事情后，你应该表示感谢；当别人给予你关心、安慰、祝贺、指导以及馈赠时，你应该表示感谢；别人为你做事而未成功，但那份情意也值得你感谢。

“滴水之恩，当涌泉相报”，懂得感激别人为自己所做的一切，不要把你拥有的视为理所当然，你才能从别人那儿获得更多的帮助。感恩往往只是一句真诚的谢语或一个小小的举止，却有着“赠人玫瑰，手有余香”的作用。

生活就是这样，你对它笑，它也对你笑；你对它哭，它也会对你哭。只要有了一颗感恩的心，你就会受益终生。这样你会觉得你所拥有的就是最好的，而不去抱怨、哀叹你不曾拥有的。在你的眼中只有欢乐，没有忧伤和不幸，才是人生所能达到的最高境界。

第二十八卦 ䷛【大过卦】

改而善之

【原文】

大过：栋桡，利有攸往，亨。

【释义】

大过卦，栋梁虽然弯曲了，但仍有利于有所行动，亨通。

【智慧解读】

大过卦的卦象是巽（风）下兑（泽）上，巽在这里代表木，为水泽淹没了树木之表象，象征极为过分；君子从这一卦中得到启示，就应当坚持操守，进则超然独行，不顾忌和畏惧他人的非议；退则逃避世间，不为隐姓埋名而苦闷烦恼。

大过，即大的过失、大的困难。大过卦其实是在告诉我们一种做人的道理：在大过的情况下，我们应该采取怎样的措施来改变这种局面。大过卦中提到了几种方法：甘居人下、寻求帮助、坚守中道。总之，即使面对大过的困境，君子也应该保持头脑清醒，知道自己应该做什么，怎么去做，不要乱了方寸、失了操守，才是走出大过的关键。

如何变压力为动力

九三：栋桡，凶。

象曰：栋桡之凶，不可以有辅也。

房屋的栋梁受重压而弯曲，结果必然发生凶险，这是压力过大得不到缓解的缘故。其实，压力是每个人都会遇到的问题。没有哪一种工作是毫无压力的，可以说，压力是把双刃剑，一方面能够产生动力，使我们对工作更有热情；另一方面又会使我们产生负面情绪，影响工作效率。因此，面对工作压力，我们应该拿出热情，认真对待，要把压力尽量转化为工作的动力，避免产生负面效应。

下面是一些较常见的工作压力源：

1. 工作量太大

手头的工作做都做不完，老板又交给你一份工作报告。工作量太大，根本难以完成。

2. 被动的工作状况

老板突然将你的工作量增加了两倍而没有奖金；你在毫无所知的情况下被换到另一个办公室；老板期望你的工作更完美却不提高工资。专家们说，这种情况更会导致压力的增加。在这些情况下，人们患心脏病、忧郁症的可能性都要高出正常人三倍。

3. 人际关系紧张

两个人原来是朋友，由于几句信口开河之词翻了脸。到现在还经常互相指责，为一点小事闹个不休。

4. 家务缠身

孩子生病，周一请假。计划周末加班，可孩子又没人带。

5. 害怕被裁员

看到昔日的同事逐个离去，你的心里也七上八下："下一个就是我了吧！"专家们把这种心理状况称为"留守症状"。留守人员会有一种无形的压力。

对于这些人，心理学家并不主张马上把他们原来的主题负载减少，要减少的是他们心里的垃圾负载。下面是心理学家开的三个处方：

第一个处方是运动。运动可以刺激脑下垂体分泌脑内啡，使人的心情变好。

第二个处方是尽量表现出开心的样子。每天进办公室前，就深深吸一口气，假装高兴，感觉自己的胸口松开，把眉毛扬一扬，振作起来，再走进办公室，并且要记得跟人打招呼。如果你经常这样做，行为影响情绪，人真的会变得非常快乐。

第三个处方是笑。笑的时候可以产生内脏按摩，而且笑的时候通常都会深呼吸，也会刺激身体产生令人舒服、愉快的分泌物。

总之，压力是把双刃剑，如果你不想被压力压垮，就将压力化为向上的动力吧。在压力面前，要保持镇静、理智，要相信自己有能够解决任何问题的能力。消极忍耐或逃之夭夭都不可取。以饱满的精神、主动的态度去面对，尽量把压力转化为动力，更富热情地去完成工作才是最好的做事方法。

因势利导，改变处境

九五：枯杨生华，老妇得士夫，无咎无誉。

象曰：枯杨生华，何可久也。老妇士夫，亦可丑也。

枯萎的杨树上长出了花朵，年迈老妇得到强壮丈夫，既没有灾祸，也不值得称道。“老妇”实际上是指上六爻，为阴，“士夫”才是指九五爻。之所以“无咎无誉”，是因为九五与上六阴阳和合同心协力，强壮的丈夫娶了年迈的老妇，这种做法虽然不值得提倡，但对于改善大过的局面是有帮助的，因此也不会有什么灾祸。很多时候我们要解决一个问题，并不局限于一种方法，能够获得最后的成功才是目的。

顺治元年（公元1644年），清王朝迁都北京以后，摄政王多尔衮便着手进行武力统一全国的战略部署。当时的军事形势是：农民军李自成部和张献忠部共有兵力40余万；刚建立起来的南明弘光政权，汇集江淮以南各镇兵力，也不下50万人，并雄踞长江天险；而清军不过20万人。如果在辽阔的中原腹地同诸多对手作战，清军兵力明显不足。况且迁都之初，人心不稳，弄不好会造成顾此失彼的局面。

多尔衮审时度势，机智灵活地采取了“绕道而行”的策略，先稳住南明政权，集中力量攻击农民军。南明当局果然放松了对清的警惕，不但不再抵抗清兵，反而派使臣携带大量金银财物，到北京与清廷谈判，向清求和。这样，多尔衮在政治上、军事上都取得了主动地位。顺治元年七月，多尔衮认为最后消灭明朝的时机已经到来，于是，发起了对南明的进攻。当清军在南方的高压政策和暴行受阻时，多尔衮又发挥聪明才智，派明朝降将、汉人大学士洪承畴招抚江南。顺治五年，多尔衮以他的谋略和气魄，基本上完成了清朝在全国的统治。

多尔衮的成功就在于能够采取比较委婉的方法，因势利导，没有硬碰硬，而是先联合南明攻击农民军，待力量成熟以后又消灭了南明，此招可谓高明。

所以，遇到问题时应该具体情况具体分析，该勇往直前就适时冲上去。但如果解决问题的条件还不成熟，力量还不够强大，最好采取灵活的方式，避其锋芒，“绕道而行”，不争一时之势。须知：取得最终的胜利才是根本，笑到最后的才是赢家。

美国著名音乐家卡兰斯有一座非常漂亮的花园，山清水秀、林木葱郁、流水潺潺、鸟鸣啾啾，好一派迷人的景象。为此，不少人来这里度周末、采鲜花、采蘑菇、捉蟋蟀、观月亮、数星星，有的甚至燃起篝火，一边野餐，一边唱歌跳舞，余兴未尽者，干脆搭起帐篷，彻夜狂欢。因此，常常把花园搞得一片狼藉。

束手无策的家庭助理只得按卡兰斯的指令，在花园四周搭起篱笆，竖起“私家花园，禁止入内”的警示牌，并派人在花园的大门处严加看守，结果仍然无济于事，许多人依然通过各种途径用极其隐蔽的方式潜进去，令人防不胜防。后来，家庭助理只得再行请示，请主人另想良策。

卡兰斯思忖良久，猛然想起，花园中不是经常有毒蛇出没吗？直接禁止游人入内不见成效，何不利用毒蛇做文章呢？她叫家庭助理雇人做了一些大大的木牌立在花园的显眼处，上面醒目地写着：“请注意！你如果在园中被毒蛇咬伤，最近的医院距此20公里，驾车需45分钟。”

从此，再闯入她花园的人便寥寥无几了。

从上面的实例中我们可以看出，当“常规性的措施”已完全不起作用时，可以采取其他措施，迂回曲折地走一下“弯路”，采取巧妙的办法解决问题。

善于用灵活的思路去解决问题和困难，是一个人保持竞争力的保障，更是一个人获胜的根本。思路灵活已经成为人们在瞬息万变的职场中生存与发展的关键，把握它，就能获得成功；失去它，就会面临失败。

抓住一切机会改变

上六：过涉灭顶，凶，无咎。
象曰：过涉之凶，不可咎也。

上六，涉过深水以至于淹没了头顶，就会发生凶险，但最终不会有祸患。这是因为上六居最高位，处境危险，但它是阴爻，可以和下面的阳爻相调和，所以虽然有凶险，但不会招致祸患。从上六爻我们可以得到一个道理：只要是对的，就坚持做下去，这样才能突破困境，取得成功。

很久以前，为了开辟新的街道，伦敦拆除了许多陈旧的楼房。然而新路却久久没有开工，旧楼房的地基在那里，任凭日晒雨淋。一天，一群科学家来到这里，他们发现，在这片多年未见天日的地基上，这些日子里因为接触了春天的阳光雨露，竟长出了一片野花野草。奇怪的是，其中有一些花草在英国从未出现过，它们通常只生长在地中海沿岸国家。

这些被拆除的楼房大多是在罗马人沿着泰晤士河进攻英国时建造的，大概花草的种子就是那时被带到了这里。它们被压在沉重的石头砖瓦之下，一年又一年，几乎已经完全丧失了生存的机会。但令人意外的是，一旦它们见到了阳光，就立即恢复了勃勃生机。

小小的种子真令人惊叹，它们是如此柔弱，却又如此坚忍，即使在沉重的砖瓦下压上数百年，它们依然能够保持鲜活的生命。一旦阳光照耀，一旦雨露滋润，便又焕发出勃勃生机。

一粒种子被埋没数百年，依然蕴藏着生的希望，那么当一个人处于困境时，又该如何呢？

有一年，一支英国探险队进入撒哈拉沙漠的某个地区，在茫茫沙海里跋涉。阳光下，漫天飞舞的风沙像烧红的铁砂一般，扑打着探险队员的面孔。口渴难耐，心急如焚——大家的水都没了。这时，探险队长拿出一只水壶，说："这里还有一壶水，但穿越沙漠前，谁也不能喝。"

一壶水，成了穿越沙漠的信念之源，成了求生的寄托目标。水壶在队员手中传递，那沉甸甸的感觉使队员们濒临绝望的脸上又露出坚定的神情。终于，探险队顽强地走出了沙漠，挣脱了死神之手。大家喜极而泣，用颤抖的手拧开那壶支撑他们的精神之水——缓缓流出来的，却是满满一壶沙子！

炎炎烈日下，茫茫沙漠里，真正救他们的，又哪里是那一壶沙子呢？执著的信念已经如同一粒种子，在他们心底生根发芽，最终领着他们走出了“绝境”。

事实上，人生从来没有真正的绝境，无论遭受多少艰辛与苦难，只要一个人仍具有坚持到底的勇气，那么，他会抓住一丝一毫可能的机会，让生命重新开花结果。

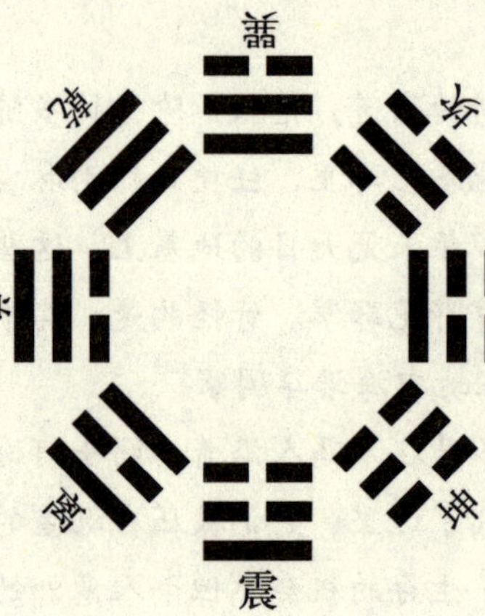

八卦纳甲图

第二十九卦 ䷜【坎卦】

进取之道

【原文】

坎：习坎，有孚，维心亨，行有尚。

【释义】

习坎卦，面对重重坎坷，仍然用诚信维系一种良好的心态，这样才能亨通，行为才能高尚。

【智慧解读】

坎卦的卦象是坎（水）下坎（水）上，为水流之表象。流水相继而至、汹涌而来，必须填满前方无数极深的陷坑才能继续向前，所以象征重重艰险；君子因此应当维系一种良好的心态，坚持不懈地努力，最终还是会化险为夷的。

坎卦，上下都是水，可谓坎坷重重，难上加难。初六爻，开始就陷入艰难之中，凶险；九二为阳爻，在逆境中寻求小的收获，还是能有所得的；六三，阴爻，处于下卦最高位，不中不正，陷入危机之中，不可作为，凶；六四，上卦第一爻，谨小慎微，内心虔诚，无咎；九五，阳爻，处于中正之位，喻指行为得当，可化险为夷；上六，阴爻，比喻阴柔之人处于最高位，能力不足，因此无法脱离险境，凶。坎卦为下下卦，全卦的大环境都是凶的，只有九二和九五爻有缓解的余地，从这两爻中我们可以得到启示：陷入困境时，坚守正道，谨小慎微，内心虔诚，无论与人相交还是行事，都能化险为夷。

心中有“胜”就能赢

坎：习坎，有孚，维心亨，行有尚。

象曰：水至，习坎；君子以常德行，习教事。

习坎卦，面对重重坎坷，仍然用诚信维系良好的心态，这样才能亨通，行为才能高尚。坎卦是困难重重的，怎样才能走出困境呢？“维心亨”，首先要保持良好的心态，相信自己能走出“坎”的困境，很多时候，心态真的能决定成败。

一位妈妈有一个正读高中、网球打得很好的女儿。学校举行网球联赛，女儿信心十足地报了名，满怀夺冠希望。

赛前，女儿查看赛程表，发现自己的第一个对手竟是曾经打败她的高手，她很灰心，开始垂头丧气起来。

“这次可能连预赛出线的机会也没有了。”

妈妈看见女儿如此绝望，自己的压力也很大。她脑子一转，对女儿说：“你想不想把那人打败呢？”

“当然想呀，不过她上次把我打得很惨，我们的实力相差太远了。”

“我有一个方法，如果你照着我的话做，你便能赢这场比赛。”

“真的吗？请妈妈快点告诉我好吗？”

“你现在闭上眼睛，回想以前你打网球时最精彩的一幕，把那个过程从头到尾重演一次，好好地感受胜利的滋味。”

女儿照着妈妈的话做，刚才脸上的绝望不见了，换来的是一片容光焕发。对面临比赛的态度的改变，让她充满了信心和活力。

不久，比赛开始了。女儿信心百倍地踏上球场，使出浑身解数，把对方打得落花流水，顺利地赢得第一场比赛。比赛结束之后，女儿兴高采烈地冲向妈妈。妈妈说：“女儿，你打得很好！”

“全靠妈妈的指点！坦白说，我最初听到时觉得有点怀疑，没想到那么有效！”女儿兴奋地说。

当你相信自己能胜利，这种胜利者的自信真的就能让你战胜对手。这就是心态的作用。

心态决定命运。一个人心态的好坏往往决定了他的人生成功与否。心态就是我们对于外界的一个内心反映。当我们消极面对时，世界呈现给我们的是一片灰暗；而当我们怀有积极心态时，就会发现生活的美好，这些美好的景象就会引导我们不断前进，给我们目标、动力。无论在何种环境中，只要怀有积极心态，就能够不断走上成功之路。

不要把自己困在心灵的黑屋里，这样你永远也等不到转机。试着打开一扇窗，或许能迎来新的命运。

每个人在一生中都会遇到各种各样的情况，经历各种各样的挫折，想干出一番事业，必须在身处各种情境的时候，永远保持积极向上的心态。这是成功的真正本钱。如果心随境迁，得意则忘形，失意则灰心，那么只能在较低层次徘徊。

梁启超在《敬业与乐业》的演讲中提到一句话：全在主观的心，而不在客观的事。这句话概括我们的主旨最好不过了。客观的事可能千变万化，只要我们能永远保持积极的乐观心态，成功就一定会从其中萌芽和成长。

专注小事情，赢得大成功

九二：坎有险，求小得。

象曰：求小得，未出中也。

九二，陷阱中有危险，如果从小处着手，谋求脱离险境，必然有所得。在危险的境地中，不要奢求大的收获，从小处做起，慢慢积累，小溪流也终将汇成大江河。对于一个想成功的人来说，这世上没有任何一件事情是小事。很多时候，一件看起来微不足道的小事，或者一个毫不起眼的变化，却能改变人的一生。

有个青年在美国某石油公司工作，他的工作非常简单，每天检查石油罐盖是否自动焊接完全，以确保石油被安全地储存。

每天，青年都会上百次地看到机器的同一个动作。首先是石油罐在输送带上移动至旋转台上，然后焊接剂自动滴下，沿着盖子转一周，最后工作完成，油罐下线入库。在他之前，很多人因为工作实在枯燥无味，选择了离开。只有这个青年留下了，以非常认真负责的态度对待这份简单的重复性工作。

一天，青年注意到了一个非常有意思的问题。他发现罐子旋转一次，焊接剂一定会滴落39滴，但总会有那么一两滴没有起到作用。他想，一定有办法把这一两滴焊接剂省下来。

于是，他经过一番研究，研制出“37滴型”焊接机，但效果不太理想。面对失败，他没有灰心，很快又研制出“38滴型”焊接机。这次的发明解决了上一机型存在的问题，每焊接一罐石油都会为公司节省一滴焊接剂。虽然节省的只是一滴焊接剂，却给公司带来了每年5亿美元的新利润。

这个青年就是后来掌控全美制油业的石油大王——约翰·洛克菲勒。

洛克菲勒的成功经历告诉我们，世上没有什么小事值得忽略，成功的机会就蕴藏在别人不去注意的小事之中。

海尔总裁张瑞敏说：“什么是不简单？把每一件简单的事情做好就是不简单。什么是不平凡？把每一件平凡的事情做好就是不平凡。”很平实的语言，却包含很深刻的人生道理。如果你真的想要成功，就一定要克服志大才疏、眼高手低、好高骛远的坏毛病，从身边的每一件小事做起。因为，所谓“大事业”就是由许多小事构成的，“大事业”也都是从小事做起的。成功者的共同特点，就是能做小事情，能够抓住生活中的一些细节。

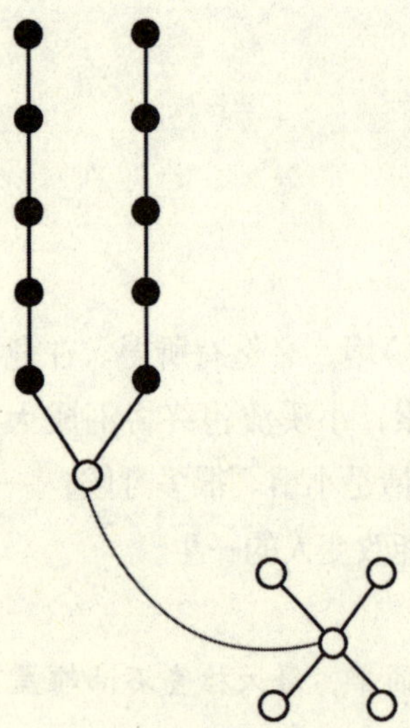

坎生复卦图

我们生命中所谓的大事皆由小事累积，没有小事的累积，也就成不了大事。我们只有了解到这一点，才会开始关注那些以往认为无关紧要的小事，培养做事一丝不苟的美德，进而获得成功。

凡事无小事，简单不等于容易。为了使想法和计划能够得以落实，你必须加倍努力，从小事做起。只有从自己会做的事情开始，不断地积累小小的成绩，然后才能逐渐增加成功机会。“小事”决定成败，要想成功就不能忽略任何一件小事。做大事必须重视细节。

进取心成就卓越人生

九五：坎不盈，祗既平，无咎。

象曰：坎不盈，中未大也。

九五，江水不满盈，山丘被逐渐铲平，没有灾害。这一爻中用到了一个意象：坎不盈，这是在告诉我们做人要像大海一样谦逊不自满，永远怀有进取之心，才能成就卓越的人生。

玫琳凯在美国可谓家喻户晓，然而在创业之初，她曾历经失败，走了不少弯路。但她从来不灰心、不泄气，最后终于成为大器晚成的化妆品行业的“皇后”。

20世纪60年代初期，玫琳凯已经退休回家。可是过分寂寞的退休生活使她突然决定冒一冒险。经过一番思考，她把一辈子积蓄下来的5000美元作为全部资本，创办了玫琳凯化妆品公司。

为了支持母亲实现“狂热”的理想，两个儿子也“跳往助之”，一个辞去了一家月薪480美元的人寿保险公司代理商职务，另一个辞去了休斯敦月薪750美元的职务，加入母亲创办的公司，宁愿只拿250美元的月薪。玫琳凯知道，这是背水一战，是在进行一次人生中的大冒险，弄不好，不仅自己一辈子辛辛苦苦积攒下来的钱将血本无归，还可能葬送两个儿子的美好前程。

在创建公司后的第一次展销会上，她隆重推出了一系列功效奇特的护肤品。按照原来的想法，这次活动会引起轰动，一举成功。可是，整个展销会下来，她的公司只卖出去15美元的护肤品。

在残酷的事实面前，玫琳凯不禁失声痛哭，而在哭过之后，她反复地问自己：“玫琳凯，你究竟错在哪里？”

经过认真分析，她终于悟出了一点：在展销会上，她的公司从来没有主动请别人来订货，也没有向外发订单，而是希望女人们自己上门来买东西……难怪出师不利。

玫琳凯擦干眼泪，从第一次失败中站了起来，在抓生产管理的同时，加强了销售队伍的建设……

经过20年苦心经营，玫琳凯化妆品公司由初创时的雇员9人发展到现在的5000多人；由一个家庭公司发展成为一个国际性的公司，拥有一支20万人的推销队伍，年销售额超过3亿美元。

玫琳凯终于实现了梦想。

是什么力量激励玫琳凯不断地朝着目标前进？这个推动力就是进取心。进取心是一个人对现状的永不满足，是相信自己能做到更好的坚定信念，是无论遇到任何艰难困苦都勇往直前的坚韧个性，是所有成功者的共有特质。在我们内心一旦形成这种不断自我激励、始终向着更高目标前进的习惯，我们性格中的很多弱点就都会逐渐消失，我们的人生也会因为进取心的推动而更加绚烂多彩。

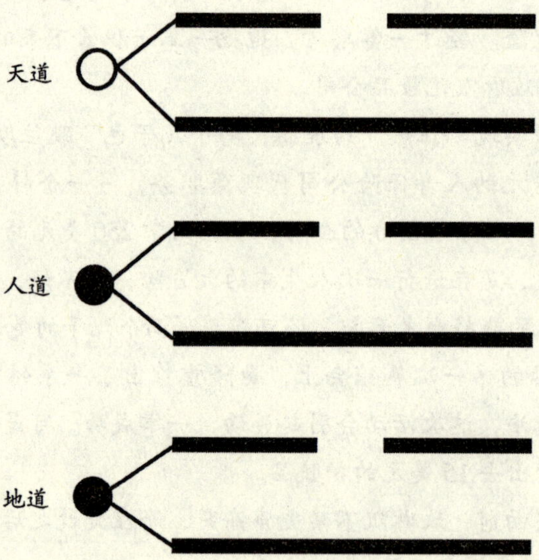

六爻三极图

第三十卦 ䷝【离卦】美丽人生的秘诀

【原文】

离：利贞，亨。畜牝牛，吉。

【释义】

离卦，是有利的，是亨通的，就像畜养母牛一样，是吉利的。

【智慧解读】

离卦的卦象为离（火）下离（火）上，为光明接连升起之表象。离卦的本象为火，这里代表太阳。太阳东升西落，因而有上下充满光明的形象。太阳的光明连续照耀，必须高悬依附在天空才行。君子效法这一现象，也应用美德来普照天下。

离卦承接坎卦而来，是说渡过困境以后应该怎样经营自己的人生。“离”，美丽，离卦的主旨就是让人生变得更美丽。那么，应该怎么做呢？从全卦六爻来看，初九“敬之，无咎”，一开始就强调内心的恭敬，定下了全卦的基调；六二，时位既中又正，寓意坚守正道是成就美丽人生的关键；九三，可以说凶中有吉，寓意人到老年更要保持快乐心情，快乐的人生才是美丽的；九四，无包容之心，有凶险；九五，自觉力量不足而知奋进，吉；上九，战争获胜，消灭了异己，从此再无灾祸。从这六条爻的内容我们可以得到启发：美丽人生的真谛在于快乐的生活、包容的胸怀和进取的心态。

体会生命中的美好

初九：履错然，敬之无咎。

象曰：履错之敬，以辟咎也。

走在路上，只要内心恭敬，就没有灾祸。初九爻在离卦的一开始就强调了内心恭敬的重要性，这是很关键的因素，一个人生活得开心不开心、幸福不幸福其实都在于内心的感觉，一个人内心的基调决定了他人生的基调。所以，离卦把内心的恭敬放在全卦的开始，只有笑对人生，才能发现并体会到生命中的美好。

有这样一则古老的寓言：

在一个春光明媚的早晨，一只漂亮的鸟儿站在摆动的树枝上放声歌唱，树林里到处回荡着它甜美的歌声。

一只田鼠正在树底下的草皮里掘洞，它把鼻子从草皮底下伸出来，大声喊道："鸟儿，闭上你的嘴，为什么要发出这种可怕的声音？"

这只歌唱的鸟儿回答："哦，先生，我总是忍不住要歌唱。你看，空气是多么新鲜，春天是多么美好，树叶绿得多么可爱，阳光是多么灿烂，世界是多么可爱，我的心中充满甜蜜的歌儿，我无法不歌唱。"

"是吗？"田鼠睁大眼睛不解地问道，"这个世界美丽、可爱吗？这根本不可能，你完全是胡扯！世界上的任何事情都毫无意义。我已经在这儿生活了这么多年，了解得很清楚。我曾经从各个方向挖掘，不停地挖啊挖啊，但是，我可以告诉你，我只发现了两样东西草根和蚯蚓，此外再没其他东西，真的，没有任何可爱的东西。"

快活的鸟儿反驳说："田鼠先生，你自己上来看看吧。从草皮底下爬上来，到阳光中来吧。你上来看看太阳，看看森林，看看这美丽可爱的世界，呼吸一下新鲜空气，要是这样，你也会忍不住流泪的。上来吧，让我们一起放声歌唱！"

显然，快活的鸟儿和迷惑的田鼠代表了两种不同的生活态度——乐观主义和悲观主义。就像鸟儿对田鼠说的那样，我们也可以对那些悲观主义者说："出来看看吧，先生。看看这明媚的阳光，看看这可爱的世界，你会感觉到一切都是美好的。"

晓飞在30岁以后终于意识到，其实她的生活并不快乐。她将责任全部归咎于她的丈夫、她的前任老板以及她的亲属。但是有一天，一位认识她已10年的朋友对她说："晓飞，你将你的不快乐归咎于你周围所有的人，为什么就不能从自己身上找找原因呢？坦率地说，我总觉得和你在一起有种压抑的感觉。"

这句话对晓飞触动很大，从此，她开始认真思考自己的生活方式，开始努力尝试使自己快乐起来。她学着观察并感受每天发生在她周围的一切，努力将思维投向那些积极和快乐的事情上，并学会将烦恼放在一边，这样做了以后，她发现她的生活发生了日新月异的变化。

在以后的日子里，每当晓飞与其他人谈论她的生活经历时，她总是这样说："在过去的许多年，我从未发现自己只是关注那些令人沮丧和消沉的事情，那时的我简直让人没法忍受。幸运的是，我的一位好朋友提醒了我，是他让我学会将那些糟糕的东西扔进垃圾桶，让我体验到生活中原来有那么多美好的东西。"

当你只是关注那些令人沮丧的事情时，你的生活也是令人沮丧的；当你选择忽略那些令人沮丧的事情，只关注那些快乐的事情时，你才能体会到生活的美好。

只有感受到生活的美好，生活才变得有意义。如果你总是用缺少了希望的灰色眼神来看世界，那么这样灰色的生活对你来说没有任何价值；而如果你用快乐的眼光看生活时，你会发现那些美好其实一直围绕在你身边，幸福就那样唾手可得。

让优秀的人照亮自己

六二：黄离，元吉。

象曰：黄离元吉，得中道也。

六二是阴爻，但它上下都是阳爻，就像有力的左膀右臂辅佐着它，而且六二爻处于中正之位，因此大吉大利。六二爻就像一个领导，本身的能力并不太强，但他很谦逊，又懂得用人之道，有两个得力的助手为他效力，这就不会有什么差错了。其实，很多人之所以能够成功，并不一定是他们自身有什么过人的能力，而是他们善于让优秀的人来辅佐自己，照亮自己，从而踏上成功之路。

据说，钢铁大王卡内基的墓碑上就有这样一行字："这是一个能让比自己强的人为自己做事的人。"

卡内基原来是一个毫不出名，且对钢铁生产和经营知之甚少的小工。但当历史将他推向钢铁事业之时，他毫不犹豫地接受了命运的挑战。他没有钢铁知识，但他相信只要把世界上那些专业知识比自己丰富得多的人集中到麾下，充分利用他们的钢铁生产和经营知识，就一定能够成为钢铁王国的巨无霸。正是有了领导的信念后，卡内基才开始网罗天下人才，组成了一个近50名专家的智囊团，并充分调动了每一个人的工作积极性，充分施展了领导才能。在他的创业过程中，正是经由无数专家出谋划策，才解决了生产经营中许多疑难问题；正是团队凝聚成的巨大力量，才产生了美国历史上的第一个财团；正是众人的力量，才创造出了卡内基这个钢铁王国里的巨无霸。

把比自己强的人收入麾下，这可不是一件容易的事，但卡内基就做到了，而且成功了。作为一个团队的领导，很自然地希望自己是团队中最有能力的人，但这种境界只是相对的。领导者或许在某些方面能力较强，但在另一些方面就未必了。因此，上司与下属互相配合、各取所长，才是团队良性运作的重要方式。

汉朝初年，楚王韩信在云梦泽被刘邦擒拿，贬为淮阴侯。一次，刘邦与韩信对谈。刘邦问韩信："你看朕能带多少兵？"韩信答道："不过十万而已。"刘邦又问："那你呢？""我多多益善。"刘邦很不高兴："那你为什么还被我擒住呢？"韩信微微一笑："陛下不善带兵，但善带将。您通过带将来带兵，天下还有谁能与之争？"

韩信这一番言语，虽有奉承之嫌，却也说明领导者最需要管理能力，而不用样样精通，专业事务可以让各方面人才来负责这样一个道理。

一个人若能引导其他人进行合作，从事有效的团队工作，或者鼓舞其他人，使他们变得更为活跃，那么，这个人的能力并不亚于以更直接的方式提供有效服务的人。在这种团队工作中，个人的思想被融合成为一种"智囊团"，彼此的思想合而为一，进而发挥出最大的功效和影响力。

所以，一个团队的领导者，关键是要有好心态，容得下"比自己强的人"，让优秀的人来照亮自己，让彼此间的协作产生最大效益，那么，成功就是必然的事情了。

做情绪的主人

九四：突如其来如，焚如，死如，弃如。

象曰：突如其来如，无所容也。

突然出现一片晚霞，像烈火燃烧的样子，但顷刻之间又消失了，如同被抛弃。为什么很快就消失了呢？因为九四爻是阳爻处阴位，时位不正，底气不足，而且它“无所容也”，没有包容之心，太强势，威胁到了它的上级（六五），故自取灭亡。如果将九四爻看成一个人，他失败的原因就是太张狂，容不下比自己强的，而且没有管理好情绪，所以遭到了惩罚，这就是情商不高的表现。

情商就是认识管理自己情绪和处理人际关系的能力。巴尔塔萨·格拉西安说：“首先控制你自己，然后你才能控制别人。”在社会生活中，我们要与别人交往，就要从管理情绪开始，这是影响交际的一个重要因素。

很久以前，有一个年轻人，每次生气和人起争执，就以很快的速度跑回家去，绕着自己的房子和土地跑三圈，然后坐在田地边喘气。他工作非常勤劳努力，他的房子越来越大，土地也越来越广，但不管多么富有，只要与人争论生气，他还是会绕着房子和土地跑三圈。为什么他从来不会暴跳如雷呢？大家都很奇怪。

许多年过去，他已不再年轻。当心情不愉快的时候，他还是一如既往拄着拐杖艰难地绕着土地、房子走完三圈。他的孙子在身边恳求：“爷爷，您年纪大了，附近也没有人的土地比您的更多，您何必这么辛苦呢？”

他笑了笑，终于说出隐藏在心中多年的秘密：“年轻时，我生气、郁闷时，就绕着房地跑三圈，边跑边想，我的房子这么少，土地这么小，我哪有时间、哪有资格去跟人家生气？一想到这里，气就消了，于是把所有时间用来努力工作。现在，我一边走一边想，我的房子这么大，土地这么多，我又何必跟人计较？这样，我的心又平静下来。我从来不会浪费时间去沮丧，所以每一天都过得很快乐。”

这位老人深谙生活的智慧。人是种情绪动物，只要与人打交道就自然会有各种负面情绪滋生，假如任由恶劣情绪控制自己，人生将变得毫无乐趣。被愤怒控制，会因冲动铸成大错；被烦躁控制，会坐立不安，一事无成；被忧伤控制，会日渐消沉，看不到生活的希望。为什么不学会控制情绪呢？你要做自己情绪的主人，像故事中的老人一样，将快乐永远留在身边。

人生有起有伏，我们却不能随波逐流，让周围的环境控制自己。假如一大清早，你出门时便感到精神委靡，那便是一个极危险的信号了，你应该立即折回房内，对着镜子自我催眠，转移情绪，然后乘更舒适的交通工具上班。例如平日你乘地铁，今天不妨乘出租车，总之尽量让自己感到舒适，减轻压力。

一位曾在酒店行业摸爬滚打多年的老总说："在经营饭店的过程中，几乎天天都会发生能把你气得半死的事。当我在经营饭店并为了生计必须与人打交道的时候，我心中总是牢记两件事情。第一件是：绝不能让别人的劣势战胜你的优势。第二件是：每当事情出了差错，或者某人真的使你生气时，你不仅不要大发雷霆，而且要十分镇静，这样做对你的身心健康大有好处。"

面对别人的误会或者指责，我们要做的不是跟他大吵一通，而是心平气和地解释或者安静地等待，用事实来证明是非。当事情出了差错，我们要做的不是怨天尤人，找借口推卸责任，而是寻找更好的解决问题的办法。我们应该让自己总是处于平和的状态，做情绪的主人，受情绪的支配。

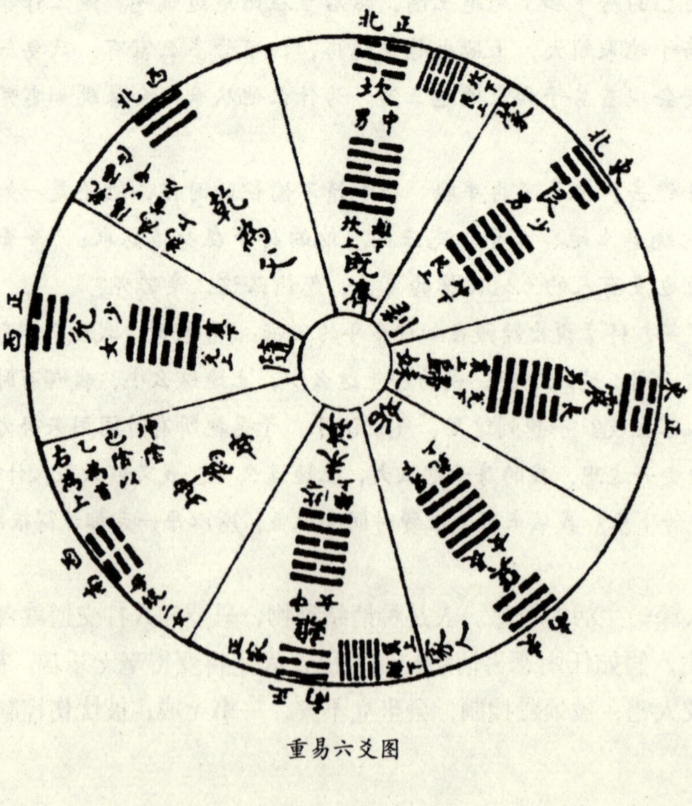

重易六爻图

第三十一卦 ䷞【咸卦】

人际规则

【原文】

咸：亨，利贞，取女吉。

【释义】

咸卦，有所感应，亨通，娶妻能获得吉祥。

【智慧解读】

咸卦的卦象是艮（山）下兑（泽）上，为山有泽之表象，即上方的水泽滋润下面的山体，下面的山体承托上方的水泽并放收其水分的形象，象征感应。君子效法山水相连这一现象，应以虚怀若谷的精神容纳感化他人。

咸，为感应。很多说法认为咸卦以阴阳感应为义，是讲恋爱之道的。其实男女之间的关系可以说是人际关系的一个缩影，我们完全可以用咸卦来指导人际交往，从中学习构建和谐的人际关系之道。观察全卦六爻，感应是从下到上，从无意识到有意识的，人与人之间的关系就是这样，不能刚开始交往就怀着很强的功利性，这样违背了感应的正常规律，是不会成功。其次，与人交往时也要有一定的分寸，不能盲目地跟随别人，保持适当的距离才是最好的。另外，与人交往要谨慎，要区分哪些人是与你真心相交，哪些人只是在表面上敷衍你。这些都是人际交往中不可不知的规则。

与人交际要循序渐进

六二：咸其腓，凶，居吉。

象曰：虽凶，居吉，顺不害也。

六二，腓指小腿肚。感应到了小腿肚上，继续感应遇到凶险，在家安居就能吉祥。任何事情都不可急功近利，否则就违背了事物发展的正常规律。与人交往也是这样，我们不能一开始就怀着功利的目的，只和那些能帮助自己的人交往，或者刚交往就求人办事，这样只能引起对方的反感。任何人接受新事物都需要一个过程，与人交往同样要有一个由远及近、由生到熟的规则，如果操之过急，只会收到相反的效果。

小李参加一个社交聚会，交换了一大堆名片，握了无数次手，也搞不清楚谁是谁。

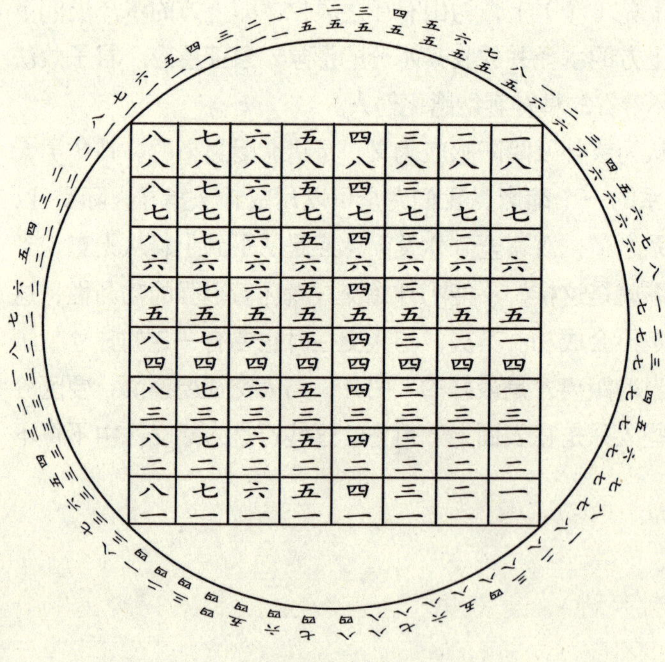

六十四卦天地数图

几天后他接到一个电话，原来是几天前见过面，也交换过名片的“朋友”，因为那位“朋友”名片设计特殊，让他印象深刻，所以记住了。这位“朋友”也没什么特别目的，只是和他东聊西聊，好像两人已经很熟了那样，小李不大高兴，因为他跟那个人没有业务关系，而且只见了一次面，这个人就这样打电话来聊天，让他有种被侵犯的感觉，而且不知和这个人聊什么好。

在现代社会中，这种情形常会出现，小李这位“朋友”可能对小李印象颇佳，有心和他交朋友，所以主动出击。另外，这个人也可能是为了业务利益而先行交往，但未免操之过急。

有人曾做了个有趣的实验，打电话给他家附近的家庭主妇：

“我们是消费者协会的，为具体了解消费者的实际情况，想请教几个关于家庭用品的问题。”

“好，请问吧。”太太们无所谓地说。

于是他们提出了一两个例如“府上使用哪一种肥皂”等简单问题。

过了几天，他们又打电话：“对不起，又打扰您了，为了扩大调查，这两天将有五六位调查员到府上当面请教，希望您多多支持。”

这实在是件不太礼貌的事，但多数时候对方也会同意，是什么原因呢？只因有了第一个电话铺路。相反，当他们没有打第一个电话，直接提出第二个电话的要求时，一般会遭到拒绝。他们最后以百分比作为结论：前一种答应他们的占 55%，后一种只有 25%。

据此可知，向人有所请求，应由小到大，由微至著，由浅及深，由轻到重。如果一开始就有重大请求，一定会被对方断然拒绝。

同样，拓展人际关系是一种必然行为，但在社会上有一些“规则”还是必须注意，才能收到预期的效果，而不致弄巧成拙。这个“法则”就是“一回生，二回半生不熟，三回才全熟”，而不是“一回生，二回熟”。这样是渐进的、长期的，对方会很自然地接受。

人际交往，距离产生美

九三：咸其股，执其随，往吝。

象曰：咸其股，亦不处也。志在随人，所执下也。

九三，股即大腿。感应到了大腿，继续感应，执著而盲目地跟随，显得偏执就是凶了。与人交往太执著了也不行，应该掌握彼此之间的最佳距离，既不显得过于亲密，又不至于疏远是最合适。

太过于形影不离也会导致友谊破裂。寒冷的冬天，一群豪猪挤到一起取暖，但各自身上的刺迫使它们一触即分，御寒的本能使它们又聚到一起，疼痛则使它们再次分开。如此几次，它们终于找到了相隔的最佳距离——在最轻的疼痛下得到最大程度的温暖。

我们似乎可以从豪猪身上学到一些东西：防身的东西偏偏有时会成为妨碍，正所谓一利与一弊。豪猪在保持最佳距离方面成为表率，人与人之间的相处也应该像它们一样保持适当距离，不能过于亲密，也不能过于疏远，合适就好。

罗曼·罗兰说："每个人的心底都有一座埋葬记忆的小岛，永不向人打开。"马克·吐温也说过："每个人像一轮明月，他呈现光明的一面，但另有黑暗的一面从来不给别人看到。"这座埋葬记忆的小岛和月亮上黑暗的一面就是隐秘空间。有的人在交朋友时，认为朋友之间应该推心置腹、坦诚相待，不存在什么隐私。抱有这种观点并侵入朋友隐私世界的人不可能交到朋友，还会伤害别人。不错，朋友之间应该开诚布公，推心置腹，但在隐私问题上，这个道理行不通。如果要交朋友，就不要侵入朋友的隐私世界，或者不要把自己的秘密告诉别人。

古罗马哲学家、戏剧家塞内卡说过："不相信任何人和相信任何人同样错误。"不相信任何人，无异地画地为牢，自我封闭，永远也不会得到友谊和信任；而相信任何人，则属于幼稚无知，甚至有点傻，终归要吃亏上当。二者都不可取。

所以，距离尤为重要，距离会产生美。再亲密的朋友也会为自己的利益着想，要是互惠互利可能就会长久，要是利益有冲突时，就会出现裂隙，所以，保持适当距离是朋友间交往的最佳支点。

知人知面更要知心

上六：咸其辅，颊，舌。

象曰：咸其辅，颊，舌，滕腧说也。

上六，感应的部位全在脸部，如上牙床、脸颊、舌头。这种感应不是发自内心，而是表面上的花言巧语，在人际交往中，这样的奸诈之人是我们应该警惕的。

知人知面不知心，别人心里算计些什么，你根本无从知道，既然大家都不懂读心术，虽可以从过往经验中得出些教训，但也不十分可靠，最好不想那么多，只从现有情况考虑，值不值得冒险。

由于利益驱使，即使最值得信任的人也可能出卖你，所以每次作决定时，什么人也不要信，只信手上掌握的事实。任何谣言都不要乱传，因为既有利益引诱，自然会有人打歪主意。

反过来说，如果不关乎重大利益，则不妨轻松点，放手让别人去做，因为别人也不会因蝇头小利而花精力和时间去算计你。多从实质利益中决定信任别人的程度，是对付奸佞小人的最佳方法。

凡事要多一个心眼儿，所谓“防人”，实际上就是避免招惹小人，采取必要的防卫手段，让人无法加害自己。不能在交往初期就将自己毫不设防地暴露给对方，以防小人利用你的弱点陷害你；保持清醒的头脑，不要被小人的花言巧语所迷惑；细心观察，再会伪装的人也总会露出破绽。只有这样才能做到“知人知面又知心”，除此之外，别无他法。

来瞿唐先生圆图

第三十二卦 【恒卦】

恒心有成

【原文】

恒：亨，无咎，利贞，利有攸往。

【释义】

恒卦象征长久：亨通顺利，没有灾祸，利于坚守正道，利于前去行事。

【智慧解读】

恒卦的卦象是巽（风）下震（雷）上，为风雷交加之表象，二者是相辅相成不停活动的形象，象征长久。君子得此卦，应坚守恒久不变的正道，树立自身形象。

恒卦的意思很明确，就是守恒之道。凡事要成功首先必须要有恒心，持之以恒坚持做下去才能有所收获，不能不思进取，像是初六爻的“浚恒”，九四爻的“田无禽”，都不可取。其次，做任何事一定要信念坚定，认准了就不动摇，不要像上六爻的“振恒”那样只能一事无成。全卦只有九二和九五爻为吉，因其所处时位既中而正，又得守恒之义，可谓上卦与下卦的中流砥柱，因此值得我们学习。

打鱼多少不重要，只要不空手而归

初六：浚恒，贞凶，无攸利。

象曰：浚恒之凶，始求深也。

初六，浚为疏通，刨根问底地深入追求恒久之道，结果必然凶险，没有一点好处。为什么追求恒久之道也没有好处呢？这是因为初六爻处于最下位，应该踏踏实实地开始，不能在开始的时候就追求得太高、太远。一个人要想成功，就得把志向放在高处，把心放低——即踏实、严谨地通过一个个具体行为去实现自己的远大志向，而不是好高骛远、心浮气躁。这是成大事必备的素质！

有这样一个年轻人：生活的不满和内心的不平衡一直折磨着他，他觉得自己有着过人的才华，可以做得很出色，却怀才不遇，饱受着现实中种种琐碎事务的摧残，以至于周围很多“平庸”的朋友一个个都已出人头地，他却始终被“埋没”，碌碌无为。直到一个夏天，他与同学迈克尔乘他们家的渔船出海，才让他一下子懂得了许多。

迈克尔的父亲是一个老渔民，在海上打鱼为生几十年。年轻人看着他从容不迫的样子，心里十分敬佩。

年轻人问他：“每天你要打多少鱼？”

他说：“嗨，孩子，打多少鱼并不是最重要

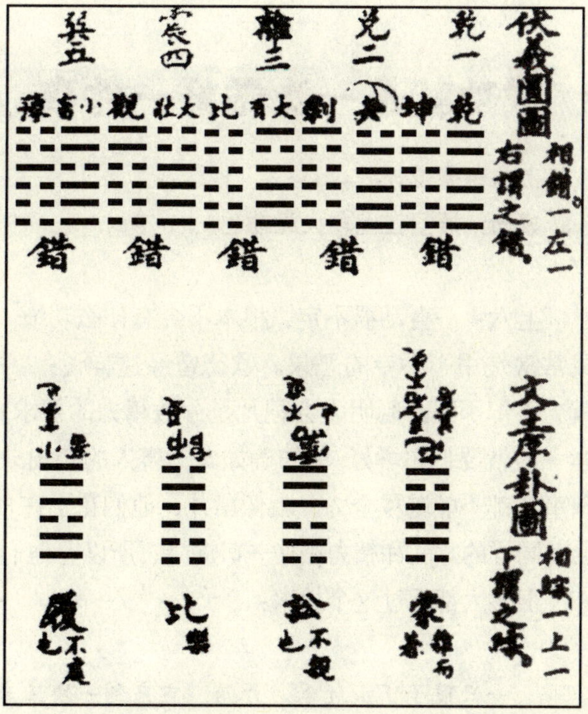

伏羲、文王错综图

的，关键是只要不是空手回来就可以了。尼尔尼斯上学的时候，为缴清学费，不能不想着多打一点。现在他毕业了，我也不奢望打多少了。”

年轻人若有所思地看着远处的海，突然想听听老人对海的看法。他说：“海是够伟大的了，滋养了那么多生灵……”

老人说：“那么你知道为什么海那么伟大吗？”

年轻人不敢贸然接话。

老人接着说：“海之所以能装那么多水，是因为它的位置最低。”

大海是以最低成就其伟大的！正因老人能够把位置放得很低，所以能够从容不迫，知足常乐。一个人也只有放低心态，才能明确自己的处境，从而知进识退，进退有节，挥洒自如，不能一开始就追求得太高，就像小孩子经常说“我长大了要做科学家”，这当然是一种志向和理想，但他们还要先从头开始，好好学习，才有可能成为科学家。志向要远大，但心态要平和，绝对不能认为自己是做大事的人就不屑于去做一些平凡的事情，要知道任何伟大的成就都是由平凡的小事积攒而来的。明白了这些，一个人才能脚踏实地一步步到达梦想的目的地。

成功就是一次做好一件事

上六：振恒，凶。

象曰：振恒在上，大无功也。

上六：一直动摇不定，根本不会有什么功绩。三心二意是成功的大忌，一事无成常常是用心不专的恶果。歌德曾经这样说：“一个人不能骑两匹马，骑上这匹，就会丢掉那匹。聪明人会把凡是分散精力的要求置之度外，只专心致志地学一门，学一门就要把它学好。”的确如此，庸人的突出缺点就是难以专心致志。他们做任何事情都不能竭尽全力，就像凿井，他们花了许多时间和精力开凿许多浅井，却不会花同样的时间和精力去凿一口深井，所以，他们最终喝不到甘甜的井水。

很多人都听过这个故事：

一只猴子下山玩乐。开始，它来到一块玉米地里，玉米长得硕大，好不诱人。猴子掰了很多，抱了满怀，兴高采烈地上路了。

不久，它看到了一片桃林，结满了鲜美的大桃，飘着香气。猴子赶忙丢了玉米，攀上桃树，摘了许多鲜桃，恋恋不舍地走了。

后来，猴子又为了一只碧绿的西瓜放弃了手中的桃子。它本应该知足了，却因为受到一只白兔的吸引，在追逐中丢掉了西瓜。

最后，它筋疲力尽，只好两手空空回山。

猴子的错误在于贪心不足，一次只做一件事尚且吃力，偏偏想要干点别的，结果失去了本来拥有的东西，追逐的东西也没能获得，三心二意让它吃了大亏。

在现实中也不乏这样的例子。很多人缺乏效率，恰恰是因为他们想提高效率，想要做到更多，得到更多。他们经常希望同时做很多事情，结果欲速则不达，每件事都没做好。在做一件事情时，用多少时间并不重要，重要的是你是否“连贯而没有间断”地把它做好了。

其实，成功就是一次做好一件事，这就足够了。想想人的一生能做多少件事，如果你把每件事都做得很好，这是多么完美的人生。同时做几件事经常会让我们头绪混乱，毫无进展，还不如踏踏实实做好手头的每一件事，循序渐进，一个问题一个问题地解决。三心二意对效率是有极大损害的。这也就是有的人整天很忙，却总觉得时间不够用的原因。

“一次做好一件事”，意味着集中目标，不轻易因其他诱惑而动摇。经常改变目标，见异思迁或四面出击，往往不会有好结果。

要想将事情办好，要想提高效率，最实用、最重要的方法就是集

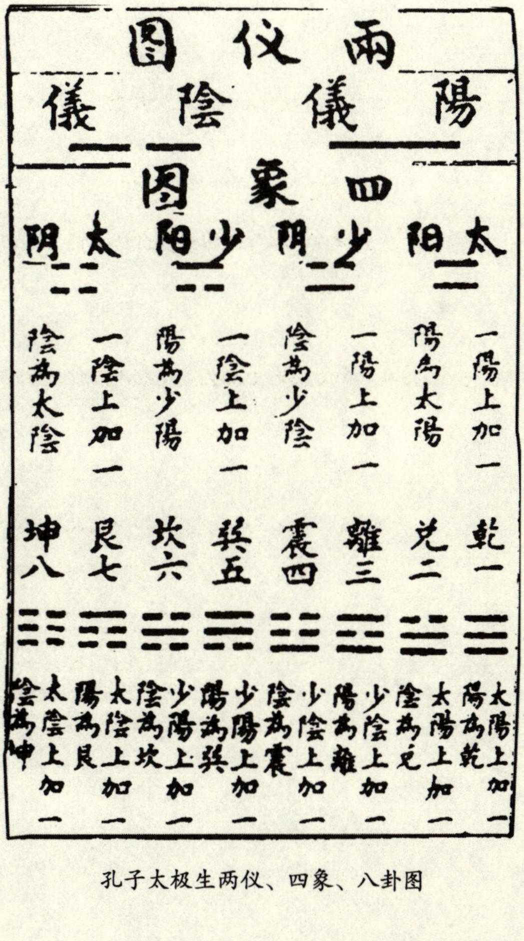

孔子太极生两仪、四象、八卦图

中精力、高度投入。三心二意、心猿意马，只会将时间白白浪费，绝不可能换来高效率。反之，有效地把精力、时间集中在当前所做的事情上，集中解决遇到的每一个问题，就可以产生能量聚焦效应，促使问题更快、更好地解决。提高效率最简单、最有效的方法就是：高度专注、高度投入。

第三十三卦 ䷠【遁卦】

进退之道

【原文】

遁：亨，小利贞。

【释义】

通顺，占问有小利。

【智慧解读】

遁卦是个小人得时的卦。此卦上卦为乾，下卦为艮。乾指天，代指君子；艮指山，代指小人。卦之发生由下至上，意喻小人渐长，犹若山之侵天。君子以“遁”保身，仿若天之高远，远避山峦。表面上看，君子与小人在此卦中势均力敌，为什么说是小人得时呢？因为天地自然在阴阳消长中不断运动，遁卦阴长阳消，小人趁势把君子逼得节节后退。

那么，既然是小人得时、君子失势，为什么还说是“亨”呢？我们先要了解“亨”的含义。遁卦中所谓的“亨”，是天地自然之道的亨通。无论阳长阴退还是阴长阳退，只要阴阳消长的运动没有受到阻塞，都可称为“亨”。小人与君子一样都是自然的儿女，既然应运而生，就有得运之时。

遁卦表面上看宣告了小人的胜利，本质上讲，还是从侧面衬托了君子超然的处世哲学，即“委婉避祸”，既不屈从于小人的淫威，又不与之短兵相接污染洁净的双手，化解了灾祸还保持了高洁的人格，这是君子在逆境中独有的潇洒，亦是在这促狭的人世中难得的从容。

拼不过，可躲过

初六：遁尾，厉。勿用有攸往。

象曰：遁尾之厉，不往何灾也？

看初六爻要关注两个字："尾"、"厉"。首先看"厉"，文王说："遁尾之厉，不往何灾也？"这是把"厉"当成灾祸来解释，即你不去又能有什么灾祸呢？灾祸听起来非常可怕，但周文王的口气是轻描淡写的——因为破解这灾祸的方式非常简单，只要不去就可以了。

为什么一个如此沉重的"灾祸"用这么轻巧的方式就能化解？这要回到第一个关键字"尾"上。爻的推移是由下而上的，此卦柔爻上长，剥蚀刚爻，暗示小人进犯君子，而初六在遁卦的最上位，在遁卦中退到无路可退，处境不可谓不险，此即"灾祸"的由来。

人活着最怕的就是天灾人祸，生活在现代社会，科技越来越发达，天灾少了，人祸的势头却从来没有削减过。无论是生活中还是职场中，都少不了小人的踪影。"遁尾之厉，不往何灾也？"遁卦给出了对付小人的方法：你惹不起小人，就选择躲避！

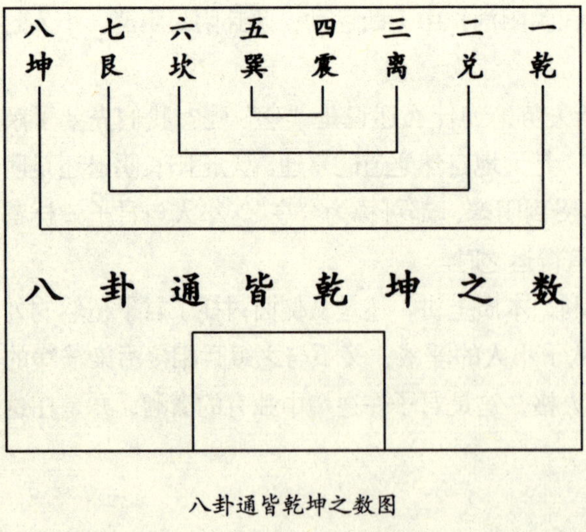

八卦通皆乾坤之数图

清朝时太监李莲英倚仗慈禧的宠爱，权倾朝野，为非作歹。李鸿章以军功晋升，起初很看不起李莲英，有意无意间得罪了他。于是，老谋深算的李莲英决定教训李鸿章一下，让他知道自己的厉害。

当时，慈禧太后有意静养，想把清漪园修缮一番，以颐养天年，但苦于筹款无术，时常焦虑不安。李莲英便对李鸿章说："李伯爷是朝廷重臣，若能体仰上意，玉成此事，以慰太后，以宽圣心，当立下不世之功。"

李鸿章对此等溜须拍马之事岂肯轻易放过？当即满口应承，并接受李莲英的提议，以兴办新式海军、振兴国防的名目，责成各疆吏拨定款，从中提取六七成作为造园经费。

见李鸿章上钩后，李莲英窃喜，拍手称赞，笑容可掬地奉承了李鸿章一番。之后，李莲英又对他说："既然款子有着落了，就请李伯爷辛苦一趟，到园内察看一下，有哪里该拆该建。这样您心中有数，老佛爷要是查问起来，也好回话。"李鸿章想想是这个道理，十分感谢李莲英帮了他一个大忙，给了他一个这么好的机会伺候老佛爷，对自己的危险处境浑然不觉。

到了约定的日子，李莲英借口有事不能奉陪，派了个伶俐的太监领李鸿章把清漪园走了个遍，并记录下了哪里该修假山，哪里该建湖亭，整整逛了一天。李鸿章很高兴，只等太后召见，没想到却等来了光绪皇帝下诏"申饬"。

所谓"申饬"，就是由皇帝、太后或皇后派一名亲信太监，捧着"圣旨"去指着某人的鼻子，当众臭骂一顿。被骂的人既不能申辩，也不能回骂，还要伏地谢恩。

原来，李莲英故意挑光绪皇帝肝火最旺的时候，诬陷李鸿章在清漪园里游山玩水。

光绪帝四岁进宫称帝，从小慑于西太后的淫威，始终扮演傀儡皇帝角色，凡事都要看慈禧的脸色，自然有一肚子说不清道不明的委屈，他最忌讳的就是别人不尊重他的皇权帝位。听说权倾当朝的李鸿章敢大摇大摆地在他的御苑禁地游逛，顿时大怒，认为这是"大不敬"，是对皇权皇位的公然藐视和冒犯！光绪帝一怒之下，不问青红皂白，立即下诏"申饬"，将李鸿章"交部议处"。

李鸿章被御批"申饬"，自然很快悟出了吃亏的原委，从此再也不敢对狐假虎威的"九千岁"有丝毫怠慢。

小人心胸狭窄，卑鄙阴险，常常因为一些芝麻蒜皮的小事闹得鸡犬不宁。俗话说："宁得罪君子，勿得罪小人。"以李鸿章的权势都吃小人的亏、受小人的罪，不得不听周文王的教诲，用"不往何灾也"安慰自己，普通人更需使尽一切手段，与小人划清界限。

与小人相处，千万不要得罪他们，要保持距离，有时吃些小亏也无妨——否则不但讨不到公道，反而会与他们结下更大的仇恨。

放弃也是一种智慧

上九：肥遁，无不利。

象曰：肥遁，无不利，无所疑也。

“肥”为通假，通“飞”，意为远走高飞，远远避开。

“遁”这一卦的主题就是退，上九在全卦最上位，只要再上长一位就退到了卦外，可谓达到了退的极致。更有意思的是，此爻在上卦中，上卦为乾，乾指天，以天之大，翼若垂天之云的鹏鸟都能肆意翱翔，又怎会没有你的安身之处呢?

所谓三十六计走为上，遇到不可逾越的困难，实在想不到解决的办法，就使用人类最本能的智慧——放弃。矛盾既然解决不了，索性就绕开矛盾，寻找更好的机会，柔和变通，这正符合“易”的真意。所以，周文王近乎欣赏地在卦辞中说“无所疑也”——不用怀疑!

生活中，不好的境遇会不期而至，令我们猝不及防，这时我们更要学会放弃。

有一年，英国国家军事博物馆负责人找到著名探险家迈克·莱恩，请求他赠送给博物馆任何一件与英国探险队当年登上珠穆朗玛峰有关的物品。谁也没有想到，博物馆收到了最奇特而又最珍贵的赠品——莱恩那次下山时因冻坏而被截下的十个脚趾和五个右手指尖。

1976年，莱恩随英国探险队成功登上珠穆朗玛峰。就在他们下山的时候，天开始下大雪。每行一步都极其艰难，最让他们害怕的是风雪根本就没有停下来的迹象。当整个探险队陷入迷茫的时候，迈克·莱恩率先丢弃所有随身装备，只留下不多的食品，轻装前行。这一举动几乎遭到所有队员的反对，他们认为现在到山下最快也要十天。这就意味着这十天里不仅不能扎营休息，还可能因缺氧而使体温下降导致冻伤，那样，他们的生命都极其危险。

面对队友的顾忌，迈克·莱恩坚定地说：“我们必须而且只能这样做，这样的雪山天气十天甚至半个月都有可能不会好转，再拖延下去路标也会被全部掩埋。丢掉重物，就不允许我们再有任何幻想和杂念，只要我们坚定信心，徒手而行就可以提高行走速度，也许这样我们还有生的希望！”队友们采纳了他的建议，大家一路互相鼓励，忍受疲劳、寒冷，不分昼夜，只用8天就到达了安全地带。恶劣的天气确实正像莱恩预料的那样从未好转过。

正是由于莱恩一次正确的放弃，才挽救了所有队友的生命；也由于这个选择，他的登山装备也无一保存下来，而冻坏的指尖和脚趾却在医院截掉后留在了身边。这是理智的选择，懂得放弃是利益的权衡之道。

放弃与获取是一对矛盾的统一体，没有放弃就没有获取，得到的同时必然也会失去。很多聪明人明白这一道理，从不患得患失，更没有过多欲望，他们敢于放弃，反而为自己赢得了更大的生存空间，更容易成功。

一只倒霉的狐狸被猎人用捕兽器夹住了一条腿，只要被猎人发现，它就会被杀死剥皮。它毫不迟疑地咬断了那条腿，然后逃命。放弃一条腿而保全一条生命，这是狐狸的哲学。人生亦应如此，当生活强迫我们必须付出惨痛的代价以前，主动放弃局部利益而保全整体利益是最明智的选择。“两弊相衡取其轻，两利相权取其重。”趋利避害，只有懂得何时放弃的人才会事事如鱼得水。

只要方向正确，后退越远离目标越近

九四：好遁，君子吉，小人否。

象曰：君子好遁，小人否也。

“好”此处读上声，是吉利的意思。“否”音“匹（上声）”，当阻塞、阻碍讲。

九四爻为一刚爻。刚爻为君子，君子知礼而有雅量，能主动退让，视为吉。小人反之，他们心胸狭窄，盲目争强好胜，不但不能开辟前路，反而使脚下的路阻塞不通。

美国著名的成人教育家戴尔·卡特逊深谙此道。有一次在纽约举办训练班时，卡特逊租用了一家大饭店的大礼堂。中途，他忽然接到通知，要他付比原来多三倍的租金。后来打听到，原来是饭店经理为了赚更多的钱，打算把场地租给别人举办舞会或晚会。卡特逊找到饭店经理，对他说：“假如我处在您的地位，或许也会写出同样的通知。您是这家饭店的经理，您的责任是让饭店尽可能多赢利。不这样做，您的职位就难保住。大礼堂不出租给讲课的，而出租给举办舞会、晚会的，那您可以获大利了。因为举行这类活动的时间不长，他们能一次付出很高的租金，比我出的当然多得多。租给我，显然，您吃亏了。”

卡特逊松弛了对方的戒备情绪，缓和了气氛之后，继续说：“但是，您要增加我的租金，结果将会降低收入。因为，实际上等于您把我赶跑了。由于我付不起您要的租金，我势必要再找地方举办训练班。要知道，这个训练班吸引了成千有文化的、受过教育的中高层管理人员，这些人到您的饭店来听课，实际上起了免费为饭店做活广告的作用。可以这么说，您即使花5000元钱在报纸上登广告，也不能邀请这么多人亲自到您的饭店来参观，可我的训练班邀请来了，这难道不合算吗？”饭店经理终于放弃了增加租金的要求，让训练班继续办了下去。

卡特逊成功的第一步便是丝毫不提自己的利益和意图，让对方因他投其所好而情愿做他期望中的事。人们常常不会正确使用这一法宝，是因为他们常常忘记了，如果我们过分强调自己的需要，那别人对此即便本来有兴趣，也会改变态度。

人生在世，一定要学会退让的艺术。让则通，通则顺，所谓退一步海阔天空。但并不是所有的“退”都能带来更大的回旋余地，这就是为什么打仗时同样一个离开战场的动作，有的叫撤退，有的就叫逃跑。小人的退，意味着软弱的逃避。君子的退，不是怯懦的逃，是为了更靠近目标使出的隐忍的谋略，好比出拳前缩回手臂，为的是使紧随其来的一拳更加刚劲有力！

唐高祖李渊称帝之前，任太原留守，突厥兵时常来犯。突厥兵能征善战，李渊与之交战，败多胜少，于是视突厥为不共戴天之敌。一次，突厥兵又来犯，家属都以为李渊这次会与突厥决一死战，李渊却另有打算。他早就想起兵反隋，可太原虽是军事重镇，却不足为号令天下之地，而又不能离了这个根据地。如果离太原西进，则不免将一座孤城留给突厥。经过一番思考，李渊竟派刘文静为使臣，向突厥称臣，书中写道：“欲大举义兵，远迎圣上，复与贵国和亲，如文帝时故例。大汗肯发兵相应，助我南行，幸勿侵暴百姓，若但欲和亲，坐受金帛，亦唯大汗是命。”

唯利是图的始毕可汗不仅接受了李渊的妥协，还为李渊送去了不少马匹及士兵，增强了李渊的战斗力。李渊只留下第三子李元吉固守太原。由于没有受到突厥的侵袭，李渊不断从太原得到给养，最后终于战胜隋炀帝杨广，建立了大唐王朝。此后，突厥不得不向唐朝乞和称臣。

李渊使退却成为进攻的第一步，为自己赢得了宝贵的时间。在适当的时候，学会“退”是非常务实、通权达变的智慧，退可改变现状、转危为安。

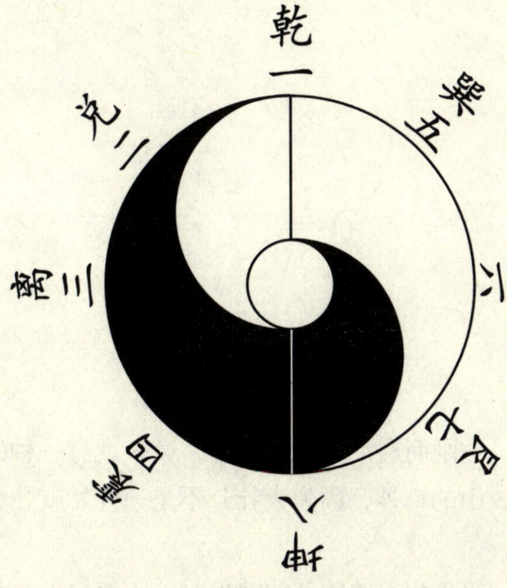

伏羲八卦方位图

第三十四卦 ䷡【大壮卦】

强盛的法则

【原文】

大壮：利贞。

【释义】

大壮：占问有利。

【智慧解读】

大壮卦，乾下震上，乾刚而震动，壮大非常，读来就有一种磅礴的气势。这一卦主要体现了一种聚石成山的精神，因为大壮卦不是一开始就壮大如斯的，它有一个由小而大的过程。

大壮卦的爻辞指出，当你的运势刚开始萌发时，不要自以为是，横冲直撞，要积聚力量，直到你的力量强大到能够真正承担责任。

初爻以脚趾比喻壮大的开端，说仅仅脚趾强壮就急于有所行动，只会给本质还弱小的你带来意外伤害。随着天地自然的运转，卦象自下而上，慢慢发展，到九四爻，就会“壮于大舆之輹”——你壮大的程度，已经相当于能承载大车重量的輹了，这时的你，已经不是初爻时那个空有一腔自信的青涩小子，已经成为真正的强者，当你想以雄浑的气魄开创伟业时，势必摧枯拉朽，一飞冲天。

在等待中筛选机遇

初九：壮于趾，征凶，有孚。

象曰：壮于趾，其孚穷也。

“趾”指脚趾，初九爻的字面意思是脚趾强壮，不要出行，出行会有灾祸。这个爻非常有意思，所谓“趾”是从爻序取象的。如果把卦比喻成人的身体，那么处于卦最下位的初爻就相当于脚趾。出现在艮初六的“艮其趾”、噬嗑初九的“屦校灭趾”，都是这么来的。

脚趾强壮了，就会有利用优势出行的强烈欲望，可是一定要注意，这时强壮的仅仅是脚趾，也就是说，出去打拼的条件还不成熟。干一番事业需要各种条件，在条件不成熟的时候贸然动手，一味瞎摸乱撞，必然带来灾祸。

睿智的人做事之前会反复审时度势，若条件不具备，即使外面的世界诱惑再多，也不会轻易投入其中。

王猛本是汉族的才子，出生在青州北海郡剧县，年幼时因战乱随双亲逃到魏郡。苻坚是氐族在长安建立秦之后的一位君王。当时，汉族人的东晋政权依然存在，王猛为什么要投奔到氐族苻坚旗下呢？这是因为王猛极认真地选择了人生道路。他明白：一个人再有才能，如果没有一个聪明能干的君主，其才能也无法发挥出来。而正确地选择君主，正是一个人才能和智慧的体现。

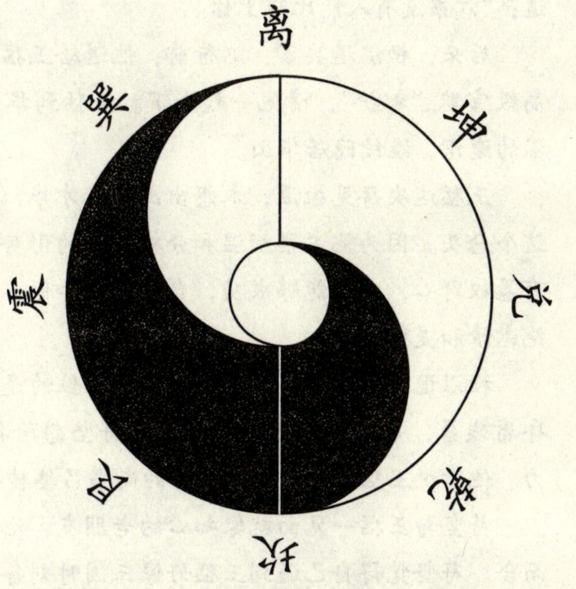

文王八卦方位图

王猛年轻时曾到过后赵

的都城——邺城，这里的达官贵人没有一个瞧得起他，唯独有一个叫徐统的见了他以后非常惊奇，认为他是一个了不起的人物。徐统请他为功曹，可王猛不仅不答应，反而逃到西岳华山隐居起来。他认为自己的才能不应该干功曹之类的事，而是帮助一国的君王干大事，所以，他暂时隐居山中，静观社会风云变化，等候时机到来。

公元351年，氐族的苻健在长安建立前秦王朝，力量日渐强大。公元354年，东晋大将军桓温带兵北伐，击败了苻健，把部队驻扎在灞上。王猛身穿麻短衣，径直到桓温的大堂求见。桓温请他谈谈对当时社会局势的看法。王猛在大庭广众之下，一边把手伸到衣襟里面去捉虱子，一边纵谈天下大事，滔滔不绝，旁若无人。

桓温心中暗暗称奇，便问王猛："我遵照皇帝的命令，率领十万精兵凭着正义来讨伐逆贼，为老百姓除害，可是，关中豪杰却没有人到我这里来效劳，这是什么缘故呢？"王猛直言不讳地回答道："您不远千里来讨伐敌寇，长安城近在眼前，而您却不渡过灞水去把它拿下，大家摸不透您的心思，所以不来。"桓温沉默良久，因为王猛的话正中他的要害。实际上他心里想的是：自己平定了关中，只得个虚名，地盘却归于朝廷，与其消耗实力，为他人做嫁衣，还不如拥兵自重，为自己将来夺取朝廷大权保存力量。

桓温更加认识到面前这位穷书生非同凡响。他终于抬起头来，慢慢地说道："江东没有人能比得上你。"

后来，桓温退兵了，临行前，他送给王猛高级车子和优等马匹，又授予他高级官职"都护"，请他一起南下。王猛到华山征求师父的意见后，拒绝了桓温的邀请，继续隐居华山。

王猛这次拜见桓温，本想出山显露才华，干一番事业，但最后还是打消了这个念头。因为他考察桓温和分析东晋的形势之后，认为桓温不忠于朝廷，怀有篡权野心，未必能够成功，自己若投奔他，很难有所作为。这是他第二次拒绝邀请和提拔。

桓温退走的第二年，苻健去世，继位的是中国历史上有名的暴君苻生。他昏庸残暴，杀人如麻。苻健的侄儿苻坚想除掉他，于是广招贤才，以壮大实力。他听说王猛不错，就派当时的尚书吕婆楼去请。

苻坚与王猛一见面就像知心的老朋友，他们谈论天下大事，双方意见不谋而合。苻坚觉得自己遇到王猛好像三国时刘备遇到了诸葛亮；王猛觉得眼前的苻坚才是值得自己一生效力的对象。于是，他十分乐意地留在苻坚身边，积极为他出谋划策。

公元357年，苻坚一举消灭暴君苻生，做了前秦君主，王猛则成了中书侍郎，掌管国家机密，参与朝廷大事。王猛36岁时，因才能突出，精明能干，一年之中连升五级，成了前秦的尚书左仆射辅国将军、司隶校尉，为苻坚治理天下出谋划策，干出了一番轰轰烈烈的大事业，成为中国古代杰出的政治家。

王猛不愧为一代奇才，在动荡不安的社会形势下，忍住对虚名的追求，正确选择了人生道路，所以才有了事业的成功及一生的辉煌。他忍住一般人求遇心切、急于求取功名富贵的情绪，静待最佳时机，才投身仕途。这是他获得成功的重要经验，这类经验在我们的日常工作中也一样适用。我们应该懂得忍耐，学会忍耐，不要急于一时，要审时度势尽力去选择一个你认为最合适的起点，这样你的事业才能顺利进行下去。

有行动才能有收获

九四：贞吉悔亡，藩决不羸，壮于大舆之輹。

象曰：藩决不羸，尚往也。

“藩”是栅栏，“羸”是挂住的意思。“舆”指车，“輹”指把车厢装在车轴上的重要零件，有了輹车子才能动起来。这一爻的意思是仿佛被挂住角的公羊挣脱了樊篱、大车装上了輹，所有前进的障碍都已扫清，给自己一个前进的动力，就能在广袤的大地上自由奔走。这是非常吉祥的一卦。

然而，种种有利的条件就一定能带来成功吗？一张地图无论绘制得多么详细，比例多么精密，也不能带着主人在地面上移动哪怕一寸；一部法典无论多么公正，也绝不能预防罪恶的发生；一本教你如何做事的经典，无论写得如何精彩，也绝对不会帮你赚回一分钱。

只有行动，才能使计划变为现实。没有行动，再好的计划也毫无意义。

艾米是个贫穷的小姑娘，和她同村的索顿先生想帮助她。索顿先生有一家水果店，出售本地产的草莓等水果。他对艾米说：“你想挣点钱吗？”

“当然想，”她回答，“我一直想有一双新鞋，可家里买不起。”

“好的，艾米。”索顿先生说，“格林家的牧场里有很多长势很好的草莓，他们允许所有人去摘。你去摘了以后把它们都卖给我，每夸脱我给你13美分。”

艾米听到可以挣钱，非常高兴，便迅速跑回家，拿上一个篮子，准备马上去摘草莓。

这时，她不由自主地想到，先算一下采五夸脱草莓可以挣多少钱比较好。于是她拿出一支笔和一块小木板，计算结果是65美分。

“要是能采12夸脱呢？”她计算着，“那我又能赚多少呢？”“上帝呀！”她得出答案，“我能得到1美元56美分呢！”

艾米接着算下去，要是采50、100、200夸脱，索顿先生会给多少钱。她将不少时间花费在计算上，一下子到了午饭时间，她只得下午再去采了。

艾米吃过午饭后，急急忙忙地拿起篮子向牧场赶去。许多男孩子在午饭前就到了那儿，已几乎把好的草莓都摘光了。可怜的小艾米最终只采到了一夸脱。

艾米没有赚到钱的原因，是她有一个坏习惯，在做事之前把太多时间花在准备工作上，想得很多而没有行动。艾米如果去摘草莓，没有任何外力去阻止她，她有充分的条件完成摘草莓这项工作，正如爻辞所说“藩决不羸，壮于大舆之輹”，好像被挂住角的公羊已经挣脱了栅栏，抬腿就能奔跑；大车装上了坚固的輹，能够去任何想去的地方。这是多好的局面！“贞吉悔亡”，做了就有收获，做了就能成功，可是艾米偏偏没有去做。英国前首相本杰明·笛斯瑞利曾指出，虽然行动不一定能带来令人满意的结果，但不采取行动就绝无满意的结果可言。

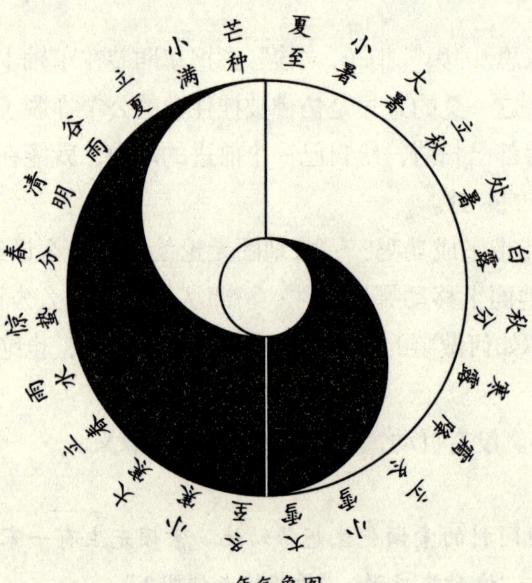

一年气象图

每天都能听到有人说：“我当时真应该那么做。”可后悔毫无意义。切实执行你的计划，发挥它的价值，否则不管你的计划多么周密，创意多么新颖，也永远不会有收获。

第三十五卦 ䷢【晋卦】提拔升迁的道理

【原文】

晋：康侯用锡马蕃庶，昼日三接。

【释义】

晋：才干出众的公侯得到天子的赏识，不仅赐给他许多车马，而且在一天之内多次接见他。

【智慧解读】

晋卦坤下离上，离为日，指光明；坤指大地。此卦“日出地上，进而益明”，太阳高悬，普照大地，大地柔顺地承接一切，万物生长，比喻事业蒸蒸日上，是前进并且光明的卦象。

公侯因为才干出众，得到了天子丰厚的赏赐，并在一天之内被多次接见，这是多大的荣耀！怎样才能像这位了不起的公侯一样做出如此大的成就呢？请看下三爻。晋卦柔进而上行，下三爻如同排队向上走。初爻、六二推挤着向前，但是位置靠后，只有踏实地守住自己的位置，做自己该做的事才能得到吉祥。到六三时，六三与之下初爻、六二一起升进，同心协力，实现了上行的目的。意喻要想在职场中有所作为，一方面要踏实勤奋，一方面要懂得如何与人相处，孤胆英雄是无法长久立足的，人缘好才能有升迁的助力。

辞职不干，不如让老板刮目相看

六二：晋如，愁如，贞吉。受兹介福于其王母。

象曰：受兹介福，以中正也。

员工为老板打工，老板付给员工报酬，但是在很多员工眼中，老板是“剥削者”，他们认为自己的付出并没有得到应得的回报。很多人都会想：我究竟为了什么工作？除了薪水，我们还能从工作中获得什么？我们工作这么辛苦究竟为了什么？有些“聪明人”会决定：既然是为别人打工，何必如此投入地工作，不如得过且过……

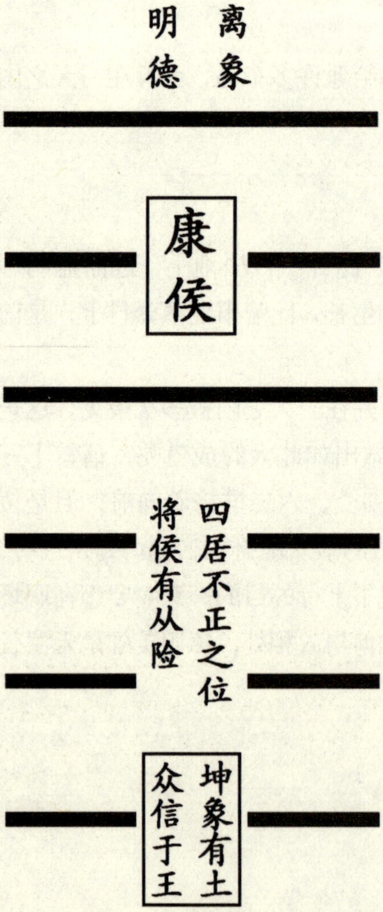

晋康侯之象

事实上，这是一种认识上的误区。糊弄工作的人往往只知道为工资而工作，对工作和事业缺乏长远规划。这样做不但对老板无益，长此下去对自己的生命也是一种摧毁，会使自己事业的生命日渐枯萎，白白断送前程。相反，那些踏实工作、认真做事的人却往往能够从工作中获得最大的益处和提升。当然，他们也常常是老板眼中的“红人”。

晋卦六二，“晋如，愁如，贞吉。受兹介福于其王母”。前进时充满忧愁思虑，但如果能坚守正道，始终如一，将会吉祥如意，而且会获得极大的恩惠和福泽，这福分是高高在上的王母赐给的。在自己的岗位上做好该做的事情，就能得到大的福分。

我们一起来看下面的故事，应该能给职场中的朋友一些启发。

汤姆在一家广告公司工作了一年，由于不满意自己的工作，他愤愤地对朋友说：“我在公司里的工资是最低的，老板也不把我放在眼里，如果再这样下去，总有一天我要跟他拍桌子，然后辞职不干。”

“你把那家广告公司的业务都弄清楚了吗？公司运营的窍门你都完全弄懂了吗？”他的朋友问道。

“没有。”

“大丈夫能屈能伸。我建议你先静下心来，认认真真地对待工作。把他们的一切经营技巧、商业文书和业务往来完全搞通，甚至把如何书写合同等具体事务都弄懂之后再走，这样做岂不是既出了气，又有许多收获吗？”

天地形象图

汤姆听从了朋友的建议，一改往日的散漫作风，开始认认真真地工作，甚至下班之后还留在办公室研究商业文书的写法。

一年之后，那位朋友偶然又遇到他。

“你现在大概都学会了，可以准备拍桌子不干了吧？”

“可是我发现近半年来，老板对我刮目相看，最近更对我委以重任，又升职、又加薪，说实话，现在我已经成为公司的红人了！”

“这是我早就料到的。”朋友笑着说，“当初你的老板不重视你，是因为你工作不认真，又不肯努力学习；后来你痛下苦功，担当的任务多了，能力也增强了，他当然会对你刮目相看。”

在职场上，只有认真工作才是真正的聪明。认真工作既能提高自己的能力，为日后的发展积攒力量，又能博得老板的赏识，为升迁埋下伏笔。不用怕辛苦付出都白费，无人认可，须知你的一举一动都逃不过老板的眼睛。老板就像爻辞中赐福的“王母”，看到你踏实的工作态度，才会对你垂以青目。

做一轮被众星捧起的明月

六三：众允，悔亡。

象曰：众允之志，上行也。

商界有句金言：“一流人才最注重人缘。”反过来说：“最注重人缘的人，才能成为一流人才。”许多杰出的人士，能力、素质样样出色，却屡次在职场升迁路上受挫，而击败他的人往往能力并不如他。仔细分析就会发现，他们并不是输在能力上，而是输在小小的人情世故上。这些人一心专注于工作，不善于与人沟通，不注意与人交流，在中国这样一个重人情世故的国家，不能融入人群无异于自毁前程，把自己逼入死胡同。

六三爻点明了人际关系在职场中的重要作用，象辞说“众允之志，上行也”，得到众人的认可和赞同，才能向上升。一个人如果不能处理好人际关系，就犹如在雷区里穿行，举步维艰。

张辉在一家公司做一名管理人员。在公司产品遭遇退货、赔款濒临倒闭、公司高层急得团团转而又束手无策时，张辉站了出来，提供了一份调查报告，找出了问题的症结。此举不仅一下子解决了公司的难题，还为公司赚了几百万元。

因工作出色，张辉深受老总重视，不久就成为公司的明星。凭着智慧和胆略，他又为公司的产品打开国内市场立下汗马功劳，两年时间内为公司赚回几千万元利润，成为公司举足轻重的人物。

张辉踌躇满志，以为销售部经理一职非他莫属。然而，他没有被提职。本来公司董事会要提拔他为公司主管销售的副总经理，却由于在提名时遭到人事部门强烈反对而作罢，理由是各部门对他的负面反映太大，比如，不懂人情世故，不和同事交往，骄傲自大……让这样一个闭门自封的人进入公司的决策层显然不太适宜。

销售部经理一职被别人担任了，他只好拱手交出自己创建并培养成熟的国内市场。这正如自己亲手种下的果树上结的果子被别人摘走，令他非常痛苦和不解。

他不明白，公司怎么能这样对待自己呢？自己到底错在哪里？后来，还是一个同情他的朋友为他解开了疑惑。

难怪那次他出去为公司办理业务，需要一批汇款，在紧要关头却迟迟不见公司的汇票，业务活动泡汤，令他很难堪。这只因一个出纳给他穿了小鞋，因为平时他没有把她放在眼里。还有一次他在外办事，需要公司派人协助，却不料人还没有到，马上又撤了回来，原来是一些资格较老的人觉得他很"孤傲"、"目中无人"，在工作上从不与他们交流……所以想尽办法拖他的后腿，让他的工作无法开展。

尽管张辉工作业绩辉煌，但他忽视了人际关系的重要性。那些他不熟悉、不放在眼里的小人物，在关键时刻照样会坏他的大事，阻碍他在公司的发展和成功。无奈，最后他只好伤心地离开了公司。

职场是个群体，组成群体的人处在各种不同的阶层，具有不同的属性，只有根据不同情况有针对性地进行感情投资，才能建立好人缘。人缘好，才能在工作中如鱼得水，悠游自在，升迁加薪，自然不在话下。

赢得好人缘要有长远眼光，要在别人遇到困难时主动帮助，在别人有事时不计回报，"该出手时就出手"，日积月累，十个欠你人情债的人中有九个会给你带来意想不到的收益。现在做的是亏本生意，日后会加倍收回。

一次失利不代表终生失意

六五：悔亡，失得，勿恤。往吉，无不利。

象曰：失得勿恤，往有庆也。

有一种游戏叫蹦极，非常惊险刺激，用一根保险绳拴住腿，从高空一跃而下，体验急速下坠的感觉——玩的就是心跳！绝对是对心脏的考验。

蹦极再刺激，只是一个游戏。最惊险的蹦极是事业上的蹦极，考验的可不仅仅是心脏，而是你的意志。

李·艾柯卡曾是美国福特汽车公司的总经理，后来又成为克莱斯勒汽车公司的总经理。作为一个聪明人，他的座右铭是："奋力向前，即使时运不济，也永不绝望，哪怕天崩地裂。”他1985年出版的自传成为当年非小说类书籍中最畅销的书，印数高达150万册。

艾柯卡不仅有成功的欢乐，也有挫折的懊丧。他的一生，用他自己的话来说，叫“苦乐参半”。1946年8月，21岁的艾柯卡到福特汽车公司当了一名见习工程师。但他对技术工作不感兴趣。他喜欢和人打交道，想搞经销。

艾柯卡靠自己的奋斗，由一名普通推销员当上了福特公司的总经理。但是，1978年他体验了一把事业上的蹦极——他被妒火中烧的大老板亨利·福特开除了。当了八年总经理、在福特工作一帆风顺32年、从来没有在别的地方工作过的艾柯卡，突然间失业了。昨天他还是英雄，今天却好像成了麻风病患者，人人都远远避开他，过去公司里的所有朋友都抛弃了他，他遭受了生命中最大的打击。“艰苦的日子一旦来临，除了做个深呼吸，咬紧牙关尽己所能外，实在也别无选择。”艾柯卡是这么说的，最后也是这么做的。他没有倒下去，接受了一个新挑战：应聘到濒临破产的克莱斯勒汽车公司出任总经理。

艾柯卡凭他的智慧、胆识和魄力，大刀阔斧地对企业进行了整顿、改革，并向政府求援，舌战国会议员，取得了巨额贷款，重振企业雄风，延续了职场神话。1983年的一天艾柯卡把面额高达8亿多美元的支票交到银行代表手里。至此，克莱斯勒还清了所有债务。而恰恰是5年前的这一天，亨利·福特开除了他。

如果艾柯卡不是一个坚强的人，不敢接受新挑战，在巨大的打击面前一蹶不振、偃旗息鼓，那么，他和一个普通的失业者就没有什么区别。所幸艾柯卡并没有倒在这次事业的挫折上，亨利·福特的做法只是增加了他职业之路的传奇色彩，并没有摧毁他坚强的意志。晋卦六五爻说：悔亡，失得，勿恤。往吉，无不利。恤指忧虑。六五爻是失去小利，获得大的喜庆。不要为眼前的小忧患郁闷不已，放远眼光往前看，这些小挫折实在不值一提。

坚信自己的力量，不为一城一地的损失悔恨沮丧，才是大将之风，才是成功者应有的风范。

如何在事业的困境中延续曾经的辉煌？那就是立刻调整心态，为自己重新选择一个方向延续职业生命，努力攀爬事业的另一个高峰。不屈服于挫折和命运的挑战，才能在变化多端的生活中屹立不倒。

第三十六卦 【明夷卦】

危难之中的自救术

【原文】

明夷：利艰贞。

【释义】

占问艰难的事有利。

【智慧解读】

明，指太阳；夷，就是受伤。明夷泛指一切光明的事物受到损伤。明夷卦离下坤上，日下地上。光时进入地下，天下黑暗无道。卦辞说“利艰贞”，意思是在黑暗无道的危难中，不被困境吓倒，要艰难自救才会转危为安。

软弱者在困境中委靡，坚强者在困境中自救。自救讲的是智慧，是洞彻灾祸的眼光。太阳没入地下，大地瞬间被无边的黑暗吞没，面对从天而降的灾难切勿乱了阵脚，要细细看透灾祸的真相，认清它的由来，才能对症下药，寻求对策。

冷静地看着灾祸的发展动向，心里迅速盘算下一步走法，是原地不动等待救援、尽量减少伤害，还是摸索着寻找出路、远走高飞？是靠自己的双手拼出一条血路杀出重围，还是向有实力的人求救、寻求贵人的帮助？真君子可以失掉运气，不能失去斗气；宁可拼搏而死，不可坐以待毙！

善用贵人的帮助

六二：明夷，夷于左股，用拯马壮，吉。

象曰：六二之吉，顺以则也。

人在生活中，难免会遭遇危难。陷入困境后靠一己之力拼命挣扎，并不一定能带来什么改观，应该积极寻求帮助，挖掘能帮你摆脱困境的贵人。六二爻说，光明消退，在黑暗中行走，左腿受了伤，这时用强壮的马匹帮助行走，就能摆脱困境，得享吉祥。

贵人的光彩与热量，能为你打开一条通向平安的通道。这既可减少痛苦摸索的时间，也将大大减轻碰壁带来的创伤。可向贵人借助的力量很多，名人效应、媒体的作用甚至对手的力量等都可以借用。

善于挖掘生活中的贵人，善于借助贵人的力量为己所用，才能从困境中开辟出一条出路。

要做到这一点，你必须首先接近贵人，再想办法把贵人变成朋友，把朋友变成知己。与贵人关系越密切，你能得到的帮助越大，得到的机会也越多。

用机遇打开困境

九三：明夷于南狩，得其大首，不可疾贞。

象曰：南狩之志，乃大得也。

明夷九三说，在南方征讨敌人，俘获了对方的大首领，反败为胜。为什么要强调在南方战斗呢？因为明夷卦下卦离卦位居南方，意喻做事之前要找准方向，然后坚定志向，一定能取得成功。

很多人不能成功，就是因为没有坚定的决心，摇摆不定。从开始去做到做成功的距离，没人知道。这个距离有时很短，有时很长。有些人在还没有碰触到成功的时候，就先武断地认为自己走错了方向，白白放过大好机遇。有的人则不然，行动之前进行了足够的调查研究，对自己的努力方向毫不怀疑，坚持做下去，不松懈，终于牵到了成功的手。

下面这个故事就是关于坚持奋斗方向的，相信能带给你一些启发。

20世纪60年代末，美国实业家哈默踏上了利比亚的土地。利比亚国王伊德里斯一世在王宫的宴会上对哈默说："真主派您来到利比亚。"这句话表示了这位胡须全白的部落领袖对哈默的尊重与敬佩。

哈默到了利比亚才发觉，除了美国为维持其轰炸机基地而支付的费用外，利比亚几乎无其他外来财政资助。在早年意大利占领期间，墨索里尼为寻找石油花费了千万美元而一无所获。埃索石油公司也花费了数百万美元，打了好几口井仍一无所获，只好打道回府。而壳牌公司耗资5000万美元打出的全是废井。法国公司也好不到哪里去，只是当埃索公司准备撤离时才打出了一口油井，又重新唤起人们对利比亚这块土地的兴趣，认为这里是一块聚宝盆。哈默到达利比亚时，正值利比亚政府准备进行第二轮出让租借地的谈判，出租地大多是原先某些公司放弃的地域。根据利比亚法律，各国石油公司应尽快开发其租得的地域，如采不出油，就必须将部分租借地归还利比亚政府。

谈判开始后，来自九个国家的四十多家公司参加了投标。这些公司大致分为三类：第一类是财大气粗的国际性大石油公司，像埃索、美孚、壳牌等；第二类是像哈默这样的西方石油公司，其规模较小，但具有行业经验，利比亚也希望参与竞争；第三类是一些投机性的转包公司，希望得标后再转手卖出，从中渔利。

尽管哈默同伊德里斯国王有着良好私人关系，但公司实力有限。哈默与匆匆赶来的董事们分析了第二轮竞争的形势，在四块租借地上投了标。等到开标时，哈默得到了其中的两块：一块是被壳牌等几家公司组成的"沙漠绿洲"财团认为无望出油而放弃的；另一块是莫尔比石油公司耗资百万美元无果而匆匆撤走的地块。

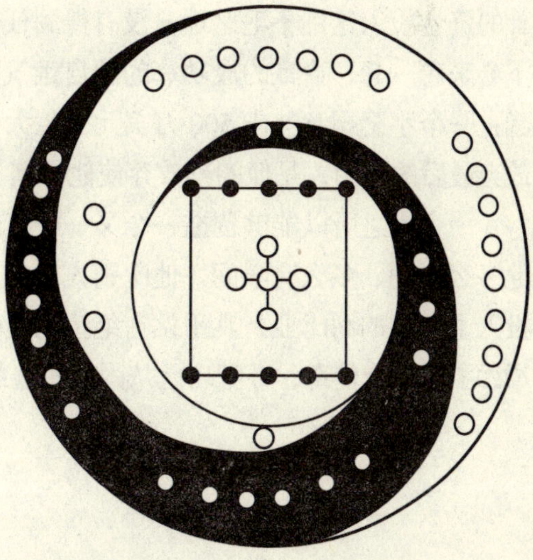

太极河图

哈默对得标的两块地并不很满意。但还是下了大本钱，立即开始打井。刚开始，公司在第一块租借地打的头三口井滴油不见。西方石油公司第二大股东里德坚持要撤出利比亚，说："这里不是我们这样的小公司应该来的地方，已扔了500万美元，还能扔得起多少？"这是经验之谈，小公司不可能花大本钱开采这种没有几分把握的地块。但是哈默的第六感觉却促使他坚持在这里打下去，他认为不应该放弃最后的努力。

几周后，在几家优柔寡断的大石油公司放弃的地块上，西方石油公司钻出了石油，而且是一种异乎寻常的高级原油，含硫量极低，每天可产10万桶原油。更重要的是，这个奥吉拉油田在苏伊士运河以西，产出的石油通过地中海和直布罗陀海峡，不到十天就可以运抵石油奇缺的欧洲。而大量阿拉伯石油在苏伊士运河不通时，只有被迫绕道好望角，历时两个月才能运抵欧洲。与此同时，哈默的好运气又在第二块租借地上出现了。西方石油公司利用新的地震勘探技术，仅耗资100万美元就打到了一口珊瑚礁油藏，不用油泵，石油也会无休止地喷涌而出。不久又打出了第二个日产7.3万桶原油的珊瑚礁油藏。

至此为止，规模不大的西方石油公司竟成了利比亚最大油田的主人。哈默得到了比奇特尔公司的支持，着手进行一项耗资1.5亿美元的油田开发计划，要铺设一条巨大的输油管道，全长130英里，日输送原油100万桶。这条管道将成为利比亚境内最大的输油管。

哈默成功了，许多人都羡慕他的好运气。那么多世界知名的大公司都把数以亿计的资金投入这片不毛之地，没有得到任何收益，他却打出了石油，成为富翁。静下心来想一想，哈默的成功真的源自运气吗？要知道，之前有多少人在嘲笑他的愚蠢：一个小公司竟然出500万美元去啃大公司榨不出油水的骨头。然而哈默坚持不放弃最后的努力，是他的不放弃使他得到了回报，成为利比亚最大的油田主人。

一个人之所以能够创造一个又一个奇迹、取得一个又一个成功，往往并不在于他多么聪明、多么有学问。他比别人多的，仅仅是一点儿执著。哈默把全部身家都投入了沉默的利比亚，几乎站在绝望的边缘，但他仍然没有放弃努力。他为财富史增添了又一个传奇，并把自己从困境的边缘一下拉到了天堂。

除了向前，别无选择

六四：入于左腹，获明夷之心，于出门庭。

象曰：入于左腹，获心意也。

生活中的困难多于幸福，人生中的磨难多于享乐。面临危机，你必须作出选择，是坐以待毙还是舍命一搏？很多人宁可做鸵鸟，把头埋在沙堆里等待灾难来临，也不愿高扬头颅看看远方无尽的道路。

身处危难之中，就好像不会游泳却被人推到河里，只有学会游泳游上岸才能不被淹死，此外，别无生路。

旱季来了，河床就要干涸了，曾经湍急的河流已经变成了一个个小水洼。烈日下，龟裂的河床在急速扩展，远处却隐隐传来了大江的涛声，鱼儿们从一个水洼跳到另一个水洼，奔涛声而去。

“还有多远呢？”一个不大的水洼里，一条大鱼喘着粗气，问躺着歇息的一尾小鱼。

“远着呢！别费劲了，到不了大江的。”小鱼悠然地在水洼里游了一圈说，“做什么大江的梦啊，现实点，就在这儿待着吧！”

“可用不了多久，这水洼里的水就会干的。”

“那又怎样？长路漫漫，你又能走多远？离大江50步和离大江100步有什么区别？结局都是一样的，要看结局，懂吗？”

“即便真的到不了大江，只要我已经尽力了，也不后悔。”

“你已经遍体鳞伤了，老兄！”小鱼自如地扭动保养得很好的身体，嘲笑着在小水洼里已经转不开身的大鱼：“像你这样笨重的身材，不老老实实在原处待着，还奔什么大江啊？你以为自己还年轻啊？就算真的有鱼能到达大江，也轮不到你！”

小鱼戳到了大鱼的痛处，它望着小鱼说：“真的很羡慕你们有如此娇小的身材，在越来越浅的水洼里，只有你们才能自如地呼吸。可是，再苦再难，我们大鱼也得朝前奔啊，我们也得把握自己的命运。”大鱼说完，一个纵身，跳入了下一个水洼，它听见了小鱼抑制不住的笑声。它知道自己的动作很笨拙，它看见自己的鱼鳞又脱落了几片，而肚皮已渗出斑斑血迹，但它对自己说：

“此时此刻，除了向前，已别无选择。”

水洼的面积越来越小，大鱼知道，前面的路将走得越发艰难，它已很难再喝到水了，偶尔滋润干唇的是自己的泪。沿途，它看见大片大片的鱼变成了鱼干，其中，有许多是比它灵活得多的小鱼。

每一个水洼里都躺着懒得再动的伙伴，它们大口大口地喘着粗气，对大鱼说：“别跳了，省点力气吧！没用的。”而大鱼却分明听见了越来越近的涛声。“坚持，”它对自己说，“唯有坚持，才有希望。”

不知跳了多久，大鱼终于看见了大江的波涛，可是，它的体力已经在长途跋涉中消耗殆尽。通向大江的路上，最后的一个水洼也干涸了，虽然只有一步之遥，可大鱼想，它是到不了大江了。就在这时，它听见了水声，接着，便看见一股小小的水流缓缓流来，这是行将干涸的河床在这个夏季最后的一股水流吧？！大鱼抓住了这个机会，在水流的帮助下，一鼓作气奔向大江。而那些留在水洼里的鱼儿，却只是让这股水流稍稍往前带出了一步，一小步而已，大江离它们依旧遥不可及。而干旱却以无法阻挡的步伐占领了这片土地。

在这个世界上，只有强者才能改变自己的命运，一如故事中的大鱼，以一种永不屈服的精神和毅力，克服了种种困难，奔入大江，拥有自由，延续了生命。

六四爻说，进入了黑暗的腹地，心中知晓艰险，毅然决然地跨出门庭而去。如果坐以待毙，因为懦弱而接受现实的安排，或许只能靠奇迹带给自己一线生机。与其如此，不如自己拯救自己，去努力创造奇迹。

身陷困境，敢于面对，是自救的第一步。不服输，勇敢地去尝试，才能知道是否能够成功。

第三十七卦 ䷤【家人卦】

家庭和睦的智慧

【原文】

家人：利女贞。

【释义】

家人卦：妇女占问有利。

【智慧解读】

家人卦离下巽上，是所谓的“风自火出，有由家及外之象……男正位乎外，女正位乎内”。这是说，内卦是离，离是火是明，外卦是巽，是风是化。必先明正而后及于教化，所以称“男正位乎外，女正位乎内”，即父母严正，可以教化子女。

一个家庭，夫妇和顺，子女孝顺，才是幸福的家。夫妇和顺，要夫妻之间充满关爱，两人相互扶持，相互偎依，才能在人生的路上和和美美地走下去。爱是夫妻关系的保鲜剂，是家庭稳固的保证。而生在一个幸福家庭的孩子，看到父母相亲相爱的样子，受到爱的熏陶和感染，自然也会爱父母，爱家人。

仔细观察家人卦会发现，古人非常注重妻子在家庭中的作用。女主内是中国人的传统观念。家政都由女主人一手把持，女主人的道德情操关系到家庭和谐与否。六二爻说，女主人能顺应九五，即在家庭中能尊重丈夫的意见，就能保证家庭和睦。这种“夫为妻纲”的观念在今天看来无疑是落后的。但是换个角度考虑，如果家庭中发生什么事情，夫妇两人互相交流看法，一起想法解决，这个家庭又怎么会产生摩擦呢？

家和万事兴，夫妇同心，自然会创造一个幸福快乐的家庭。

爱是幸福的家规

初九：闲有家，悔亡。

象曰：闲有家，志未变也。

“闲”是防范，字的构造就是在当门口横亘一木，是挡住门的木栅栏，把家门内外隔开，作用是有所防范，防范家里的人有越轨胡闹的行为，或是外界的侵扰，使家庭维持正常的秩序，和睦相处。

象辞说“象曰：闲有家，志未变也”，主要是强调初九的初位，在刚开始的时候就早早做好防范，大人孩子的心志都还没有变坏，这是以一定的家规家教维护家庭正常的最好办法，所以不会有不幸发生。

古人说的立家道，往往十分严苟，动辄斥责惩罚。因为那时多是大家庭，一家人往往会有几十人，甚至上百人，如果不严格管理，一定会有心地不良之人生出事端。这样的家庭恐怕是威严多于亲情的。时代发展到今天，我们要立的家规与那时有了不同的意义。我们所谓的家规，是为了让家人知道怎样做才能相处得开心，生活得幸福。

一个新家庭诞生了，第一件要做的事情就是灌输家规，这个能给人带来幸福的家规，是爱神阿佛洛狄忒亲手制定的：

有一次，爱情使者丘比特请教爱神阿佛洛狄忒：“LOVE 的意义在哪里？”

阿佛洛狄忒说：“‘L’代表 Listen（倾听），爱就是要无条件、无偏见地倾听对方的需求，并且予以协助；‘O’代表 Obligate（感恩），爱需要不断地感恩，付出更多的爱，灌溉爱的禾苗；‘V’代表 Valued（尊重），爱就是展现你的尊重，表达体贴，真诚的鼓励，发自内心的赞美；‘E’代表 Excuse（宽恕），爱就是仁慈地对待，宽恕对方的缺点和错误，接受对方的全部。”

要想拥有幸福的家庭，就要让家人之间拥有明朗长久的爱，要做到倾听对方；感谢对方；尊重对方；宽恕对方。

幸福家庭还有一个不可缺少的因素——双方的责任。责任也是爱的一部分。

另外，爱还代表着信任。请看下面这个故事：

马路上，他们在一起散步。她任性地闭上眼睛，让他牵着她走，他欣然应允。

她眼前一片漆黑，来往的车辆声不绝于耳，刚开始的新鲜刺激很快便被惧怕取代。尽管她知道他会尽力为她挑选每一步路，会避开一切可能的磕绊，可她还是忍不住睁开眼睛。只有这样，她才又有了生命把握在自己手中的那份踏实。

她提议他也尝试一下，他坦然地将手放入她的掌心，闭上了双眼。在她的牵引和指挥下，他们穿行于嘈杂的人流中，却不见他有半点胆怯，没有丝毫犹豫，她以为他会很快睁开眼睛，可他一直双目紧闭。

过了一段时间，她告诉他可以睁开眼睛了。她问他："闭上眼被人牵着手走路，怕不怕？"他怔了怔，拉过她的手，笑着说："被心爱的人牵着手走路，怎么会怕呢？"

望着他满眼的真诚，她的眼中渐渐盈满了羞愧和喜悦的泪水。

如果没有爱，他是不会那么全心信任她的。彼此爱着，彼此信任着，两个人才能在人生路上一直携手前行。

如果你有了家庭，一定不要忘记时时记诵这个能带来幸福的家规。它没有严厉的话语，没有苛刻的要求，只教会你去如何爱你的家人，使你们的婚姻永远保鲜。

家和缺不了"贤内助"

六二：无攸遂，在中馈，贞吉。

象曰：六二之吉，顺以巽也。

六二爻在"女正位内"，指母亲，与之对应的是"男正位外"的九五爻，代表父亲。"无攸遂"的意思是不随心所欲，六二能顺应九五，即在家庭中能尊重家长的意见，不胡搅蛮缠、无事生非。

夫妻是人生路上最亲密的伴侣，唯有时刻互相理解、互相支持，才能把日子过得有滋有味，充满情趣。

赵君是一家公司的业务经理，年轻英俊潇洒，搞公关很有办法，办事能力强，公司经常派他出差，这却使其妻颇费心机，生怕帅气的老公在外被别的女人勾引。于是，妻子对他采取了种种防范措施：一方面，每当赵君出差前，她总是主动示爱，表达真切的爱意，用情束缚赵君。另一方面，每当赵君出差回来时，她更是热情伺候，常常迫不及待地与赵君及时情意绵绵一番，其意一是小别胜新婚，“性趣”使然；二是可以“查验”丈夫在外是否有负于她，尽管这办法并不科学，而只是自己的一种感觉。如果赵君归来表现不好，她心里就直犯嘀咕：丈夫是不是有了外遇？

一次，因误了车次，赵君归来已是半夜时分，连日旅途奔波实在太累了，简单洗漱后就想休息。可妻子偏要温存一番，被赵君拒绝，赵妻不悦，长期隐匿在心头的猜疑顿时变成妒火，喷薄而发。见妻子一点也不体贴人，竟怀疑自己有外遇，想到自己辛辛苦苦地在外奔波还不是为了这个家，赵君顿时也火冒三丈。片刻间，二人你来我往，唇枪舌剑，大吵一番。事后，二人陷入长期冷战，家庭的温馨荡然无存，赵君仍要出差，只是一切都变了，婚姻岌岌可危。

女人都想嫁一个有本事的丈夫，认为那样才是幸福。什么才是幸福？宝马雕鞍、华衣绣服就一定幸福吗？每天吃着山珍海味、啜饮着名酒好茶就是幸福吗？穿着丝质睡衣与丈夫厮打、咬着鲍鱼与爱人吵嘴，这种幸福恐怕不是哪个女人所期望的。在充满温情和爱的家庭里，粗茶淡饭一样觉得幸福，只要你的胸中装着宽容和满足。

作为妻子，应该信任自己的丈夫，并给丈夫最大的理解和关爱。如果对丈夫的行为无端猜疑，或者横加指责，只会令其产生无端刺激和伤害，从而造成夫妻之间的隔阂。

安徒生的作品中有一对清贫的老夫妇，一天，他们想把家中唯一值点钱的一匹马拉到市场上去换点更有用的东西。老头子牵着马去了，他先与人换得一头母牛，又用母牛去换了一只羊，再用羊换来一只肥鹅，又把鹅换了母鸡，最后用母鸡换了一口袋烂苹果。在每次交换中，他都想给老伴一个惊喜。

当他扛着大袋子来到一家小酒店歇息时，遇上两个英国人。闲聊中他谈了自己赶集的经过，两个英国人听后哈哈大笑，说他回去准得挨老婆子一顿揍。老头子坚称绝对不会，英国人就用一袋金币打赌，三人于是一起回到老头子家中。

老太婆见老伴回来了，非常高兴，兴奋地听着老伴讲赶集的经过。每听老头子讲到用一种东西换了另一种东西时，她都对老伴钦佩不已。

她不时地说着：“哦，我们有牛奶了！”

“羊奶也同样好喝。”

“哦，鹅毛多漂亮！”

“哦，我们有鸡蛋吃了！”

最后听到老头子背回一袋已经开始腐烂的苹果时，她同样不愠不恼，大声说：“我们今晚就可以吃到苹果馅饼了！”

结果，英国人输掉了一袋金币。

想要获得长久的幸福，就要像文中的老奶奶一样，总能发现生活的闪光点，不要为失去的一匹马而惋惜或埋怨。既然有一袋烂苹果，就做一些苹果馅饼好了，这样生活才能妙趣横生、快乐幸福。

老奶奶未必不知道一匹马的价值，然而，她更看重的是亲爱的丈夫的价值。要知道，多少匹马也换不来夫妻间浓浓的爱。虽然一匹马能换来许多珍贵的食品，却比不上老两口甜甜蜜蜜地一起吃苹果馅饼。

小小的关怀铸就一生的幸福

九五：王假有家，勿恤吉。

象曰：王假有家，交相爱也。

九五是一家之主，全家的主心骨，位在九五之尊，故言“王”。“假”是感化而交相爱。这一爻不仅是治家的典范，也是君王推而广之治国平天下的典范。

一个家庭要想历经风雨还坚固如昔，必不能缺少恒久的爱情。什么是恒久的爱情？在携手同行的道路上，不管日子怎样，相互勉励与祝福，共同承受生活中的痛苦与磨难、幸福与快乐，一生一世。这就是爱情，永恒的爱情，弥足珍贵的钻石爱情。

没有爱情的人生是不完整的人生。有爱人相伴，再平凡的人生经历也有滋有味。其实，除了明星大腕、达官贵人，绝大多数人的爱情都是平凡的，甚至看起来有点小小的卑微，可是这并不影响这份爱的高贵，请看下面这个关于爱的故事：

几十年前，一个男孩对一个女孩说：“如果我只有一碗粥，我会把一半给母亲，另一半给你。”于是女孩喜欢上了这个男孩。

有一次村里发大水，男孩忙着去救别人，而没有去救女孩。别人问他为什么，男孩说：“如果她死了，我也不会独自活在这个世上。”这一年女孩 20 岁，男孩 22 岁，女孩嫁给了男孩。

在闹饥荒的年月里，两人只有一碗粥，他们互相谦让，都想让对方吃下去，结果这碗粥三天后发了霉。那时他们分别是40岁和42岁。

当他52岁那年，因家庭成分不好被挂上牌子批斗，50岁的她心甘情愿地陪伴着他。她告诉他："无论遭遇多大的苦、多大的难，你是我生命中唯一的支流，我永远是你爱的源头。"

许多年过去了，他们成了70多岁的老人。在一次坐公共汽车时，一位年轻人给他们让座，他们都不肯坐下而让对方站着，于是两个人紧紧靠在一起抓着扶手。车上所有的人都被这美丽而朴素的风景感染了，齐刷刷地站了起来，充满无限敬意地看着他们，仿佛看到他们心中的玫瑰花正在盛开，醉人的温馨里浸润着浓浓的恋意……

美国作家海伍德说："爱不贵亲爱，而贵长久。"长长久久的爱情，如花朵四季常开常美。家庭就是那一方沃土，滋养着爱情，爱情也使家庭更芬芳多彩。

爱情是简单的，你为我煮一碗热面，我为你洗洗衣衫，都是爱的表现，都能品尝出爱的滋味。爱情与金钱无关。你手指上那枚镶着小小碎钻的戒指，在你眼中会比所罗门王的珍宝更值得炫耀。因为有爱情，世上才有了一个又一个家庭。

聪明的夫妻会让家庭中时时充满爱，这种氛围使你和你的爱人能永远保持青春，使你们的家庭充满活力。家庭是因爱而生的，家庭也很好地保护了爱情。珍视爱情，珍视家庭，朴素的家庭生活并不会将爱情磨灭，只会使爱情灼灼闪光，飘散出岁月醇美的芳香。

第三十八卦 【睽卦】

求同存异的方法

【原文】

睽：小事吉。

【释义】

睽：小事吉祥。

【智慧解读】

睽卦兑下离上，泽下火上。睽指乖离、乖异，但离而又合，异而又同，这里掺杂着朴素的辩证观点。全卦的爻辞中都体现着这种观点，比如六三爻，“无初”是乖，“有终”是合；九四爻写旅人和元夫两人“交孚”是乖，后来“无咎”是合；上九爻先疑“载鬼一车”是乖，后面看到是宗族娶亲有喜庆是合。全卦就是这样的乖异和结合的关系。

看过睽卦我们会得到启发，没有永远的朋友，也没有永远的敌人，敌与友的关系是处于变动中的，即人与人的关系是在乖异和结合之间不断转化的。何时是乖异，何时选择结合呢？当双方有共同利益的时候，就要除去心中的偏见，坦诚合作，向着共同的目标努力。只有知道如何求同存异，才能在最短时间内给自己找到盟军，抓住机遇，捞取商海中的利益。

坦诚是相交的基础

九四：睽孤遇元夫，交孚，厉，无咎。

象曰：交孚无咎，志行也。

1960年10月的一天，在报社办公室里那张工作人员任务单上，科宁斯简直不敢相信自己的眼睛，反复把那行字看了几遍："科宁斯——采访埃莉诺·罗斯福。"

这不是非分之想吧？科宁斯成为报社成员才几个月，还是一个新手呢，怎么会给他如此重要的任务？科宁斯拔腿去找责任编辑。

责任编辑停住手中的活，冲科宁斯一笑："没错，我们很欣赏你采访那位哈伍德教授的表现，所以派给你这个重要任务。后天只管把采访报道送到我办公室来就是了，祝你好运，小伙子！"

"祝你好运"，说得轻巧，科宁斯明白自己即将面对的是前总统夫人，她不但曾和富兰克林·罗斯福共度春秋，而且有过不凡之举，而科宁斯觉得自己只是个毫无名气的毛头小伙子。

科宁斯急匆匆地奔进图书馆，寻找需要的资料。科宁斯认真地将要提的问题依次排序，力争使其中至少有一个不同于她以前回答过的问题。最后，科宁斯终于成竹在胸，对即将开始的采访甚至有点迫不及待了。

采访是在一间布置得格外别致典雅的房中进行的。科宁斯进去时，这位75岁的老太太已经坐在那里等他了。一看见科宁斯，她马上起身与他握手。她那敏锐的目光、慈祥的笑容给人以不可磨灭的印象。科宁斯在她旁边落座以后，便率先抛出一个自认为别具一格的问题。

"请问夫人，在您会晤过的人中，您发觉哪一位最有趣？"

这个问题提得好极了，而且科宁斯早就预估了一下答案：无论她回答的是她的丈夫罗斯福，还是丘吉尔、海伦·凯勒等，科宁斯都能就她选择的人物接二连三地提出问题。

罗斯福夫人莞尔一笑："戴维·科宁斯。"

科宁斯不敢相信自己的耳朵：选中我，开什么玩笑？

"夫人，"他终于挤出一句话来，"我不明白您的意思。"

"和一个陌生人会晤并开始交往，这是生活中最令人感兴趣的一部分。"她非常感慨地说，“我小时候总是羞羞答答的，有时甚至到了凡事都缩手缩脚的地步，把自己封闭在一个小天地中。后来，我强迫自己欢迎他人进入自己的世界，强迫自己走向生活，终于体会到广交新友是多么使人精神振奋。”

科宁斯对罗斯福夫人一个小时的采访转眼结束了。她在一开始就使他感到轻松自如，整个过程中，他无拘无束，十分满意。

这篇采访报道见报后获得全美学生新闻报道奖。然而科宁斯最大的收获是：罗斯福夫人教给他的人生哲学——广交新友，走向生活。多年来，这一直是科宁斯的座右铭。

罗斯福夫人认为，人与人之间的距离其实并没有我们想象的那么遥远。只要坦诚，我们就能走近彼此。年轻的记者科宁斯幸运地亲身体验了罗斯福夫人对人的热情，亲耳倾听她的人生经验，感受匪浅，受益良多。

罗斯福夫人与人相处的哲学同睽卦九四爻的观点不谋而合。我们来看九四爻，睽孤是孤独的旅人。元夫是好人，指初九爻。九四与初九虽同属阳刚，但初九刚毅有力，是大丈夫，能够带给九四帮助。当孤独的旅人遇到好人时，两人坦诚相待，互相信赖，成为朋友，以前有多少“厉”、不顺的事，都会消散不见。

生活如海，我们就是海里的水滴，不可避免地要与形形色色的人打交道。懂得如何与陌生人打交道，你的生活会增色不少。与人交往并没有什么高明的手腕或技巧，只要记住一点：坦诚。人们都喜爱坦诚，不喜欢虚伪，只要你以真诚交换真诚，就能交到许多新朋友，品尝到友谊的甘甜。

有信赖才有合作

上九：睽孤见豕负涂，载鬼一车，先张之弧，后说之弧，匪寇，婚媾。往遇雨则吉。

象曰：遇雨之吉，群疑亡也。

睽卦上九爻说，雨天看到一群糊满泥巴的猪，还看到一车像鬼一样奇形怪状的人，以为遇到了盗贼拉弓要射箭，突然发现看错了，原来是迎亲的人，赶紧把弓放下。雨天视线不清，心中充满怀疑，以至于差点把迎亲的人当成盗贼攻击，把喜事变为丧事。可见，胡乱猜疑是多么危险。

在社会上求生存，单打独斗是匹夫之勇，要懂得与人合作，合作的前提就是信赖。没有最基本的信任，整天相互猜忌，没有人会全心全意为你出力。

公元前207年，汉王刘邦厉兵秣马，志在天下。一天，汉军部将魏无知正在帐中议事，忽有一军吏来报，说有一美男子前来投谒，自称是魏将军的故人。魏无知出帐迎接，见是旧友陈平，得知他是来投奔汉王之后，便于第二天带他面见刘邦。

刘邦与陈平纵论天下大事，谈得十分投机，两人甚至有种相见恨晚的感觉。当谈到对楚用兵方略时，陈平详说路径，了如指掌。他说："目前项王正带兵伐齐，楚地空虚，我军当迅速东进，捣其巢穴，若得入彭城，截斩楚军归路，那时楚军心乱，容易溃散，项王虽勇，还有何作为！"一席话正中刘邦下怀。只见刘邦眉飞色舞，询问陈平在楚军官授何职。陈平说："都尉。"汉王道："我也任你为都尉，掌握护军如何？"陈平拜谢而去。谁知跟随刘邦起义的一些将领，不满于陈平刚来即受重用，纷纷对刘邦说："陈平初至，心迹未明，如此重用，恐为不妥。"汉王听后，一笑置之，更加厚待陈平。陈平自担任护军后，急切筹备，限令极严，众将一时布置不及，有的竟想去向陈平行贿，乞求宽限时日。

一来二去，有些人便隐约抓住把柄，推举周勃、灌婴出面，觐见汉王道："陈平虽美如冠玉，恐怕徒有其表，未具真才。我们几个人听说他在家时，与其嫂通奸，如今他掌管护军，又喜欢受贿。这样的品行不可不察，主公不要被他的言辞所迷惑呀。”

刘邦听罢，并没有立即召来陈平问罪，而是传唤魏无知，向其询问陈平旧况。

魏无知已风闻军中有人诬陷陈平，今见汉王询问自己，便应声答道：“我向主公推荐的是能出奇谋安天下的人，主公指责其品行，其实并不是当前军事要务。如今楚汉相争，全仗奇谋，以资佐助。即使有信如尾生、贤如孝己的人出来，如果没有奇谋异计，也于军事无补。主公只问陈平所献计策能否管用，何必追究其盗嫂、受贿等事呢？如果陈平果真没有什么真才实学，我甘愿受罚。”魏无知一席话说得刘邦心服口服。于是，刘邦又召陈平，微笑着对他说：“你若能帮助我成就大业，我也一定让你衣锦还乡。”说罢，便重赏陈平，又升陈平为护军中尉，监护诸将。从此，诸将再也不敢妄言陈平之短了。

陈平没有辜负刘邦的信任，在关键时刻六出奇计，功劳显著。后来吕后死后，陈平更与周勃联手，夺回大汉的天下。

如果刘邦没有听从魏无知的劝告，对陈平心生芥蒂，就不会有顺畅的合作和之后精彩的楚汉故事了。

与人共事的不二法门就是信任伙伴，即疑人不用、用人不疑。信任伙伴，给他们足够的发挥空间，他们才能尽情施展才华，为你们的共同利益出力。

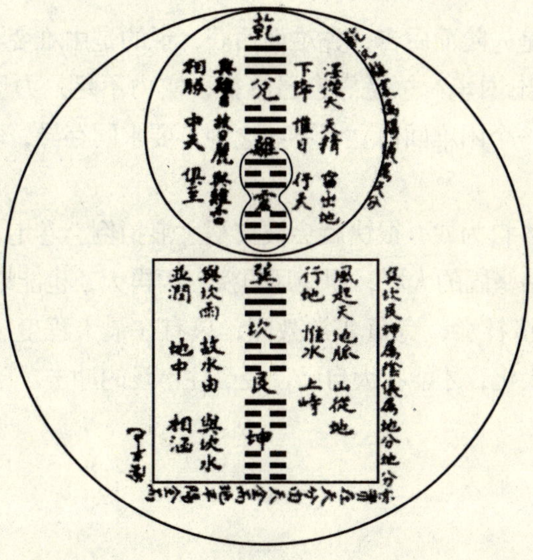

八卦竖图

第三十九卦 ䷦【蹇卦】

发掘潜能

【原文】

蹇：利西南，不利东北；利见大人，贞吉。

【释义】

蹇卦：去西南方有利，去东北方失利，大人得位，占问吉祥。

【智慧解读】

蹇卦艮下坎上，下山上水，山为止而水险。蹇卦为什么要说“利西南，不利东北”？这是因为蹇卦的西南象征平地，而东北象征山冈，遇到灾祸时当然在平地上有利，在高山上不利。

蹇卦的爻辞，都是先险而后吉，先难而后获，说的是由难变不难的道理。人生路上多艰难，怎样走出困境？总是靠自己打拼，实力不足，力量有限，未必能成功。如果想在一个又一个困难面前立于不败之地，要求同存异，联合一切能够联合的力量，同舟共济。

灾难袭来，大家各自为战，很快就会被灾祸之浪拍倒、卷走，但是如果大家坚定地手挽手，连成一堵坚固的人墙，即使风再疾、雨再大，也能屹立不倒。

我们身处市场经济社会，竞争非常激烈，只有在最大程度上联合可联合的力量，求得共同利益最大化，才能壮大自己，经受住市场的冲击。

激发每个人工作的热忱

六二：王臣蹇蹇，匪躬之故。

象曰：王臣蹇蹇，终无尤也。

勤于职事的大臣，为君王解难分忧，不辞辛苦地工作不止，努力不懈。他担当一件又一件蹇难，埋头苦干，任劳任怨，但不是为了自己。

这位君王真是位幸运的君主，能有这样全心投入工作的大臣为他分忧。现代生活中，我们能否遇到这样的好员工呢？他们一心扑在工作上，总是用无尽的热情解决工作中的困难。

每个员工对待工作都有一种热忱，重要的是你要知道如何调动这种热忱。就像爱情和友情，工作热情也是一种必须付出才能得到的东西。你必须要让员工知道，你需要他们的合作，而他们也需要你的合作。他们未来的收益甚至幸福将视工作能给予他们什么而定。

几年前李特尔在《读者文摘》上写过一篇关于麦克密克香料公司（位于巴德摩尔）管理制度的文章。现在已有越来越多的公司采用类似的制度，但这种制度在当时是革命性的，麦克密克称这种制度为“多重管理计划”，而这正是“团队合作”的一个代名词。

当麦克密克从他的伯父手中接下这家公司时，便决定和那些有能力承担责任的人分担公司的经营责任。他从总公司挑选了17位年轻人，并将他们组成资浅董事会。他们的责任在于研究和讨论公司所做的任何事情，并且对他们发现的事情，做成决议后呈给董事会。正如李特尔所说：“一股能量和新观念被释放出来，这些只认为自己是受到上司赞赏的员工，现在尝到了负责任的滋味，并且吵着要承担更多的责任，就在短短一年半的时间里，这些年轻人的提议全部被公司采纳。”

同样的政策被应用到生产线上，在工厂里也成立了一个负有相同责任的工厂董事会。这三个董事会每周以一种和谐的精神，共同召开一次会议，每个人都在寻求改善公司经营和效率以及使公司进步的方法。

麦克密克的人事政策是一种很进步的政策，解雇员工必须经由四位主管同意并且签字后才能生效，而将被解雇的员工也有权提出申诉，正如李特尔所说的："麦克密克公司给自己加上一个错误解雇员工的责任，除非这位员工真的有被解雇的必要……"

多重管理计划能够在麦克密克公司发生作用，是因为员工在这个制度中注入了具有人情味的体谅和团队合作精神，这是一种以管理作为开始，并且最后被员工接受的精神。很明显，体谅和团队合作的精神为公司的管理提供了稳健的经营之道，因为它认同适当地奖励员工的功绩（包括最基层的员工），并且从组织中排除所有"不愿意"和"不适合"的因素。

聪明的管理者一定要向员工传达这样一个观念：大公无私的团队合作精神能给我们带来丰厚的经济利益。但是在我们产生团队合作精神，并且认同团结和伙伴意识之前，我们无法真正从合作原理中获得利益。贪婪和自私在团队合作精神中没有半点生存空间。如果想得到很多东西，我们负有为共同目标奋斗的义务，无论遭受什么样的困难，我们都应以大公无私的团队合作精神承担这项义务。

要想办法激励起员工奋发向上的决心，让他感觉他在这个团队中很重要，有他在，团队才能做得更好。人们会因为得到应得的个人认同和一句赞扬的话而努力工作，很多时候这种方法的效力甚至比金钱的作用更大。要知道，没有人愿意只被当成组织里的小人物看待。身为领导人，你应确定每位员工在你的组织里都有可扮演的角色，而且他们也都能认同角色的重要性。你要给每个人这样的感觉：大家需要我，大家也都在帮助我。

《三个火枪手》的口号想必大家都不陌生："人人为我，我为人人。"达达尼昂意识到自己对于朋友们的这个小小团队来说很重要，所以他才会把生死置之度外，终成火枪手的一员，侠名远播。

团结弱小的力量

六四：往蹇来连。

象曰：往蹇来连，当位实也。

六四本来应与初六相呼应，但两者都是阴爻，不能相应。六四之下又有阳爻隔断了它们之间的联系，往来皆难。可是要想战胜困难，不联合怎么行呢？象辞说“往蹇来连，当位实也”，大家联合起来共同向困难挑战，才是正确的做法。

孤兽容易受到袭击，孤军奋战容易被人打败。当大家面对同样的灾祸时，要同心协力，才能摆脱灾祸的影子，转危为安。弱肉强食的春秋时期发生的一个故事就生动地说明了这个道理。

春秋末年，战争此起彼伏，许多小诸侯国被大国吞并。有的国内发生了变革，大权渐渐落到卿大夫手里，一向被称为中原霸主的晋国也未能幸免，实权由智伯瑶、赵襄子、韩康子和魏桓子四个卿大夫把持，晋王成了傀儡。

四个人中智伯瑶势力最大，他想独占整个晋国，便对其他三家大夫赵襄子、魏桓子、韩康子说：“晋国本来是中原霸主，后来被吴、越夺去了霸主地位。为了使晋国强大起来，我主张每家都拿出一百里土地和人口来归给公家。”三家大夫都知道智伯瑶存心不良，但三家心不齐，韩康子和魏桓子不愿得罪智伯瑶，就答应了。

赵襄子不肯答应，说：“土地是祖上留下来的，怎么能随便给人呢？”

智伯瑶火冒三丈，立刻命令韩康子、魏桓子与他一起出兵，攻打赵襄子，并且与两家约定，灭赵后，赵家的土地由他们三家平分。

赵襄子自知寡不敌众，就听从了谋臣张孟谈的建议，退到晋阳据守。晋阳是赵氏的封地，城池修筑得十分牢固。没过多久，智伯瑶率领的三家军队把晋阳城团团围住。赵襄子吩咐将士们只守不战。三家兵士多次攻城，都被守军用弓箭射退，始终攻不破晋阳城。

智伯瑶十分苦恼。一天，他绕晋阳城查看地形，看到晋阳城东北的晋水河，忽然想出一条毒计：将晋水上游离城千里处截断，筑堤围坝蓄水，待雨季一到便放水淹掉晋阳。这时正值雨季，晋水猛涨，水位一下子超过了晋阳城。

智伯瑶命令士兵掘开堤坝，大水顿时汹涌地直奔晋阳城。晋阳城百姓的房子被淹没了。

守军于是赶紧造船，准备水战。张孟谈还到韩军大营去见韩康子，劝说他们联合起来对抗智伯瑶。韩康子一时拿不定主意，一天，智伯瑶邀韩康子、魏桓子一起察看水情，见晋阳城内外一片汪洋，得意地说："看来大水可以灭掉一个国家，无须动一兵一卒。"接着又转向韩康子和魏桓子说："你们的汾水和绛水恐怕也保不了安邑和平阳吧？"

韩康子和魏桓子听后暗自吃惊，智伯瑶独霸晋国的野心昭然若揭，一旦他攻破晋阳城，接下来遭殃的就是他们了。为避免将来被吞并的命运，最好的策略就是与张孟谈联盟。于是韩康子、魏桓子和张孟谈取得一致，决定共同对付智伯瑶。他们掘开堵住晋水的水坝，大水向智伯瑶的军营冲去。韩、魏、赵三家士兵划着木筏，向他们杀来。智伯瑶措手不及，无力抵抗，急忙带着几名亲信向龙山背后逃去。刚转出山口，就被三家人马抓住杀死了。

韩康子和魏桓子惧怕智伯瑶的力量，一直坐看智伯瑶放肆不敢反击。赵襄子不屈从于智伯瑶的淫威受到征讨时，他们还是不敢出手相救。智伯瑶的力量真的那么可怕吗？故事最后我们看到，智伯瑶被联合起来的三家打得落花流水，甚至丢了性命。

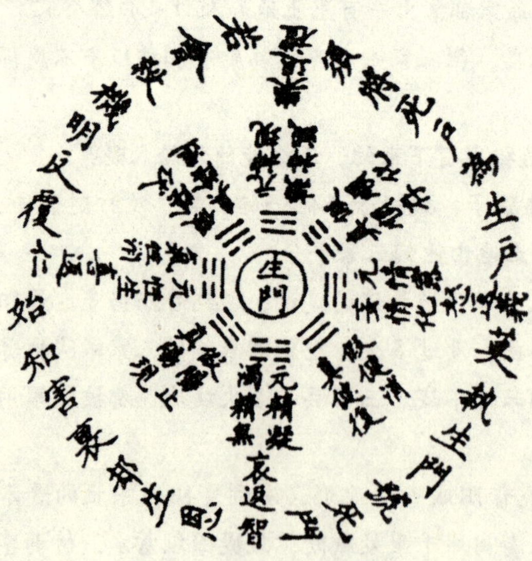

文王索生八卦图

赵襄子、魏桓子、韩康子三家看起来弱小，但正所谓众志成城，他们的力量联合起来，远远超越了最为强大的智伯瑶。如果能够早早醒悟，采取互惠互利的策略，恐怕早就从智伯瑶的压榨下挣脱了，而不可一世的智伯瑶恐怕也不会在历史的舞台上耀武扬威那么多年。

我们在生活中遇到类似情况，如发生矛盾和冲突时，最好能从对方的利益出发，兼顾自己的需求，实现互利互惠，获得双赢。

第四十卦 ䷧【解卦】

解难之术

【原文】

解：利西南，无所往，其来复吉。

【释义】

解：去西南有利，没有目的地去，不如回来。

【智慧解读】

解卦坎下震上，坎内震外。春雷发动，万物复苏，因而解卦有万物兴作的含义。雷雨兴起才能使百果草木抽芽，而天地解除封闭，雷雨才能兴起。万物复苏是一个艰难曲折的过程。如何解除天地的封闭，是解卦的关键。

联系我们的日常生活，想使你的事业如沾露的草木般蓬勃生发，首先要清除阻碍你前进的因素。这些不良因素有些是内在的，有些是外在的。如六三爻因自己的张扬招来寇盗，属于内在的不良因素，需要提升个人修养来驱除。而上六“公用射隼”讲的是驱除外在的障碍，比如那些喜欢惹是生非的小人。

于内提升自我修养，于外扫平小人的陷害，前进之路上一马平川，升迁之路当然越来越快。

提防自己招来的祸患

六三：负且乘，致寇至，贞吝。

象曰：负且乘，亦可丑也。自我致戎，又谁咎也。

解卦六三爻说，背着珍贵的东西坐在华丽的大车上，一定会招来寇盗抢劫。仕途顺利，就如坐着华丽的大车一般引人注目，已经很遭人嫉恨了，再不小心、低调一些，必然会遭到小人陷害。

小人像狼，不但狠毒，而且生性多疑，他们经常欺上害下，所以他们又最怕被人害。君子常说“害人之心不可有”，而小人常说“防人之心不可无”。你当着小人的面与另一人悄悄耳语，小人一定会怀疑你有什么不轨之心。所以，对待小人一定要慎之又慎。

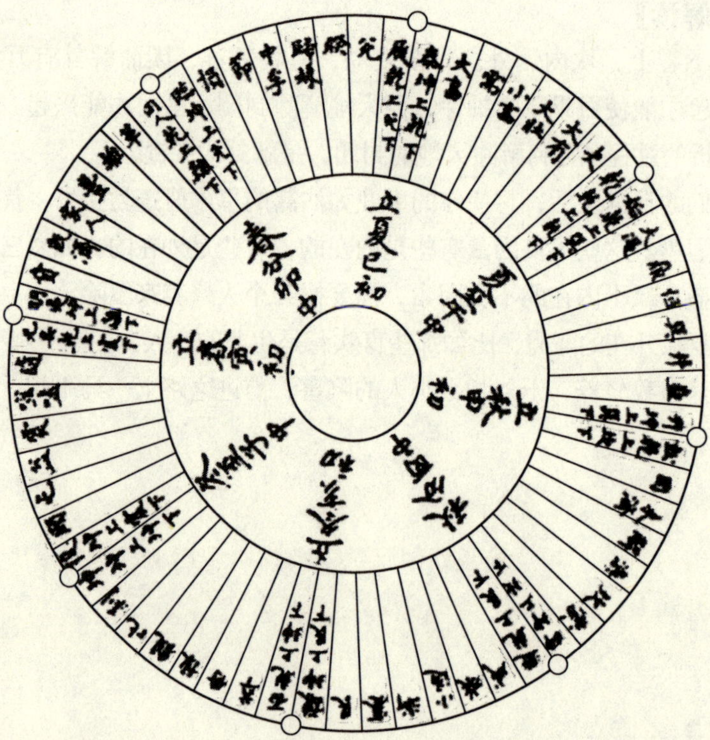

乾坤司八节之图

“安史之乱”平定后，立下大功且身居高位的郭子仪并不居功自傲。为防小人嫉妒，他反而比原来更加小心。一次，郭子仪病了，有个叫卢杞的官员前来拜访。此人乃是中国历史上声名狼藉的奸诈小人，相貌奇丑，生就一副铁青脸，脸形宽短，鼻子扁平，鼻孔朝天，眼睛小得出奇，世人都把他看成活鬼。正因如此，一般妇女看到他这副尊容都不免掩口失笑。

郭子仪听到门人说卢杞来访，马上下令左右姬妾都退到后堂，不要露面，他独自接待。卢杞走后，姬妾们回到病榻前问郭子仪：“许多官员都来探望，您从来不让我们躲避，为什么此人前来就让我们都躲起来呢？”郭子仪微笑着说：“你们有所不知，这个人相貌极为丑陋，而且内心十分阴险。你们看到他万一忍不住失声发笑，那么他一定会记恨在心，如果此人将来掌权，我们的家族就要遭殃了。”

郭子仪对这个官员太了解了，因此在与他打交道时总是小心谨慎。后来，卢杞当了宰相，极尽报复之能事，把所有曾得罪过他的人统统加以陷害，唯独对郭子仪比较尊重，没有动他一根毫毛。

历史上，将领们功劳之大，大不过郭子仪，李姓王朝的江山都是郭子仪夺回来的。按照历史规律，有大功者必会被王家诛杀，因为王家担心其实力过强，会取而代之。即使王家有体恤功臣之意，嫉贤妒能的小人们也会争先恐后地跳出来找将领的麻烦。这就是功劳等身的大将往往不得善终的原因：韩信被装入麻袋活活扎死；徐达长疮还被御赐烧鹅，“食疗”而死；年羹尧被赐在监中自裁……唯有郭子仪，功高盖主君不惧，位极人臣臣不嫉。这个故事充分反映了郭子仪对待小人的办法既周密又老练。

小人是琢磨别人的专家，同时敏感自卑。郭子仪对待小人客客气气，格外谨慎，照顾了小人的自尊，使小人丰富的想象力无从发挥，让他们敢于为芝麻大小的小恩怨付出一切代价的吓人“魄力”无处施展。同时郭子仪非常低调，他知道自己已经坐在华贵的大车上了，没必要再摆出珍贵的珠宝招摇炫耀。

你生活不顺利、没权没势的时候，小人很少想到你。一旦生活有了起色，小人的嫉妒心立刻如雷达开始工作，找你麻烦，给你制造祸端。要想保平安，做人一定要低调，不招摇。你可以抱着蜂蜜罐子享受美食，但是千万不要把蜂蜜涂在脸上——甜甜的蜂蜜招不来蝴蝶般的翩翩君子，只会引来如苍蝇般的小人。

分羹与人，方便自己

六五：君子维有解，吉，有孚于小人。

象曰：君子有解，小人退也。

工作时大家都希望遇到宽厚和善的同事，谁都不愿意与小人打交道，可不管你愿意还是不愿意，都不可避免地会碰到小人。初出茅庐者缺乏社会经验，遇到小人往往会惊怒交加，脾气不好的就来个硬碰硬，往往被诡计多端的小人进一步陷害。处世成熟的人在与小人打交道时，则不会轻易得罪小人，社会经验告诉他们，小人得罪不起。

常言道，与天地斗，其乐无穷；与小人斗，只余后患。小人阴损奸诈，你稍不注意就会被暗算。对付小人有没有安全可靠的办法？有！解卦六五给出了答案——与其争斗闹得两败俱伤，不如收服小人，为己所用。

六五爻说，贵族把小人捆绑了又解开，是吉祥的。为什么呢？俘虏成为奴隶，对立者成为仆从，当然吉祥。这位贵族一捆一放，收服了小人，小人退让，不但不再危害贵族，反倒为贵族出力了。

收服小人，听起来很难，狡猾世故的小人能乖乖就范吗？那就要抓住他们的弱点。小人作乱多是为了利益，有便宜占不到他们心理就不平衡。就像钓鱼安上鱼饵，有什么好处分出一杯羹给他，他一定会乖乖闭上那张惹是生非的嘴。

在一家外贸公司里，丹瓦尔为人非常正直。公司所有人包括领导在内都曾受过小人的诋毁，唯独丹瓦尔是幸免者，因为他自有一套对付小人的办法。

一次，公司老总派丹瓦尔前往国外和外商洽谈一个重要合作项目，并告诉他："你要用人，公司职员随你挑选。"

丹瓦尔回答道："我没有其他需要，只是请求让尼克与我同行。"这个要求把老总弄糊涂了，因为尼克的狡猾和贪婪在公司有目共睹，他不仅喜欢抢风头，还喜欢争功名。总之，小人的特点在尼克身上得到了"完美"的体现。

丹瓦尔看着一脸疑惑的老总笑道："这次谈判对公司来说很重要，我在外需要公司内部给我提供大量信息和全力支持，这件事要是做好了，事情也就成功了。本来尼克就插手了这件事，现在难保他不眼红，万一他暗中作梗，岂不坏了大事？要是我把他放到自己眼皮底下，派他点用场，分他点功名，就能堵住他的嘴，再则他还是很精明能干的，也并非一无是处……”

老总明白了丹瓦尔的良苦用心，知道丹瓦尔给尼克机会表现自己，更是给尼克甜头，让尼克知道自己应该做什么，连连点头称赞。

君子常常不屑于与小人为伍，认为这样会玷污自己高洁的形象，但必要时你要这样做。许多正直的人拒绝和小人打交道，最后却栽在这些小人手上。而且，与小人相处，目的是驱使小人，而不是让小人牵着你的鼻子走。丹瓦尔对待小人的思路和方法就很值得职场中人借鉴学习。

小人无孔不入，什么事情都做得出来，难保什么时候就会造谣生事，从背后捅你一刀。不妨将他置于你的眼皮底下，盯着他，适当给他一点甜头，给他足够的自尊和面子，让他对你感激涕零。小人忙着咬你给的肉骨头，又怎么有闲心去给你使坏呢？你自然就能高枕无忧，和小人相安无事了。

第四十一卦【损卦】

损和益的辩证法

【原文】

损：有孚，元吉，无咎。可贞。利有攸往。曷之用，二簋可用享。

【释义】

损：得俘虏，大吉，无害。占问可行。有所往，有利。送饭用二圆器，也可用于祭祀。

【智慧解读】

损卦，兑下艮上。在古代，上者奉行剥削百姓的损下益上，但在特殊时期如遇到灾荒时，上者又会拿出仓库中的财物与谷物赈济灾民。也就是说，损下益上要有限度，不能为了一已私欲不断剥削，要适当益下收买人心。这种做法是用小的付出维持了剥削统治。

用今天的观点来看，就是要知道有舍才有得的道理。适当的时候要给人无私的帮助，不要总是计较眼前的得失。其实，你的每一次付出都是在为未来的收益投资，所谓小付出，大回报。这是聪明者的游戏规则。把握住这个规则，你就能在人群中游刃有余，使大家帮你做事，还会得到众人的拥戴。

如果不理解损与益之间的关系，一味敛财却一毛不拔，会引起众人的嫉恨，遭受灾祸。你可能是在人脉投资方面省下了少量钱财，却为自己在生活的各个角落埋下了“人情炸弹”，不知什么时候就会爆炸，害得你狼狈不堪，得不偿失。

不要太计较眼前得失

初九：已事遄往，无咎，酌损之。

象曰：已事遄往，尚合志也。

“遄”是急速的意思，“已”是停止的意思。停下手上的事情，着急离去，帮助需要帮助的人。停下自己手上的事情，本来就是一种“损”。自己损失，别人得益。别人正在困难中，自己损失一点儿又算什么呢？

如果大家都抱着这种心态，你帮助我，我帮助他，就这样把爱心接力下去，每个人看起来都损失了些什么，但实际上，我们会从别人身上得到更多。这个连锁反应听起来像个了不起的奇迹，事实上，只要你真的去付出了，奇迹真的能发生。

下面是一个美国女子亲身经历的故事：

佛罗里达的一位女子面临困境。她是从伊利诺伊州千里迢迢移居过来的，当时她尚能从股票投资中得到一些红利。她认为省着点用，应可以过日子才对。

但是，和许多人一样，她的计划破灭了。1929年经济大萧条，她的财产荡然无存。幸好她的房子已买了下来，至少尚有一处栖身之地。

但是，没有分文收入使她焦虑万分。

“我该怎么办？”她写信给在加州的年事已高的姑妈，“事实上，我现在已三餐不济。你相信吗？我的厨房里只剩下几片面包及一点乳酪，等我收到你的回信时，我可能连这点东西都吃光了！”

她那病残的姑妈收到信后，马上写了一封回信。姑妈也身无分文，却给了侄女一些比金钱更有价值的东西——一种活力，一种冲劲，丰足的法则和给予的观念。她教给侄女一种可以摆脱困境的方式。

姑妈写道：“当上帝丰厚地给予时，你仍担心会挨饿。你只想到索取而未想到给予。你摆脱目前困境的秘诀是给予，给予，再给予！”

当这位老奶奶的信到达佛罗里达州时，她的侄女已几乎没东西可吃了。在经济大萧条期间，这样的情形十分普遍。

邮差把信送到后，她赶紧拆开，一心巴望信封里会有绿色的钞票。但是，她没有看到任何绿色的东西。她翻到信封背面，干脆将整个信封撕开，又仔细检查了一遍，确实一分钱也没有。于是，她开始读信。

当然，她很生气，不耐烦地把信丢到一边，这时正好听到有人敲门。她气冲冲地打开门，见门口站着她的邻居——一位年事已高但十分令人敬重的老人。他看起来很难为情，觉得不该这样出现在她面前。但是他又不得不来问她，是否有什么可以吃的东西给他，他出门找了一天工作，但未找着，太太又病了，他必须帮她找一点东西吃。他悲哀地说，他都不敢相信自己会处于这样的境地。

这时，姑妈信中的话突然出现在她脑海里："你摆脱目前困境的秘诀是给予，给予，再给予！"她一时冲动，下意识地走进厨房，拿起一片面包，她仅有的两片面包的一半。她拿着面包，走了几步，然后又停下来。她思索片刻，又走回厨房，拿出另一片面包，用纸包好后交到老人手中，并且抱歉地说："我要是能再多给您一些就好了！"老人非常感激，但他始终不知道，这些食物是她仅有的一点食物。

之后发生的一切听起来似乎有点不太寻常，又似乎是巧合。她刚关上门，忽然又听到敲门声。她开了门，见是另外一位邻居来看她，手上捧着一个刚出炉的面包。第二天，更令人意外的事发生了，她竟然收到一张10元的支票，是她的一笔红利。她立刻把这笔钱拿去与别人分享。过了几天，她又收到一张50元的支票，是哥哥送给她的"迟到"的生日礼物，并附上一封信，上面写道："我刚想起你近况也可能不太好！"自然她再次与人分享了这份礼物。

帮助需要帮助的人，不要太在乎眼前的得失，就能在平凡的生活中创造奇迹。

一个贫困中的女人，在奉献思想的鼓励下，敞开心胸去爱别人、关怀别人，把仅有的两片面包给了更需要帮助的人。她的行为引发了爱的暖流在身边汩汩流淌，最终暖流流向她自己，加倍回馈了她善良的付出。

能够做到不损而益就是完美

九二：利贞，征凶，弗损益之。
象曰：九二利贞，中以为志也。

小罗在市里一条步行街上开了一家书店，开张三个月后，生意还算不错。可惜好景不长，一个姓裴的商人很快在街角也开了一家书店，一份生意两家做，自然就没有当初那么赚钱了。小罗气得直跳脚，发誓一定要让对方的生意做不下去。他很快想出了一个吸引顾客的办法：打折。第二天，小罗书店的玻璃上贴出了一张宣传单：本店图书除教材外一律八五折！书店的生意果然红火了几天，不过裴某也很快想出了对策：本店图书一律八折。小罗一狠心，又贴出了告示：本店部分图书七五折，凡购书满百元者赠送精美礼品！就这样，两家书店打起了价格战，两个老板见到对手就眼睛冒火。两个月后，小罗一算账才发现，两个月来劳心劳力却利润微薄，几乎成了赔本买卖。

可想而知，他的对手也好不到哪里去，这样争相压价，必定两败俱伤。

生意场上处处少不了竞争，在人们的印象里，竞争免不了给利益冲突的双方带来伤害，像小罗与裴某的那种竞争方式并不鲜见。做生意是为了赚钱，商户为了争夺客源争得头破血流、两败俱伤，可谓舍本逐末。可叹的是，不仅小商户会犯这种低级错误，就连一些久经沙场的大企业也会陷入恶性竞争的泥潭不能自拔。

价格大战不是企业制胜的法宝，而是七伤拳，给对方以致命打击必然会给自己带来沉重伤害。难道商业竞争不能回避价格战这个怪圈吗？损卦九二说，“利贞，征凶，弗损益之”。主动出击不如坚守正道，几乎用不着自我减损就可以受益。在实际的商业运营中，如何做到“弗损益之”？什么是所谓的“利贞”？实践证明，最巧妙的措施莫过于通过一个保证加以惩罚的承诺推行价格联盟，是以竞争的名义进行。

关于这个措施，我们可以通过国宁电器和大华电器两家家电连锁的价格联盟予以解释。

在同一条街道上，并存着国宁电器和大华电器两大电器连锁店。国宁电器已经打出了口号：我们不能积压产品。我们从不积压产品。我们的价格是最低的，绝对最低。大华电器没有如此信誓旦旦，但每次购物你都会得到这个商场的“最低保证”：假如你在别的地方看到更低的价格，商场会按差价的双倍赔偿给你。这样一来，两家连锁店不约而同地选择了与对方结成价格联盟，虽然两家并没有就此专门讨论商议过，但出于对各自利益的考虑，他们不约而同地作出了此种选择，而这也是两者的最佳选择，为什么呢？

我们可以假设：一台DVD播放机的批发价是300元，现在两家都卖600元，如果国宁偷偷作弊，减价为550元。假如大华没有那个最低价的承诺，国宁完全有可能把顾客吸引过去，但现在大华有那么一个承诺，所以，这回国宁的减价完全是个错误。因为依据这个最低价承诺，大华的实际卖价应该是500元，比大华减得还厉害。大华也一定不愿意就这么少赚100元，听到国宁减价的消息，它的措施肯定是再次降价。

但是，不论是哪种情况，国宁和大华的结果都不如原来，既然如此，又何必做那么多事呢？还是把价格统一维持在600元好了。

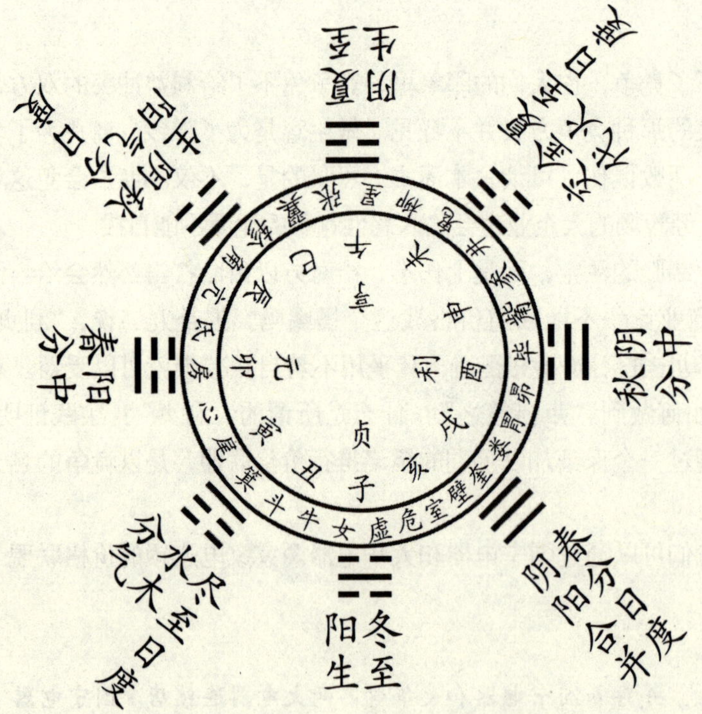

卦配方图

九二利于坚守正道，是因为处在不高不下的适中位置，本身地位又不很稳固，不利于积极行动，最好是保持不偏激也不过于保守的中庸态度。国宁和大华势均力敌，谁贸然出手都没有绝对的胜算，在这种情况下，唯有不相互攻击，结成价格联盟，形成共赢的局面，才能做到“不损而益”。

小付出“买来”大回报

上九：弗损，益之，无咎，贞吉，利有攸往，得臣无家。

象曰：弗损，益之，大得志也。

损卦上九是非常吉祥的一爻。爻辞讲，不用多少减损，就能得到很大的回报，没有任何灾患。这个结果十分吉利，吉利到只要去做，就能令天下万民归心。一般人生活、工作不需要万民归心，只要搞好与周围人的关系，工作、生活自然顺利。

怎样才能做到人缘好、好办事？简单得很，平时多烧香、广烧香，眼睛不要只盯着上司或者老板。对于目标周围的那些“边缘人物”，也要多花心思，这样做有时甚至能起到意想不到的作用，就像一条条地道，可以顺利地把你送到成功之地。

某设计院的一位工程师讲了这样一件事：

单位里二百多人，有两人是绝对不能开罪的，一个是锅炉房烧开水的老头，一个是负责打扫办公室的女工。

大家收入比较高，这两人则明显很低，所以大家不时给他们一点好处，逢年过节，各科室还要额外有点进奉。否则，如到锅炉房打开水，他就总给你半热的，连茶也泡不开；而如果不侍候好清洁女工，她要不马马虎虎地用扫帚在你那里划几下，要不就专拣你干活的时候来扫地，如果你想晚上来干点私活，第二天她就在走廊里替你广播出去。发年终奖时，各科室都从“私房钱”里支出一份孝敬二位，结果这二位的收入远远超过党委书记。

很多在官场、商场混迹多年的老练人物都深明此理。在公事公办之际，他们既不忘给主角好处，也不忘与主角的周边人物拉上关系。一旦交情建立，他就能够从中得到源源不断的好处。

戴笠当军统头子时，逢年过节都要派人出去送礼，但并非送给达官显贵。他的手下把汽车停在国府路（今南京长江路）附近，到了黄昏人静的时候，就会有人过来问：“戴局长有东西交给我吗？”然后接过红包悄然离开。

这些人都是总统府里的听差、门房、女仆或文书，他们地位卑微，绝不可能参与军国大事，但他们毕竟天天在蒋介石身边。

戴笠并不是时时刻刻可以跟随在蒋身边的人，而这些人就侍候在蒋身边。蒋的行为、情绪的变化瞒不过这些人的眼睛。

然而对戴笠而言，这些作用还不是最重要的。公文积压在官场中是常事，有的一搁就是一年半载，有的只要搁上十天半月，即使批下来了，也是另一种结局。军统上报的公文，耽搁在蒋那里，戴笠是不敢催办的。可清洁女工就有这样的便利，她清扫蒋的办公室时，只要顺手在公文堆里把军统的公文翻出，放在上面就万事大吉了。戴笠的部下再神通广大，也不敢随意进蒋的办公室，这件事非她莫属。

紧要的人际关系网的编织，常常在不显山露水之处。把眼光投向当权者周围，用点心思，想在解决问题的过程中稳操胜券，除了着眼于主管、领导一类正式组织身份的负责人外，还应该争取足以影响主管领导的非正式的“权威人物”的支持和帮助。

通过当事人或上级主管的亲友故旧来说服当事人，成功的可能性会大得多。甚至不能对身边调皮捣蛋的小孩、白发苍苍的老人掉以轻心，他们有可能是重要人物的亲人或与之关系密切，有可能是你成功的助力器。

第四十二卦 ䷩【益卦】

利人与利己

【原文】

益：利有攸往，利涉大川。

【释义】

益：有所往有利，渡大河有利。

【智慧解读】

益卦震下巽上，雷下风上。益卦“利有攸往，利涉大川”，从天道上讲是“穷则变，变则通，通则久”。物不可极，损到极点就是益的开始，益到极点就是损的开始。天道循环，永远亨通。损是向衰退的方向发展，益是向旺盛的方向发展。损与益都不是绝对的，适度的损能够换来益，而益未必就不会招致损。

益卦损下益上，对于君主来说，所损者小，所得者大。君主小小的付出，会得到臣民很大的回报。如果在位的统治者能减损自己增益百姓，百姓会非常喜悦。反过来，百姓会倾其所能报答君主的恩情，为君主带来增益。这就是君主的利益由损到益的转化。

擅弄权术的小人都喜欢对属下施以小恩小惠，使其有知遇之感，感激涕零，争先恐后地为其卖命。心怀感恩的君子会动用自己的力量为他人作贡献，回报他人对自己的关怀，得到大家的爱戴。无论出发点怎样，都不会背离有付出才有回报这个由损而益的原则。

投之以木桃，报之以琼瑶

九五：有孚惠心，勿问，元吉。有孚惠我德。

象曰：有孚惠心，勿问之矣。惠我德，大得志也。

弗莱明是一个穷苦的苏格兰农夫。一天，当他在田里劳作时，听到附近泥沼里有人发出求救的哭喊声。于是，他放下农具循声前往，发现一个小孩掉进了泥沼，弗莱明把他从死亡边缘救了回来。

次日，一辆崭新的马车停在农夫家，走出一位优雅的绅士。他自称是那个被救小孩的父亲，说："我要报答你，你救了我儿子的生命。"农夫说："我不能因此接受报酬。"

此时，农夫的儿子走进茅屋，绅士问："那是你的儿子吗？"

农夫很骄傲地回答："是。"

绅士说："我们订个协议，让我带走他，让他接受良好的教育。假如这小孩像他父亲一样，他将来一定会成为一位令你骄傲的人。"

农夫答应了。

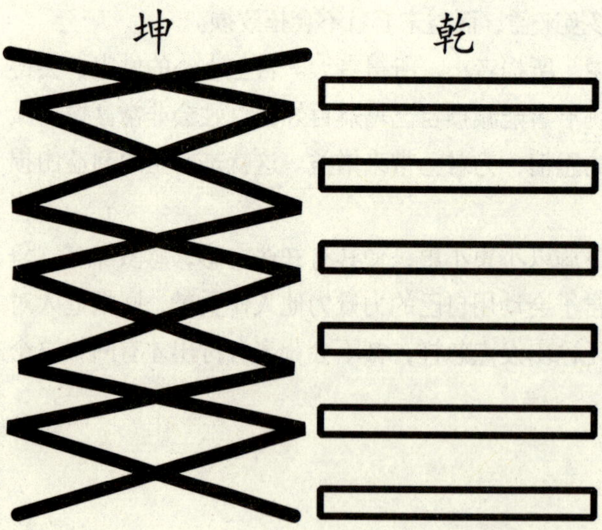

考变占图

后来，农夫的小孩从圣玛利亚医学院毕业，并成为举世闻名的弗莱明·亚历山大爵士，也就是盘尼西林的发明者。他在1944年受封骑士爵位，并且获得诺贝尔奖。

数年后，绅士的儿子染上肺炎，救活他的正是盘尼西林，绅士的儿子便是英国政治家丘吉尔爵士。

这个传奇故事中包含着几重施惠和回报，彼此环环相扣，互有因果，让人深思。施与人恩惠是一种古老的美德。进入商品社会，一切都被衡量出了价值，一切都有了售价，施与他人恩惠这种“没有收益的买卖”慢慢淡出了人们的视线。

无私地帮助别人真的是赔本买卖吗？不见得。我们来看益卦九五爻是怎么说的。

九五爻中的“惠”当施惠讲。九五居全卦尊位，在损上益下之时能施惠于民，是心怀诚信的圣明天子。天子恩惠下施，百姓心怀诚信感激不已。“有孚惠我德”，指九五下有众多的柔爻拥戴于上，柔爻为民，是受到民众的热爱。这个“有孚”是百姓对天子有诚信，“惠”是百姓怀惠，怀念天子的恩惠。

人人都有知恩图报之心，老百姓是非常淳朴的。你做了对百姓有益的事情，百姓会一直记得你、回报你。我们现在处于一个充斥金钱气味的社会，但人心中最本质的东西没有变。如果一个人对你非常亲切，热情帮助过你，难道你能当成那人的善行没有发生过吗？显然不会。

做对别人有益的事情，从我做起。善行就像一只弹力球，在有爱心的人之间弹来弹去，关爱之心不止，回报之意不息。不要让你每天做的每一件事情都包含有功利的内容，尝试无私地去帮助别人，你会收到命运意想不到的馈赠——你撒出一把把爱心，又怎会收回一支支利箭呢？

独享利益会失去利益

上九：莫益之，或击之，立心勿恒，凶。
象曰：莫益之，偏辞也。或击之，自外来也。

上九位处高极，行将下落。“莫益之”、“或击之”，都是因为上九会从外卦下来，不会有人上去增益它，反而会有人将它击落。

为什么一直颇受爱戴的上九会从高位跌落呢？因为他违背了最初的原则，得到了增益，没有回报他人，而是据为己有，招来了群众的不满。

有利益，一定要和大家分享。在职场中也是如此，如果你习惯了独享利益，必然会招来大家的不满。

我们可以看到，所有成功的企业莫不有着较为合理的利润分配制度：

美国罗伯德家庭用品公司，八年来生产迅速发展，利润以每年18%～20%的速度增长。这是因为公司建立了利润分享制度，把每年所赚的利润按规定比率分配给每一个员工。公司赚得越多，员工也就分得越多。员工明白了“水涨船高”的道理，人人奋勇，个个争先，积极生产自不待说，还随时随地挑剔产品的缺点与毛病，主动加以改进。罗伯德公司之所以能做得红红火火，与他们的财富分配制度有直接关系。员工的工资随着公司的收益变动，公司的利益会影响员工的利益，员工当然会为公司出全力。

我们经常能听到公司老板、尤其是私企老板抱怨，说员工不全力为公司工作，效率低下。凡事有因果，员工磨洋工，老板肯定有责任，说到底，还是利益问题。老板往往只注重自己的利益，不考虑员工的收益，员工为公司创造了一万元的价值，拿两千元工资，创造了五千元的价值，还是拿两千元的工资，多劳不能多得，那么，谁愿意辛辛苦苦去卖力气为老板创造利润呢？

职场中人也要时刻记着分享。当你在工作和事业上小有成就时，当然值得庆贺，但是，如果赢得这一点成绩是集体的功劳，或者离不开他人的帮助，那你千万别把功劳据为己有，否则他人会觉得你好大喜功，抢人功劳。

如果这项成绩的取得确实是你个人的努力，当然应该值得高兴，但你一定要明白，很多人都爱犯“红眼病”，妒忌心足以让你成为办公室政治的下一个牺牲品。

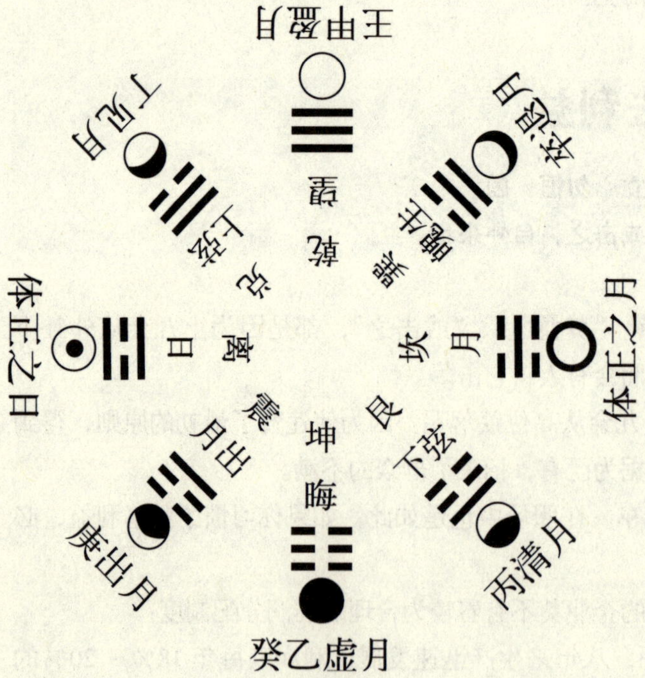

卦纳甲图

所以，当你在工作上表现突出，受到别人肯定时，千万要记住别“吃独食”，分给别人一杯羹，堵住他们的嘴。即使是口头上的感谢也算是与他人分享，而且你也可以让更多的人和你一起分享。你还可以采取其他与人分享的方式，如请大家喝杯咖啡，或请大家吃一顿。别人得到了分享，一般不会再好意思去为难你。

有些人往往一旦获得荣耀，就自我膨胀，忘乎所以。你的春风得意会给别人带来莫大的刺激，慢慢地，他们会在工作上有意无意地让你为难，让你碰钉子。因此，有了荣耀时要更加谦卑。不卑不亢不容易，但“卑”绝对胜过“亢”，就算“卑”得过分也没关系，别人看到你如此谦卑，当然不会找你麻烦，和你作对了。

第四十三卦 ䷪【夬卦】应对小人的方略

【原文】

夬：扬于王庭，孚号，有厉，告自邑，不利即戎，利有攸往。

【释义】

夬：有人以军功被举用与王庭，他献的俘虏号哭。有危险的事，从邑里来报告。出兵不利，有所往有利。

【智慧解读】

夬卦兑下乾上。从爻辞的角度说，五个阳爻在下，向上生长并且逼近极限，最上方的阴爻将要消失，五阳夬去一阴，所以称为“夬”。仿佛君子驱除小人，步步为营，绝不放松，终使小人在民众的视线中消失。

君子和小人的争斗一直就没有停歇过，因为他们本性相反，互相产生威胁。很多时候，我们都会看到阴险狡诈的小人在争斗中占上风，因为本性淳厚的君子不擅长识破小人诡诈的计谋。可是君子本性刚健，与小人缠斗起来也绝不会手软。夬卦讲述的就是君子与小人战斗的方法。

与小人斗，一方面要刚猛有力，另一方面要小心谨慎。铲除小人要稳、准、狠，绝不能拖泥带水，更不能有妇人之仁。你心慈手软放过小人，小人就像农夫的故事里讲的那条蛇，冻僵的身体舒缓过来后会狠狠咬你一口。对付小人切不可意气用事，头脑不冷静。小人擅长玩阴谋诡计，喜好暗算，你略一失神就可能被逮住空子，受到伤害。

夬卦为君子指明了铲除奸佞的前路，为小人敲响了败亡的丧钟。

处置小人，不能强行冒进

九四：臀无肤，其行次且。牵羊悔亡，闻言不信。

象曰：其行次且，位不当也。闻言不信，聪不明也。

“臀无肤”是臀上皮肤脱落，“次且”是行走迟疑难进的样子。臀部受伤很重，皮肤都脱落了，所以“其行次且”，进退都比较困难。

上兑为羊，九四是被上兑拉着走、向前走，所以说“牵羊”。因为是被动地随着前进，故无忧悔。

象辞说“其行次且，位不当也”，指出九四刚爻占据柔位，位置不适当。

想处置小人，但是自己行动不便，所处的位置又不占优势，贸然发动进攻，很可能小人毫发无损，自己却受到重创。此时不要轻举妄动，混在人群中随大溜，跟着上兑前进，保存实力，等待机会。明朝徐阶铲除严嵩时就处处小心翼翼，不敢贸然动手。

徐阶入阁当上大学士时，正是一代权相严嵩气焰最嚣张的时期。徐阶上任后，既不标新立异，也不和严嵩发生正面冲突，在政务上保持沉默跟随的态度，让严嵩感到没有威胁。而在青词的撰写上，他精益求精，迎合明世宗，偶尔也会在一些无关紧要的问题上提出独特见解，既不会让严嵩起太大的戒心，又向明世宗表明：自己和严嵩并非沆瀣一气，因为臣下结党营私同样是明世宗的大忌。

徐阶以勤勉、谨慎赢得了世宗的信任，严嵩对他也很满意。世宗所居的西内万寿宫发生大火，世宗想要重修万寿宫，询问严嵩，严嵩一时失察，没有揣摩透世宗的真实意图，感到重建宫殿缺乏木材，时间也太紧，便请世宗暂时迁到南城离宫。殊不知这恰好触中世宗的忌讳，南城离宫乃是明英宗当太上皇时居住的。世宗心内恼火，便转问徐阶，徐阶力赞世宗重修，声称用当年修三大殿剩余的木材，责成工部，可计日功成。明世宗大为满意，便让徐阶的儿子督建，仅用三个多月便完成。

经此一事，明世宗觉得徐阶比严嵩更为称职。严嵩当时已年近八十，世宗觉得他已老得不中用了。

徐阶见形势有利，就暗中支持御史邹应龙上疏弹劾严嵩父子的不法之事。虽是如此，徐阶仍旧把“倒严”之心藏得很严。他深知严嵩不好对付，只有把自己的意图深深掩藏起来，才可能进一步取得严嵩的信任，从而更有机会扳倒严嵩。所以，等到邹应龙的奏疏呈给皇上之后，徐阶又特地到严嵩府中拜谒，对他讲了许多安慰的话，令他备感贴心。

后来，世宗因严世蕃之罪将严嵩罢免回乡，徐阶仍“书问不绝”。

然而事情并未结束，世宗顾念严嵩侍奉自己20年，劳苦功高，依然对他很怀念，并有意召回。

徐阶暗暗自危，知道不能坐以待毙，便派御史林润巡视福建。严世蕃虽被流放，却根本不赴戍所，反而在江西老家大兴土木，林润便上章弹劾严世蕃不但毫无悔过之心，反而心怀怨恨，蓄养壮士，勾结山中盗贼，并且暗通倭寇，有谋反之意。世宗看罢大怒，立命林润将严世蕃捉拿进京拷问。

这时严世蕃仍有恃无恐。他聚集党羽私下谋划，认为自己行贿已经无法掩盖，但那不是皇上深恶的方面，而“聚众以通倭”的罪名大，必须设法删除。还补充填写杨继盛、沈炼之狱的事，这样既可激怒皇上，又可得到赦免。谋划好后，他又让党徒到处宣扬。主持审理案件的刑部尚书黄光昇、左都御史张永明、大理寺卿张守直听信了传言，草拟了这一内容的疏稿，准备进呈给皇帝。

他们先将此疏稿带给徐阶过目。徐阶看后对大理寺的官员说：“你们这是要严公子活啊！”大理寺的官员说：“一定要他死，怎会让他活？”

徐阶说：“这些罪都是严嵩父子巧借皇上之手做的。把这些列为罪状，死的会是你们，严公子明天就骑马出城了。”大理寺的官员惊恐不已，赶紧向徐阶请教。徐阶拿笔只列一条罪状，即严世蕃勾结倭寇，图谋造反。

果然不出他所料，上疏以后，皇上震怒，令三法司核实后奏闻。徐阶急带圣旨出宫，三法司官员齐集宫门外候旨。徐阶只简略地问了几句话，就回家草拟奏疏，极力上言罪状属实。

就这样，严世蕃终于罪有应得地被判斩首，严嵩被罢黜为民，严府被抄，人心大快。

以卵击石无异于自取灭亡，不动声色地与对手周旋，借以迷惑、麻痹敌人，然后再置其于死地，这才是明智之举。在与严嵩的较量中，徐阶一直是实力较弱的一方，所以他选择了韬光养晦，让自己的目的藏而不露，然后伺机而动，因此才取得了最后的胜利。

妇人之仁要不得

九五：苋陆夬夬，中行无咎。

象曰：中行无咎，中未光也。

妇人之仁是一种不理性、没原则、没是非的爱。妇人心肠特别软，她们容易感动，意志容易受到情绪的影响而动摇。比如当孩子犯错，流着眼泪请求原谅时，妇女都会抱着他，原谅他。妇人之仁有时可以发挥很大的感化力量，但在人性丛林里，妇人之仁有时反而会成为一个人生存时的负担，甚至是致命伤！

九五爻告诉我们，对付小人千万不能有妇人之仁，要毅然作出决断，像铲除苋陆草一样一举铲除小人。严守中正之道，才不会受到灾祸。

清光绪帝继位时年仅四岁，由两宫皇太后垂帘听政。慈禧常单独召见廷臣，有事不与慈安太后商量，慈安太后颇为不平。

1881年年初，慈禧忽然得了重病，征集中外名医治疗都没有效果。后来用产后疏导补养的药治疗，竟“奏效如神”。于是慈安太后知道慈禧失德不检，便以庆贺慈禧康复为名，在钟粹宫摆下酒席，和慈禧共饮。酒过三巡，慈安太后喝退左右，谈起咸丰晚年的事，说：“二十多年来两宫相处还算好，有一件事早想和妹妹说了，请妹妹看一件东西。”慈安说着起身从一个匣子里拿出一卷黄绫纸来。原来是咸丰帝临终写给慈安太后的手谕，大意说若此后那拉氏不安分，可出示此诏命大臣把她除掉。慈禧听后脸色大变。

慈安太后完全出于好心告知慈禧此事，想借此遗诏规劝慈禧今后处处须检点。为了不使慈禧猜忌，慈安当场在蜡烛上烧掉遗诏，说：“此纸已无用，焚之大佳。”慈禧表面感激涕零，暗中心怀鬼胎。不久，慈安太后患感冒，当晚就死了，事实上是被慈禧毒死的。

咸丰帝未必是个明君，可对身边的妻妾察知甚明。咸丰知慈安软弱，而慈禧野心勃勃，心狠手辣，非慈安所能压制，特地写一密诏给慈安。可惜了咸丰一片苦心，慈安的妇人之仁不仅把自己送上了死路，也加速了大清王朝的衰亡。

在小人的字典里，不存在“感恩”二字。你的心慈手软，只是提供给小人一个喘息的机会。你曾经有机会置小人于死地，小人对你充满恐惧和被侵犯的愤恨，不会容忍你的手有机会第二次放在其咽喉上。你的好心肠是小人的还魂丹，你自己的催命符。

对待小人，一定要“苋陆夬夬”，如挥刀铲野菜一般干净利索，不留后患。

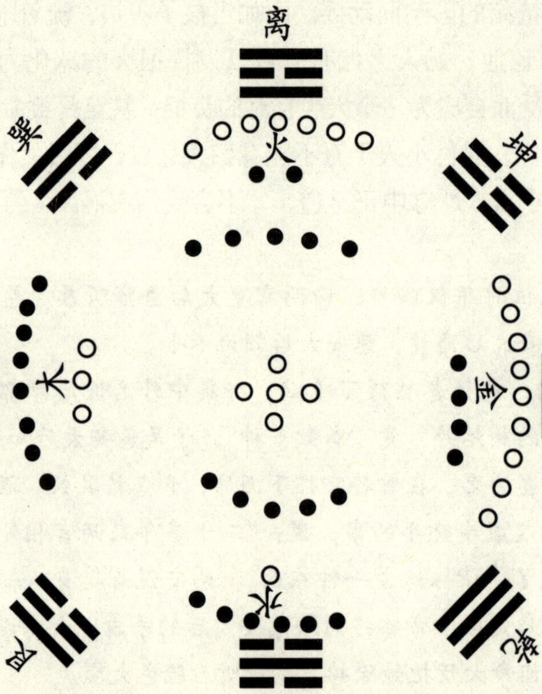

后天卦配洛书图

第四十四卦 ䷫【姤卦】

邂逅相爱时

【原文】

姤：女壮，勿用取女。

【释义】

姤：女子强壮胜过男子，不能娶这女子为妻。

【智慧解读】

姤卦巽下乾上，风下天上。卦辞说“女壮，勿用取女”，意思是女人过分壮盛，则不能娶之为妻。《易经》以阴爻代表女性，刚爻代表男性，姤卦只有初六一个柔爻，为什么还要说“女壮”？这是从发展趋势上讲的，初六要向上发展，将刚爻灭尽，最后成为全是柔爻的坤卦。姤的初六正是将来发展成坤的初六，只是娶了柔为女象。女人要向壮盛发展，要把男人灭掉。从未来的发展状况上看，不能娶这样的女人。

姤卦讲的是邂逅相爱，两人在心态上平等，彼此尊重才能开始一段美好的爱情。一方过于强势显然不利于感情发展。在男尊女卑的社会，女子没有社会地位，所以姤卦在指出影响恋爱的因素时偏重指向女性，这是落后的做法。事实上，男女双方承担的是相同的责任，只有两人共同努力，才能培育出美好的爱情花朵。

严拒爱情中的第三方

九二：包有鱼，无咎，不利宾。

象曰：包有鱼，义不及宾也。

《诗经·召南·野有死麇》中说："野有死麇，白茅包之。有女怀春，吉士诱之。"诗中写一个男子把麇鹿肉用白茅包起来，送给一个怀春的女子，引诱她爱慕自己。在古代，男女见面是要送礼包的。九二爻说"包有鱼，无咎，不利宾"，男女相爱，男子赠给女子的礼包里装着鱼。鱼送给了心爱的女子，宾客自然没法享用了，所以对宾客不利。

这个宾客是什么人？为什么想要那份表达爱的礼物？我们大胆地推测，那是一位爱慕男子的姑娘。

一个人的真心只有一份，给了一个人，就无法再给别人。两个人一旦确立了恋爱关系，对于他们的小家庭而言，所有的外来者都不过是个宾客。宾客怎能要求享用爱人的东西呢？

爱情都是自私的，在只能容下两颗心的甜蜜世界里，没有第三人的容身之地。自古以来所有爱着的人们，无不全心呵护自己美好的爱情。

下面我们来看一下光武帝的臣子宗弘的故事：

光武帝的姐姐湖阳公主新寡，光武帝和她一块儿议论朝廷大臣，看看有没有她喜欢的。公主说："宋弘的风度、容貌、品德、才干，大臣们谁都比不上……"光武帝说："我正这么想，不过得看看他意下如何。"没过多久，宋弘就被光武帝召见。光武帝叫湖阳公主坐在屏风后面，然后对宋弘说："谚语云'显贵换知交，发财易新妻'，这是人之常情吧？"宋弘说："古语说：'贫贱之交不可忘，糟糠之妻不下堂。'共患难的妻子不应该被赶出家门。"光武帝转头对屏风后面的公主说："事情不顺利啊！"

臣子宋弘有妻室，湖阳公主显然属于"第三者插足"。在皇帝的权威面前，宋弘不卑不亢，成功地护卫了相濡以沫的妻子，拒绝了高贵的公主。

维护爱情是夫妻双方的责任。你在对伴侣忠实的同时，也要相信伴侣的忠实，相信你们都在为了美好的爱情而努力。真正懂得爱的人，不会胡乱猜疑伴侣的真心。

我国著名电影演员达式常仪态潇洒，风度翩翩，尤其是在他塑造了许多栩栩如生的艺术形象后，不少女影迷给他写求爱信，还寄来了楚楚动人的照片。但是这些信，达式常都是交给妻子，他信任妻子。妻子也从来不干涉达式常的拍片活动，尽管丈夫因为工作性质同姑娘打交道的机会很多，但她从来没有怀疑过。妻子常对达式常说："片子该怎么演就怎么演，我相信你！"有了这样的互相了解和信任，猜疑的蛀虫就难以在他们的爱情生活中生存。

没有信任就没有爱情，达式常夫妇彼此尊重，非常坦诚，使他们的爱情历久弥新，坚不可摧。可以说信任、尊重是婚姻的基石，多一些关怀和体贴，少一些猜疑和指责，多一些甜言，少一些恶语，彼此理解，婚姻才会更牢固和幸福。

很多爱侣都非常惧怕第三者，其实大可不必那么紧张。第三者能插足成功，往往都是"趁虚而入"，抓住了你们婚姻的裂隙。因此，要多呵护你的婚姻，多关心你的爱侣，让你们的关系更稳固，爱情更甜蜜，不给心存不良者可乘之机。

真正的爱情是冬日暖阳

九五：以杞包瓜，含章，有陨自天。

象曰：九五含章，中正也。有陨自天，志不舍命也。

"杞"是杞柳，又名河柳，是一种长在河边的丛生灌木，柳条柔韧，能用来编织器皿。"以杞包瓜"是指用柳条筐把瓜覆盖起来。在普普通通的柳条筐下藏着美味的果实，好比是"含章"。"章"是文采，"含章"是文采含于内。

有出众的文采而隐藏起来不招摇，这里赞扬了含蓄的美德。很多美好的道德与情操都是含而不露的。比之于爱情，最美好的感情不是一次送1000支玫瑰的夸张和讶然，而是含蓄低调，时刻给人温暖。

也许很多人都听过下面这个故事：

有这样一道心理测试题："春天的鲜花，夏日的溪水，秋天的月儿，冬天的太阳。"从中选一种最喜欢的，看看自己是不是具有浪漫的气质。

一个姑娘选择了"秋天的月儿"，她的男友毫不犹豫地选择了"冬天的太阳"。姑娘眨眨眼说："你一个冬天手都烫人，干吗选这个？"

男子奇怪地看看女友，似乎觉得她应该知道原因，然后说："你不是最怕冷吗？手老冻得肿肿的。"

姑娘幸福地嫁给了这个为她选择太阳的男人。

真正爱你的人，不一定能给你昂贵的珠宝、炫目的华服，他能给你的，也许只是一碗普普通通、平平淡淡的白粥，然而这碗粥必然是温热的，让你从胃里一直暖到心里。富有的男子给你的珠宝，却未必会有这贴心的温度。这种默默的关怀，是爱情的美德之一。

还有一个故事，也被无数相爱的人传颂：

有一个女人，她的脸动过肿瘤手术后，一小段面部神经不得不被割去，造成脸部部分肌肉瘫痪，表情扭曲变形。从此永远是这副样子。

她年轻的丈夫站在病床一旁。两人在昏黄的灯光下默默对视。

"我的嘴永远都会这样吗？"她问医生。

"是的。"医生说。她听后低头不语。

"我喜欢这样子，"她的丈夫说，"亲爱的，孩子也会喜欢你的。"

丈夫毫不介意外人在场，低头去吻妻子歪扭的嘴。医生站得那么近，看见他也扭曲自己的嘴唇去配合妻子的唇形，表示两人还可以吻得很好。

医生憋着气，丝毫不敢出声，只觉得自己正在目睹一个神圣的场面。

故事中的男人用一个郑重的亲吻证明：真正的爱情是那么纯粹，甚至连人们最在乎的容颜也与之无关——与那时相比，我更爱你现在备受摧残的容颜。不离不弃，相濡以沫，是爱情的另一种美德。

如果一个你认为爱你的人，厌烦你的性格，认为你的谈吐不合时宜，说你的容貌不够漂亮……果断地请他换一个人去爱吧。他只会发现你身上的不完美，却丝毫没有让人发现他爱情的美德在哪里。我们能从别人对我们的爱中得到力量，使我们察觉到自己在对方心中不可或缺的存在，从中体会到安全自在的感受，而不是自卑与惶恐不安。

爱情的力量就在于，让我们知道自己喜欢被尊重、被爱护的感觉；相对地，我们应该给予关爱我们的人相同的回报。让这些简单而深刻的爱的美德感染自己，在享受爱的同时，回报这些温暖、宝贵的爱情吧。

第四十五卦 ䷬【萃卦】

如何寻找同道中人

【原文】

萃：亨。王假有庙，利见大人，亨，利贞。用大牲吉，利有攸往。

【释义】

萃：祭祀，王到了宗庙。见到大人有利，通顺。占问有利，用牛祭吉。有所往有利。

【智慧解读】

萃卦坤下兑上，地下泽上，顺下悦上。泽在地上，水向泽中汇集。水润泽着土地，万物群聚而生，这就是萃卦的卦象。

要想成就一番事业，必须具备凝聚力。一个人建不成罗马，众多人才聚集在一起同心协力才能完成那样的创举。你必须要像丰沛的泽地一样汇聚水流，给万物以繁荣的条件。想具备凝聚力，首先要树立起诚信的形象，没人愿意与一个虚伪的人打交道，也没人愿意为一个不实在的人奉献青春、奉献精力。诚信是你给你的追随者们吃下的定心丸，让他们踏实地追随你，忠实地为你工作。

要增强凝聚力还必须德才兼备。有德没有才太懦弱，有才没有德缺乏正气。一个成功的领导者必然是德才兼备的，用自己的人格魅力感染、吸纳人才。

亲和力也是凝聚力的一个重要组成部分。和你合作的人是你的伙伴、你的朋友。不要把自己摆在高高在上的位置，与大家离得太远。你们是一个战壕里的战友，彼此亲切相处、亲密无间，才能拧成一股绳，有劲儿一处使。

只要做到这几点，就一定能使你的团队凝聚力大增，精神面貌为之一振。

诚信是一面金字招牌

初六：有孚不终，乃乱乃萃，若号，一握为笑，勿恤，往无咎。

象曰：乃乱乃萃，其志乱也。

“有孚不终”是有诚信而不能始终如一。“萃”的意思是聚，“号”是哭号。有诚信而又不能坚持至终，于是心志散乱。凝聚力源自诚信，诚信丧失了，凝聚力自然荡然无存，身边如云的友人散去，生活变得混乱，心情也很郁闷。

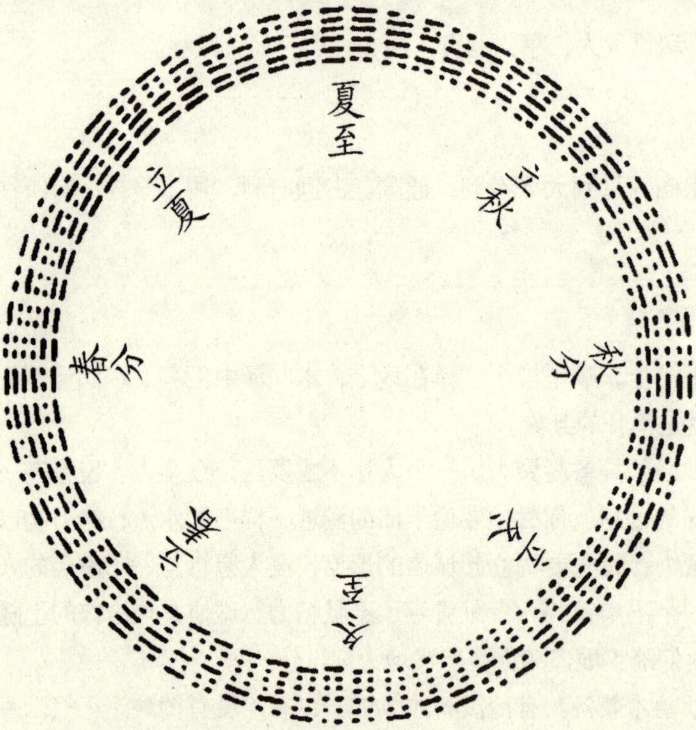

圆图左旋配节气图

生活就这样一直混乱下去，没有补救的方法吗？不，只要重新树起诚信的大旗，就能“一握为笑”，与友人握手而聚，破涕为笑。

诚信是一个人的金字招牌，是人品质的保证。我们买东西喜欢买老字号的，因为有信誉保证。交朋友也是一样，人们都喜欢结交有诚信的人，就图心里踏实。我国古代“陈策追骡”的故事，讲的就是做人要有诚信。

南宋时，一天，陈策去集市买回一头骡子。这骡子精壮，毛色发亮，走起路来四蹄翻花，陈策大喜。

第一次用这骡子，是要从西域的恒顺运一些丝绸到他的铺子。伙计将鞍放上骡背，想不到骡子突然暴怒起来，上蹿下跳，连鞍都摔在地上。几个伙计吓了一跳，把骡捉住，又试了几次。只要鞍一上骡背，它就发怒一般暴躁蹦跳。

“这是一头伤鞍的骡，老主人养成的。”陈策说。

“骡子不能负重，就是废物。”邻居说，“把它送还原来的主人，或者卖掉吧。”

可陈策不忍心这样做。他叫伙计把骡子关到城外闲置的老屋里，每天供给它一些简单的草料。他说：“就等它慢慢地老死吧。对畜生这样狠的主人，就是畜生！”他对骡子的前主人耿耿于怀。

儿子对父亲的做法很有想法，想把骡子卖掉。但这个念头他不敢跟父亲说，他有点怕父亲。后来他做的事都瞒着父亲。

他找到一个相熟的马贩子，说：“你想法把我这头骡子卖了，我多给你酬金。”马贩子说：“谁都知道你父亲的脾气，他如果知道了，会大发雷霆。”“没事，一切后果我负责！”

机会来了。一个路过南城的官人的马死了，便来到骡马市场，想再买一匹。马贩子瞄见了他，上前说：“有一头上好的骡子，负重时受了点伤，背磨破了，主人要赶生意，急着卖，你要不要看看？”

官人就随他过去，见到一头精壮骡子，毛色发亮，很满意。马贩子说：“就是背上有些伤，稍养一养就好了。”

骡子背上有一些新鲜的擦伤，是陈策的儿子和马贩子磨出来的，脱毛，破皮，见血。官人和当时的陈策一样，毫不犹豫就买下了。他说：“我的日程宽裕，暂不用它，只与我随行即可。”

陈策还是知道了这件事——可当时已经晚了，那官人已离开南城五天。陈策骑上马，沿官道追，晓行夜宿，沿路打听，两天后赶上了。那骡子见了他，不走了，挨挨蹭蹭要靠近他，犟着不走。

陈策向官人行礼，说：“这是一头伤鞍的骡子，不能负重。”

官人疑心他舍不得这头骡子，要反悔，就说：“伤鞍的骡子我也要。”

陈策解下马鞍，递给官人，说：“不信，你试试。”

官人说：“我不试。”

陈策叹道：“我以诚待你，你却疑我欺诈，既如此，我在家等你。”说完，策马回家了。

不久，官人返回南城，找到陈策说：“我来并不是为了讨回银两，而是特为谢罪。你待我以至诚，竟受我怀疑。哎，惭愧呀！”

陈策的行为给儿子上了一场生动的课：一个人对别人不诚实，可能会获得暂时的回报，但这种行为无疑是自欺欺人。他的故事也给人们树立了一个诚信的典范。在任何时候，都不能为了个人利益而放弃诚实，那些常为一已之利表现不诚实的人不会获得真正的成功。一次欺骗就能毁了你多年积累的诚信，而一个陷入信誉恐慌的人，所面临的社会压力，恐怕人人都设想得到。

识人品，交朋友

六三：萃如嗟如，无攸利，往无咎，小吝。

象曰：往无咎，上巽也。

春秋战国时期，有一个人叫俞伯牙，是晋国的大夫，老家在荆州。一日，俞伯牙受晋主之命，从水路回荆州探亲。他一路游山玩水，快活无比。到了家中，他一时兴起，不禁拨弦吟唱，体验音乐之美，欣赏自然之景。

时值八月中秋，俞伯牙除了抚琴，还焚起香。香烟袅袅，琴韵遥遥，一时间手指曼舞，轻灵美妙，撩人心扉，一丝一毫都恰如其分，深得天人合一之最高境界。一曲起承方始，还未转合，曲子的意境还未至佳，突然指下断了一根琴弦。俞伯牙是音律高人，弦断时已知环境的细微变化，知道有人在偷听，遂差人在附近寻找，结果这一找，找来了一段千古不灭的佳话。找来的这个人从外表看衣着平平，仅仅是一个身披蓑衣的樵夫，名叫钟子期。

俞伯牙也不相信，他傲慢地认为，一个樵夫能懂什么琴音？唤人欲将樵夫撵走。谁知樵夫却说：“大人欺负山野中没有听琴之人，这荒崖下野也不该有抚琴之人。”这一句话出口，已知此人非凡品，俞伯牙稍显惊讶，于是朗声问樵夫他刚才所弹之曲是哪首，其名为何。樵夫微笑着答道：“大人所抚是孔仲尼叹颜回，谱入琴声。其词为：可惜颜回命蚤亡，教人思想鬓如霜。”俞伯牙听后惊讶不已，一时颇有偶得知己之感。

他又弹了几首来考樵夫。俞伯牙先抚一曲，樵夫答道意在高山。俞伯牙仍旧抚琴，樵夫答志在流水。琴音落尾，俞伯牙才知，此人实乃上天赐给自己的知己。两人相见甚欢，遂结为兄弟，煮酒论琴，高谈阔论，好不畅快。两人约好明年中秋十五仍旧在这儿赏月。没想到第二年中秋钟子期却死了。俞伯牙伤心不已，来到钟子期的坟旁，取出解刀，割断琴弦，双手举琴，摔得粉碎，说：“摔碎瑶琴凤尾寒，子期不在对谁弹。春风满面皆朋友，欲觅知音难上难。”

俞伯牙与钟子期，一个是尊贵的国之大夫，一个是卑微的山野樵夫，他们的交往，不为名，不为利，为的只是一份相知。这是君子与君子的交流，清淡如水，却香冽入脾。萃卦六三爻讲的就是君子之间高尚的交往。

小过卦的九三爻与六五爻换位，得来了萃卦。即是说，萃卦的六三爻是小过的六五爻，从尊位上下来了，所以说无所利。但两爻交换对整个卦是有益的，这种往来没有咎害。两爻交换的结果，是喜悦而令人嗟叹的，这是朋友相交的喜悦之情。这般令人喜悦的友人，必然不是庸俗势利的小人，而是道德高尚的君子。与君子相交，不在于是否有钱有势，而要看是否有与之相匹配的道德和才华。

不要让自己高处不胜寒

上六：赍咨涕洟，无咎。

象曰：赍咨涕洟，未安上也。

“涕洟”是哭泣。上六是悲怨伤心，长吁短叹，涕泪满面。什么事伤心到这种程度呢？上六爻处在全卦的最高位，到了穷极之处，而且与下面的三个阴爻隔绝，成为孤立之势，所谓高处不胜寒。上六认为自己孤立无助，位穷无援，所以悲叹哭泣。

事实上，萃卦的全局是聚合的，不是孤立分散的。如果上六向下面的九五聚合，不会被拒而不纳。上六其实是在心态上把自己放在了过高的位置，颇有些自绝于众的意味。

冯小刚执导的电影《甲方乙方》中，徐帆饰演一位红得发紫的女演员，她觉得自己身份高贵，高处不胜寒，最大的梦想就是做一个普通人。看到她自怨自艾的样子，大家想必都觉得很好笑。其实人与人没有什么不同，谁也不比谁高贵，谁也不比谁卑微。把自己摆在孤高的位置，毫无亲和力，没有人接近你也就理所当然。

高尔基是著名的大文学家，可是他谦虚和善，人品和文品交相辉映，使他越发受到人们的尊敬。

一年冬天，莫斯科远郊的一个小镇上冰天雪地，寒气逼人。一个阴冷的下午，小镇上唯一的一家剧院门口排起了长长的队伍。镇上的居民穿着厚厚的大衣、高高的皮靴，又长又宽的围巾绕在头颈上，连同嘴巴一块儿裹住了。妇女头上扎着羊毛头巾，男人则戴着毛茸茸的皮帽，只看见一双双眼睛和一只只鼻子。他们在排队买票，城里话剧院这次到镇上演出的是高尔基的戏剧《底层》。恰巧，高尔基外出开一个文代会，回来时遇冰雪封住了铁路，火车停开，就在这个小镇临时住了下来。这天他散步经过小镇戏院门口时，发现镇上的人们正排队购买《底层》的票，他不知道镇上的居民对《底层》反应如何，趁着回不了城，不如也坐进戏院，观察观察人们对该剧的褒贬意见。心里想着，脚就移向戏院门口的队伍，高尔基也排队买了票。他刚回身走出没多远，只听身后有追上来的脚步声，回头一看，一名男子跑了过来。那人跑到高尔基跟前，打量着他，谨慎地问道："您是阿里克谢·马克西莫维奇·彼什科夫同志吧？"

"是，我就是。您——"高尔基好奇地问道。"我是戏院售票组的组长。刚才您买票时，我正在售票房里，我看着您面熟，但您戴着围巾和帽子，一下子不敢确认是您。您走路的背影使我越发感到您可能就是高尔基，所以跑过来问问。"

"噢，"高尔基和蔼地笑了。他握住售票组组长的手说，"现在，您认出我了。有什么事要我帮忙吗？""嗯，没什么。只是，这钱请您收回。"售票组组长从衣兜里掏出钱递给高尔基。"这是为什么？"高尔基疑惑地问道。"实在对不起，售票员刚才没看清是您，所以让您花自己的钱买了票，现在我来退回，请您多包涵！"

"怎么，我不能看这场戏？"高尔基越发奇怪了。

"不、不、不，不是这个意思。这出戏本来就是您写的，您看就不用花钱买票了。"组长解释道。"噢，是这样。"高尔基明白了。他想了想，问售票组组长："那布是纺织工人织的，他们要穿衣服就可以不花钱，到服装店去随便拿吗？面包是面粉厂工人把小麦加工制成面粉后做成的，工人们要吃面包就可以不花钱，到食品仓库里去随便取吗？我想您一定会说，这不行吧。那么，我写的剧本一旦上演，我就可以不论何时何地到处白看戏吗？"

"这——"售票组组长一时无话以对。"告诉您吧，同志，我们写戏的人，除领导上规定的观摩活动以外，自己看戏、看电影，一律都要像普通人一样照章办事。就像现在，我要看戏，就得买票。"说完，高尔基乐呵呵地笑了起来。

"您真是一点也没有大文豪的架子。"售票组组长也笑了起来。说着，他们愉快地道别了。

真正有内涵、有气质的人都是不为名而骄、不为利而奢、不为荣而喜，懂得自制的人，正如高尔基，时刻提醒自己克制名利的侵扰，所以人们都亲近他、喜爱他。再看我们身边有些人，不过取得了小小的成就，就认为自己与众不同，骄傲自大，身边的朋友纷纷离他而去，他却完全没有反省和自觉。

伟人和庸人的区别正在于此，智者和愚者的差距就在此间。

第四十六卦 ䷭【升卦】

晋升的智慧

【原文】

升：元亨，用见大人，勿恤，南征吉。

【释义】

升：大通顺。见大人有利，勿忧，向南征讨吉祥。

【智慧解读】

升卦巽下坤上，木下地上。树木从土地中生长出来，日日上升，由小至大，最后会长成参天大树，这就是升卦。由这个卦象我们能认识到，人在职场中的经验积累要像树木生长那样顺其自然，循序渐进，日积月累，积小成大。既不能急于求成，也不能停滞不前。不放弃每一个细节，积少成多，使自己渐渐成熟起来。

升卦有蒸蒸日上的意思，全卦主要是柔爻的升进。“用见大人”意为见到大人而得用，是指处在被大人任用的时势里。

我们来看看这个处于升卦中的人物：他工作勤勉，有丰富的工作经验；他做人柔顺，博得大家的喜爱；他被领导欣赏，被视为得用之人——这样的人不被提升，还有谁会被提升呢？

提升自己的地位，七分靠努力，三分靠运气。只是努力工作，得不到领导的赏识，是很郁闷的怀才不遇；有领导赏识，自己不努力，则怪不得别人。有实力，有机遇，二者交融，才能碰撞出积极闪亮的人生。

有机会抓住机会，没有机会等待机会

九三：升虚邑。

象曰：升虚邑，无所疑也。

楚庄王是战国时楚国国君，他即位后三年里，从不过问朝政，日夜沉浸在田猎、酒色、歌舞之中，甚至贴出布告："若有人胆敢向我提意见，立即斩首，毫不宽恕。"其时，邻国不断前来侵犯，许多大臣也贪赃枉法，玩忽职守。一些忠于国事的大臣很是忧虑，可是谁也不敢进谏。

大夫伍举看到朝政日益腐败，心中非常着急，冒死进宫求见庄王。此人个子不高，但机智风趣。他知道，如果直接向庄王进谏，必然会碰钉子，便想了个巧妙的办法。庄王好猜谜语，他就给庄王准备了一个谜语。

伍举来到宫中，只见庄王左右拥着美女，周围排列着乐队，正在调笑饮酒。庄王见伍举来了，笑着说："你是来喝酒的，还是来听音乐的？"伍举说："都不是。我有一件事不明白，特地来请教大王。"

庄王问："什么事？"

伍举说："附近山上飞来一只大鸟，已经三年不飞不叫，不知是什么原因，也不知道这是只什么鸟。"

庄王说："这不是一只平凡之鸟。它三年不飞，一飞必定冲上九重云霄；它三年不叫，一叫就会惊人。你去吧，你的意思我已经明白了。"

可是数月之后，庄王仍不改逸乐故态，荒淫无度的情况更加严重。大夫苏从认为若这样下去，后果将不可收拾。他决心不用伍举的委婉方式，进宫直截了

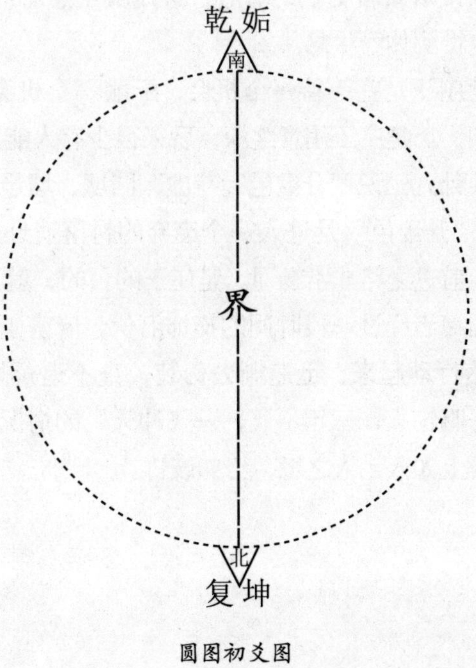

圆图初爻图

当地劝说庄王。

庄王说："你没有见到我颁布的命令吗？"

苏从说："见过。我身为国家重臣，享受着优厚的待遇，如果贪生怕死而不敢指出君王的过失，就不是忠臣。如果我的死能促使君王清醒过来，那我愿意一死。"

此语一出，楚庄王猛然起立，撤去歌舞，立即临朝听政。他从此重用伍举、苏从两人，并经过调查核实，把在这三年中趁机营私舞弊的几百名官员尽数清除，把忠于职守的几百人予以提拔。庄王亲政以后，政治清明，百姓安居乐业。就在这一年，庄王兴兵灭庸（今湖北竹山），不久又起兵攻宋，缴获战车五百辆之多。楚国迅速强大起来。

胸怀宏图大略的政治家、谋略家，绝非每日喋喋不休地阐述自己的观点和见解的人，他们深谋远虑，看准机会再讲话，并且不讲则已，讲则服众。天天都在鸣叫的不是凤凰，是下蛋的母鸡。

楚庄王于外洒脱果敢，形象英武；于内智谋深沉，心机缜密，是春秋五霸中最具霸王姿态的人物。在这三年里，他并没有因游乐而迷失本性，而是假装沉迷逸乐，以便观察官吏们的真心，选用真正忠心而又有才德的人辅佐国政。在此期间，楚国也得到休养生息。

楚庄王是在等待一个机会，酝酿一个机会。三年一过，条件成熟，静极而动，一飞冲天。楚庄王用意之深，后来很少有人能及。

升卦九三说"升虚邑"。"虚"同墟，墟邑就是村落，指氏族社会被遗弃的村落遗址。"升虚邑"是进入一个废弃的村落遗址。进入废弃的村庄，没有人会跳出来阻拦，前进之路非常畅通。楚庄王的目的，就是使自己如"升虚邑"。

韬晦者经过一段时间的掩饰潜伏，麻痹了敌人的警觉，一旦时机成熟，他们就会突然行动起来，迅速撕去伪装，毫不迟疑地向着预定目标挺进。这种"三年不鸣，一鸣惊人；三年不飞，一飞冲天"的情况，常常令敌人猝不及防，因而能在前进的路上如入无人之境，势如破竹。

坐与能力匹配的位子

上六：冥升，利于不息之贞。

象曰：冥升在上，消不富也。

美国有家大公司的总会计师，35岁，才华横溢，收入丰厚，他是在拿到会计学硕士学位后才做到现职的。但是，他受到了极大的挫折，忧心忡忡，最后不得不接受心理咨询。在心理医生那儿，他讲述了自己的经历。他在9岁和17岁时有过两次成功的经历，一次是推销杂志，发展到有好几个小伙伴帮着他一起干；另一次是和别人组织建立了一家印刷厂，他干业务，攒下来的钱足以供他上学用了。两次都是成功的推销技能帮了他的忙。后来，由于他父亲的建议，他在大学开始学会计学，然后又靠干推销和经营挣来的钱拿到了硕士学位。从学校毕业后，他就被这家大公司录用，一直升到总会计师。可是，他的工作经常被人指责，他碰到了越来越多的工作挫折，常常有人议论他。另外，他总是在一周结束时才感到高兴。结果，他的公司、同事对他的工作越来越不满，他对自己也越来越没信心。

心理医生帮助他解开了心结：他并没有能力做总会计师，因为虽然他获得了硕士学位，但他的兴趣不在此，作为一名普通会计人员他还可以胜任，总会计师一职则超出了他的能力范围。咨询过后，他终于想通了，主动向公司请求辞去总会计师一职，转到销售部。这家公司失去了一个名不副实的总会计师，却得到了一个乐此不疲、富有成效的销售管理人员。谈到这件事情的时候，他说："永远也不要干你无法胜任的事，那样做首先是害了你自己，你将变得不快乐并且忧心忡忡，因为你做的都是你无法完成或最多只能勉强完成的事，而且你也伤害了信任你、委托你办事的人，对工作更是一种损失。

常言道"没有金刚钻，别揽瓷器活儿"，在不具备某种能力的情况下，夸下海口，大包大揽，结果只会耽误事情。如果这位总会计师不衡量自己的实力，硬在自己无力应付的高位上坐下来，不但影响自己在职场的声誉，也会给公司带来莫大的损失。

这种情况与升卦上六描述的情境非常符合。上六处在升卦高极之位，又在上坤里，坤为暗夜，故为“冥升”。“冥升”意为在昏昧之中盲目升进。“息”是生长。“利于不息之贞”是说，有利于正固不动，不要再向上生长。主要是因为上六已到穷极之处，上长已没有余地。象辞说“冥升在上，消不富也”，指出上六位处上穷之地，物极必反，上长必然会消退。

做事要有长远的眼光，不要为了眼前利益而放弃长远利益，这一点在生活中有广泛的应用。不要做自己无法胜任的事，就是应用之一。这是因为，做自己无法胜任的事只能给自己带来别人一时的刮目相看和自我的心理安慰。随着时间的流逝，自己的弱点和问题会逐渐暴露出来，周围的人会对你产生很多不满甚至蔑视的情绪。若最终你完不成任务，会让领导者失望，对自己的长远发展也会造成不良的影响。

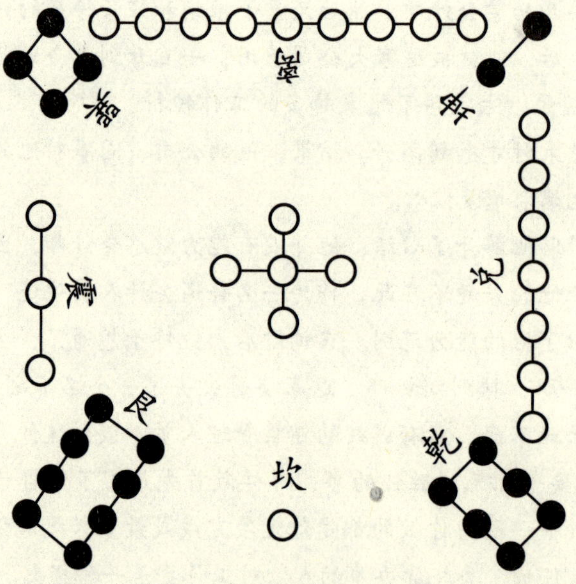

后天纳卦图

第四十七卦 ䷮【困卦】

找出命运的突破口

【原文】

困：亨，贞，大人吉，无咎，有言不信。

【释义】

困：通顺。占问大人吉，无害。有话他人不信。

【智慧解读】

困卦坎下兑上，水下泽上。水都渗到大泽的下边，大泽干涸，困干了，所以才叫困卦。而且困卦中上六爻处在两个阳爻之上，九二爻陷入两个阴爻之中，都是以阴遮阳，也形成了“困”的局势。

《周易》开篇就说，天行健，君子以自强不息。陷入困境时，君子不屈不挠，挣扎着要脱去绑缚于身的锁链。困卦饱含着与困难作斗争的顽强精神，指出困境永远不是人生的主题，只要是灾祸，就一定有破解的方式。

困卦的深层意义，在于不但鼓舞了大家战胜困难的信心，还告诉人们摆脱困境后要摆正心态。有一个可悲的故事：第二次世界大战后从纳粹集中营解救出了一批囚犯，在欢庆胜利的宴会之后全部神秘死亡。经过调查才发现，他们死于狂饮暴食。从地狱一步跨入天堂，普通人往往会得意忘形，困卦告诉我们，“困于酒食，朱绂方来，利用享祀，征凶，无咎”，即是说刚打了人生的翻身仗，沉溺于酒食会带来灾祸。心情平静地去反思、去祭祀神灵才能获得吉祥。

百折不挠的信心、沉稳的心态，这就是困卦教给我们的智慧。

困境永远不是人生的主题

初六：臀困于株木，入于幽谷，三岁不觌。

象曰：入于幽谷，幽不明也。

困卦初六经常会被解释成臀部卡在树桩里，被困于幽暗的山谷，不得挣脱。这其实是一种误读，“株木”是指刑杖，而“幽谷”指监狱。初六爻陈述了一种糟糕的境遇：臀部受刑杖的困苦，被关在幽暗的牢狱，三年不见天日。如果遭遇了这样的灾难，你是否会陷入深深的绝望？是否会因为遭受了如此痛苦的折磨而痛不欲生、一蹶不振？只有愚人才会被眼前的灾祸打倒，要知道，困境永远不是人生的主题。

生活之路不会永远阳光灿烂，在风雨中坚定前行，锻炼出坚强的体魄、百折不挠的人格，才能享受生命的甘甜。成功需要付出来实现，希望需要汗水来浇铸，人生需要勤奋来铸就。

在人类的历史中，有无数勇敢的人做出了了不起的事业。尽管他们出身卑微，但他们以顽强的意志、勤奋的精神努力奋斗，锲而不舍，最终获得了成功，林肯就是其中的一位。

幼年时，林肯住在一所极其简陋的茅草屋里，屋子没有窗户，也没有地板，用当代人的居住标准来看，他简直就是生活在荒郊野外。但是他并没有放弃希望，为了这一点点希望他流再多的汗水也不后悔。当时他的住所离学校非常远，一些生活必需品都相当缺乏，更谈不上可供阅读的报纸和书籍了。然而，就是在这种情况下，他每天还持之以恒地走二三十里路去上学。晚上，他只能靠着木柴燃烧发出的微弱火光来阅读……

众所周知，林肯只受过一年学校教育，成长于艰苦的环境中，但他努力奋斗、自强不息，最终成为美国历史上最伟大的总统之一，给所有身处困境中的人极大的鼓舞。

无独有偶，汽车大王福特也不是含着金钥匙出生的幸运儿，他经过自己的不懈努力才建立了世界上最了不起的汽车王国。没有机缘巧合这样的事存在，唯有脚踏实地、努力奋斗才能创造奇迹。

亨利·福特从一所普通的大学毕业之后，便开始四处奔波求职，但均以失败告终。福特没有丧失对生活的希望，他依旧信心十足，自强不息，永不气馁。

为了找一份好工作，为了这一点点希望，他仍然四处奔走。为了拥有一间安静、宽敞的实验室，他和妻子经常搬家。短短的几年时间里，夫妻俩到底搬过几次家连他们自己也说不清了，但他们依旧乐此不疲。因为每一次搬迁，夫妇俩都有新的收获。贫困和挫折不仅磨炼了福特夫妇坚韧的性格，也锻炼了他们的耐力和恒心，更使他们有机会熟悉社会、了解人生，为未来新的冲刺做好了思想和技术的准备。

尽管贫困和挫折带来了不少麻烦，但为了理想，福特依然勤奋努力，依然奋力拼搏。工夫不负有心人，福特自强不息的精神和奋不顾身的打拼终于得到了回报。他应聘到爱迪生照明公司主发电站负责修理蒸汽引擎，终于实现了心愿。不久，他又因工作出色被提升为主管工程师。

让自强不息的信念深深根植于心底吧，然后勇敢地面对生活中的一切困难和障碍，努力做到最好。脚踏实地地奋斗吧，时时衡量自己的实力，不断调整方向。困境不是一个迷宫，绕来绕去找不到出口。困境更像是一场马拉松，不论快慢，只要执著地走下去，就能一步一步达到目标。

走出困境后不忘感恩

九二：困于酒食，朱绂方来，利用享祀，征凶，无咎。

象曰：困于酒食，中有庆也。

人生是残酷的，人是脆弱的。人生在世，免不了要遭受苦难，有时是个人不可抗拒的天灾人祸，例如遭遇乱世或灾荒，患上危及生命的重病乃至绝症，挚爱的亲人死亡；有时是个人在社会生活中的重大挫折，例如失恋、婚姻破裂、事业失败的折磨等。有些人是生而困苦，有些人则是从幸福中跌入痛苦的深渊。然而，不管过程怎样，人们不会永远陷于困境，总有翻身的一天。

困卦九二告诉我们:“困于酒食,朱绂方来,利用享祀,征凶,无咎。”“朱绂”,古代公卿的服饰似朱红色为贵。“朱绂方来”是指刚被委以重任,千万不要得意忘形,沉溺于酒肉,这只会给自己带来灾祸。咸鱼翻身后应当祭祀上天,感谢上天使自己摆脱困境,这才是保持吉祥的聪明做法。请看下面的故事:

保文高考落榜后随表哥去沿海的一个港口城市打工。

他们在码头的一个仓库给别人缝补篷布。保文很能干,做的活儿精细,看到丢弃的线头碎布也拾起来,留作备用。

那夜暴风雨骤起,保文从床上爬起来,冲到雨中。表哥劝不住他,骂他是个傻瓜。

在露天仓垛里,保文察看了一垛又一垛,加固被掀动的篷布。待老板驾车过来,他已成了个水人儿。老板见所储物资丝毫未损,当场要给他加薪,他谢绝了,说他只是看看自己修补的篷布牢不牢。老板见他如此诚实,就想把另一个公司交给他,让他当经理。保文说,我不行,让文化水平高的人干吧。老板却相信他一定行。

就这样,保文当了经理。

公司刚开张,需要招聘几个大专以上文化程度的年轻人当业务员,就在报纸上登了广告。表哥闻讯跑来,要谋个美差,被保文拒绝了,为此,表哥骂保文没良心。公司进了几个有文凭的年轻人,业务红红火火地开展起来。过了些日子,那几个受过高等教育的年轻人知道了他的底细,心里就不平衡了:就凭我们的学历,怎能窝在他手下?保文知道了并不恼火,说:“我们既然在一块儿共事,就把事办好吧。我这个经理的帽子谁都可以戴,可有价值的并不在这顶帽子上……”

那几个大学生面面相觑,都不吭声了。

好运总是不期而至,外商听说这个公司很有发展前途,想洽谈一个合作项目。

外商来了,是位外籍华人,还带着翻译、秘书一行。

谈判完毕,外商应保文的邀请共进晚餐。

晚餐很简单,但有特色。所有的盘子都尽了,只剩下两个南瓜饼。保文很自然地打了包。

这事很自然,他的助手却紧张起来,不住地看那外商。那外商站起,抓住保文的手紧紧握着，说：“OK，明天我们就签合同！”

事成之后，老板设宴款待外商，保文和他的助手都去了。

席间，外商轻声问保文：“你受过什么教育？为什么能做得这么好？”

保文说：“我家很穷，父母不识字。可他们对我的教育是从一粒米、一根线开始的。后来，我父亲去世，母亲辛辛苦苦地供我上学。她说：‘不指望你高人一等，你能做好自个儿的事就行……’”

在一旁的老板听完眼里噙满了泪水。他端起一杯酒，说：“我提议敬她老人家一杯——你受过人生最好的教育——请把母亲接来吧！”

保文成功后并没有得意忘形，忘了初衷。他是怀着感激的心去生活的。懂得感激，便拥有了一份理智、一份平和、一份进取，才不会浮躁、不会抱怨、不会悲观，更不会放弃。

做人讲良心，才能获得真正的幸福。因为做人只有做到让别人对你事事放心，别人才愿意和你打交道，愿意在你困难的时候帮助你，甚至愿意把身家性命都托付给你。

有行动才能有出路

上六：困于葛藟、于臲卼，曰动悔。有悔，征吉。

象曰：困于葛藟，未当也。动悔有悔，吉行也。

“葛藟”是蔓生的草本植物，形似藤萝，攀附缠绕，上六是被葛藟缠绕而受困。“臲卼”的意思是高而危。上六既被纠缠，又高危不安，所以说“有悔”。但上位是极位，再向前走可以彻底走出困卦，故“征吉”。当处在一个不适合自己的位置时，感到不利，能有所悔悟，离开就是吉祥。

“水往低处流是为了积水成渊，降落是为了新的起飞，所以我喜欢一次次将自己打入谷底。”这是北京小王府饭店老板王勇在一次接受采访时说出的经典语录。他的职业生涯最早不是开始于饮食行业，而是一家大型国有企业。他觉得那里不适合自己，因而选择了离开。请看他的自述：

“我 1987 年大学毕业，学的是外贸英语专业。我被分配到一家大型国有企业。那是一份很安逸、令很多人羡慕的工作。可是没多久，我就很苦恼。一成不变的日子让我感到很压抑，我不甘心自己的热情被一点点地吞噬。

“苦恼归苦恼，但是真要作出抉择还是要下很大决心的。因为生活在体制中会给人一种安全感，虽然这种安全感是要付出代价的。

“在犹豫不决中过了3年后，我终于下决心离开，因为如果再耗下去，我可能会失去离开的决心和重新开始的信心。”

这在当时来讲，无疑是疯狂而没有理智的表现。王勇的辞职无异于自己将自己打到了最底层：一种没有单位、没有固定工资、没有任何社会保障的境地。

不久，他去了一家在北京的英国公司。上班的第一天，公司负责人将王勇喊到他的办公室，将两盒印有他名字的名片和一张飞机票交给他说：“公司派你去上海开辟市场，你明天就走。”

他一下就蒙了，没想到刚上班，公司就给了他这么一个艰巨的任务，而且公司负责人说：“你什么时候把上海市场打开了，什么时候回来。”这其实是给他下了命令，他没有退路了。人就是这样，当知道自己没有退路时，反而会激发出连自己都难以相信的能量。在上海的那两年，是很辛苦的两年。

从上海回来后，王勇又跳槽去了一家生产航空发动机的美国公司，做高级业务代表。

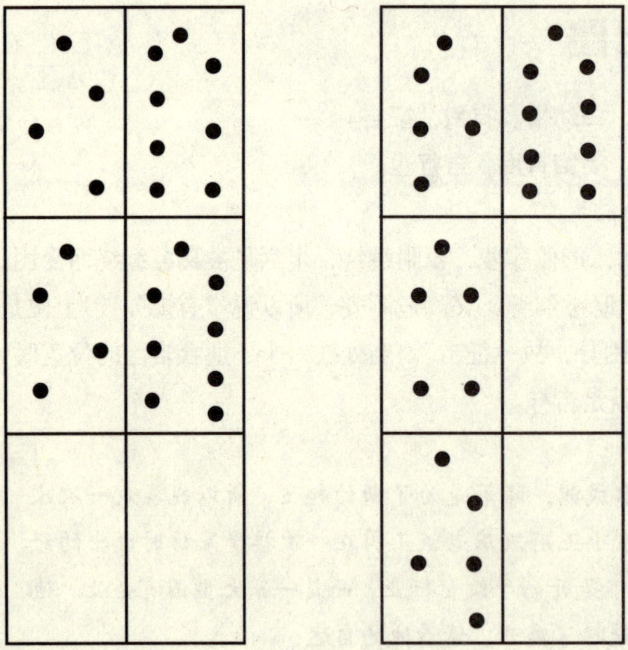

著变奇偶图

要勇于选择自己的生活，如果你觉得现在的生活不能给你带来莫大的快乐或不适合你，就应尝试选择新的出路。我们必须在纷繁琐碎中学会搜索与选择，如果不喜欢某个选择或结果，就应该立刻摒弃，重新进行新一轮的选择并获得新的结果。

安于现状不是坏事，

可是得衡量这看似安稳的现状背后隐藏着什么。你可能会想，我是在悬崖边上，身处险境，至少手里还拉着一根蔓藤——朋友，谁也不知道这根蔓藤会坚持到什么时候，糟糕的是也许下一刻就有一只老鼠来咬断它。

时刻想着“变”，时刻想着自己的出路，这个世界变化太快，不能在危险的地方停留太久。及时改变方向，尽量奔跑，给自己争取时间。走出去，才能摆脱困境。

第四十八卦 ䷯【井卦】

提升魅力的方法

【原文】

井：改邑不改井，无丧无得，往来井井。汔至，亦未繘井，羸其瓶，凶。

【释义】

井：在乡邑中推行改革，没有改变水井，没有得也没有失。来往的人井井有序。水干了，被泥塞住了，也没有淘井，把汲水瓶打破了，凶。

【智慧解读】

井卦巽下坎上，下卦巽为木，上卦坎为水，木上有水就是井卦。木指什么？就是桔槔，用杠杆原理绑成的木器，长臂一头起落于水的上下，短臂的一头加上重物，由人来操纵省力一些。用桔槔把水吊上来就是“木上有水”，故为井卦。

井可养育民众，又有取之不尽、用之不竭的优点，其高贵的品德是君子学习的榜样。

君子要提高自己的素养，就要把自己当成一眼深井。要想让井总是充满干净的水，不被淤泥堵塞，就要不时清理。君子要及时清除头脑中的陈旧思想，为新的知识腾出空间，好接受新思想、新事物，学习新东西。

君子还要时时自省，使自己的品质保持纯净，永远如井水般澄澈。

君子学习井的品质，最重要的是学习井的分享精神。我们所熟悉的隐忍、持重、中正等君子的美德，是君子的基本素养。懂得分享，懂得奉献，为天下人谋福利，才是君子的大道。

高贵的品质灿若珍宝

九五：井冽寒泉，食。

象曰：寒泉之食，中正也。

“冽”指水清凉甘爽。九五在上卦坎中，坎为水，九五又是泰变井的主爻，代表井。九五爻的位置非常刚正，所以是一口好井，“井冽寒泉”，可以食用。真正的君子，品性甘醇如上好的泉水，透彻聪慧，又温文静默，于无声中滋润着众人干涸的心田，引起大家由衷的爱戴和倾慕。

宋朝著名贤相王旦是位性格宽厚的谦谦君子，从来没有人见他发怒过。家人想试试他的肚量到底有多大，故意在肉汤里倒墨汁。王旦看到了什么都没说，只是不吃而已。家人问：“您平时很喜欢吃肉汤啊，今天怎么不吃了？”王旦说：“我偶尔不想吃肉。”又一次，一家人把墨汁拌到饭里，王旦看了看说：“我今天不想吃饭了，给我熬点儿粥吧。”

寇准为枢密使时，王旦为宰相，中书省有事需要与枢密院沟通，所拟的文书违犯了诏令格式，寇准立即把这事报告了皇帝。真宗大为恼火，对王旦说：“中书行事如此，施之四方，奚所取则！”王旦赶紧拜谢说：“此实臣等过也！”中书省的其他官吏也因此受到处罚。

不过一个月，枢密院有事需要传达给中书省，其文书也不符合诏令规格，中书省的官员发现后，以为有了报复的机会，就非常得意地将文书呈送给王旦，王旦看后却下令退还给枢密院。枢密院的官员把这件事告诉寇准后，寇准非常惭

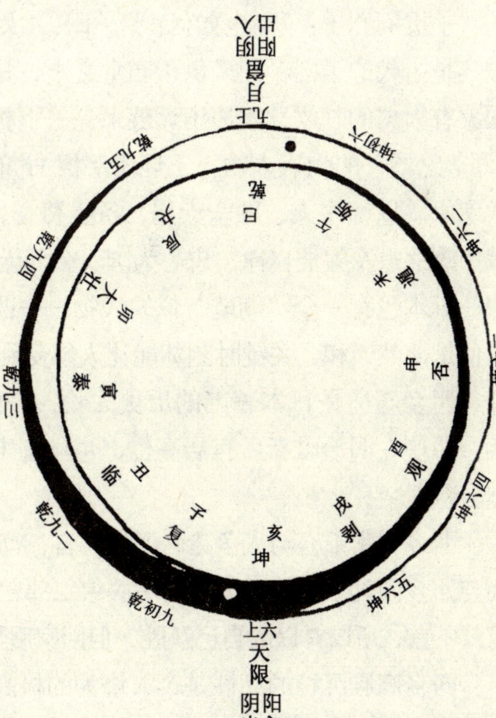

阴阳二气如环图

愧。后来，寇准对王旦说："同年，甚得许大度量？"

每当王旦拜见皇帝时，都要称赞寇准的才华，而寇准却经常在皇帝面前议论王旦的短处。一次，真宗对王旦说："卿虽谈其美，彼专道卿恶。"王旦答道："臣在相位久，缺失必多，准对陛下无所隐，益见其忠直，此臣所以重准也！"由此，真宗更认为王旦贤明宽厚。

寇准得知将被罢去枢密使职务后，便托人到王旦家私下请求出任使相，王旦听后非常吃惊地说："将相之任岂可求邪。吾不受私请。"寇准大失所望。不久后真宗问王旦："准当何官？"王旦说："寇准未三十岁，已登枢府，太宗甚器之。准有才望，与之使相，令当方面，其风采足以为朝廷之光。"遂任命寇准为武胜军节度使，同中书门下平章事。

寇准接到诏令后前去拜见皇帝，哭诉道："苟非陛下主张，臣安得有此命！"真宗告诉他是王旦推荐的，寇准既羞愧又感叹，逢人便说："王同年器识，非准可测也。"

子贡问孔子："赐也如何？"子曰："女器也。"曰："何器也？"曰："瑚琏也。"瑚琏是古代的玉器，用来供于庙堂之上，是"高"、"贵"、"清"的象征。古代要在国家有大典的时候，才请出瑚琏来亮一下相。平常锁在柜子里保护起来。王旦就是"瑚琏之器"的代表人物。王旦任宰相11年，为政清廉，处事谨慎，善断大事，为人宽厚，以德服人，顾全大局，备受赞誉，其德操修养与人格魅力仍令今人叹服；其为政之道及廉洁自律、忠心为国、公而无私的品质仍值得我们学习和借鉴。

日本也有一个"瑚琏"似的人物——西乡隆盛，其为人处世所表现出的人生哲学便是淡然谦和，关键时刻却能让人感受到他的高深莫测。

西乡隆盛是日本著名的历史人物，一向不修边幅，对朴素无华的生活甘之若饴，即使在明治维新后官居高位，也丝毫未变。他居简房，着布衣，任何场合都泰然自若。

西乡平素不喜与人争论，沉默寡言，彻底信守"不言不教"。因主张征韩论失败而与西乡同时下台的土藩人士后藤象二郎曾经指出："和西乡议论时，由于对方始终默默不言，所以常以为自己获胜，但回家后再仔细一想，才发现原来自己才是输家。"

西乡高雅沉稳的品性是个人修为的极高境界。明治维新的一位杰出人物曾经根据与西乡第一次见面的印象，评价西乡说："西乡深藏不露，高不可测。轻轻敲他，则轻轻地响；用力敲他，则响声也大。"

宋朝的柴陵郁禅师的开悟偈子写道："我有明珠一颗，久被尘劳关锁。今朝尘尽光生，照破山河万朵。"王旦、西乡隆盛等人平日里正如收敛光彩的明珠，需要展现力量时便"照破山河万朵"，明亮天下人的眼睛。

他们躲开人性的误区，褪尽浮华，宠辱不惊，厚德载物，面对尘世纷扰，静心以待。他们为人低调而品格高贵，世间最华贵的珍宝都无法与其高雅的品性相媲美。做人若能达到这种境界，自能让周围人信服。

做一口无私的水井

上六：井收勿幕，有孚无吉。

象曰：元吉在上，大成也。

什么是有素养的人？良好的教育、优越的财富、优雅的举止就意味着有素养吗？显然不是。不是说喝着几百元一杯的蓝山咖啡就是有素养，不是说知道如何用叉子享用法国蜗牛就是有素养，不是说穿戴着LV的套装装饰、爱玛仕围巾就是有素养——曾经在网络上炫富的"雅阁女"、"兰董姐姐"并没有因为拥有傲人的财富而被人赞美；相反，无数人搜肠刮肚想出各种贬损的词汇打击她们自以为是的丑态。

一个人会被大家赞美、爱戴，往往是因为其美好的品质、懂得分享的心灵。人们思慕美好的品德，打开心扉，与大家共享美好的生活，自己也会得到意想不到的回报。

米卡尔是美国北加州有名的富翁，他有美丽的洋房和大片的花园。但米卡尔也有一个令自己头痛的难题：这么多的财富肯定会令很多人打自己的主意。怎么办呢？于是米卡尔让仆人在房子四周筑起高高的围墙。

春天一到，花园里鲜花怒放，浓香飘过围墙，令全镇的人都很神往。几个好奇的孩子想：院子里肯定种着奇花异草。听说有一种长着大眼睛的花还会给孩子唱歌呢。于是孩子打定主意，决心探个究竟。

朦胧的夜晚，孩子们搭起人梯跳到院子里，他们在花丛中寻找着，踏坏了许多鲜花和嫩草。后来，他们被仆人发现，赶出了院子。

米卡尔大为光火，把这事讲给朋友听。

朋友笑着说："为何不把围墙拆了呢？"

米卡尔说："那我会丢失好多财产！"

朋友笑了，说："连一群孩子都拦不住，何况身手不凡的大盗呢？"

米卡尔终于听从了朋友的劝告，彻底拆掉了围墙。孩子们首先冲入花园，仔细寻找心中的神花，结果，根本没有什么奇花异草。富翁的朋友把孩子们请到客厅，并让他们美餐了一顿，然后对孩子们说："在花园中种下你们心中的神花吧！"孩子们高兴地跳起来，然后跑到花园里去了。

因为拆掉了围墙，全镇的人都可以欣赏到花园的美丽。米卡尔因此得到了全镇人的爱戴和尊敬。

一天，真有一伙大盗闯入米卡尔的家，准备将他家洗劫一空，刚闯入花园就被守护神花的孩子们发现。小卢比跑到洋房报告情况，小比尔跑去镇上通知大人。结果，大盗们被及时赶到的米卡尔和镇上的人们捆绑起来。

庆功宴上，米卡尔对所有人说："我要感谢你们，你们使我懂得了一个伟大的道理——这个世界上只有敞开的花园最安全、最美丽。"米卡尔的话博得了所有人最热烈的掌声。

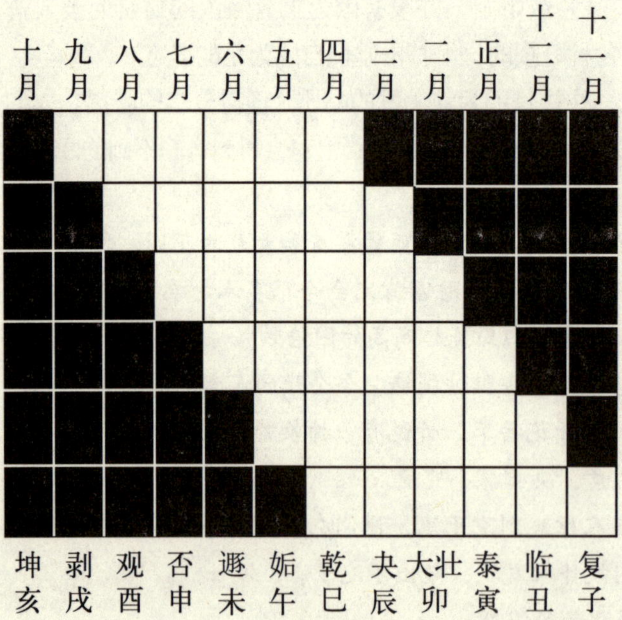

十二避卦图

井卦上六说，水井修整完工了，不要覆盖住井口。众人共同分享甘甜的井水，心中充满感激，自然就吉祥了。米卡尔拆掉花园的围墙，对别人施以善意，这种心态展现了他的人格魅力，让他在人群中的地位大大提高，人们都认为这是一位好心和善的先生，尊敬他，也乐于帮助他。

拆掉心灵的围墙，让心中充满美好的感情，能接触更多，得到更多。别人口渴的时候，你慷慨地与他分享清凉的井水。当你面临缺水的威胁时，也会得到真诚的回馈。

第四十九卦【革卦】改变自我的秘诀

【原文】

革：已日乃孚，元亨利贞，悔亡。

【释义】

革：人们怀疑改变，到祭祀日才相信，大通顺。占问有利，悔恨消失。

【智慧解读】

革卦离下兑上，火下泽上，大泽之中有火，不得安宁。比如湖泽之中火山喷发出来，火大，泽水就会干涸；水大，火就会熄灭。二物相克，不能调和，只有变革。这种变革大可至社会，小可投映自身。

我们的身体是一个小宇宙，它遵循着天地运动的规律，保持新陈代谢，让我们的生命不停止。同时，它是一个小社会，内部也有善与恶、好与坏的对立，需要我们自己把握度，当你感觉自己的行为或道德偏离正轨时，就要大胆地对自己实施变革，批判不好的东西，把自己引回正路。

改变自我，要有坚定的决心，恶习不是一天积成的，不是轻描淡写就能改过的。改变自我还要有彻底精神，不能敷衍了事，要让自己有一个全新的改变。人人都会犯错，犯错不可怕，知错就改，及时修正人生的轨道，一样能实现梦想。

改变源于坚定的决心

初九：巩用黄牛之革。

象曰：巩用黄牛，不可以有为也。

“巩”是牢固结实。“黄牛之革”是黄牛皮，这里指把黄牛皮拉成批条做成的绳子。在古代，牛皮绳子是最结实的绳子。初九爻的意思是要用最结实的绳子捆绑牢固，一点儿也不让松动。

要想改变自已，最重要的就是要有强而有力的自制力。只有坚定了改变自己的决心，才有可能跳出旧习惯的泥潭。华人首富李嘉诚说：“自制是修身立志成大事者必须具备的能力和条件，希望每个人都能做到自制！”

从本质上讲，自制就是你被迫行动前，有勇气自动去做你必须做的事情。自律往往和你不愿做或懒于去做却不得不做的事情相联系。比如，刷牙洗脸是每天必须要做的事情，但是有一天你回到家筋疲力尽，如果你倒头就睡，就是在放纵自己；如果你克服身体上的疲惫，坚持进行洗漱，这是你自制的表现。人们往往会遇到一些让自己讨厌或使行动受阻挠的事情，在这种情况下，就应该克服对情绪的干扰，接受考验。

自制的方式一般来说有两种：一是去做应该做而不愿或不想做的事情；二是不做不能做、不应做而自己想做的事情。比如，你每天早晨坚持锻炼身体，某一天天气特别寒冷，你不想冒着寒冷继续坚持，但是你最终走出家门，继续锻炼，这就属于前者。后者的表现也较多，你喜欢抽烟，但到了无烟室，你必须强忍住内心的欲望不抽烟。

一般情况下，自制和意志是紧密相连的，意志薄弱者，自制能力较差；意志顽强者，自制能力较强。加强自制也就是磨炼意志的过程。

自制对于个人的事业来讲，发挥着重要的作用，加强自制有助于磨砺心志，有助于良好品性的形成，能使人走向成功。

自制是在行动中形成的，也只能在行动中体现，除此之外再无途径。梦想自己变成一个自制的人就会变成一个自制的人吗？靠读几本关于自制的书就能成为一个自制的人吗？只是不停地自我检讨就能成为一个自制的人吗？答案都是否定的。

自制的养成是一个长期的过程，不是一朝一夕的事情。因此，要自制首先就得勇敢面对来自各方面的一次次对自我的挑战，不要轻易地放纵自己，哪怕它只是一件微不足道的事情。

自制，同时也需要主动，它不是受迫于环境或他人而采取的行为，而是在被迫之前就采取的行为。前提条件是自觉自愿地去做。

在日常生活中，时时提醒自己要自制，同时你也可以有意识地培养自制精神。比如，针对你性格上的某一缺点或不良习惯，限定一个时间期限，集中纠正，效果比较好。

千万不要纵容自己，给自己找借口。对自己严格一点儿，时间长了，自律便成为一种习惯、一种生活方式。

不仅如此，自制仍是人们获得成功必备的素质之一。

古语说得好："历阅前贤家与国，成由勤俭败由奢。"人也是这样，要取得成功，务必要戒奢克俭。

自制不仅仅是在物质上克制欲望，对于一个想要取得成功的人来说，精神上的自制也很重要。衣食住行毕竟是身外之物，不少人都能克制，但精神上、意志力上的自制却非人人都能做到。

如果你今天计划做某件事，但早上起床后，因昨晚休息得太晚而困倦，你是否还能坚持着离开那温暖舒适的床呢？

如果你要远行，但身体乏力，你是否会停止旅行计划？

如果你正在做的一件事遇到了极大的、难以克服的困难，你是继续做呢，还是停下来等等看？

诸如此类的问题，一定要处理得干脆利落，不要因为不能控制自己而影响一生的事业。如果你不想一生都沉浸在无法改变现状的悔恨中，一定要坚定信心，学会自制！

用双手把握自己的命运

九五：大人虎变，未占有孚。

象曰：大人虎变，其文炳也。

九五爻是革卦中最好的一爻。"虎变"是像虎一样变出斑斓的花纹。突然变出像老虎一样斑驳灿烂的美丽皮毛是美好的，是令人震惊的，指一个人由卑贱向显贵有大跨度的飞跃。是什么人有这么大的力量，让一个人有如此大的改变，焕然一新?

这个了不起的魔法师就是——自己。

维多利亚时代有句著名的诗句：“我是命运的主人，我主宰我的心灵。”做人应该做自己的主人，应该主宰自己的命运。有的人经不起生活中各种挫折与困难的考验，把自己交给了上帝；有的人经历一次失败后便迷失了自己，向命运低头，从此一蹶不振。更有甚者，相信了算命先生的占卜，被命运的枷锁捆住一生。

这些做法是多么愚蠢。一个不想改变命运的人是可悲的，一个不能靠自己的能力改变命运的人是不幸的。一个人幸福与否，完全可以由自己决定，只要努力做命运的主人，就能摆脱命运的摆布。

明朝有位名叫袁了凡的人，在家训中讲了自己亲身经历的往事。那些悲观的宿命论者请来看一看这个故事：

年轻的时候，袁了凡曾经遇到一个算命很准的人，算他未来的事情一一应验。于是袁了凡就有了一种“顺天应命”的人生态度，认为一切都是注定的，不需要刻意追求。

有一年，他去拜访一位名叫云谷的禅师。云谷禅师对他说，命运是可以改变的。修养内心，增进品德，就可以改变命运，并引经典作为证明。

袁了凡告诉禅师，算命的说，他考不上进士，而且没有儿子。

云谷禅师问：“你自己想想，你能考上进士吗？应该有儿子吗？”

袁了凡想了很久，说“不应该”，并承认自己性格上有很多缺点，性格急躁，心胸不开阔，不能容人。有时还仗着聪明来压别人，任性，说话不注意，以及太喜欢干净、脾气不好、冷漠、说话多、喜欢喝酒、喜欢彻夜常玩、不保养身体等。他认为这都说明自己德行不够，所以不应该有福气。

云谷禅师先肯定了他的说法，随后说：“你今天既然已经知道自己的错误，就可以改正……务必要积德，务必要宽容，务必要有爱心，务必要爱惜身体。从前的种种，就像昨天的你已经死了。以后的一切，就像你是今天刚出生的（和过去一刀两断），这就是你精神生命的再生……”

袁了凡诚恳地接受了云谷禅师的教导，在佛前忏悔，并发誓要做三千件善事，以报答天地祖宗。云谷禅师给他一个“功过格”，让他每天记录自己做过的事情。做了善事就记录上去，加一个数，做了坏事就减一个数。他说：“提高自己的修养，促使命运的转变。什么叫'修养'？就是有什么缺点，都要想办法消除。能做到这一点，就达到了'先天的境界'，这是真实的学问啊。"

从那天起，袁了凡每天都提醒着自己，感觉生活和过去不同了。过去是放任自己，现在则时时警觉。就是自己一个人的时候，也不敢做不好的事情，害怕得罪天地。遇到别人恨他、诋毁他的时候，也能有度量宽容了。他做了一本空表格，起名叫"治心编"。每天做的事情，大大小小都有记录，看自己做的善事有多少。后来，他的性格大为改善，而命运也越来越好。

发现错误，积极改正，袁了凡成功地改造了自己的命运。若他没有经过云谷禅师的点化，就此相信算命者的话不作改变，他的人生可能就不会有任何改观。

一个人要想拥有美好的人生，必须有改变自己的勇气。发现导致不幸的因素，清除它，自己的能力会不断提高，生命会不断升华，幸福也会不请自来。

即便曾经行止有缺，也有机会从头再来

上六：君子豹变，小人革面，征凶，居贞吉。

象曰：君子豹变，其文蔚也。小人革面，顺以从君也。

人生的路途崎岖坎坷，没有人能一帆风顺，不经受挫折。有些挫折可能对一个人的一生影响非常大，甚至使人堕落。这时千万不要心如死灰，认为那就是命运。再大的挫折也只是一段经历，而非归宿。其实，地狱和天堂只有一步之遥，也许转个身，就会发现天堂之门已经敞开了很久，只是，你一直被眼前的深渊蒙蔽了双眼，不知道生命另一个方向的幸福。

革卦九五爻说"君子豹变，小人革面"。"豹变"是变出豹子一般的美丽皮毛。"君"是君王，指九五。意思是君子变化出如豹子炫美的皮毛，小人受君子的影响也发生变化，洗心革面。不管曾经犯过什么错误，只要下定决心改变自己，一样能拥有一个美好的人生。

一个名叫R.热佛尔的黑人青年，在很差的环境——底特律的贫民区里长大。他的童年缺乏爱抚和指导，跟别的坏孩子学会了逃学、破坏财物和吸毒。他刚满12岁就因为抢劫一家商店被捕；15岁时因为企图撬开办公室里的保险

箱再次被捕；后来，又因参与对邻近的一家酒吧的武装打劫，作为成年犯被第三次送入监狱。

一天，监狱里一个年老的无期徒刑犯看到他在打垒球，便对他说："你是有能力的，你有机会做些自己的事，不要自暴自弃！"

热佛尔反复思索老囚犯的这席话，作出了决定。虽然他还在监狱里，但他突然意识到他具有一个囚犯能拥有的最大自由：他能够选择出狱之后干什么；他能够选择不再成为恶棍；他能够选择重新做人，当一个垒球手。

五年后，热佛尔成了全国明星赛中底特律老虎队的队员。底特律垒球队当时的领队B.马丁在友谊比赛时访问过监狱，由于他的努力，R.热佛尔假释出狱。

不到一年，R.热佛尔就成了垒球队的主力队员。

战胜自己，改变命运。我们没有别的可以依靠，只能靠自身努力。只要肯努力，即使你人生的篇章出现了错误，一样可以另起一行，重新开始。

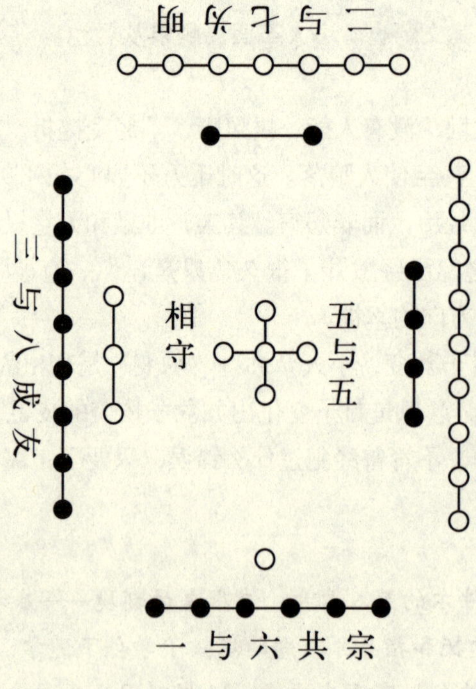

扬子玄图

隋朝人李密少年时候被派在隋炀帝的宫廷里当侍卫。他生性灵活，在值班的时候左顾右盼，被隋炀帝发现了，认为这孩子不大老实，就免了他的差使。

李密回家之后，有些懊丧。他左思右想，发誓一定要出人头地。于是，李密开始发愤读书，决定做个有学问的人。有一回，李密骑了一头牛，出门看朋友。在路上，他把《汉书》挂在牛角上，抓紧时间读书。此事被后世传为佳话。经过多年努力，李密终于成为一位有学之士，成为一名起义领袖。

重新开始人生的道路并不容易，但是一个人如果能够拥有无限的热忱，把自己完全沉浸于创造新生活的行动之中，那还有什么能难倒他呢？改变，源于自己。能拯救自己的，就是对崭新人生的无限向往与追求。

第五十卦 【鼎卦】

如何改造你的团队

【原文】

鼎：元吉，亨。

【释义】

鼎：大吉，通顺。

【智慧解读】

鼎是古代烹煮食物的器具。鼎卦巽下离上，木下火上。鼎的卦象是用木入火，烹煮食物。人们用烹煮食物来祭祀上天，或是供养圣贤。鼎在文化中有重要的地位和意义。

鼎卦以鼎为媒介，讲述了如何更新换代，除旧布新。从用鼎来烹制食物的顺序上讲，做美味的食物之前，首先要将鼎清洗干净，把鼎曾经盛过的食物清理出来。那些残败的食物必然会影响到新食物的美味。这就好比改革前要大力清除陈腐烂套，否则新规则就没法实施。

改革还必须慎重，否则会弄巧成拙，弄得无法收拾。

从改革的手段上讲，要刚柔相济，不能过于软弱，丧失了改革的锐气，也不能过于强硬，激化矛盾冲突。

老子云，治大国，若烹小鲜。鼎卦就是用烹饪来比喻，告诉我们古人改革的手法，对我们今天的工作、生活，尤其是对团队的改造，具有重要的参考意义。

做好改造的前期工作

初六：鼎颠趾，利出否，得妾以其子，无咎。

象曰：鼎颠趾，未悖也。利出否，以从贵也。

“鼎颠趾，利出否”是指把鼎翻过来，倒出鼎中残存的污秽之物，清洗一下。要改革，要除旧布新，首先要做的事情就是清除旧的、不合理的规章制度，或是清除阻挠改革的旧势力。清除了这些“残留物”，才能用这只鼎煮出新鲜美味的食物。

接手新工作，接触新团队，第一件要做的事不是推行新制度，而是革除旧弊。

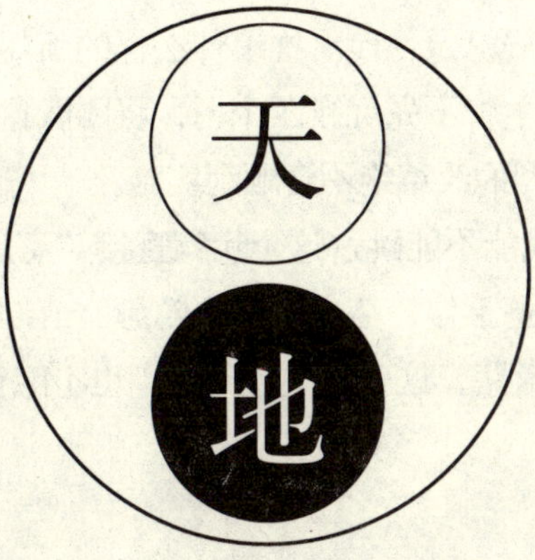

地承天气图

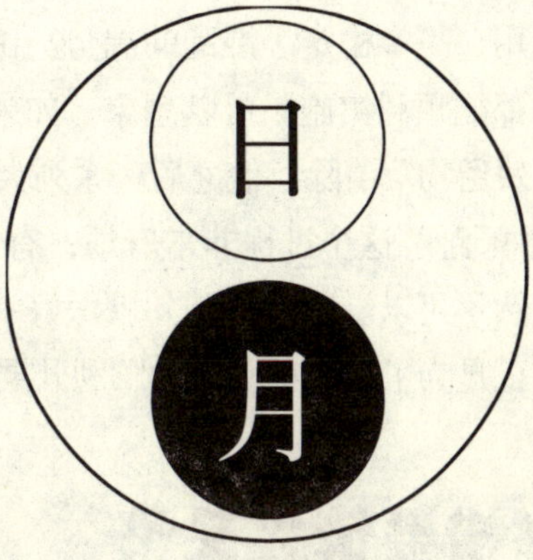

月受日光图

某单位调来了一位新主管，据说是个能人，专门被派来整顿业务。可是，日子一天天过去，新主管却毫无作为，每天彬彬有礼地进办公室后便躲在里面难得出门。那些原本紧张得要死的“坏分子”现在更猖獗了：他哪里是个能人，根本就是个老好人，比以前的主管更容易唬。

四个月过去了，新主管突然发威了，“坏分子”一律开除，能者则获得提升。下手之快，断事之准，与四个月中表现保守的他简直判若两人。年终聚餐时，新主管在酒后致辞：“相信大家对我新上任后的表现和后来的大刀阔斧一定感到不解。现在听我说个故事，各位就明白了。

“我有位朋友，买了栋带着大院子的房子，他一搬进去，就对院子全面整顿，杂草、杂树一律清除，改种自己新买的花卉。某日，原先的房主回访，进门大吃一惊，问，那株名贵的牡丹哪里去了？我这位朋友才发现，他居然把牡丹当草给割了。后来，他又买了一栋房子，虽然院子更加杂乱，他却按兵不动，果然，冬天以为是杂树的植物，春天里开了繁花；春天以为是野草的，夏天却花团锦簇；半年都没有动静的小树，秋天居然红了叶。直到暮秋，他才认清哪些是无用的植物而大力铲除，使所有珍贵的草木得以保存。"

说到这儿，主管举起杯来："让我敬在座的每一位！如果这个办公室是个花园，你们就是其间的珍木，珍木不可能一年到头开花结果，只有经过长期的观察才认得出啊。"

因为草率下结论，兴风作浪者轻视了新主管，放松警惕，结果苦果终自尝。而不草率下结论的主管，收敛锋芒，潜心观察，分辨鱼龙，使混事者被淘汰，有能力者被重用，一举稳定了混乱的局势。由此大局已定，他再推出什么样的新规章、新制度，都能顺利实施。可以想象，如果这位主管不先沉寂四个月，将团队这只大鼎中的"残留物"清除，他之后一系列大刀阔斧的改革绝不会顺利实施。

"鼎颠趾"这个过程非常麻烦，有人想我能不能跳过这个步骤直接"烹煮食物"呢？显然不可以。不在一开始就做好一切准备工作，势必会留下隐患。前期工作的复杂，正是为了给后期工作的顺利开展铺平道路，这一步不可省略，也不能省略。

举措要慎之又慎

九四：鼎折足，覆公餗，其形渥，凶。

象曰：覆公饻，信如何也?

鼎的一足折断，鼎倾覆于地，这在古代是非常不吉利的。想要改革，但是举措不慎，反而会弄巧成拙，威胁自身安危。明代群臣诛杀大太监刘瑾未遂，就是此类失败中的一宗。

明代永乐皇帝以后，宦官就登上了政治舞台。在明武宗时，有个太监叫刘瑾，是历史上有名的权倾朝野的大太监。

史料记载，正德元年，刘瑾刚得势，便向天下三司官员索贿，一个人一千两银子，多的要到五千两，不给的要贬斥，给得多了则升迁，这无异于按职位论价，掌握了官职的专卖权。所谓“天下三司”，指的是当时全国十三个省的都指挥使司、布政使司和按察使司，分管各省的兵马、钱粮和刑名，号称封疆大吏。这批人的总数，以每个职位至少两人计算，大约有七八十人，搜刮一次便有十万雪花银的进项。正德三年（公元1508年），天下诸司赴京朝觐，刘瑾下令每个布政司送银两万两。交了钱才放人回去。这等于是将职位第二次出售。这次专卖权的垄断，使得官员不得不向京师巨富借钱买官。

刘瑾权势最大的时候，不仅控制了东厂和西厂两个特务组织，并且有许多发明创造，用150斤重的枷套在脖子上，就是其中之一。戴了这种枷，“不数日辄死”。给事中安奎、御史张永出京查盘钱粮，返京后刘瑾索贿，嫌那二人给得少，就说他们参劾官员失当，大发雷霆，用150斤重的枷将他们枷于公生门。当时正值夏季，大雨昼夜不停，这两人就在雨中淋着。

面对刘瑾的嚣张气焰，朝臣们纷纷采取自卫策略，这无疑是一场宦官和朝臣的博弈。

正德元年，文官以刘瑾等太监引诱皇帝“游宴”为导火线，纷纷上疏论谏，大学士刘健、谢迁、李东阳带头，给事中和御史呼应，形成了外廷文官对内廷宦官的攻击之势。年幼的皇帝烦透了文官讲的大道理，却被五官监侯杨源拿星相变化说事的一篇上疏说害怕了。见小皇帝有点怕，朝臣便发起一轮更凶猛的攻势，要求皇帝诛杀刘瑾。小皇帝心虚了，有让步的意思，就叫来宦官中地位最高的司礼监太监王岳等人。让他们和阁臣们商量，把刘瑾等人发到南京闲住。王岳等人代表小皇帝往返三次，与大臣们讨价还价，皇帝希望缓和处理，大臣非要杀人不可。大臣中有人劝刘健也让一步，以免过激生变，但刘健寸步不让。

据说太监王岳比较正直，又有些嫉妒刘瑾。刘瑾是皇帝的亲信，而他这位地位更高的太监却常常被晾在一边。在传话的过程中，王岳就加上了自己的评论，对小皇帝说，阁臣们的意见对。于是刘健胆子更大，与众大臣约定次日早朝“伏阙面争”，诛杀刘瑾，王岳为内应。在这场博弈中，朝臣要求处死以刘瑾为首的一帮太监，这无异于把对手逼上了绝路，双方不可能达成均衡。但在这场博弈中，朝臣和宫中不满刘瑾的太监结成同盟，似乎占据了主动权，但有一个人至关重要，就是皇帝，他是这次博弈的裁判，他站在哪一边，博弈就会出现一边倒的结局。

当晚，吏部尚书焦芳派人向刘瑾报警。刘瑾大惧，连夜和他那几个太监们伏在小皇帝周围磕头痛哭。刘瑾说："王岳想害奴等。他勾结阁臣，目的是管制皇上的进出行动，我们不让他管制皇上，他就要除掉我们这些障碍。再说了，玩鹰玩狗有什么大不了的，有点损失也不过万分之几。如果司礼监太监用对了人，那些文官岂敢这么闹？"小皇帝一下想通了，这些人内外勾结是要管住他，不让他玩，顿时大怒，立命刘瑾出掌司礼监，另外两个趴在地上哭的太监出掌东厂和西厂两个特务组织，并逮捕王岳等三个帮助文官的太监，连夜发配南京充军。

皇帝态度的转变对朝臣大为不利。几个为首的文官被打了一顿板子，撤职贬谪；然后又杖死杨源——那位拿星相说事，险些要了刘瑾性命的天文官。直到打得朝廷上下鸦雀无声，刘瑾大获全胜。

朝臣们想诛杀刘瑾，可惜思虑不够缜密，他们忽视了一点，刘瑾能更快、更准确地掌握信息。时局不利时，刘瑾能够利用自己所处的地位，制造新的信息或者改变对信息的解释，让自己永远在信息占有方面处于不败之地。"近水楼台先得月，向阳花木早为春"，刘瑾离皇帝最近，先掌握了信息，因而获得了更多的优势。

如果想除掉地位比自己高的人，就要取悦他，获取对方的信任，而不是率先表现出咄咄逼人的攻势。尽管刘瑾只是个太监，但他离皇上很近，在封建皇权专制的情况下，他掌握着一切信息。盲目地反对他，只会让自己身陷囹圄。身处职场也是一样，如果你想获得提升，首先要取悦你要替代的上司，而不是先挑毛病，如果你先表示出对他的不满，你不但升不了，反而会被他开掉。

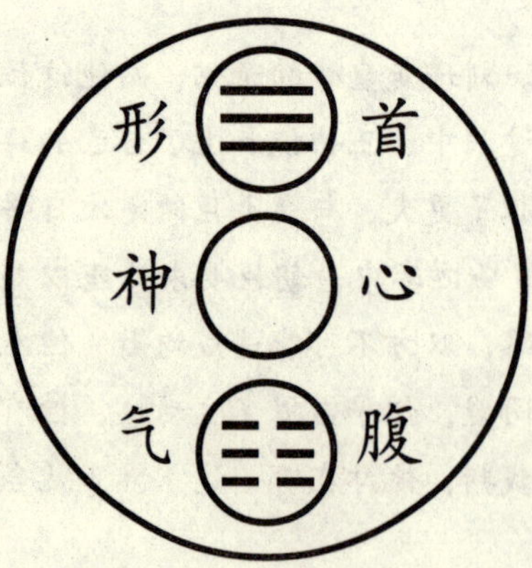

先天卦乾上坤下图

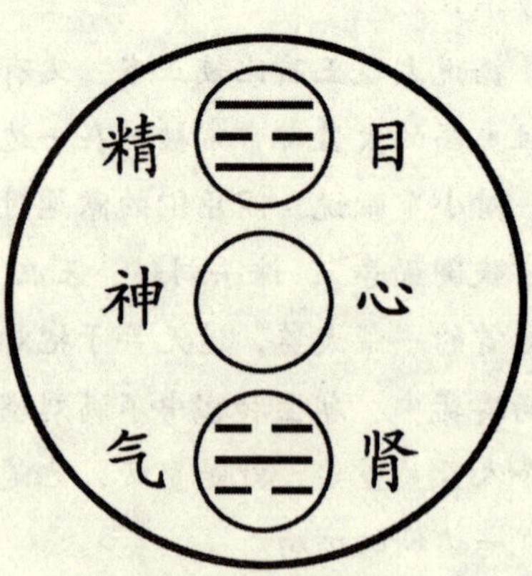

后天卦离南坎北图

刚柔相济的管理艺术

上九：鼎玉铉，大吉，无不利。

象曰：玉铉在上，刚柔节也。

鼎一般是青铜器，用金玉装饰，相当珍贵。古人认为玉不仅珍贵，还有温润高雅的特性。用金来装饰鼎的横杠太刚强，以玉为铉则刚柔合度。想推行什么决策，不能一味以刚猛为主，这会引起大家的反感；同样，也不能一味妥协软弱，这会使你的决策失去威慑力。正确的做法是：刚柔有度，软硬兼施。

《伊索寓言》中有这样一则寓言：太阳和北风打赌，看谁能先让行人把大衣脱去。太阳用它温暖的光轻而易举地使人们脱下大衣；而北风使劲地吹，反而使行人的大衣裹得更紧。

太阳与北风的故事告诉我们一个道理：对下属要像太阳那样，用温暖去感化他们，使他们自觉地敞开心扉；如果像北风那样使劲吹，一味地强制逼压，反而会使他们始终对领导心存戒备。

从管理角度来讲，威胁和严厉的警告能够保证工作水准，但问题是，在日常工作中有时这样行不通。领导刚转过脸去，大家又我行我素了。

在可能的情况下，最好避免强制，使别人服从的有效的方法是让对方觉得受到了尊重，例如：

“我知道你是不会被强迫的……”；“没有人非要强求你做……”；“任何人都强迫不了你的……”；“由你决定……”。

当然，这些方法看起来有些冒险，但往往非常有效，因为这首先消除了反抗的理由，其次也可迫使对方接受任务。

领导管理员工就应该软硬兼施，先商量后命令，让下属接受命令之后产生“吃不了兜着走”的心理压力。

领导者大多数富有各种经验，非常优秀。所以大致说，照他的命令去做，是没什么错误的。可如果老是这样一种做法，总会给下属留下一些不满，令人感到压抑，而不能从心底产生共鸣。

所以在对人做指示或下命令时，最好这样发问：“你的意见怎样？我是这么想的，你呢？”然后必须留意到，是否合乎下属的意见，以及下属是否彻底了解，并且要问，至于问的方式，也必须使对方容易回答。

松下幸之助自从创立松下电器公司以来，始终站在领导者的地位。但在此以前，他也曾经站在被人领导的立场，所以下属的心情，他多半能够察知。由于自己有过这样的体验，所以在下命令或做指示时，他都尽量采取商量的方式。

如果采取商量的方式，下属就会把心中的想法讲出来，而你认为下属言之有理，不妨说："我明白了，你说得很有道理，关于这一点，我不这样做好不好？"诸如此类，一面吸收下属的想法或建议，一面推进工作。这样下属会觉得，既然自己的意见被采用，自然就会把这件事当成自己的事而认真去做；同时，因为他的热心，自然而然会收到不同的效果，这便成为其大有作为的活动潜力。

如能以这样的想法来用人，被用的人就会自动自觉地做好工作，领导也会轻松愉快。因此领导在用人时，应尽量以商量的态度，推动工作的进展。

第五十一卦 ䷲【震卦】如何应对灾难

【原文】

震：亨。震来虩虩，笑言哑哑。震惊百里，不丧匕鬯。

【释义】

震：通顺。霹雳打下来，有哆嗦的，有哈哈笑着说话的；震惊百里的大霹雳打下来，有手里勺子里的酒不洒出一点儿的。

【智慧解读】

震为雷，春雷动，大地苏醒，经过天地闭塞的冬季，万物以勃勃生机而振起，重新活跃起来，所以震卦亨通。

“虩虩”是惊恐的样子。“震来虩虩”是说震惊袭来，令人感到恐惧不安。这是取象于震为雷。惊雷震响，威皆壮，令人戒惧不安。“笑言哑哑”是说笑有节的样子。震卦从临卦变来，临卦下卦为兑，兑为口、为悦，故为言笑。“震惊百里”也取象于震为雷。惊雷声威可以传播百里之远。“不丧匕鬯”是说受到惊雷的震惊，手中的勺子没有掉落下来，仍能保持镇定的常态。这样的人具有临危不惧、受惊不乱、从容安详的心态，可以主持大事。

震卦以惊雷比喻大灾难，人们面对突然而来的灾祸有三种态度：一是惊恐；二是照样谈笑，不以为意；三是非常镇定，临危不乱。灾难来时惊恐是人的正常反应，但是很显然，惊恐是不能够应对灾难的。勇者对灾难不以为异，依旧谈笑风生。君子则镇定自若，从容安详。灾难袭来，千万不要因为恐惧乱了阵脚，而要向勇者和君子学习，有超人的勇气应对。

大灾面前不惊慌

初九：震来，后笑言哑哑，吉。

象曰：震来，恐致福也。笑言哑哑，后有则也。

将震卦初爻与卦辞对照，我们会发现爻辞与卦辞的前几句相同，只是在“笑言哑哑”前多了一个“后”字，说明“笑言哑哑”是在“震来虩虩”之后，两者有前后因果关系。“震来虩虩”是震惊袭来令人恐惧不安，“后笑言哑哑”是因为恐惧不安而知戒，然后言笑就不会过分放纵而有节制，由此可以获得吉祥。

君子坦荡荡，夜半敲门也不惊。在君子坦然的内心中，这世上没有什么值得恐惧，灾祸不过是过眼云烟，转瞬就会被风吹散。大灾面前不惊慌，历史上很多了不起的人都做到了这点，其中最著名的要数谢安了。

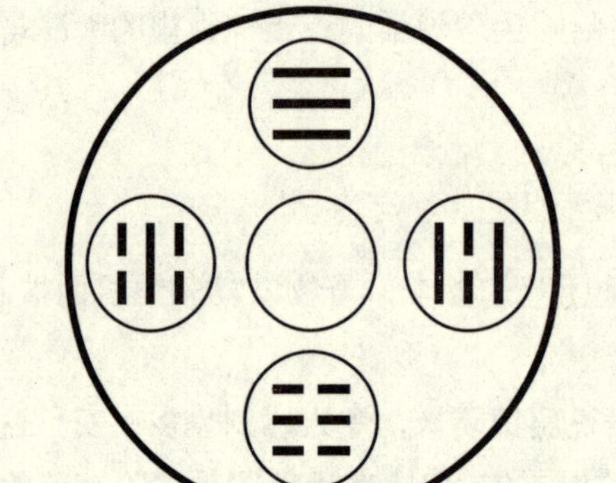

乾坤坎离图

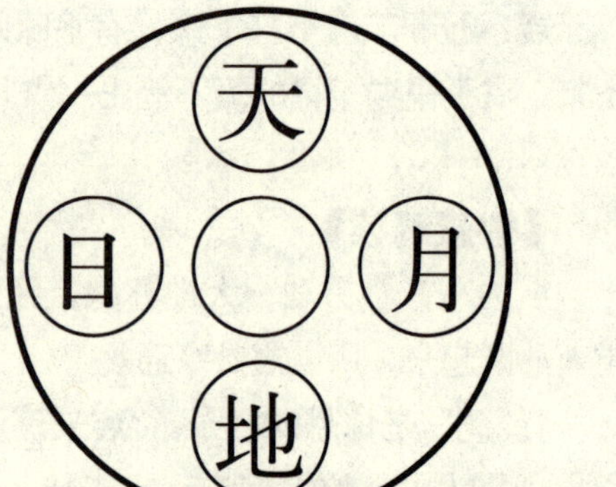

天地日月图

谢安乃晋朝名臣。晋简文帝时，权臣桓温想要简文帝禅位给他，简文帝死后，谢安等人趁他不在京都，马上立太子做了皇帝。桓温气急败坏，于是在宁康元年（公元373年）二月，亲率大军，杀气腾腾地回兵京师，向谢安问罪，并欲趁机扫平京城，改朝换代。眼见朝廷上下人心惶惶，新帝司马曜也不得不下诏让吏部尚书谢安和侍中王坦之到新亭迎接桓温。

二月的京城春寒料峭，桓温的到来更给这里增添了一派肃杀气象。桓温到来时，百官都去迎接。文武百官纷纷跪拜在道路两旁，甚至连抬头看一眼威风凛凛从眼前经过的桓温的勇气都没有，这里面也包括那些有地位、有名望的朝廷重臣。但谢安除外，他面对四周杀气腾腾的卫兵，先是作了一首咏浩浩洪流的《洛生咏》，然后才从容地说："我听说诸侯有道，就会命守卫之士在四方防御邻国的入侵。明公入朝，会见诸位大臣，哪用得着在墙壁后布置人马呢?"桓温一下子被他镇住了，于是赶忙赔笑说："正因为不得已才这样做呀!"他连忙传令撤走兵士，笼罩在大家中间的紧张气氛一下子消除了。

接下来，他又摆酒设馔，与谢安两人"欢笑移日"，在这欢笑声中，东晋朝廷总算逃过一劫。

桓温杀气腾腾地向谢安问罪，谢安真可谓做到了"泰山崩于前而不惊"，如此的定力不是每个人都有的。谢安把名士风度与儒将气质完美地结合在了一起，首先在内心上胜过了桓温。

在这场气势的对决中，桓温本来占有绝对优势，他手握重兵、信心满满，还曾经是谢安的上司。但是谢安不卑不亢，保持了安然自在的风度，最终折服了桓温。苏东坡也曾留下类似的故事：

苏轼因"乌台诗案"入狱，一年后，皇帝为了试探他是否有意谋反，是否有心悔改，特意派一个太监装成犯人入狱和苏东坡同在一个监牢。白天吃饭时，小太监用言语挑逗他，苏轼牢饭吃得津津有味，答说："任凭天公雷闪，我心岿然不动!"夜里，他倒头睡，小太监又撩拨道："苏学士睡这等床，岂不可叹?!"苏轼不理不会，用鼾声回答。小太监在第二天一大早推醒他，说道："恭喜大人，你被赦免了。"要知道，那一夜可是危险至极啊!只要苏轼晚上有不能安睡的异样举动，太监就有权照谕旨当下处死他!

常言道："君子坦荡荡，小人常戚戚。"苏东坡是坦坦荡荡的君子，自认为无愧于天地良心，所以吃得下、睡得香。宋神宗思量，一个心中有愧的人是不可能做到倒头便睡的，而苏轼也不会想到，临危不惧坦然安睡竟然救了自己的性命。

避祸为先，不要顾及身外之物

六二：震来厉，亿丧贝，跻于九陵，勿逐，七日得。

象曰：震来厉，乘刚也。

惊人大难来临时，不要顾及身边数以亿计的钱财，逃命要紧。只要成功逃脱，钱财终会失而复得。

世事总有风云突变的时候。世事诡谲，风波乍起，非人所尽能目睹。聪明的人会主张立身唯谨，避嫌疑，远祸端，凡事预留退路，不思进，先思退。满则自损，贵则自抑，所以能善保其身。

灭吴之后，越王勾践与齐、晋等诸侯会盟于徐州（今山东滕县南）。当时，越军横行于江、淮，诸侯都来朝贺，号称霸主，成为春秋、战国之交争雄于天下的佼佼者。范蠡也因谋划大功，官封上将军。

灭吴归来，越国君臣设宴庆功。群臣皆乐，勾践却面无喜色。范蠡察此微末，立识大端。他想：越王为争国土，不惜群臣之死；而今如愿以偿，便不想归功臣下。常言道：大名之下，难以久安。现已与越王深谋二十余年，既然功成事遂，不如趁此急流勇退。想到这里，他毅然向勾践告辞，请求隐退。

勾践面对此请，不由得浮想翩翩，过了良久才说道："先生若留在我身边，我将与您共分越国，倘若不遵我言，则将身死名败，妻子为戮！"政治头脑十分清醒的范蠡，对于宦海得失、世态炎凉，自然品味得格外透彻，明知"共分越国"纯系虚语，不敢对此心存奢望。于是，他一语双关地说："君行其法，我行其意。"

事后，范蠡不辞而别，带领家属与家奴，驾扁舟，泛东海，来到齐国。范蠡跳出了是非之地，又想到风雨同舟的同僚文种对自己曾有知遇之恩，遂投书一封，劝说道："飞鸟尽，良弓藏；狡兔死，走狗烹。越王为人，长颈鸟喙，可与共患难，不可与共荣乐，先生何不速速出走？"

文种见书，如梦初醒，便假托有病，不复上朝理政。不料，樊笼业已备下，再不容他展翅起飞。不久，有人诬告文种图谋作乱。勾践不问青红皂白，赐予文种一剑，说道："先生教我伐吴七术，我仅用其三就已灭吴，其四深藏先生胸中。先生请去追随先王，试行余法吧！”要他去向埋入荒冢的先王试法，分明就是赐死。再看越王所赐之剑，就是当年吴王命伍子胥自杀的“属镂剑”。文种一腔孤愤难以言表，无可奈何，只得引剑自刎。

而范蠡定居于陶，经商积资巨万，人称“陶朱公”。

在中国历史上，这一类例子举不胜举。“飞鸟尽，良弓藏；狡兔死，走狗烹；敌国灭，谋臣亡。”这听起来让人义愤填膺，道理却很简单。在和平建设时期，怎么处理那些功臣呢？留着他们，说不定什么时候就要造反，或是出别的麻烦，尤其是开国皇帝死了，幼子继位，就更管不了那些久经沙场、素有威望又极有势力的老将了，还是杀了干净利索。

范蠡的聪明之处，就在于看透了越王丰厚的待遇后隐藏的大危险，他一方面不被金钱利益所诱惑，另一方面不留恋已经积攒下的家业，毅然决然地出走。他这一出走，平常人看起来，损失的钱财真的是数以亿计，可是，他换来了一家老小的性命。所谓“留得青山在，不怕没柴烧”。

范蠡弃官后隐居于商业中心陶，他善于经商，竟至“三致千金”，被尊称为“陶朱公”，出入车马，与小国国君平起平坐，至今被天下商人奉为老祖宗。他在躲避灾祸时失去的钱财，在此时得到了补偿。试想，若当时他贪恋钱权而不离去，又怎会有后来的荣耀和辉煌？

让灾难向你低头

九四：震遂泥。

象曰：震遂泥，未光也。

伟人伟大，是因为他们具有坚强的意志力，危难当前不惊慌失措，不轻言放弃。查阅那些伟大人物的历史档案会看到，他们都有一部苦难史。虽然他们的遭遇不同，但都在感受痛苦的过程中使意志得到了锻炼。痛苦是对信念、信仰的残酷考验。

罗斯福是美国历史上的杰出总统之一。在任期间，他实行新政，缓和了美国的经济危机，推动了美国经济的发展。第二次世界大战爆发后，他不顾美国的孤立主义传统，使美国与英国、苏联结成联盟，为争取反法西斯战争的胜利作出了重要贡献。

罗斯福还是第一位打破华盛顿开创的不连任三次的传统，连续四次登上总统宝座。人们被他贵族的气质和从容不迫的举止所征服，称赞说："没有哪一个美国总统能那样有效地集政治家、鼓动者和导师的品质于一身，而这些品质正是伟大人物所需要的。"

事实上，作为美国历史上一位有远见、重实际、精于政治策略的政治家，罗斯福在用权术与计谋来达到政治目的方面可谓技艺高超，但真正让他出人头地的是他果敢的开创精神和顽强的意志。

当年，正当罗斯福的事业蒸蒸日上之时，厄远却接连向他袭来。

1920年，罗斯福和詹姆斯·考克斯搭档代表民主党竞选副总统和总统惨遭失败，之后他暂时退出政坛，回家休养。

在芬迪湾的一次游泳后，罗斯福的双腿突然麻痹，一个有着光辉前程的硬汉一下子变成了一个卧床不起、什么事都需要别人照顾的残疾人，身体上的痛苦和精神上的痛苦同时折磨着他。

最初，罗斯福几乎绝望了，认为上帝把他抛弃了，但是奋力向上的精神和顽强的意志并没有使他放弃希望。治病期间他仍然不停地看书，不停地思考问题，勇敢地面对自己的疾病，积极配合医生进行治疗。而做到这些需要多么非凡的勇气和毅力啊！

经过疾病的折磨，罗斯福变得比过去更加坚毅、老练了。罗斯福身体力行着自己在首次就职演说中提出的"无所畏惧"的战斗口号："我们唯一值得恐惧的就是恐惧本身。"他不怕失败，勇于尝试，勇于创新，有魄力，有远见，引导美国走上了一条新的发展道路。

震卦九四爻说"震遂泥"。惊雷响起时，惊慌失措，容易掉入泥潭。当你遭遇意外的打击时，不要慌乱。慌乱只能让你自乱阵脚，把事情搞得更糟糕。经受住打击，坚持不放弃，才能从泥潭中重新站起来。

成功者大都具备了非凡的意志力，出色的意志力是其远大的目标得以实现的很重要的一项保障。坚毅是一种难能可贵的品质，成功者与失败者的区别就在于，他总能够在第100次跌倒后，第101次站起来。

执著于目标、信仰的力量，是一个希望成功的人的身上绝对不可缺少的品质。

在一间工具房中，有一些工具聚在一起开会，大伙儿商量要怎样去对付一块坚硬的生铁。

斧头首先耀武扬威地说：“让我来，我可以一下子就把它解决。”斧头很用力地对着铁块砍下去，可是，只一会儿，斧头便钝了，刃都卷了起来。

“还是我来吧！”锯子信心十足地说着，它用锋利的锯齿在铁块上来回地锯，但是没有多久，锯齿都锯断了。

这时锤子笑道：“你们真没用，退到一边去，让我来显显身手。”于是锤子对铁块一阵猛锤猛打，其声震耳。但砸了好久，锤子的头也掉了，铁块依然如故。

“我可以试试吗？”小小的火焰在旁边请求。大家都瞧不起它，但还是给了它一个机会试试。

小火焰轻轻地盘卷着铁块，不停地烧，不停地烧。过了一段时间，在它的热力之下，整个铁块终于烧红，并且完全熔化了。

成功源自这小小火焰的坚毅，当面对巨大的难题——生铁时，坚毅品格决定了它能取得最终的胜利。

当我们面临困境时，不必惊慌，用坚毅的品质一定可以成功突围，这是每一个高情商的卓越人士的共识。许多人都认为成功与失败之间存在天壤之别，其实更多的时候，两者只相差微乎其微的距离。有多少人被挫折打倒终生倾颓，仅仅是因为他们在与困难作斗争的最后关头选择了放弃。那些成功者所做的，只是耗尽最后的体力，坚持到最后几分钟。功败垂成之人正是少了一份坚毅，而这坚毅，正是成功者的高贵品格。

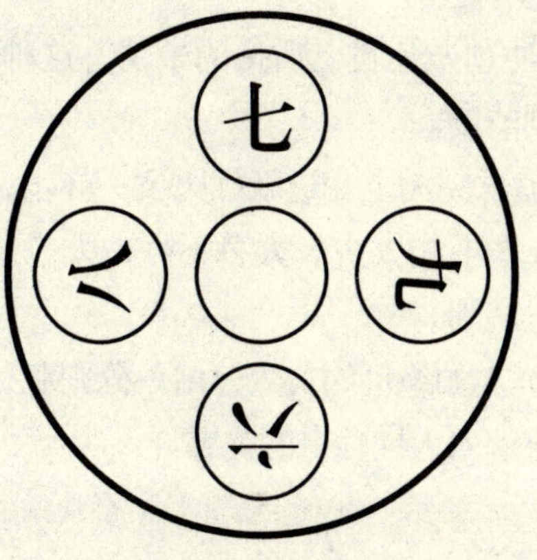

八七九六图

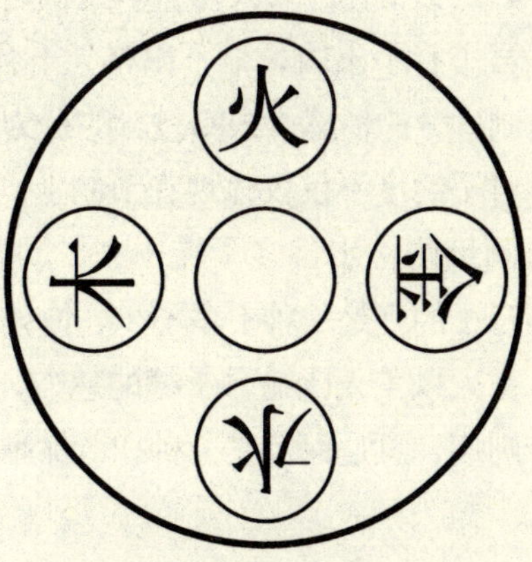

木火金水图

第五十二卦 ䷳【艮卦】行止有道

【原文】

艮：艮其背，不获其身，行其庭，不见其人，无咎。

【释义】

艮：注意他的背，不保护他的身体；走到他的院子里，不看见他的人，无害。

【智慧解读】

艮卦艮下艮上，山下山上，山是止，即止之又止。前面是山，后面也是山，人被挡在两山之间，与外界隔绝，所以有受阻而止的意思。君子见到这样的卦象，应该看到自己被限制在某一地位上，行动上难以超越。从中我们可以得到启示，做事情不要超出自己的能力范畴，也就是做你自己该做的事情，若做了不该你做的事情，必然会给自己带来伤害。这就是所谓的举止有度。

君子行不出轨，语不出格，不会凭着一时冲动做让自己后悔的事情，这种度，是压制过分的情感，去除过分的行为，是有节制的度。

君子的度不仅仅体现在节制上，还体现在追求完满上。这就好比倒一杯水，要有节制地防止水倒多了流出来，同时也要注意水不能太少。太多不好，太少也不好，君子的度是一种不多不少、恰如其分的行止规则。

古人以美人比喻君子德的魅力，君子之德确实如绝世的美人，增一分则肥，少一分则瘦，总是保持在一种和谐优雅的境地，流淌着人性独有的美感。

不要做夭亡的蝴蝶

九三：艮其限，列其夤，厉薰心。

象曰：艮其限，危薰心也。

九三上下卦都是艮卦，卦象对称，所以说“艮其限”，“限”是腰的位置。“坎”指脊柱两边的肉。艮卦讲的是举止有度，进退得宜。如果做什么事情半途而废，就像拦腰斩断筋肉一般，炙心如焚。

做事要成功，要经过漫长的等待和磨砺，好比蝴蝶要从蛹中孵化多时，自已冲破蛹，才能有美丽绚烂的双翅乘风起飞。如果人为打断这个孵化的过程，它不但得不到美丽的翅膀，还会丧失孱弱的生命。想做一个成功的人，一定要经得住等待，坚持走过这段孤独的路，也许就能成就辉煌的生命过程。

唯一获得奥斯卡最佳导演奖的华人导演李安，正是一位能够坚守寂寞，坚持到成功的非凡代表。

李安去美国念电影学院时已经26岁，遭到父亲的强烈反对。父亲告诉他：纽约百老汇每年有几万人去争几个角色，电影这条路是走不通的。李安毕业后，七年，整整七年，他都没有工作，在家做饭带小孩。有一段时间，他的岳父岳母看他整天无所事事，就委婉地告诉女儿，准备资助李安一笔钱，让他开个餐馆。李安自知不能再这样拖下去，但也不愿拿丈母娘家的钱，决定去社区大学上计算机课，从头学起，争取找到一份安稳的工作。李安背着老婆硬着头皮去社区大学报名，一天下午，他的太太发现了他的计算机课程表。太太顺手就把这个课程表撕掉了，并跟他说：“安，你一定要

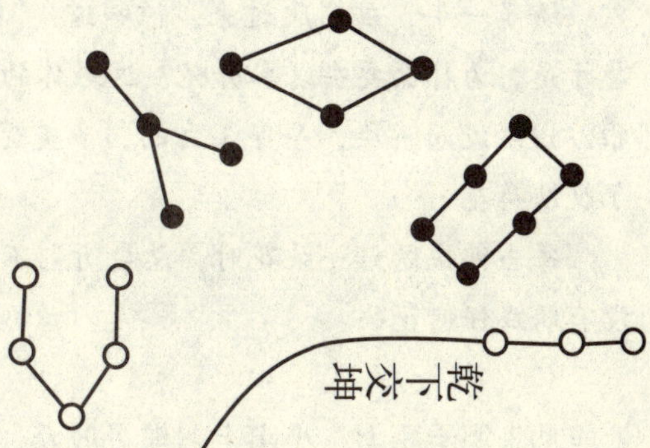

艮为少男图

坚持你的理想。”

因为这一句话，因为有这样一位明理、智慧的太太，李安最后没有去学计算机。如果当时他去了，多年后就不会有一个华人站在奥斯卡的舞台上领那个很有分量的奖。

如果李安没有当初那一份执著的坚持，半途而废，华人损失的是一位世界级的伟大导演，李安失去的是一个传奇而精彩的人生。

生活中的事有大有小，不是只有决定人生大方向的事才值得有始有终地做，那些不起眼的小事也要坚持做到底。

鹤拿起针线要在自己的白裙子上绣一朵花。刚绣了几针，孔雀过来问：“鹤妹你绣的什么花呀？”

“我绣的是桃花，这样能显出我的娇媚。”鹤羞涩地说。

“咳，干什么要绣桃花哩？桃花是易落的花，不吉祥，还是绣月月红吧，又大方、又吉利！”鹤听了孔雀的话觉得很有道理，便把绣好的金钱折了改绣月月红。正绣得入神时，只听锦鸡在耳边说道：“鹤姐，月月红花瓣太少了，显得有些单调，我看还是绣朵牡丹吧。牡丹是富贵花呀，显得多么华贵！”

鹤又觉得锦鸡说得对，便又把绣好的月月红折了，重新开始绣牡丹。

绣了一半，画眉飞过来，惊叫道：“鹤嫂，你爱在水塘里栖歇，应该绣荷花才是，为什么要去绣牡丹呢？这跟你的习性太不协调了，荷花是多么清淡素雅，出淤泥而不染，亭亭玉立的，多美呀！”鹤听了，觉得也是，便把牡丹折了改绣荷花……

每当鹤快绣好一朵花时，总会听到不同的建议。它绣了折，折了绣，最终没有绣成任何花朵。

成功来源于积累，小事上习惯了放弃，谁能保证你大事能做到始终心意如一？我们的生命是有限的，如果每天重复着一次又一次的放弃，什么时候能拥有一次完整的成功？君子举止有度，这个度的基本标准就是，把每一件事情做到圆满。

做事半途而废，就像花朵开了一半就枯萎，还没有来得及绽放芬芳的味道；雨水下了三分就停止，没能浇透干涸的土地；旅人走到半路就放弃了目标，一生看不到魂牵梦萦的美丽风景……一个充满遗憾的人生，一个满腹遗憾的生命，这样的生活，无论是谁都不想接受。

言有序，就不会招惹是非

六五：艮其辅，言有序，悔亡。

象曰：艮其辅，以中正也。

《红楼梦》里的林妹妹美若世外仙姝，遗憾的是不善与姐妹们相处，搞到最后，谁都知道她小心眼，得让着点。其实林妹妹在大观园里，不涉及柴米油盐，和大家能产生什么冲突？大部分时候，她得罪人得罪在口无遮拦，不知道说话的轻重上。

一次，林黛玉与贾宝玉正说话，湘云走来，笑道："二哥哥，林姐姐，你们天天一处玩，我来了，也不理我一理。"黛玉笑道："偏是咬舌子爱说话，连个'二'哥哥也叫不出来，只是'爱'哥哥，'爱'哥哥的。回来赶围棋儿，又该你闹'幺爱三四五'了。"宝玉笑道："你学惯了她，明儿连你还咬起来呢。"史湘云道："她再不放人一点儿，专挑人的不好。你自己便比世人好，也犯不着一个打趣一个。指出一个人来，你敢挑她，我就服你。"黛玉忙问是谁。湘云道："你敢挑宝姐姐的短处，就算你是好的。我算不如你，她怎么不及你呢。"黛玉听了，冷笑道："我当是谁，原来是她，我哪里敢挑她。"宝玉不等说完，忙用话岔开。

林妹妹的本意不过是开开玩笑，却激得心直口快的湘云说了心里话。原来，黛玉得罪人就在于她"再不放人一点儿，专挑人的不好。你自己便比世人好，也犯不着一个打趣一个"。湘云还指出了一个正面参照，即宝钗，"指出一个人来，你敢挑她，我就服你"。

宝钗不仅丰姿、性格与黛玉完全相反，待人接物也举止有度，尤其是不仅不会乱说话，还很会说话，讨得了大观园上上下下的欢心。林黛玉则不同，稍不合自己脾胃的话，便反唇相讥，更别说当面称赞别人比她好。所以，有时她病了、闷了，盼个姊妹来说话，就算姐妹们来问候她，说不得三五句话又觉得不耐烦了，虽然大家知道她受不得委屈，不苛责她，但是内心中是不喜欢她这么做的，以至于到后来，容忍大度的宝钗成了众望所归的对象，黛玉未免落了单。

如果林妹妹注意言谈，凡事不挑事端，不去得罪姐妹们，那她可真是女人中的极品了，又有文采又有内涵，便会有另一种结局了。

六五爻讲“六五：艮其辅，言有序，悔亡”。“辅车”是指上下牙床，“辅”指上牙床，“车”指下牙床，“艮其辅”指上下牙床止住不动。人说话时上下牙骨都要晃动，上下牙骨止住不动就是不说话，遇到不该说的话就闭嘴不言，所以才能“言有序”——说话有伦序，就不会招惹是非。

交谈是人与人接触的直接途径，一个人对你的印象很大程度上来自你的言谈举止。说得体的话，会给你的好感度大大加分。相反，因为一些小事喋喋不休或是蛮不讲理，很遗憾，即使你内心非常善良、非常有内涵，也不会给人留下美好的印象。

说话是一门学问，最基本的原则是轻声细语、慢条斯理。

轻声细语可以表现说话者的尊敬、谦恭、谨慎和文雅。在和别人交谈时，使用这种轻声细语可以缩短人与人之间的感情距离、密切双方的关系。有时，它还能避免一些可能会招致的麻烦。当然，用它来坚持意见、回驳别人、维护正义和尊严或表示强调是万万不能的。

慢条斯理是一种宛如柔的月光、涓涓泉水的语调，由人心底流出，轻松自然、和蔼亲切、不紧不慢，能给听者以舒适、安逸、柔和、亲密、友好、温馨的感觉。人们在请求、询问、安慰、陈述意见时常使用这种慢条斯理法，它可以弘扬男性的文雅大度和女性的阴柔之美，尤其是在抒发情感时，这种声和气的运用更具有一种迷人的魅力。

还要注意的是，当别人正在气头上的时候，千万不能以刚克刚，添油加醋，烧旺对方的火焰，那只能让你吃不了兜着走。最好的办法就是心平气和、以柔克刚，这样才不至于加大冲突，发生误会。

最好的止是行不出轨，动不越位

上九：敦艮，吉。

象曰：敦艮之吉，以厚终也。

下卦艮为山，上卦艮又为山，山与山相重，厚重无比，上九正处在两山之上，故为“敦艮”——厚重地止住，相当稳固，不可动摇，所以吉祥。象辞解释说“敦艮之吉，以厚终也”，用“厚”来解释“敦”，指出上九在全卦之中的爻象，突出兼山厚止的内容。最终能厚厚实实地止住，是一种善终。注意自己的举止，行不出轨，动不越位，才能保证吉祥与平安。

如果你偶遇门被砰然关上，玻璃杯被砸碎，被人无情地骚扰，工作时犯了一些不该犯的错误，这时你的情绪会是什么样呢？一定会怒不可遏吧。你可能会认为发怒是你生活的一部分，可你是否知道，这种情绪根本就无济于事，反而会使情况变得更糟糕。

很多人都有种误解，认为发脾气是有个性、有血性。但放眼看去，有谁会欣赏一个怒气冲冲、动辄暴跳如雷的家伙呢？很多了不起的人物在走向成功之前，做的第一件事就是注意自己的举止，压抑怒气。

看到美元纸币上华盛顿的肖像时，看着他白色卷发映衬下那平静、自信、显示着自控能力的面庞，你大概难以相信他年轻时曾有一头红发，有老虎般的脾气。要是他没有学会靠自控力改变自己的坏脾气，恐怕就无法成为叱咤风云、率领没有受过训练的民兵战胜乔治王的军队的领袖，恐怕他也不会成为美国历史上第一任总统。

盲目发怒会使人丧失应有的理智，丧失洞察力。正常情况下会有的理智在愤怒的作用下会统统失灵，判断力会在一瞬间消失得无影无踪，于是一些愚蠢的决定会应运而生，把你推入困境。

三国时期，关云长失守荆州，败走麦城被杀，此事激怒刘备，遂起兵攻打东吴，众臣之谏皆不听，实在是因小失大。正如赵云所说：“国贼是曹操，非孙权也。宜先灭魏，则吴自服，操身虽毙，子丕篡盗，当因众心，早图中原……不应置魏，先与吴战。兵势一交，不得卒解也。”诸葛亮也上表谏止说：“臣亮等窃以吴贼逞奸诡之计，致荆州有覆亡之祸；陨将星于牛斗，折天柱于楚地，此情哀痛，诚不可忘。但念迁汉鼎者，罪由曹操；移刘祚者，过非孙权。窃谓魏贼若除，则吴自宾服。愿陛下纳秦宓金石之言，以养士卒之力，别做良图。则社稷幸甚！天下幸甚！”可是刘备看完后，把表掷于地上，说：“朕意已决，不得再谏。”执意起大军东征，最终导致大败落荒而逃。

因此要时刻保证头脑清醒，不因不良情绪而使自己失态，意识到冲动会带来的危险，给自己制定一个做事的底线。

那些不能控制情绪的人，给人的印象就是不成熟，像个孩子。这种行为发生在小孩身上，人们会说天真、淘气。但是这种现象若发生在一个成年人身上，人们就不免对这个人的人格发展感到怀疑了，会对他丧失信心。一个成熟的人会给人带来安全感，这种安全感源自他对自我的把握，他把握住了自我，遇事才能不冲动，有决断，对事件给出妥帖的处理方式。

第五十三卦 ䷴ 【渐卦】

循序渐进的成功策略

【原文】

渐：女归吉，利贞。

【释义】

渐：女子出嫁吉，占问有利。

【智慧解读】

渐卦艮下巽上，山下木上，止下逊上。艮下巽上，为男下于女，指男往女家迎娶，为女嫁的正礼。女子出嫁称为“归”，渐卦的卦辞说“女归吉”，意思是讲一步步地逐渐进展到女儿嫁出去，吉祥。

古代嫁女要经过很多步骤，要一步一步来，不能着急。渐卦由否卦变来，否卦是上乾下坤，乾男坤女，男上女下，坤女的六三向上推移一位，是一步一步渐进，变渐之后男女结合，各得正位，故言“女归吉，利贞”。

俗话道好事多磨，想成就一番事业也如同嫁女儿一般，要步步升进，不能急于一时。事业刚起步时不能冒进，实力和经验不足，要量力而行，等到积累了一定资本，就要放开手，抓住机遇不要手软，这样必然能有一个大的跃进。

审时度势，根据自身的条件规划前进的步伐，规正做事的尺度，最终能走入成功的高位。循序渐进是成功者做事的准则，是每个走向成功的人的不二法门。

人生如茶，次第沁香

初六：鸿渐于干，小子厉，有言，无咎。

象曰：小子之厉，义无咎也。

“鸿”是鸿雁。“干”指水边，《诗经·伐檀》中说“坎坎伐檀兮，寘之河之干兮”。初六是渐进的初始，位处最下，前临互坎，坎为水，位在水边，故言“鸿渐于干”。渐卦艮下巽上，艮为少年，故为小子。坎意味着危险，所以说“小子厉”。

初六爻的意思是，小小的鸿雁还没有长大，做事要量力而行，不然会遇到危险。

人的一辈子都在不停地前行，不停地积累，但是不能操之过急。每天进步一点点，积跬步才能至千里，万不能操之过急。一个人无论做什么事都一定不要急于求成，日积月累，自然会获得最后的成功。

有这样一个故事：

一个屡屡失意的年轻人来到普济寺，慕名寻到高僧释圆，沮丧地对他说：“人生总不如意，活着也是苟且，有什么意思呢？”释圆大师静静地听完年轻人的叹息和絮叨，末了吩咐小和尚说：“施主远道而来，烧一壶温水送过来。”不一会儿，小和尚送来了一壶温水，释圆抓了些茶叶放进杯子，然后用温水沏了，放在茶几上，微笑着请年轻人喝茶。杯子冒出微微的水汽，茶叶静静浮着。年轻人不解地询问：“宝刹怎么喝温茶？”释圆笑而不语。年轻人喝一口细品，不由摇摇头：“一点茶香都没有啊。”释圆说：“这可是闽地名茶铁观音啊。”年轻人又端起杯子品尝，然后肯定地说：“真的没有一丝茶香。”

释圆又吩咐小和尚：“再去烧一壶沸水送过来。”又过了一会儿，小和尚便提着一壶冒着浓浓白汽的沸水进来。释圆起身，又取过一个杯子，放茶叶，倒沸水，再放在茶几上。年轻人俯首看去，茶叶在杯子里上下沉浮，丝丝清香不绝如缕，望而生津。年轻人欲端杯，释圆作势挡开，又提起水壶注入一线沸水。茶叶翻腾得更厉害了，一缕更醇厚、更醉人的茶香袅袅升腾，在禅房弥漫开来。释圆这样注了5次水，杯子终于满了，那绿绿的一杯茶水，端在手上清香扑鼻，入口沁人心脾。

释圆笑着问："施主可知道，同是铁观音，为什么茶味迥异吗？"年轻人思忖着说："一杯用温水，一杯用沸水，冲沏的水不同。"释圆点头："用水不同，则茶叶的沉浮就不一样。温水沏茶，茶叶轻浮水上，怎会散发清香？沸水沏茶，反复几次，茶叶沉沉浮浮，释放出四季的风韵：既有春的幽静和夏的炽热，又有秋的丰盈和冬的清冽。世间芸芸众生，也和沏茶是同一个道理。正如沏茶的水温度不够，就不可能沏出散发诱人香味的茶水一样，你的能力不足，要想处处得力、事事顺心自然很难。要想摆脱失意，最有效的方法就是苦练内功，切不可心生浮躁。"

人生就像那杯茶，要想散发出诱人的香味需要一个过程，水温够了，时间够了，茶香自然会飘散出来。一个人想要最终获得圆满、成功、幸福的人生，需要一个积累的过程。

今天要比昨天强，今天的事情今天做，每天都在为心中那个大目标永不懈怠地努力。要始终保持平静、从容的心态，步履稳健地走好人生的每一步，不允许每一天的虚度，不放过每一天的繁忙，不原谅每一天的懒散，用"自胜者强"来勉励、监督和强迫自己，克服浮躁，战胜动摇。如果心浮气躁，最终只会陷于失败的深渊。

人生需要慢慢积淀，当时机成熟、风力充足、有了一定的能力才智作为本钱，定能一飞冲天。

跟上生命的节奏，才能优游于世间

六四：鸿渐于木，或得其桷，无咎。

象曰：或得其桷，顺以巽也。

"桷"是屋顶上方形的椽子，齐鲁方言称桷。鸿雁是蹼足的飞禽，不能用脚爪抓住椽子，所以只适合生活在山野有树的地方，无法迁居到人类生活的居所。

我们生活在社会中，不能让社会适应你，而要你来适应社会。不要找借口说适应生活环境有多么难。海伦·凯勒是位全世界都知道的盲人作家，她是如何适应生活并且取得成功的？

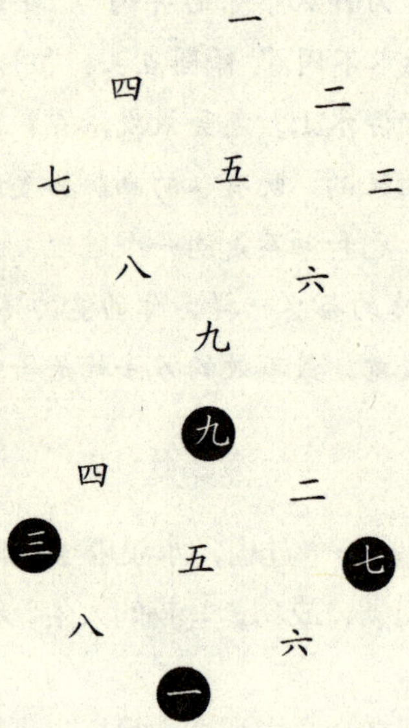

洛书阳动阴静图

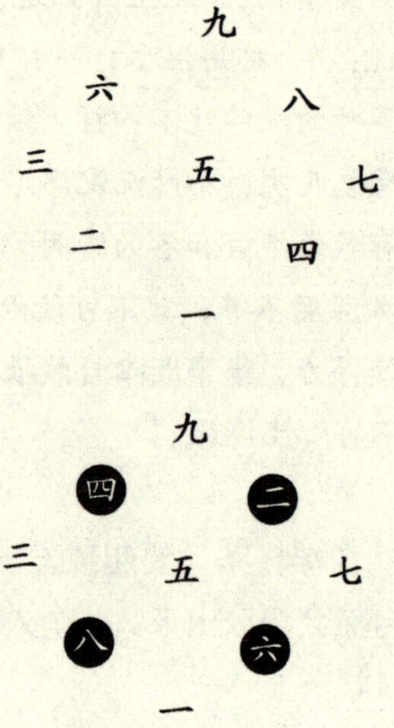

洛书阳静阴动图

海伦刚出生时是个正常的婴孩，能看，能听。可是，一场疾病使她变得既盲又聋又哑——那时她才 19 个月大。

生理的剧变令小海伦性情大变，稍不顺心，她便会乱敲乱打，野蛮地用双手抓食物塞入口里。若被试图纠正，她就会在地上打滚乱嚷乱叫，简直是个十恶不赦的“小暴君”。父母在绝望之余，只好将她送至波士顿的一所盲人学校，特别聘请一位老师照顾她。

所幸的是，小海伦遇到了一位伟大的光明天使——安妮·沙莉文女士。沙莉文也是位有着不幸经历的女性。她 10 岁时，和弟弟一起被送进麻省孤儿院，悲惨地长大。由于房间紧缺，幼小的姐弟俩只好住进放置尸体的太平间。在卫生条件极差又贫困的环境中，幼小的弟弟 6 个月后就夭折了。她也在 14 岁时得了眼疾，几乎失明。后来，她被送到帕金斯盲人学校学习凸字和指语法。

既聋又哑且盲的少女，初次领悟到语言的喜悦时，那种令人感动的情景实在难以描述。海伦曾写道：“在初次领悟到语言存在的那天晚上，我躺在床上，兴奋不已，那是我第一次希望天亮——我想再没有人可以感觉到我当时的喜悦吧。”

后来，失明的海伦凭着触觉——指尖代替眼和耳——学会了与外界沟通。她 10 岁时名字就已传遍全美，成为残疾人士的模范——一位真正的由弱而强者。

1893 年 5 月 8 日是海伦最开心的一天，也是电话发明者贝尔博士值得纪念的一日。贝尔博士在这一日成立了著名的国际聋人教育基金会，而为会址奠基的正是13岁的小海伦。

海伦·凯勒也曾经彷徨、痛苦过，但她终究是位不平凡的女性，因为她能够坦然面对不幸的遭遇，缺陷已不再是她关注的焦点。

小海伦成名后，并未因此而自满，继续孜孜不倦地接受教育。1900年，这个20岁的残疾女孩学会了指语法、凸字及发声，并通过这些手段获得超过常人的知识，进入哈佛大学莱德克利芙学院学习。她说出的第一句话是："我已经不是哑巴了！"她发觉自己的努力没有白费，于是兴奋异常，不断地重复说："我已经不是哑巴了！"4年后，她作为世界上第一个受到大学教育的盲聋哑人，以优异的成绩毕业。海伦不仅学会了说话，还学会了用打字机著书和写稿。

人要想快乐地生活，就要与时俱进，适应生活。不要被眼前的困难吓倒，不克服这些困难，你无法享受到生活的乐趣。

第五十四卦 ䷵【归妹卦】

寻找生命中的并蒂花

【原文】

归妹：征凶，无攸利。

【释义】

归妹：出征凶，无所利。

【智慧解读】

归妹卦兑下震上，泽下雷上。雷震动而泽动，有相从之相。

归妹卦从泰卦变来，泰卦的九三是刚爻占据刚位，六四是柔爻占据柔位，都得位。九三与六四交换位置变为归妹，九四是刚爻占据柔位，六三是柔爻占据刚位，都失位。而且，柔爻应当顺承刚爻，卦变之后六三却乘凌在九四之上，所以会说“无攸利”。

归妹卦体现的是人之终始，好的婚姻是伴随人一生的。如何让婚姻保持在良好的状态，一生幸福，是归妹卦研究的对象。

首先，结婚是人一生中非常重大的事件，不能儿戏，要名正言顺，名不正言不顺的婚姻没有保障，容易遭人遗弃。还有就是选择对象时要求不要太高，现在生活中出现了很多“剩男”、“剩女”，很多条件并不如他们的人都已经有了幸福的婚姻，而他们对配偶有过于完美的期许，美好的青春就在独自等待中白白流逝了。结婚是获得幸福的第一步，婚后夫妻之间互相尊重，互相关心，才能使美好的婚姻长长久久，归妹卦至此才完美收宫。

乞求来的不是爱情

六三：归妹以须，反归以娣。

象曰：归妹以须，未当也。

苏轼说，“古者谓贱妾为须”。古人有结婚时用妾来陪嫁的习俗。以妾的身份陪嫁过去，名不正言不顺，身份卑下，被人遗弃也就不足为怪了。六三爻告诉我们，想让婚姻长久，就要名正言顺地婚配，不要把自己放在卑微的位置，爱情不是乞求来的，婚姻不是强求来的。

所有人都会为爱情这个亘古常新的课题头疼。爱情是个温柔聪慧的精灵，悄悄地潜入你的心扉，撞击你的心灵。但是，爱情可能使你获得无比的幸福，也可能使你坠入不幸的深渊；它可能使你有个腾飞的起点，也可能给你画出一条失足的轨迹。我们都知道大文豪莎士比亚，可是很少有人知道莎士比亚有一段糟糕的婚姻。

18 岁那年，莎士比亚与安·哈瑟维结婚，但据教堂记录，此前不久，他曾与一位名叫安·韦特利的姑娘办过结婚证书。其中的原因比较复杂。

安·哈瑟维是一个富裕农民的女儿，比莎士比亚大 8 岁，与莎士比亚交好时，她父亲已经去世，她与继母及同父异母的弟弟住在父亲留下的农庄里，生活得不自在，加上年岁已大，一直费尽心机地寻找婆家，对于莎士比亚这样英俊健壮的小伙子的献媚，她自然求之不得。不久，安·哈瑟维怀了孕，莎士比亚不得不承担起应尽的责任，放弃了与安·韦特利的恋情，转与安·哈瑟维结婚。婚后的莎士比亚接连有了 3 个孩子，生活却并不如意，而当时他才 21 岁。生活的重担早早地压在他的肩上，

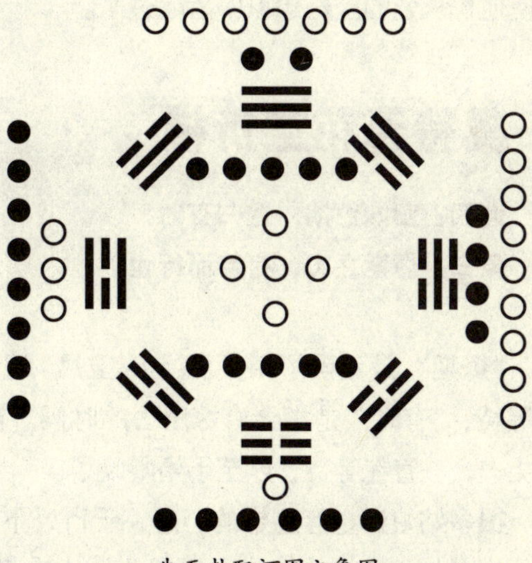

先天卦配河图之象图

而前途却一片渺茫。

为了摆脱家庭的烦恼，寻求美好的前程，等3个孩子稍大一点的时候，他便背井离乡，跟着一个到外地巡回演出的剧团到了伦敦，20多年后才重返故乡定居。

作为戏剧家，莎士比亚是成功的，但对爱情的盲目选择却让他成为婚姻的失败者。安·哈瑟维无疑是这桩婚姻最大的受害者。在她与莎士比亚的婚姻中，几乎没有爱情可言，她的年龄在那个时代来说太大了，她急着把自己嫁出去；更重要的因素是莎士比亚心中真正爱的是安·韦特利——他们甚至已经领取了结婚证书。

安·哈瑟维在这桩让人无可奈何的婚姻中唯一的筹码就是孩子，这是一个女人最大的悲哀。

莎士比亚无疑也吃尽了苦头。有一位著名作家说："人在年轻的时候并不一定了解自己追求的、需要的是什么，甚至别人的起哄也会促成一桩婚姻；等你再长大一些，更成熟一些的时候，你才会知道你真正需要的是什么。可那时，你已经做了许多悔恨得使你锥心的蠢事。"小小的殷勤就换来安·哈瑟维的投怀送抱，年仅18岁的莎士比亚给自己找了个大麻烦，自然也对哈瑟维谈不上关爱和尊重。

恋爱结婚一定要慎重，选择真正适合自己的人，更重要的是选择真正爱自己的人。不盲目地恋爱，才能驾驭好人生之舟，才能获得幸福。盲目的爱情会遮蔽人们的眼睛，使他们飞蛾扑火般投入一段婚姻，这样的婚姻不会持续多久，生活的真相会使他们从爱的虚幻想象中清醒过来。

莫待无花空折枝

九四：归妹愆期，迟归有时。

象曰：愆期之志，有待而行也。

"愆期"是延误了婚期。《诗·卫风·氓》中有"匪我愆期，子无良媒"。"迟"是等待，"有时"是指会有嫁出去的时候。很显然，这一爻的意思是想找一个合适的丈夫，一直在等待，以至于婚龄晚了。

很多姑娘都抱有这样的心态，干得好不如嫁得好。嫁一个有财有权、英俊潇洒的丈夫是姑娘的一生追求。可是生活中有多少英俊多金的男子？婚嫁时要求太高，只会让宝贵的青春白白溜走，最后也未必能遇上心目中的完美丈夫。

聪慧的女子在择婿时不会盲目地按照“偶像标准”去选择，她们考虑的是这个男人会不会给她们温暖的爱，会不会给她们带来幸福的生活。

一对老夫妇谈恋爱的时间是1967年元月，时值“文革”爆发不久，全国一片混乱，百姓苦不堪言。那时候，粮店里的米，副食店里的肉、豆腐，百货店里的肥皂、布匹，以及煤铺里的煤等生活物资均要凭票供应，普通人家的生活清苦至极。男方的家在城郊的小菜园里，用现在的话来说，那里是当地的蔬菜基地。

女孩第一次去男方家时，男方留她和媒婆吃午饭。菜很简单，只有两道：几个荷包蛋外加一碗萝卜丝。那几个鸡蛋是他向邻居借的，萝卜则是自己种的。

在回家的路上，媒婆说男方又穷又小气，劝漂亮的女孩不要嫁过来。女孩却说男方煮的萝卜丝很好吃，说明他很能干。

过了一段时间，当女孩一个人再次来找男孩时，男孩刚好捉了一些鲫鱼。招待女孩的菜仍然是两道：除了油煎鲫鱼外，还有一碗红烧萝卜。吃饭时，女孩称赞男孩的萝卜做得很有特色，并说自己很喜欢吃萝卜。男孩说：“是吗？你下次来我请你吃另一种口味的萝卜。”

在后来的交往中，女孩尝尽了男孩做的不同口味的萝卜：清炒萝卜、清炖萝卜、白焖萝卜、糖醋萝卜、麻辣萝卜、萝卜干和酸萝卜等。再后来，女孩就成了这些萝卜的俘虏，嫁给了男孩。

当有人问老太太当时为何不嫁给那些有条件煮肉、炖鸽、杀鸡的男人，却嫁给只会烹饪萝卜的人时，老太太说：“当时我认为，一个男人在那种清贫的日子里竟能够把一种普通的萝卜烹饪出甜酸苦辣咸等不同的口味而令我大饱口福、弥久难忘，那么他同样能够将清贫的日子调理得色彩斑斓。谈婚论嫁，既要注重眼前，更要注重将来。这不，如今我和他结婚已30多年了，你看我们吵过几次架？更不像某些同龄人那样动不动就闹离婚。日子虽然过得平淡了一点，但平淡中更能见真情啊！”

婚姻是一座围城，两个人待在这座城里，怎样做才能在漫长的生命里享受生活的情趣而不是日子的枯燥？珠宝灿烂不能温暖人心，绸缎华贵不能带来快乐。故事中的男人没有能力给女孩子带来珍馐美味、宝马轻裘，但是他非常有生活情趣，能用普普通通的萝卜把日子变得有滋有味、丰富多彩。而有钱有势的“白马”却没有这个穷小子的魔术手。

高傲的王子未必能带给你幸福，高贵的王族也未必会在你身边出现。珍惜身边人，珍惜眼前的爱，不要让青春耗损于无意义的等待中。

婚姻天平上，做妻子还是女王

六五：帝乙归妹，其君之袂不如其娣之袂良。月几望，吉。

象曰：帝乙归妹，不如其娣之袂良也。其位在中，以贵行也。

帝乙的妹妹下嫁，所穿的衣服还不如陪嫁的女子华丽。帝乙的妹妹身份高贵，她不是没有条件穿得华美异常，艳压群芳。只是，她故意放低姿态，不想给夫家太大的压力。

帝乙的妹妹真是一位非常聪慧的女子，她深知爱要彼此尊重，夫妻之间一旦在人格上瞧不起对方，爱情就会降温，甚至消失。高贵的女子与身份比自已低的男子结婚，大都不会幸福，因为那些倨傲的女子不明白，她们习以为常的姿态会给丈夫的自尊带来多大的伤害。维多利亚女王和她的丈夫有一段趣闻。

1848年，英国维多利亚女王和她的表哥阿尔伯特公爵结了婚。和女王同岁的阿尔伯特比较喜欢读书，不大喜欢社交，对政治也不大关心。

有一次，女王敲门找阿尔伯特。

“谁？”里面问道。

“英国女王。”女王回答道。

门没有开。敲了好几次以后，女王突然意识到了什么，又敲了几下，用温柔的语气说：“我是你的妻子，阿尔伯特。”

这时，门开了。

聪明的女王用智慧化解了一次小小的婚姻摩擦。阿尔伯特公爵的做法也令人钦佩，仅仅用“不开门”就使女王明白了，在国家这个大环境下，她是尊贵的女王，在家庭这个小环境中，她只是阿尔伯特的妻子。女王摆正了自己的位置，与丈夫的感情也更加和谐甜蜜了。

爱是什么？恐怕这个问题很难有标准答案，人人都有自己的答案。但爱应该包含相互尊重是毫无疑问的，不平等的两个人不会产生爱情。这“平等”要求的不是社会地位平等或别的什么身份，而是人格与感情的平等。戏剧中有一出《醉打金枝》非常有名，这个故事在历史上确实发生过：

唐代宗时，郭子仪在扫平“安史之乱”中战功显赫，成为复兴唐室的元勋。因此，唐代宗十分敬重他，并且将女儿升平公主嫁给他的儿子郭暧为妻。这小两口都自恃有老子做后台，互不服软，因此免不了口角。

一天，小两口因为一点小事吵了起来，郭暧看见妻子摆出一副臭架子，根本不把他这个丈夫放在眼里，愤愤不平地说：“你有什么了不起的，就仗着你老子是皇上！实话告诉你吧，你父亲的江山是我父亲打败了安禄山才保全的，我父亲瞧不起皇帝的宝座，所以才没当这个皇帝。”在封建社会，皇帝唯我独尊，任何人想当皇帝，就可能满门抄斩。升平公主听到郭暧敢出此狂言，感到一下子找到了出气的机会和把柄，立刻奔回宫中，向唐代宗汇报了丈夫图谋造反的话。她满以为，父皇会因此重惩郭暧，替她出口气。

唐代宗听完女儿的汇报，不动声色地说：“你是个孩子，有许多事你还不懂。我告诉你吧，你丈夫说的都是实情。天下是你公公郭子仪保全下来的，如果你公公想当皇帝，早就当上了，天下也早就不是咱李家所有了。”他对女儿劝慰一番，叫女儿不要抓住丈夫的一句话，乱扣“谋反”的大帽子，小两口要和和气气地过日子。在父皇的耐心劝解下，公主消了气，主动回到郭家。

这件事很快传到郭子仪耳中，可把他吓坏了。他觉得，小两口吵架不要紧，可儿子口出狂言，这着实叫他恼火万分。郭子仪即刻令人把郭暧捆绑起来，并迅速到宫中面见皇上，要求皇上严厉治罪。唐代宗却和颜悦色，一点也没有怪罪的意思，还劝慰说：“小两口吵嘴，咱们当老人的不要太认真了。不是有句俗话吗？‘不痴不聋，不为家翁。’儿女们在闺房里讲的话怎好当起真来？咱们做老人的听了，就把自己当成聋子和傻子，装作没听见就行了。”

听到老亲家这番合情合理的话，郭子仪心中就像一块石头落了地，顿时感到轻松，一场大祸化为乌有。

虽然如此，为了教训郭暧，回到家后，郭子仪仍然将儿子重打了几十杖。

小两口关起门来吵嘴，在气头上可能什么激烈的言辞都会冒出来。如果句句较真儿，就将家无宁日。幸亏唐代宗没有把这事当成国家大事看待，而是归于家务事，这才大事化小。如果唐代宗不是用老丈人，而是用皇上的身份来处理这件事，那么势必闹得满城风雨，国家会失去栋梁，公主也会失去丈夫。

郭暖与升平公主不是没有感情，只是他无法容忍妻子高傲的态度。夫妻平等才能有爱的交流，公主总是放不下皇帝女儿的架子，怎么能做郭暖温柔可人的妻子？爱是一朵非常容易凋谢的花，它需要两颗真诚的心共同去灌溉，才能保持长久芬芳的生命力。不论是谁，在爱与被爱之间，都是平等的。爱情容不下权势、地位等不相关的东西。想让你的婚姻美满，就要努力把爱情变得单纯。

女王能拥有温暖的爱情，是因为她把自己当成一个平凡的、渴望爱情的女人。城市中那么多孤独的“剩女”在闹爱情的饥荒，是因为她们错误地把自己当成了女王，总是让自己高高在上。殊不知，在爱情面前，谁都拾不起财势的权杖。

第五十五卦【丰卦】

保护并维持自己的成功

【原文】

丰：亨，王假之，勿忧，宜日中。

【释义】

丰：祭祀，王到庙。勿忧，应该在中午太阳盛大时祭祀。

【智慧解读】

丰卦离下震上，火下震上，明下动上。

“丰”是大的意思。丰卦的卦辞说，王到祖庙祭祀，当时人们以祭祀为国之大事，正印证了“丰”。又说“宜日中”，日中宜照天下，说明是太阳盛大之时。

我们都知道，太阳每日升起又落下，不可能总保持在日中盛大的状态。日光过中则倾斜，说明了盈虚消长的客观规律。即使处在非常吉祥的盛大之时，也要有所戒。所以，六二爻说“丰其蔀”、九三爻说“丰其沛”——这种丰反而会造成黑暗，要人戒备。

当我们在事业上取得成就时，切不可沾沾自喜，盲目骄傲。到达了生命辉煌的顶点，同时也意味着衰落不可避免地要到来。我们所能做的，就是尽量把成功拉长，想办法尽量克制引发衰弱的力量。

常言道“小心驶得万年船”，越是成功就越应该谦恭谨慎，保持清醒的头脑。骄傲自大，不知收敛，无异于引剑自戮。

韶华盛极而不遭人猜疑

六二：丰其蔀，日中见斗。往得疑疾，有孚发若，吉。

象曰：有孚发若，信以发志也。

“蔀”是指草制的席子，泛指遮蔽之物。“丰其蔀”就是遮蔽很大。“日中”是正午，“斗”是北斗星，“日中见斗”是天空非常黑暗，中午见到了北斗星。“往得疑疾”是往往遭人猜疑、嫉恨。很显然，六二爻遭遇到困难，就是因为它生活境遇非常好、非常成功，遭到了别人的猜疑，所谓树大招风。

要避免遭人猜疑，就要保持低姿态。所谓的“低姿态”，是指人们在社会交往中所表现出的平和、谦逊、圆融及忍让等言行和情态。有些时候，这种低姿态对于保护自我及既得利益不受损失是必不可少的。唐朝大将郭子仪一生活得风风光光，究其实质，得益于四个字：“低调做人”。

功高权重的郭子仪被宦官们视为眼中钉。唐代宗大历二年十月，正当郭子仪领兵在灵州前线与吐蕃拼杀的时候，鱼朝恩却偷偷派人掘了他父亲的坟墓。当郭子仪从泾阳班师回朝时，朝中君臣都捏了一把汗，怕他回来不肯和鱼朝恩善罢甘休，会闹得上下不安。郭子仪入朝的那一天，唐代宗主动提了这件事，郭子仪却躬身自责，说：“臣长期带兵打仗，治军不严，未能制止军士盗坟的行为。现在，家父的坟被盗，说明臣的不忠不孝已得罪天地。”君臣们听了，都由衷地佩服郭子仪坦荡的胸怀。

郭子仪心里明白，自己功劳越大，麻烦就越大，就是当朝皇帝代宗，也会对自己有所顾忌。所以他处处谨慎小心，以求自保。每次代宗给他加官晋爵，他都恳辞再三，实在推辞不掉，才勉强接受。

广德二年，唐代宗要授他“尚书令”，他如何都不肯，说：“臣实在不敢当！当年太宗皇帝即位前，曾担任过这个职务，后来几位先皇，为了表示对太宗皇帝的尊敬，从来没有把这个官衔授给臣子，皇上怎能因为偏爱老臣而乱了祖上规矩呢？况且，臣才疏德浅，已累受皇恩，怎敢再受此重封呢？”唐代宗无奈，只得另行重赏。

郭子仪爵封汾阳王，王府建在首都长安的亲仁里。汾阳王府自落成后，每天都是府门大开，任凭人们自由进出，郭子仪不允许府中的人对此加以干涉。

一天，郭子仪帐下的一名军官要调到外地任职，来王府辞行。他知道郭子仪府中百无禁忌，就一直走进内宅，恰巧看见郭子仪的夫人和女儿正在梳妆打扮，而郭子仪正在一边侍奉，她们一会儿要郭子仪递毛巾，一会儿要他端水，使唤他就好像奴仆一样。这位军官当时不敢讥笑郭子仪，回家后忍不住讲给家人听，于是一传十，十传百，没几天，整个京城的人都把这件事当成笑话来谈论。郭子仪听了倒不觉什么，他的几个儿子听了却觉得大丢父亲的面子，决定对父亲提出建议。

他们相约一齐来找父亲，要他下令，像别的王府一样，关起大门，不让闲杂人等出入。郭子仪听了哈哈一笑，几个儿子哭着跪下来求他，一个儿子说："父王您功业显赫，普天下的人都尊敬您，可是您自己却不尊重自己，不管什么人，您都让他们随意进入内宅。孩儿们认为，即使商朝贤相伊尹、汉朝大臣霍光也无法做到您这样。"

郭子仪收敛起笑容，语重心长地说："我敞开府门，任人进出，不是为了追求浮名虚誉，而是为了自保，为了保全我们全家的性命。"

儿子们十分惊讶，忙问其中的道理。

郭子仪叹了一口气，说道："你们光看到郭家显赫的声势，而没有看到这声势有丧失的危险。我爵封汾阳王，往前走，再没有更大的富贵可求了。月盈而蚀，盛极而衰，这是必然的道理。所以，人们常说要急流勇退。可是眼下朝廷尚要用我，怎肯让我归隐，再说，即使归隐，也找不到一块能容纳我郭府一千余口人的隐居地呀。可以说，我现在是进不得也退不了。在这种情况下，如果我们紧闭大门，不与外面来往，只要有一个人与我郭家结下仇怨，诬陷我们对朝廷怀有二心，就必然会有专门落井下石、妨害贤能的小人从中添油加醋，制造冤案，那时，我们郭家的九族老小都要死无葬身之地了。"

郭子仪之所以让府门敞开，是因为他深知官场的险恶。他具有很高的政治眼光，又有一定的修养，善于忍受各种复杂的政治环境，因此即使自己功勋卓著，也时时做好应付可能发生的危险的准备。

做人不可过于高调。有了成绩便不可一世，眼中容不得任何人，往往会成为人们攻击的对象。所以，做人不管有多大的权势和资本，都应该放下身段，保持低姿态为好。

切勿骄傲自大，自折肱股

九三：丰其沛，日中见沫，折其右肱，无咎。

象曰：丰其沛，不可大事也。折其右肱，终不可用也。

大暗谓之沛。“沫”通“昧”，指昏暗的小星。遮阳的黑云迅速扩大，遮天蔽日，昏暗不明。这种昏暗到了什么程度呢？比上一爻还要黑暗，在正午甚至能看到不起眼的小星星。

一个人取得了成功，很容易盲目骄傲自大。骄傲自大的态度使他的视野被蒙蔽，心智陷入混乱，此时他的世界如正午涌起阴云，遮蔽了一切事实，什么也看不到，什么也听不到，只有荒诞的想法在昏暗中回响。

不听取正确的意见，不吸取有见地的想法，无异于自折肱股，把自己推入险境。

1990年，人们发现斯坦福大学使用纳税人的钱做一些与研究无关的事，诸如购买快艇和为校长唐拉德·肯尼迪的新偶举行招待会。事情败露后，肯尼迪并不愿为此道歉，相反，却执迷不悟地声称政府的基金可用来支付与研究有关的“间接开支”，诸如餐巾、桌布和在他家里举行的晚会。他夜郎自大地说：“哪怕是我家里的一朵鲜花，也是与研究活动有关联的。”

肯尼迪自鸣得意的辩解引起哗声一片。斯坦福大学的一位职员说：“他似乎认为无论他做什么都是正当的——只要是他做的。”几个月后，肯尼迪被迫辞职。

肯尼迪的自负断送了大好前途。骄傲自大对一个人的杀伤力无异于枪膛中射出的滚烫子弹。“有许多事我以为是对的，但是试验之后，我却发现自己错了，因此我无论对于什么事都没有一种很自信的判断。如果某事临时使我觉得不对，我便可以马上抛弃自己原有的观点。”这是科学家爱迪生的表白，凡是有大成就之人莫不如此。

一个人的能力是有限的，要善于把别人的看法巧借过来为自己所用，对于别人中肯的意见一定要虚心接受，一个好的建议说不定就可以壮大自己。当然你可以自信，自信很重要，但千万不能让自信转为自负。

对他人采取轻视的态度，对自己绝无半点好处。你刺伤他的自尊心，他自然会对你产生敌意。卓有成就的人士和真正聪明的成功者都能明了夜郎自大所蕴涵的教训。他们乐于倾听他人意见，绝不自命清高；他们能与各种各样的人打交道，绝不画地为牢；他们遇事深思熟虑，也深知自己才智有限。

山姆·沃尔顿就是这样一位真正的商业才子。这位以5美元起家，如今拥有550亿美元的沃尔玛王国的商界大亨，从不满足于待在他的公司总部里，而是坐着飞机去考查世界各地的连锁店。他能耐心倾听各种各样的“同事”（他称雇员为“同事”）们的意见，甚至常常亲自站柜台将商品装在购物袋里递给顾客。

谦虚谨慎永远使人进步，骄傲自大会毁掉你的生活。把自己放低，多听听别人的意见，保持谦恭，才能在成功的位子上坐得更久，坐得更踏实。

雅量宽人少事端

六五：来章有庆誉，吉。

象曰：六五之吉，有庆也。

“章”，是才能、文采。招来有才能的人帮助自己，就能保持长久的丰盛。

公司能够平稳运转、员工之间团结协作，与领导能否任人唯贤有很大关系。你任命的主管如果头脑清醒，能妥善处理好与同事之间的关系，必然会化解很多矛盾，对开展工作极为有利。

在工作中，与同事搞好关系十分重要，人际关系搞不好，工作就不好开展。有这样一位职员，工作年限不长，但能力很强，深受领导赏识，很快被提升为部门主管。但是下属中有位老职员，仗着自己资格老，以前有功劳，对他不服，让他很难办。遇到这种情况该怎么办呢？

要改变这种境况，必须首先认清一点：每个人都自我感觉良好，认为自己并不比别人差，对别人不服气是正常心理。所以，年轻主管必须遵循一条准则，尊重他人的优点，承认他的优势，慢慢解开他心里的疙瘩。

战国时期的廉颇和蔺相如就曾有这样的矛盾。蔺相如本来是赵国一名宦官的门客，地位低下，因为偶然的机会才为赵王所知，赵王派他带着和氏璧出使秦国，他不辱使命，出色完成了任务。从此以后，他接连被提拔，最后官拜上卿，排在廉颇之前。

这下廉颇很不服气，说："我是赵国的将军，有攻城野战、保卫国家的汗马功劳，可是蔺相如仅仅靠耍嘴皮子立了一点功，他的爵位却在我的上面。况且，蔺相如出身低微，原来不过是太监总管手下的一个舍人。我同一个出身低贱的人担任同样的职务，实在是感到耻辱，而且现在还要我做他的下手，这让我简直受不了。"他对外扬言："我如果碰到蔺相如，一定要羞辱他一番。"

蔺相如听到这些话，总是避免和廉颇见面。每次朝会的时候，蔺相如常常假托有病，不愿和廉颇争位次的先后。后来有一次蔺相如外出，远远看见廉颇来了，蔺相如立即把车子掉转方向躲避，门客对此不解。

后来，蔺相如对自己的门客说："其实我哪是怕廉将军啊，我是为了国家着想啊。现在强秦之所以不敢发兵来攻打我们赵国，只是因为我和廉将军两人还活着。两虎相斗，必有一伤。我之所以忍辱退让，是由于我首先考虑到国家的安危，而把个人之间的仇怨摆在次要地位的缘故。"

这话传到廉颇的耳朵里，他感到很惭愧，觉得自己的境界实在太低了，于是真诚地负荆请罪，两人终于和解。

新主管要以敬重、真诚的态度对待资深同人，比如，在聚会时，为表示敬重之意，真诚地赞美他们为公司作出的贡献。工作中不懂的事要和老员工商量，不能因为对方职位不高或生性老实而有失敬意，这种人对公司上上下下很清楚，听他们讲讲公司的历史，对新主管也有益。如此一来，年轻主管不但加深了对公司的了解，而且在老员工及众人心中也能留下好的印象。

如果被任命的年轻主管不懂与资深下属搞好关系，引起老员工的不满，不但不能发挥他们的实力，还会把原有的工作系统搞得一团糟，这样的主管，不提拔也罢。

第五十六卦 ䷷【旅卦】

如何走好人生路

【原文】

旅：小亨，旅贞吉。

【释义】

旅：小通顺。占问旅行吉。

【智慧解读】

旅卦艮下离上，山下火上。旅卦认为，旅客在外，只能得小通顺而本无大通顺。出门在外，不比在家，不占地利、人和，所以要处处小心，以柔顺保平安。

生命是一段漫长的旅途，我们生下来就被注定了行路的命运，我们都是旅人，旅卦对每个人的人生都有指导借鉴的意义。我们在父母的身边接受哺育、接受教育，当我们长大、成熟后，就要对温暖的家庭说再见，开始属于自己的人生之旅了。

人生的起点选择在哪里呢？可能有的人家庭条件比较好，起点较高，也可能有的人生活贫困，起点比别人低一些。起点高的不要窃喜，父母的余荫不是源自本人的能力；起点低的也不要自卑，人生是一场马拉松，不经过充满耐力的比拼谁也不知道第一个闯过红线的是谁。但是无论如何，都要以严、以正要求自己，给自己一个好的开始。

你旅行的背囊里一定要准备好两样东西，一样是坚强，一样是善良。

谁的一生都不可能顺风顺水。遇到困难时不要气馁，不要抱怨，咬牙坚持，就能看到一程又一程的人生美景。

人出门在外，总会遇到困难，会接受别人的帮助，也会主动去帮助别人。善心是一个银行，你存入多少，就能取出多少，还能附带丰厚的利息。

一程山水一程歌，坦然地享受旅行的过程，锻炼坚韧的旅人的品格，你会发现，人生之路其实并不像想象的那么艰难，它是那么有滋味，那么美。

给自己一个好起点

初六：旅琐琐，斯其所取灾。

象曰：旅琐琐，志穷灾也。

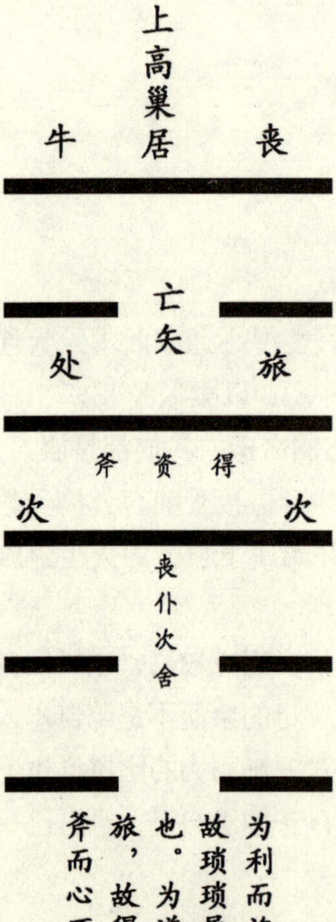

旅次舍图

初六爻是一卦的开始，有开端的意思，同时其爻位卑下，放在旅卦里意思是说，行旅之初，如果行动猥琐、卑贱就会招来灾祸。

起点对一个人的一生有非常重要的意义，一个好的起点对你一生有利，一个坏的起点会使你终生背负污点，所以选择起点一定要慎重。很多人悲观地认为，我没有含着银汤勺出生，没有显赫的家境，这如何让我有一个良好的起点？请看纽约州州长罗杰·罗尔斯的故事——他的生活环境可不是一般的差，他出生在以混乱著称的美国贫民窟。

罗杰·罗尔斯是美国纽约州历史上第一位黑人州长。他出生在纽约声名狼藉的大沙头贫民窟。这里环境肮脏，充满暴力，是偷渡者和流浪汉的聚集地。在这儿出生的孩子，耳濡目染，从小逃学、打架、偷窃甚至吸毒，长大后很少有人从事体面的职业。然而，罗杰·罗尔斯是个例外，他不仅考入了大学，而且成为州长。

在就职的记者招待会上，一位记者向他提问："是什么把你推向州长宝座的？"面对300多名记者，罗尔斯对自己的奋斗史只字未提，只谈到了他上小学时的校长——皮尔·保罗。

1961年，皮尔·保罗被聘为诺必塔小学的董事兼校长。当时正值美国嬉皮士流行的时代，他走进大沙头诺必塔小学的时候，发现这儿的穷孩子比“迷惘的一代”还要无所事事。他们不与老师合作，旷课、斗殴，甚至砸烂教室的黑板。皮尔·保罗想了很多办法引导他们，可是没有一个是奏效的。后来，他发现这些孩子都很迷信，于是在他上课的时候就多了一项内容——给学生看手相。他用这个办法来鼓励学生。

当罗尔斯从窗台上跳下，伸出小手走向讲台时，皮尔·保罗说：“我一看你修长的小拇指就知道，将来你是纽约州的州长。”当时，罗尔斯大吃一惊，因为长这么大，只有他奶奶让他振奋过一次，说他可以成为五吨重的小船的船长。这一次，皮尔·保罗先生竟说他可以成为纽约州的州长，着实出乎他的意料。他记下了这句话，并且相信了它。

从那天起，“纽约州州长”就像一面旗帜鼓舞着他，罗尔斯的衣服不再沾满泥土，说话时也不再夹杂污言秽语。他开始挺直腰杆走路，在以后的40多年间，他没有一天不按州长的身份要求自己。51岁那年，他终于成了州长。

罗尔斯的起点并不好，他的生活环境充斥着肮脏与暴力，但是他有幸遇到了一位聪明的校长皮尔·保罗先生，校长用“迷信”的方式给他的人生重新规划了一个起点——“纽约州州长”的人生之路的起点。对罗尔斯来说，校长的一句“将来你是纽约州的州长”无异于马力十足的发动机，激发了他努力成为州长的欲望和信念。

其实，每个人都是一座宝藏，只要你有坚定的信念，努力去挖掘，就能寻觅到奇迹。这个探索、挖掘的过程是一般人不敢轻易尝试的，它痛苦、漫长，可是你只要坚持下去，终能发现不一样的自己，收获不一样的人生。

人生多波折，命运多精彩

九三：旅焚其次，丧其童仆，贞厉。

象曰：旅焚其次，亦以伤矣。以旅与下，其义丧也。

寄宿的旅馆遭遇火灾，失去了住处，混乱中仆人也走失了。在旅途中遭遇这种事情，真是太糟糕了。

遇到这种灾难，不要悲观，不要丧气。没有谁会一直幸运，不经受挫折。经过了命运暴风雨般的考验，你会发现，你得到的比失去的要多。我们来看一个金融家事业沉浮的故事，或许能得到一些启发。

金融家韦特斯真正开始自己的事业是在17岁的时候，他赚了第一笔大钱，也是第一次得到教训。那时候，他的全部家当只有255块钱。他在股票的场外市场做掮客，在不到一年的时间里，他发了大财，一共赚了168000元。拿着这些钱，他给自己买了第一套好衣服，在长岛给母亲买了一幢房子。但是这个时候，第一次世界大战结束了，韦特斯以为和平已经到来，就拿出了全部积蓄，以较低的价格买下了雷卡瓦那钢铁公司。“他们把我剥光了，只留下4000元给我。”韦特斯最喜欢说这种话，“我犯了很多错，一个人如果说他从未犯过错，那他就是在说谎。但是，我如果不犯错，也就没有办法学乖。”这一次，他学到了教训。“除非你了解内情，否则，绝对不要买大减价的东西。”

他没有因为一时的挫折而放弃，相反，他总结了相关经验，并相信自己一定会成功。后来，他开始涉足股市，在经历了股市的成败得失后，他已赚了一大笔。

1936年是韦特斯最冒险的一年，也是最赚钱的一年。一家叫普莱史顿的金矿开采公司在一场大火中覆灭了，全部设备被焚毁，资金严重短缺，股价也跌到了3分钱。有一位名叫陶格拉斯·雷德的地质学家知道韦特斯是个精明人，就游说他把这个极具潜力的公司买下来，继续开采金矿。韦特斯拿出35000元支持开采。不到几个月，黄金挖到了，离原来的矿坑只有213英尺。金矿每年的毛利达250万元。

这时，普莱史顿股票开始飞涨，不知内情的海湾街上的大户还是认为这种股票不过是昙花一现，早晚会跌下来，所以纷纷抛出原来的股票。韦特斯抓住这个机会不断买进，等到他买进了普莱史顿的大部分股票时，这时股票的价格已上涨了许多。

韦特斯的成功告诉我们，不要害怕失败，成功的经验总是在失败中一点点积累的，一夜暴富的例子很少，并且一夜暴富的财富也总是不长久的。人只有经历了失败的洗礼，才有可能取得成功。

人生也是这样，生活只会祝福那些将挫折当勋章来对待的人，只有这样的人，才是真正的英雄，也只有他们才配得上多彩的人生。人生的路上，挫折不断，考验不断，人生的境界才会得到升华，生命的底蕴才会越来越醇厚。

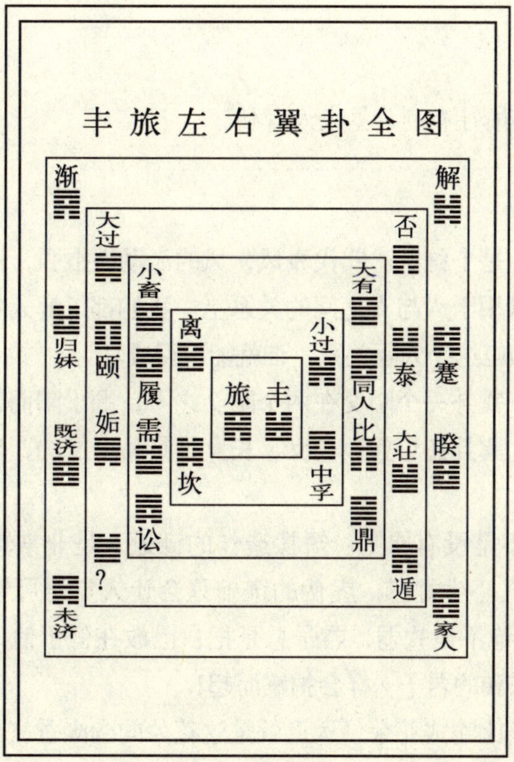

丰旅左右翼卦全图

第五十七卦 【巽卦】

谦逊能让人站得更高

【原文】

巽：小亨，利攸往，利见大人。

【释义】

巽：小通顺。有所往有利，见大人有利。

【智慧解读】

巽卦两巽相重，是个纯卦。巽代表风，风的流动性很强，适应性很强，无孔不入，这个适应性可以用于人与人之间的关系上。我们都了解人际关系的重要性，谁能顺应这个世界，顺应这个人际关系，谁就能取得成功。

从爻上来分析，巽卦一个阴爻在两个阳爻之下，顺于阳而善入，有谦虚顺从的品德，所以称为巽。巽卦还可代表长女，长女是具备女德的，也有非常浓郁的谦虚和顺从的意味。

巽卦的谦逊，不是没有原则、矫揉造作的谦逊，是非常真诚的、从心底发出的。真诚的谦逊使人心生好感，虚伪的谦虚只会让人觉得可憎。同时谦逊是本着“德”的原则退让，绝不是软弱，君子总是把自己放在低于他人的位置，但是如果涉及原则的问题，谦和的君子一样会拍案而起！

如果把人生美德比喻成花朵，谦逊就是这花朵的幽幽香气。谦逊，使人们沉浸在高雅与温文中，没有人会不被这种超然的魅力所吸引。

谦卑不能过了头

初六：进退，利武人之贞。

象曰：进退，志疑也。利武人之贞，志治也。

“进退”是优柔寡断、犹豫不决、怯懦的意思。生活中，我们所说的谦逊隐含有怯懦之意，而巽卦所说的谦逊，则“利武人之贞”，有武者的坚韧和勇猛，象征着坚定不动，心志稳定。巽卦的谦逊，是有原则的谦逊，是有气节的谦逊。

一味强调自己不如人的人，并不是谦虚，而是一种懦弱。人背负着尊严行走在世间高低不同、起伏不定的道路上，会遇到不同的人，他们各有长处，各有特点，值得我们去学习、去丰富自己的人生。要想学到别人的长处，我们必须谦逊，谦逊是使人与人友好相处的法宝，没有人会对一个骄傲自大、飞扬跋扈的人说出经验或宝贵的人生收获。这个时候，我们是躬着腰的，也许会觉得很累——因为我们的背上还背负着尊严。这种疲劳感时刻提醒着我们，要尊重别人，但是同时不能贬低自己。

一位闻名遐迩的画家每逢青年画家登门求教，总是很耐心地给人看画指点；对于有潜力的青年才俊，更是尽心尽力，不惜耗费自己作画的时间。一次，一位后辈画家对于前辈的关爱有加感激涕零，老画家微笑着讲了一个故事。

40年前，一个青年拿了自己的画作到京都，想请一位自己敬仰的前辈画家指点一下。那画家看这青年是个无名小卒，连画轴都没让青年打开，便推说事务缠身，下了逐客令。青年走到门口，转过身说了一句话：“大师，您现在站在山顶，往下俯视我辈无名小卒，的确十分渺小；但您也应该知道，我从山下往上看您，您同样也十分渺小！”说完转身扬长而去。青年后来发奋学艺，终于在艺术界有所成就，他时刻记得那一次冷遇，也时刻提醒自己，一个人是否形象高大，并不在于他所处的位置，而在于他的人格、胸襟和修养。

青年是抱着谦虚求教的心态来向那位前辈请教的，但是他没有想到，那位前辈那么骄傲。

这位前辈奋斗了半生，终于站到事业的顶峰。他站在顶峰俯视山脚，看那些人那么渺小，那么庸庸碌碌，最早的时候，他也是一步一个脚印、不知吃了多少苦、流了多少汗才打拼出了今天的事业。曾经的他也是谦逊的，像眼前的这个青年一样四处寻找高手苦苦求教，可是如今他成功了，就忘记了谦逊。他倨傲而自满，甚至不屑于看一眼青年浸满心血的画作。

你如果是那位青年，你会怎么做？保持所谓的谦逊的态度，唯唯诺诺，任由所谓的“前辈”轻视侮辱？那位青年没有那么做。他是谦逊的，但是谦逊不代表他就没有高傲的人格，他在这位前辈面前保留了自己的人格，高傲地离去，并用一生的时间来为自己的高傲积蓄资本，终于成为一位有名的画家。

君子谦逊温文，但是骨子里有武者的真和贞。所以，很多人可被人盛赞温柔、好脾气或是有教养，但是很少有人被称作君子。

低调柔和，远离灾祸

九二：巽在床下，用史巫纷若，吉，无咎。

象曰：纷若之吉，得中也。

“巽”是进入隐伏，“巽在床下”是钻进床下隐伏起来。爻辞的意思是自己钻到床下隐伏起来，让巫师们喧闹地做法请神来赐予吉祥。最后没有什么不得了的事，吉祥而没有灾害。

有灾害就躲闪，等有实力化解灾害的人来解决问题，是中国人自古以来的智慧。所谓“木秀于林，风必摧之”，一个人会招致祸患，往往就是因为名声在外或是遇事强出头。想平安，就必须谦逊。自命不凡不是一种高雅，而是灾祸的源头。

有这样一个故事：

在高高的围墙背后，有一座很大的果园。果园里栽种着各种各样的果树，有苹果、梨、桃、杏、石榴、无花果，还有一些连名字也叫不出来，但果实却香甜可口的果树。

这些果树聚集在果园里，大家互相关心、互相帮助，相处得十分融洽，过着和睦、幸福的生活。春天，它们在五颜六色的花潮中嬉闹；夏末，沉甸甸的果实压弯了枝头。

有一天，这个温馨的大家庭增加了一个新成员——一棵自命不凡的核桃树。这棵核桃树确实长得干粗叶肥、高大英俊。果树们都热情地欢迎它，主动和它攀谈，很想与它友好相处。起初，核桃树态度非常谦和，与大家相处得不错。可是，过了不久，它的缺点就暴露出来了。

“我们何苦要龟缩在围墙后边呢？”它对伙伴们说，“我根本不想在这里当隐士，埋没自己的才华和美貌。我必须把我这高大健壮的枝干伸出围墙，让周围的人都见识一下我的美貌，品尝我的果实！”

其他的果树都奉劝它说：“我们已经在这个果园里生活几十年了，正是由于围墙的保护，我们才能无忧无虑地成长，自由自在地生活。如果你把枝干伸出围墙，让过路的人来欣赏你，可能会招惹麻烦，因为过路人什么样的都有，怎能保证你不受伤害呢？”

高傲的核桃树把伙伴们的好心规劝当成了耳边风，它决定要在过路人面前展示英姿。于是它不停地爬啊爬，终于翻过了高高的围墙。收获的季节到了，核桃树的枝条上挂满了核桃，它昂首挺胸，骄傲地向路人展示着自己的美貌和才华。可是绝大多数过路人根本无心欣赏它的美貌，而是只顾去摘它的果实。摘不到的就扯断枝条，甚至用石块投掷，用棍棒敲打。

没过多久，核桃树便伤痕累累、肢体不全了。它不单是赔了核桃，还损了枝叶，残断的树枝垂挂在围墙外边。

人们可以容忍平庸的大多数，却把少数优秀者视为异己。在生活中，大多数人都是诋毁和排挤优秀者的。而有些优秀的人不但不知道韬光养晦，还会因为自己的才华而狂妄自大，喜欢处处崭露锋芒。霜打露头草，枪打出头鸟，一个人即使是天才，若丝毫不懂收敛，也必

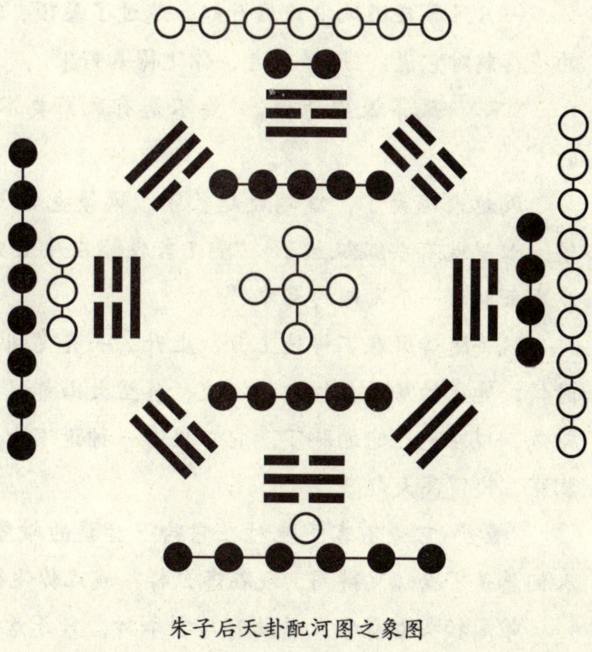

朱子后天卦配河图之象图

将成为别人打击的对象。

所以说，做人要优秀，但是不可以总出风头。优秀的品质才能赢得别人的敬佩和羡慕，骄傲自大只会使你成为众矢之的。

神赐恩给谦卑的人

九五：贞吉悔亡，无不利，无初有终。先庚三日，后庚三日，吉。

象曰：九五之吉，位正中也。

九五爻是巽卦之主，在全卦的尊位，居中得正，故能“贞吉悔亡”。在古代，以甲、乙、丙、丁、戊、已、庚、辛、壬、癸来记日，先庚三日即丁日，后庚三日即癸日，从丁日到癸日即七日，是吉日。纵使开端不是很好，却能有好的结果。经过最初的不顺利，终于能坐上尊贵的位置，只有保持谦逊，才能在尊贵的位置上保持吉祥。谦逊使人永存平和之心，不骄不躁，遇到问题客观解决，不鲁莽冒进。

谦逊使人有自知之明，使人永远不会丧失理智去做超出自已能力范围的蠢事。如果不自量力，丧失了自知的能力，只能遭受挫折。

一只风筝在微风中飘然升起，越过了屋顶，飘过了树梢。这时，站在树上的花喜鹊对它说：“风筝大哥，你飞得真好！”

“不。”风筝谦虚地说，“要不是有风，要不是有线牵着我，我是飞不好的！”

风越来越大了，线越放越长了，风筝也越飞越高了。等它飞过山顶的时候，心里就有些飘飘然了：“啊！当我躺在屋里桌子上的时候，怎么也不知道我原来也是一个飞翔的天才！”

风筝随着风在不停地上升、上升，一直飞到了白云之上。当它俯视地面的时候，地上的房屋、树木、河流，甚至大山都显得那么渺小，就连平时高飞的雄鹰，现在也在它的脚下。它心里有一种说不出的滋味，仿佛自己的身体也在膨胀，变得高大起来。

“喂！”它毫不客气地对在它脚下盘旋的雄鹰说，“抬起头来看看我！过去人们总是赞扬你飞得高，现在怎么样？我比你飞得还要高！”

雄鹰抬头看看它，并没有与它争辩，只是意味深长地瞅了瞅它身下那根长长的线，微微一笑。

这样一来，风筝更沉不住气了，涨红了脸说："你这是什么意思？好像我离了线就不能飞似的！其实，我还可以飞得更高些，都怪这根可恶的线！"为了显示自己的才能，风筝拼命挣扎，只听得"嘭"的一声，拴在它身上的线断了。风筝很得意，心里想：这下可好了！我可以自由飞翔了，想飞多高就飞多高！果然，在断线的瞬间，它迅猛地向上冲了好大一截。

谁知它很快便失去了重心，在风中身不由己地向下翻滚，最后一头栽进了臭水沟。

《圣经》上说："神阻挡骄傲的人，赐恩给谦卑的人。"谦卑是一种无言却厚重的力量，它比骄傲更有力。风筝离开了线的掌控就会丧失方向，无法飞翔，人脱离了行为的底线也会跌跟头。

一个人如果想在纷繁复杂的世间立足，有时谦恭比骄傲更有用处。山外有山，人外有人，谦卑使人进步，骄傲会使你在真正的强者面前显得可笑而卑微。

杨万里是南宋著名的诗人，他知识渊博，非常有才华，所写的诗一直广为流传，但他为人很低调，一直非常谦虚。

江西有一个名士，常常说自己学识渊博，天下没有人胜得过他。他听说杨万里很有名，非常不服气，决定给他写一封信，说要亲自到杨万里的家乡——吉水来拜见他。杨万里早就听说这个人一贯骄傲得不得了，就给他回了一封信，说："我很欢迎您的到来，冒昧地向您提一个小小的要求，听说你们家乡的配盐幽菽非常有名，很想亲口尝一尝滋味，请您来时顺便捎带一点。"

那个名士拆信一看，不禁一下子愣住了，什么是配盐幽菽呀？自己从未听说过。他想了很久，也想不出是什么东西，他又不愿意去问别人，只好自己在街上到处乱找，但找了很久也没有找到。后来，他实在想不出是什么东西，只好空着手来到吉水。他见到杨万里后，寒暄了两句就问："您信中提到的配盐幽菽是不是卖的地方比较偏僻，我找了很久也没有找到。实在抱歉！"

杨万里听了哈哈大笑起来："你们那里家家户户都有啊！"说着，他随手从书架上取下一本《韵略》，翻开其中的一页。名士接过来一看，上面明明白白地写着"豉，配盐幽菽也"一行字。

他这才明白，原来所谓配盐幽菽，就是家庭日常食用的豆豉啊！豆豉是用黄豆或黑豆泡透、煮熟后再发酵的食品，然后再放上盐，这道家常小菜的别名就叫配盐幽菽。

名士看了非常惭愧，他这才明白自己平日读书太少了。从此以后，他再也不骄傲自大、目中无人了。

做出一点点成绩便飘飘然是人的通病。成绩使人们的心无限膨胀、无限上升，以致不能再认清自己的实力，失去理智地去攀登永远无法逾越的高峰。最后，不仅得不到成功，还会搞得疲惫不堪、伤痕累累。

一只装得满满的碗是装不下新东西的。一个人必须时刻保持虚怀若谷的状态，才能不断进步，最终获得人生的成功。

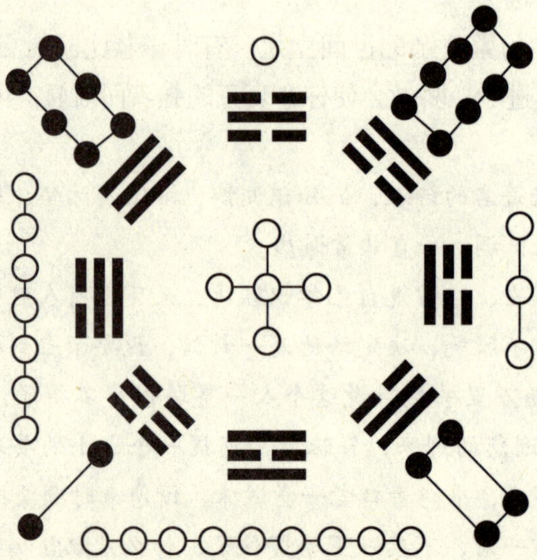

朱子后天卦配洛书之数图

第五十八卦【兑卦】

愉悦的法则

【原文】

兑：亨，利贞。

【释义】

兑：通顺，占问有利。

【智慧解读】

兑卦，其象为泽。兑下兑上，也就是说大泽与大泽附丽在一起，互相连通。

兑卦中，一个阴爻升进到两个阳爻之上，喜出望外，非常开心。

每个人都想天天保持好心情，可实际上，我们很少看到有人天天都快快乐乐。时代越进步，物质越丰足，人们的快乐似乎就越少。小时候，我们含块冰糖或是在儿童节的时候穿双白球鞋，就能高兴许久。现在，去西餐厅吃昂贵的法国菜或是买几千元的名牌衣物，往往也赶不走人们眉间紧皱的纹路。看来，快乐与物质关系不大，重要的是拥有一种知足常乐的心态。小小的阴爻不过就是难得跑到了阳爻之上，就很满足，所以它快乐，呈现出“兑”的卦象。发现了这个快乐的秘诀，你还会吝惜笑颜吗？

把心态放平和，不要不知足，整天想着攀比：小刘做了个新发型，看起来比你美，你妒忌，不快乐；小王刚升职做了经理，你心里不平衡，不快乐；小赵的小孩考了第一名，比你的小孩分高，你心里郁闷，不快乐……不快乐的理由那么多，其实只要有一颗平常心，这些所谓的不快乐，又能算什么？

知足才能快乐。每天都告诉自己“我有多么幸福”、“我拥有很多美好的东西”，生活就会处处洋溢着快乐的空气。

为自己的独特而微笑

初九：和兑，吉。

象曰：和兑之吉，行未疑也。

兑，通“悦”。“和兑”是平和喜悦，所以吉祥。初九居于下位，有一种平和的心态，以喜悦的心情对待周围的人。同时阳爻刚健，充满正气，大家对这样的人满心喜爱，从不怀疑，自然就会平安幸福。

上帝创造世间万物时有一颗公平的心，所以人无高低，物无贵贱。但滚滚红尘中，人们总不能客观地看待世界，所以世间的事物有了千差万别。其实不管是圣人还是凡人，都有独到之处，圣人并非天生就是圣人，只不过能够充分发挥特长而已。

淡定地看待自己和周围的人，不要盲目地羡慕或轻视某人。失去了平常心，生活中会充满痛苦和无奈。

有这样一个故事：

骆驼长得高，羊长得矮。骆驼说：“长得高好。”羊说：“不对，长得矮才好呢。”骆驼说：“我可以做一件事情，证明高比矮好。”羊说：“我也可以做一件事情，证明矮比高好。”

它们俩走到一个园子旁边。园子四面有围墙，里面种了很多树，茂盛的枝叶伸出墙外。骆驼一抬头就吃到了树叶。羊抬起前腿，趴在墙上，脖子伸得老长，还是吃不着。骆驼说：“你看，这可以证明了吧，高比矮好。”羊摇了摇头，不肯认输。

它们俩又走了几步，看见围墙上有个又窄又矮的门。羊大模大样地走进门去吃园子里的草。骆驼跪下前腿，低下头，往门里钻，却怎么也钻不进去。羊说：“你看，这可以证明了吧，矮比高好。”骆驼摇了摇头，也不肯认输……

骆驼一直想变成一只羊，而羊呢，做梦都想变成骆驼。它们一辈子都这么羡慕、嫉妒着，结果都不幸福！

人人都有优点，也都有短处。屈原《卜居》中说：“夫尺有所短，寸有所长，物有所不足。智有所不明，数有所不逮，神有所不通。”每个人都是独特的，每个人都有自己独特的风格，为什么非要与他人攀比？遗憾的是人心往往沉迷在无意义的比较中，不仅在尘世中挣扎的我们如此，即使是一生追求生命真谛的修道人，也难逃心魔。

学僧道信一心向佛，但他苦心修行了15年，始终悟不出什么禅理。眼看着师弟们一个个悟道出师了，自己却没有多大进步，他不由得心急如焚。

道信心想，自己太笨了，所以入不了门。他不想再这样苦苦修炼下去，认为不会有什么结果，还是做个苦行僧算了。

于是，道信打点好行装，决定出去云游。临走前，他来到法堂，向广寂禅师辞行。

道信跪在广寂禅师面前，说道："师父，学僧辜负您的教导，自从皈依在您座下，习禅已有15年之久，却始终悟不出一点东西来。我想，我实在不是一块学禅的料，因此，想四处云游，特来向您老人家辞行。"

广寂禅师非常惊讶，问道："为什么没有觉悟就要走呢？难道在这里觉悟不出来，到别处就可以觉悟了吗？"

道信诚恳地说道："我每天除了吃饭、睡觉之外，将全部时间与精力都花在参禅悟道上，这么用功还是不能开悟，我想我和禅可能无缘。看着师弟们一个个都出师了，我心里难受。师父，还是让我去做个苦行僧吧，这样，我心里会好受一点。"

广寂禅师说道："别人有别人的境界，你修你的禅道，这本来是互不相干的两回事，为什么非要混为一谈呢？"

道信非常沮丧，辩解道："师父，您不知道，我跟师弟们一比，就好像小麻雀见到了大鹏鸟，心里惭愧极了。"

广寂禅师又问道："那么你说说看，大鹏鸟怎样大？小麻雀又怎样小？"

道信答道："大鹏鸟轻轻一展翅，就能飞越几百里，而我无论怎样努力，也只能飞出几丈而已。"

广寂禅师听后微微一笑，说道："大鹏鸟一展翅就能飞出几百里，它能不能飞越生死界呢？"

道信禅僧恍然大悟，放下行李，再不提云游的事了。

世上没有两片完全一样的树叶，也没有完全一样的两个人。我们出生在不同的家庭，会遇到不同的人，经历不同的事，有完全不同的成长经历，享受不同的成长经验，为什么要艳羡他人？道信痛苦，就是因为他不明白，每个人都是独特的，每个人修道都有自己独特的风格。

世间万物各有独特之处，即使我们在某些方面差一些，但也许在另一方面，我们却比别人更优秀。因此，每个人都不要因优点而过分骄傲，更不要因缺陷而悲观绝望。心态平和了，知道了自己独有的美，才会活得快乐。

知足是因，常乐是果

九二：孚兑，吉，悔亡。

象曰：孚兑之吉，信志也。

九二爻心灵纯正，心满意足，所以吉祥。九二本可以与六五换位升往五位，但是九二没有上行之意，反而要六五主动下来应和。没有上往的忧悔可以消亡，所以总是由心底流淌出喜悦的感情。

常言道，知足常乐。很多时候，我们的内心都为外物所遮蔽，浮躁的心情占领了心灵，上学的时候与人比分数，上班之后与人比工资，结婚了比配偶的容貌、钱财，生了孩子比孩子的成绩……一直在攀比，一直不知足，不知道倾听自己内心的声音，盲目地选择了别人为我们选定的，他们认为最有潜力与前景的生活。可是，我们并不快乐。我们需要的真有那么多吗？

老街上有一位老铁匠。由于早已没人需要打制铁器，现在他改卖铁锅、斧头和拴小狗的链子。

他的经营方式非常古老和传统。人坐在门内，货物摆在门外，不吆喝，不还价，晚上也不收摊。你无论什么时候从这儿经过，都会看到他在竹椅上躺着，手里是一个半导体，身旁是一把紫砂壶。

他的生意也没有好坏之说，每天的收入正够他喝茶和吃饭。他老了，已不再需要多余的东西，因此他非常满足。

一天，一个文物商从老街经过，偶然看到老铁匠身旁的那把紫砂壶，见那把壶古朴雅致，紫黑如墨，有清代制壶名家戴振公的风格，便走过去，顺手端起。

壶嘴内有一记印章，果然是戴振公的，商人惊喜不已。戴振公有捏泥成金的美名，据说他的作品现在仅存3件，一件在美国纽约州立博物馆，一件在台湾“故宫博物院”，还有一件在泰国某位华侨手里，是1993年在伦敦拍卖市场上以16万美元买下的。

商人端着那把壶，想以10万元买下。当他说出这个数字时，老铁匠先是一惊，后又拒绝了，因为这把壶是他爷爷留下的，他们祖孙三代打铁时都喝这把壶里的水。

壶虽没卖，但商人走后，老铁匠有生以来第一次失眠了。这把壶他用了近60年，并且一直以为是把普普通通的壶，现在竟有人要以10万元买下，他难以释怀。

过去他躺在椅子上喝水，都是闭着眼睛把壶放在小桌上，现在他总要不时坐起来看一眼，这让他非常不舒服。特别让他不能容忍的是，当人们知道他有一把价值连城的茶壶后，蜂拥而至，有的问还有没有其他的宝贝，有的开始向他借钱，更有甚者，晚上来敲他的门。他的生活被彻底打乱了，他不知该怎样处置这把壶。

当那位商人带着20万元现金第二次登门的时候，老铁匠再也坐不住了。他召来四邻，拿起一把斧头，当众把那把紫砂壶砸了个粉碎。

现在，老铁匠还在卖铁锅、斧头和拴小狗的链子，据说他已经102岁了。

老铁匠是真正的智者，知道遵循内心的声音，一把竹椅，一个半导体，一壶热茶，就是安然幸福的生活。钱能换来丰裕的物质生活，却换不来心灵的恬淡与平和。

想想我们做的那些愚蠢的事情：找工作，在一哄而起的热潮中，我们也去选择那些最为众人看好的热门职业；寻觅爱情，我们因经济、地位等非爱情因素而错误地选择了爱情对象……我们惯于为自己做各种周密而细致的盘算，权衡着可能有的各种收益与损失。算计越多，越在乎得失，越不知足。没有知足的“因”，哪来常乐的“果”？

想要得到真正的快乐，首先要让心单纯起来。过简单的生活，保持平和的心态，让生活开满惬意的花朵。

悦人不如悦己

六三：来兑，凶。

象曰：来兑之凶，位不当也。

兑卦从大壮卦变来，大壮的六五下到三位成为六三。爻从上到下推移称来，下来成为兑卦，所以叫做“来兑”。来而求悦，是上门讨人家喜欢，巴结奉承之象。没有把自己的位置摆正，离开了中正之道，故会招致凶灾。

一个人取悦另一个人的原因多种多样。可能这个人是他的上司，能在事业上提拔他，也可能他欣赏这个人，只是单纯地想讨对方欢心。然而人与人交往，巴结奉承万万不可。正所谓强扭的瓜不甜，人与人相知与否，很大程度在于个性、爱好是否合拍，两个在兴趣、生活环境上完全没有交集的人，硬要发展出一段“友情”，不但强对方所难，也容易被人轻视，给自己造成伤害。

一只美丽的蝴蝶在朦胧的暮色中飞来飞去，尽情地享受着傍晚的清凉。突然，远处的一座房子里透出一点灯光，好玩的蝴蝶旋即飞过去想看个究竟。它飞进房子，看见窗台上亮着一盏油灯，灯光就是从那里发出来的。蝴蝶一边好奇地打量油灯，一边绕着油灯上下飞舞，它觉得这陌生的东西真是漂亮迷人啊！

单是欣赏还不够，蝴蝶决定要跟亮眼的火花认识一下，还要和它一起游戏，就像平时在公园里坐在花瓣上荡秋千似的玩耍一会儿。

它转过身子，朝着灯焰直飞过去，突然，蝴蝶觉得身上一阵剧烈的刺痛，而且有一股气流把它向上推去。心惊肉跳的蝴蝶赶紧在小油灯旁停下，它吃惊地发现：自己的一条腿不见了，漂亮的翅膀也出现了一个很大的洞。

“怎么会发生这样的事呢？”蝴蝶莫名其妙地问自己。它左思右想，找不到答案。它压根儿就不相信，如此漂亮迷人的火花会给它带来灾难。

蝴蝶从震惊中渐渐清醒过来，它主观地断定灯光绝对不会伤害自己。它决心要和灯光交个朋友，好好地同它玩一玩。主意已定，蝴蝶就忍着剧痛，重新振翅飞了起来。

它绕着油灯飞了好几个来回，始终觉得灯光丝毫也没有伤害自己的意思。于是，它放心大胆地向灯焰扑了过去，想在它上面荡秋千。谁知它一飞到火焰中，立即就跌进灯油里。

“你太无情、太残酷了。”蝴蝶有气无力地对油灯说，“我看你那样迷人，一心想和你交个朋友，没想到你却如此险恶狠毒。可惜我觉悟得太晚了，我为自己的愚蠢付出了代价！”

“可怜的蝴蝶！”油灯回答说，“不是我残酷无情，而是你太幼稚天真了，你把我当成了洒满月光的花朵，这难道是我的过错吗？我的使命是给人们带来光明，但是谁如果不了解我，不懂得谨慎地使用我，就会被我的火焰烧伤。”

蝴蝶就该找花朵做朋友，油灯的火焰再美丽也不是能让它踮着脚尖儿舞蹈的甜蜜花心。我们不忍心苛责蝴蝶异想天开，趋炎附势，但是我们也不能说油灯心黑手狠——诱惑蝴蝶的火焰是它自身的魅力，灼伤蝴蝶的热度是它生命的温度。如果说责怪什么，只能说蝴蝶没有认清自己，也没有认清对方，就把热情投入了不该投入的对象。

聪明人永远不要试图去取悦别人。人各有脾性，摸清一个人的脾性喜好并不容易，刻意取悦别人，很有可能适得其反。

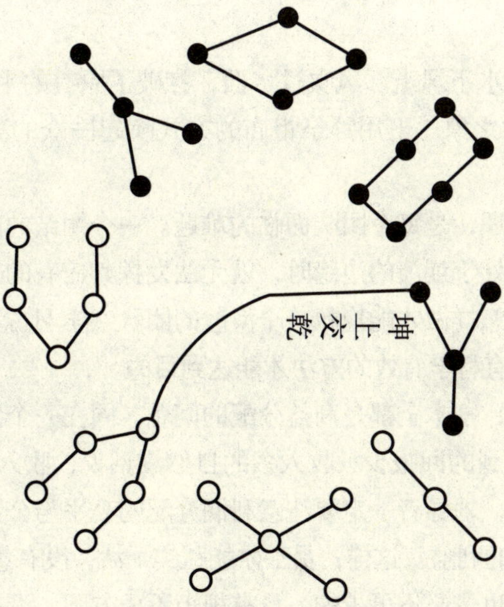

兑为少女图

第五十九卦 ䷺ 【涣卦】

小我与大我的关系

【原文】

涣：亨。王假有庙，利涉大川，利贞。

【释义】

涣：能顺。王到祖庙。渡大河有利，占问有利。

【智慧解读】

涣卦坎下巽上，水下风上。风吹过水面，打破了原有的平静，水面涟漪阵阵，起伏不断，呈现涣散之象。王用拜祭祖庙的方式唤起民众的凝聚力，力图挽救涣散。

内部关系如何处理，是每个团队面临的难题。一个团结的团队才是有力的、有存在价值的。当团队处于崩溃的边缘时，就无法发挥其应有的作用，这是领导者最不愿意看到的景象。怎样做才能挽救一个涣散的团队？学习古人去乞求祖先的帮助显然是不现实的。要有科学有效的方法才能达到目的。

团队涣散的根源，基本上都是利益分配的问题。同在一个组织里干活，有人得到的回报多，有人得到的回报少。收入多的自然没话说，收入少的当然会不平衡，分歧由此产生。所以，领导者一定要注意利润分配的公平与公正，即使损害自己的收益，也要保证员工的利益。这样，员工才能踏实干活，没有怨言。

规则对一个团队也是必不可少的。没有规矩不成方圆，没有规则作为大家的行事指南，员工各自为政，怎么能不混乱？混乱自然会流于涣散。

涣卦告诉我们，要挽救涣散，一要给员工利益，二要给员工立规则，软硬兼施，才能管理出严谨而有效率的团队。

舍小我，成大我

六三：涣其躬，无悔。

象曰：涣其躬，志在外也。

一头狮子和一只狼同时发现一头野猪，于是商量好共同去追捕那头野猪。得手后狮子起了贪念，不想和狼分享，想除掉狼。经过一番搏斗后，狼最终被狮子咬死，但狮子也受了重伤，对美味没了胃口。

从上面的小故事我们可以看到，自然界中弱肉强食，狮子和狼为了各自的利益咬得头破血流，这是因为它们是猛兽，有各自为战的实力。而人类工作讲究的是合作，一个人无法独撑大局——再勇猛的人，也不能凭借一已之力赤手空拳去猎取野猪。所以，要想在工作中有所作为，一定要学会合作。

个人的力量再大也是有限的，而团队力量是无限的。作为团队的领导人，固然要让每位成员都拥有自我发挥的空间，但更重要的是，要用心培养团队的合作意识，破除个人主义，鼓励整体搭配、协调一致的团队默契，使大家在互助互补中获得发展。

我们进一步思考，如果把狮子和狼比喻成一个团队内部的两个部分，他们强强联合去猎取野猪，无疑厉害非常，所向披靡。但是，他们的合作关系非常脆弱，缺少凝聚力，双方在利益面前斗得你死我活，最终谁也没能享受到劳动成果。

“一山不容二虎”，这是团队合作中最常出现的问题。要解决这个问题就要从根源抓起，妥善处理好利益关系。

涣卦六三说“涣其躬，无悔”。涣卦“躬”是本身。“涣其躬”是涣散了自己。六三原在否卦的下卦，坤。坤为母，可以理解为身体，因而在涣卦中说是“涣其躬”。需要注意的是，“涣其躬”是自己涣散，不是有人施加外力才致使涣散的，所以“无悔”——没有忧悔。

为什么要自我涣散？为了整个团队，要牺牲自己的利益来保证大家的利益，不独占大份儿，尽量做到利益均等，增强团队的凝聚力。

在实际工作中处理这个问题时，要把握住“双赢共胜”这类带有一定 “中和”意味的思想。人们在利益的争夺上有时会表现出一定的妥协性，一方面是失去了一些本不想失去的东西，但反过来从另一方面考虑，这种妥协也不失为一种求利的方式，双方讲和以求另一所得，可以有效地中止双方的竞争，避免以后愈演愈烈遭受损失。特别是在你首先主动让步的情况下，对方可能会认为你值得信赖，从而与你成为好搭档。

彼得·圣吉在《第五项修炼》一书中说："未能搭配的团队，许多个人的力量一定会被抵消浪费掉……当一个团体更能整体搭配时，就会会聚出共同的方向，调和个别力量，而使力量的抵消或浪费减至最小，发展出一种共鸣，就像凝聚成束的镭射光，而非分散的灯泡光；它具有目的性、一致性及共同远景，并且了解如何扬长补短。"在处理团队成员关系时，必须将焦点集中在大家同心协力的行动和甘苦荣辱的感受上。你自我"涣散"、妥协让步也必须是有条件的，不是无原则的退缩，当进则进，当退则退，伺机而为，因地制宜，切不可盲目割舍自己的利益，否则不但起不到拉拢人心的作用，还会使自己元气大伤。

有规矩，才有方圆

九五：涣汗，其大号涣，王居，无咎。

象曰：王居无咎，正位也。

某中学一班级在高考中取得了极为优异的成绩，学校为了推广这个班的经验，专门开了一个全体教师会议，把这个班的班主任请来做演讲。班主任在演讲中说到这么一句话："我一直在班里维持一个'敬爱的'老师形象，而不是去做一个'亲爱的'老师，这样才能更好地管理学生。"其他老师豁然开朗。

类推到其他团体，这一道理同样适用。领导者一定要确立团队的规则，树立起作为领导的威信，即体现控制能力，以利于团队事业的成功。

韩小姐原不是业务部最优秀的职员，却被意外地任命为业务部经理。这本是件高兴的事情，她却很矛盾，因为业务部里有一个大姐级的人物丽。丽一直是这个部门里业绩最好的员工，但由于个性太过张扬、口无遮拦，大家都不喜欢她。但韩小姐一直很敬佩她。

任命通知下来那天，丽的脸色很难看，但也没说什么。为了以后融洽相处，韩小姐就请丽一起吃晚饭，表示要向她学习，希望她能多多支持。丽倒也没说什么，只说大家都是好姐妹，以后要互相帮助。谁知此后她却经常在众人面前挑剔韩小姐的不是，还违反规定休假，有什么事也不和韩小姐通报，自作主张。季度总结的时候，她竟然越级向高一级领导汇报工作计划和工作业绩。韩小姐在朋友的建议下决定不再忍让，借故狠狠批评了丽几次，又到上司那里罗列了丽的种种不是。于是上司也在会上点名批评了丽几次。丽终于驯服了。

涣卦九五爻说“涣汗，其大号涣，王居，无咎”。“涣汗”形容水浩瀚无边，盛大的样子。“大号”是大的号令。“其大号涣”如同说“其大号涣汗”，是说号令发布面广。“王居”是“君王居位”。这一爻的意思是君王的号令散布广大，君王居于正位，没有咎害。

没有规矩，不成方圆。没有一个统一规则的约束，团队成员缺少一个行事标准，不安分者就会抓住空子惹是生非。这时领导者必须制定出明确的管理标准，并在团队中广泛实行，才能维护自已的权威，使团队不至于陷入混乱。

需要指出的是，在维护团队规则的时候要注意尺度，加强对下属的控制是为了帮助下属认清情况、纠正错误，保证整体目标和要求的实现，不是为了培植个人势力，拉帮结派。那么，领导者在控制方法和手段上就必须光明正大，运用科学的管理办法，彻底肃清旧办法的影响。一是不能对下级搞权术，不能两面三刀。二是不能安置亲信，听信谗言。三是不要喜欢听“小报告”，否则不正派的人就会投其所好、拨弄是非，形成对一部分人的不正确看法，进而采取不正确的措施。四是与人为善，态度要端正，言语要讲究分寸。这样，既可收到控制效果，又不挫伤下属积极性。

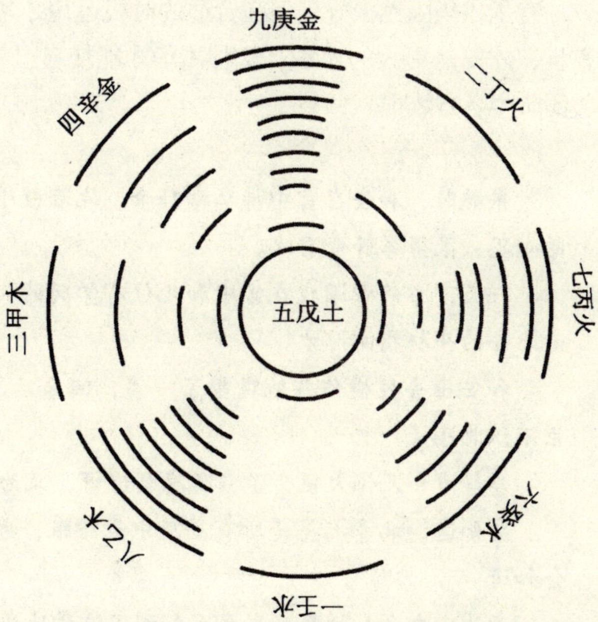

古洛书

有效地维护好团队规则，为大家创造公平、公正、和谐的竞争环境，使大家能愉快地工作，充分自由地发挥个体的能量，才是一种优化控制的理想状态，是一个团队成功的前提。

君子不立危墙下

上九：涣其血，去逖出，无咎。

象曰：涣其血，远害也。

象辞用“害”来解释“血”，可见“血”是流血受伤。“去”是离开，“逖”被象辞解释为远。爻辞说，离伤害很远，就不会有血灾。

团队中分帮立派并不鲜见。要想不受几方左右，就要设法不卷入争斗，及早脱身，避免受到伤害。《老子·洪德》中说：“大巧若拙，大辩若讷。”意思是最聪明的人，往往看起来很笨拙；真正有本事的人满腹经纶，平时看起来却像个呆子，并不自作聪明，虽然能言善辩，但看起来就好像不会讲话一样。无论是初涉世事，还是位居高官，无论是做大事，还是处理一般人际关系，锋芒不可太露。

有了才华固然很好，但在合适的时机运用才华而不被或少被人嫉妒，避免功高盖世，才算是更大的才华，这种才华才能使自己事业有成而又不会损害他人利益，被团队中各方嫉恨。

东魏时，和安在宫中侍奉孝静帝，他恭敬小心，脑筋灵活，善于洞察别人的心思，很得孝静帝喜欢。

一天，孝静帝深夜在宫中和几位有学问的大臣研究天文，便让和安出去看看北斗的斗柄指向何方。

和安出去装模作样地观望了一番，回来后忐忑不安地说：“陛下恕罪，微臣不识北斗。”

孝静帝和几位大臣听了，既感到惊讶，又为他的无知感到害臊。

要知道，北斗七星是所有星座中最耀眼，也最易辨认的，稍有学识的人都会知道。

身为中书舍人的和安当真无知到了这种地步吗？当然不是！

当时朝廷大权握在丞相高欢手中，孝静帝不过是个傀儡而已。而古人认为天象对应着人事，从天象的变化便可查知人事的变迁，所以一般人研究天文、妄谈休咎，都是触犯忌讳的。

孝静帝和大臣闲暇时研究天文自娱，也算不上大事，但权臣高欢却认为此举大有深意，说不定是借北斗斗柄所指的方向暗示大臣们要尊王权、废臣权。因为在古代天文的说法中，北斗代表着丞相这个位置。当然孝静帝未必有此意，和安却马上想到更深一层，知道此举触犯高欢忌讳，所以他宁可因为“无知”遭人耻笑，也不能因为卖弄聪明招致杀身之祸。结果他非但无事，反而给高欢留下淳朴厚道的印象，提拔他当了仪州刺史。

沉默是金，言多必失，祸从口出。一个冷静的倾听者不但到处受人欢迎，而且会逐渐知道许多事情；而一个喋喋不休者像一只漏水的船，每一个乘客都希望赶快逃离它。同时，多说招怨，瞎说惹祸。正所谓言多必失，保持沉默便是使自己不受伤害的另一种保全方式。

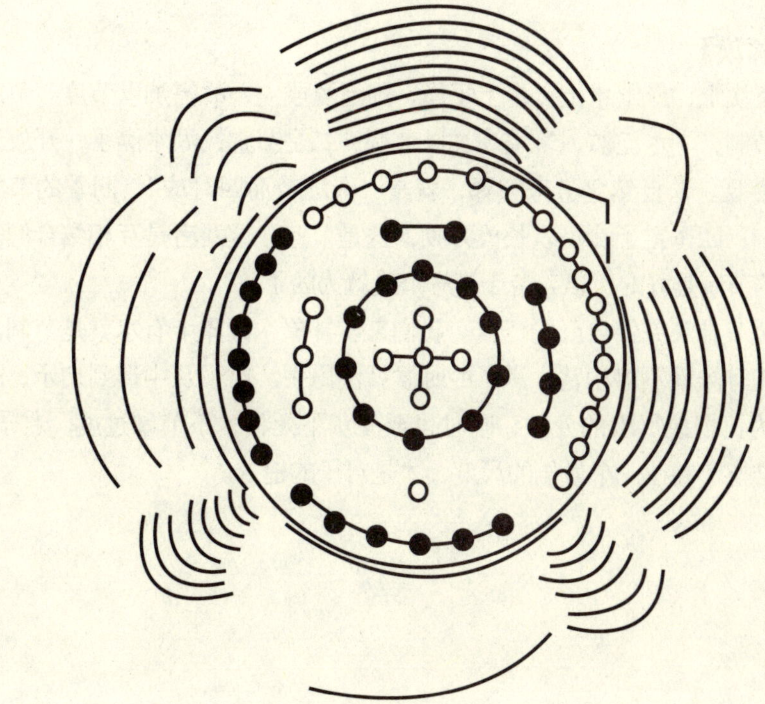

图书合一

第六十卦 ䷻【节卦】

节制的尺度

【原文】

节：亨。苦节不可贞。

【释义】

节：通顺。以有节度为苦，占问是不行的。

【智慧解读】

节卦兑下坎上，泽下水上。水上于泽，则泛滥成灾，故需加以节度。节度有两方面，一是节制，湖水泛滥，筑堤坝加以节制；二是节宣，湖水满了，开放泄洪闸泄水，用来灌溉。以自然之道来解释，就是“天地节而四时成”，四季的节气有一定，这是节制；四季定了，可以长成万物，这是节宣，这两者是互相结合的。古人认为，适度的节制是好的，但若苦于遵守节度就为凶了。

君子比照节卦来完善自己的修养。我们来看卦象，大泽上有水就是节制。大泽中的水，少的时候就不停积蓄，满了的时候就流出去。君子从中得到启示，既要克制自己的行为，把握行事的分寸，同时也要注意不死板，不节制过度。君子知道，过犹不及，维持节制在一个最佳的尺度，才是君子的追求。

冲动与灾祸只一步之隔

初九：不出户庭，无咎。
象曰：不出户庭，知通塞也。

一头驴子和一头牛十分要好。它们经常在一起玩耍，吃草。一天，它们发现一个农夫的果园，里面有绿油油的青草，还有成熟的果子。于是它们偷偷地进入果园，在里面悠闲地大快朵颐。而园丁一点也没有察觉。驴子吃饱之后，很想引吭高歌一曲，牛对驴子说："亲爱的朋友，看在上帝的分上，你就忍耐一下，等我们出了果园，你再唱吧！"驴子说："我现在真的很想唱歌，作为朋友，你应当支持我才对！"

"可是，可是，要是你一唱歌，园丁就会发觉，我们就跑不掉了！"

驴子觉得牛根本不能理解自己现在的心情，它说："天下再也没有什么比音乐和歌曲更优雅，更能感动人的了。可惜你对音乐一窍不通，我怎么找了你做朋友呀！"

驴子终于还是没有接受牛的建议，开始高歌起来，它一唱歌，园丁马上发现了驴子和牛，把它们全逮住了。

驴子吃了美味的果实，想唱首歌表达自己兴奋的心情，是可以理解的。但是，为了一时的宣泄而不顾情境，一时兴起就放纵自己，害了自己还害了朋友。

节卦初九说"不出户庭，无咎"。"户庭"指家门，守在家里不出去，就没有咎害。"不出户庭"可以引申为不超过界限。做事有尺度、不冲动，凡事三思而后行，不放纵自己的行为和欲望，又怎么会有灾害呢？像驴子那样，一旦侥幸得逞，就盲目乐观，不顾真实处境，看不到面临的潜在威胁，控制不住情绪，任性妄为，结果引火烧身。

早晨八点是上班的高峰期，李明开车去上班，由于车流量很大，眼看就要迟到了。车龙好不容易向前移动了一点，可前面的司机偏偏像睡着了一样，丝毫不动弹。李明开始冒火了，拼命地按喇叭，可前面的司机依然不为所动。李明气极了，他握住方向盘的手开始发白，仿佛紧紧地卡住前面司机的脖子，额头开始冒汗，心跳加快，满脸怒容。他真想冲上去把那个司机从车里扔出来！

他简直无法控制自己了，车还是停滞不前，他终于冲上前去，猛敲车门，结果前面的司机也不甘示弱，打开车门冲了出来。就这样，一场恶斗在大街上开始了，结果李明打断了那个人的鼻梁骨，犯了故意伤人罪，等待他的将是法律的惩罚。这下不仅没赶上上班时间，反而连工作也丢了，这一切都是因为一时冲动造成的。

培根说："冲动，就像地雷，碰到任何东西都一同毁灭。"如果你不注意培养冷静理智、心平气和的性情，培养交往中必需的沉着，只会陷入自戕的囹圄。在生活中一定要把握好情绪的尺度，情绪在很多时候不仅仅是一种感情的表达，更是一种重要的生存智慧。

绝大多数成功者都是能够把情绪控制得收放自如的人。情绪控制得好，能使你在面对工作、生活中的问题时，进退有度，游刃有余。如果控制不住情绪，随心所欲，就可能给自己带来毁灭性的灾难。

该出手时就出手

九二：不出门庭，凶。

象曰：不出门庭，失时极也。

初爻的时候守住门庭不出，是"无咎"，还没有什么灾害。到了九二，依然死守家中，就是凶了！初九身处闭塞，可以不动。但九二身处通达而未动，面对时势没有采取适当的行动，当然会得到凶兆。

在职场中，踏实工作、积累经验是聪明的选择，但不能因此而放弃上进心。潜心工作的同时，要积累升进的力量，抓住机会，展现实力。

维斯康公司是美国20世纪80年代最为著名的机械制造公司。詹森和许多人一样，在该公司每年一次的招聘会上被拒了。但是他并不灰心，发誓一定要进入这家公司工作。

于是，他假装自己一无所长，找到公司人事部，提出为该公司无偿提供劳动力，请求公司分派给他任何工作，他将不计任何报酬来完成。公司起初觉得简直不可思议，但考虑到不用任何花费，也用不着操心，便分派他去打扫车间的废铁屑。

在整整一年时间里，詹森勤勤恳恳地重复着这项既简单又劳累的工作。为了糊口，下班后他还得去酒吧打工。尽管他得到了老板及工人的一致好感，但仍然没有一个人提到录用他的问题。

1990年年初，公司的许多订单纷纷被退回，理由均是产品质量问题，为此公司将蒙受巨大的损失。公司董事会为了挽救颓势，紧急召开会议，寻找解决方案。当会议进行了一大半还不见眉目时，詹森闯入会议室，提出要见总经理。在会上，他就该问题出现的原因作了令人信服的解释，并且就工程技术上的问题提出看法，随后拿出自己的产品改造设计图。

这个设计非常先进，既恰到好处地保留了产品原来的优点，又克服了产品已经出现的弊病。

总经理及董事觉得这个编外清洁工很是精明在行，便询问他的背景及现状。于是，詹森当着高层决策者的面，将自己的意图和盘托出。之后经董事会举手表决，詹森当即被聘为公司负责生产技术问题的副总经理。

原来，詹森利用清扫工到处走动的特点，细心查看了整个公司各部门的生产情况，并一一详细记录，发现了存在的技术问题并想出解决的办法。他花了一年时间搞设计，做了大量的统计数据，终于完成了科学实用的产品改造设计图。

詹森并没有因为自己是一名编外清洁工就“糊弄”自己的工作，相反，他知道自己在为公司工作的同时，也是在为自己的未来工作。因此，他把平凡的工作当成了一个宝贵的学习机会，在平凡的工作岗位中为未来创造了成功的契机。

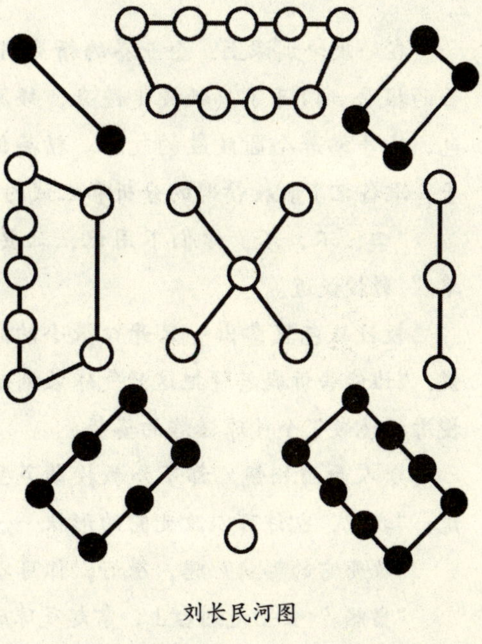

刘长民河图

詹森的成功一半归结于他辛苦工作、认真研究，积累了丰富的工作经验，因此才能对症下药，解决公司的困难。他成功的另一个原因，就是关键时刻敢于出手的勇气。如果他对自己的方案没有信心，裹足不前，必然会白白放过宝贵机会，而下一次机会也许遥遥无期。

所以，不要一味谦逊，隐藏实力，该出手时就出手，才能使自己的才能得到充分发挥。

敢于变通才能战无不胜

上六：苦节，贞凶，悔亡。

象曰：苦节贞凶，其道穷也。

上六在全卦最上位，道极路穷。到了穷途末路的时候仍然不知道配合时势变通，苦苦守节，所以有凶。

不通则变，一心求变的人要知道，变的极限是毁，用到博弈思维上就是不破不立。学会变通地去应对工作和生活中的困难，在变化中解决困难，我们定能无往不利。从哲学的角度来讲，唯一不变的东西是变化本身。我们生活在一个瞬息万变的世界里，应当学会适应变化。尤其是职场中人，在竞争日益激烈的今天，要培养以变化应万变的理念，勇于面对变化带来的困难，才能做到卓越和高效。

在一次培训课上，企业界的精英们正襟危坐，等着听管理教授关于企业运营的报告。门开了，教授走进来，矮胖的身材、圆圆的脸，左手提着个大提包，右手举着个圆鼓鼓的气球。精英们很奇怪，但还是有人立即拿出笔和本子，准备记下教授精辟的分析和坦诚的忠告。

“噢，不，不，你们不用记，只要用眼睛看就足够了，我的报告非常简单。”教授说道。

教授从包里拿出一只开口很小的瓶子放在桌子上，然后指着气球对大家说：“谁能告诉我怎样把这只气球装到瓶子里去？当然，你不能这样，嘭！”教授滑稽地做了个气球爆炸的姿势。

众人面面相觑，都不知教授葫芦里卖的什么药，终于，一位精明的女士说：“我想，也许可以改变它的形状……”

“改变它的形状？嗯，很好，你可以为我们演示一下吗？”

“当然。”女士走到台上，拿起气球小心翼翼地捏弄。她想利用橡胶柔软可塑的特点，把气球一点点塞到瓶子里。但这远远不像她想的那么简单，很快她发现自己的努力是徒劳的，于是放下气球，说道："很遗憾，我承认我的想法行不通。"

"还有人要试试吗？"

无人响应。

"那么我来试一下。"教授说道。他拿起气球，三两下便解开绳子，"嗤"的一声，气球瘪了。

教授把它塞到瓶子里，只留下吹气的口儿在外面，然后用力吹气。很快，气球鼓起来，胀满在瓶子里，教授再用绳子把气球扎紧。"瞧，我改变了一下方法，问题迎刃而解了。"教授露出了满意的笑容。

教授转过身，拿起笔在写字板上写了个大大的"变"字，接着说道："当你遇到难题时，可以改变一下方法。"他又指着自己的脑袋，说道："思想的改变，现在你们知道它有多么重要了。这就是我今天要说明的。"

精英们开始交头接耳，一些人脸上露出顽皮的笑意。教授示意大家安静，然后说："现在，我们做第二个游戏。"他的目光将众人扫视一遍，指着一个戴眼镜的男子说："这位先生，你愿意配合我完成这个游戏吗？"

"愿意。"男子走到台上。

教授说："现在请你用这只瓶子做出五个动作，什么动作都可以，但不能重复。好，现在请开始。"

男子拿起瓶子，放下瓶子，扳倒瓶子，竖起瓶子，移动瓶子，5个动作瞬间就完成了。教授点点头，说道："请你再做五个，但不要与刚才做过的重复。"

男子又很轻易地完成了。

"请再做五个。"

等到教授第五次发出同样的指令时，男子已经满头大汗、狼狈不堪。教授第六次说出"请再做五个"时，男子突然大吼一声："不，我宁愿摔了这瓶子也不要再让它折磨我的神经了。"

精英们笑了，教授也笑了，他面向大家，说道："你们看到了，变有多难，连续不断地变几乎使这位亲爱的先生发疯了。可你们比我还清楚商战中变有多么重要。我知道那时你们就是发疯也要选择变，因为不变比发疯还要糟糕，那意味着死亡。"

现在，精英们对这场别开生面的报告品出点味道来了，他们微笑着互相交换着目光。

停了片刻，教授又开口了："现在，还有最后一个问题，这是个简单的问题。"他从包里拿出一只新瓶子放到台上，指着那只装着气球的瓶子说："谁能把它放到这只新瓶子里去？"

精英们看到这只新瓶子并没有原来那个瓶子大，直接装进去根本不可能。但这样简单的问题难不住头脑机敏的精英们，一个高个子中年男人走过去，拿起瓶子用力向地上掷去，瓶子碎了，中年人拾起一块块残片装入新瓶子。

教授点头称许，精英们对中年人采取的办法并没有感到意外。

这时教授说："先生们、女士们，这个问题很简单，只要改变瓶子的状态就能完成，我想你们都想到了这个答案，但实际上我要告诉你们的是：一项改变的极限是什么。瞧！"教授举起手中的瓶子，说，"就是这样，极限是完全改变旧有状态，彻底打碎它。"

教授看着他的听众，补充道："彻底的改变需要很大的决心，如果有一点点留恋，就不能够真的打碎。你们知道，打碎了它就是毁了它，再没有什么力量能把它恢复得和从前一模一样。所以当你下决心要打碎某个事物时，你应当再一次问自己：我是不是真的不会后悔？"

讲台下面鸦雀无声，精英们琢磨着教授话中的深意。

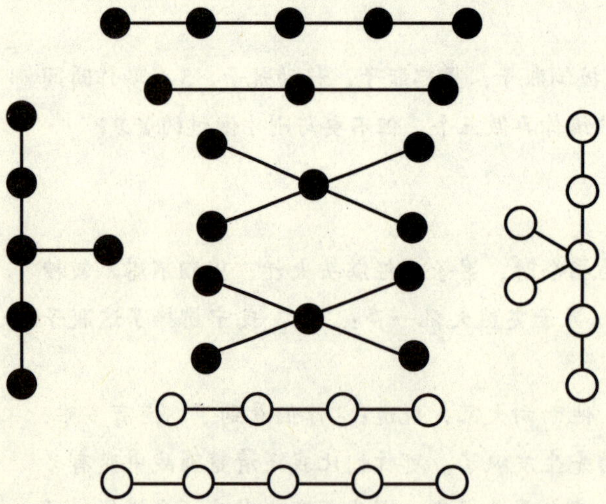
刘长民洛书成数图

有句话这样说："只在河滩上沉思，永远得不到珍珠。"要想得到珍珠一定要运用方法，而方法总是在变化中产生，尽管此种变化也可能蕴藏着一种危机，但没有危机也就没有变化得出的方法。

只有在不断变化中努力寻求解决问题的办法，才能最大限度地引爆自我，做出超人的成绩。

第六十一卦 ䷼【中孚卦】

诚信是人之大道

【原文】

中孚：豚鱼吉，利涉大川，利贞。

【释义】

中孚：心中诚信，用豚鱼薄物也吉。渡大河有利，占问有利。

【智慧解读】

中孚兑下巽上，下兑为泽，上巽为风，组合在一起就是大泽上有风。古人认为风是最能感物的，无孔不入，无幽不至，无物不起。春风吹来，大地上的花鸟虫鱼都会苏醒，开始活动。大泽又是最容易受到感化的。春风一吹，涣然冰释，因而泽上有风是感化之象。

中孚以中正为主，即以正确为主，合乎自然规律，而又能感化人，使人喜悦，即顺乎人心。再看爻辞，如初九的“虞吉”，九五的“有诚信”，都是阳刚，是好的。但是，上九过刚则折，出现了凶。这说明诚信以刚直中正为重要，这就是中孚卦的意义。

中孚卦告诉我们，诚信是处世立身的根本，有诚信者使人感觉可靠、亲切，人人都愿意与他亲近，所以诚信者会搭建非常广阔的人脉关系。有这么多朋友信赖你、帮助你，干什么事情都会得到助力，成功对你来说很容易。

生来一诺比黄金，哪肯风尘负此心

初九：虞吉，有它不燕。

象曰：初九虞吉，志未变也。

“虞吉”是不变，如初吉祥。“有它不燕”，“它”是其他，“燕”是安，意思是有了另外的一套就不安宁。因为卦是中孚，内心要诚信如一，不能变来变去，让人难以相信。初九在一卦之初，孚信刚开始，尤其不能忽东忽西失去准头，故言“虞吉，有它不燕”。

人人都希望与诚信的人交往，诚信在当今社会中，是最被看重、最不可多得的品质。生活中我们总是喜欢真诚信得过的人，讨厌说谎失信的人。

1969年，美国著名心理学家约翰·安德森在一张表格中列出了500多个描写人的形容词，他邀请近6000名大学生挑选出喜欢的品质。结果表明，大学生们对人品评价最高的形容词是“真诚”。在8个评价最高的候选词语中，6个和真诚有相同的内容，它们是：真诚的、诚实的、忠实的、真实的、信得过的和可靠的。大学生们对人品给以最低评价的词是“虚伪”。在5个评价最低的候选词语中有4个和虚伪有关，它们是：说谎、做作、装假、不老实。

做生意讲究树立品牌，有品牌，商品质量让消费者放心，人们会争相购买。诚实守信是一个人立世的品牌。没有人愿意和一个没有任何信誉、虚伪的人交往，相反，都愿意和信誉好、真诚的人相处。因为真诚与信誉是一种保障，和有信誉的人交往办事，可以使自已没有或很少有损失，会让人感到心里踏实、可靠，而不是提心吊胆、诚惶诚恐。

日本著名佛学大师池田大作说：“一个诚实的人，不论他有多少缺点，同他接触时，心神就会感到清爽。这样的人一定能找到幸福，在事业上有所成就。这是因为以诚待人，别人也会以诚相待。”一个人只要真诚地待人处事，就容易获得与他人合作的机会，交到更好的朋友。

东汉时，汝南郡的张劭和山阳郡的范式同在京城洛阳读书。学业结束，他们分别的时候，张劭站在路口，望着天空的大雁说：“今日一别，不知何年才能见面……”说着，流下泪来。范式拉着张劭的手，劝解道：“不要伤悲。两年后的秋天，当你再望见大雁的时候，我一定去你家拜望老人，同你聚会。”

落叶萧萧，篱菊怒放，这正是两年后的秋天。张劭突然听见天空一声雁叫，牵动了情思，不由自言自语地说：“他快来了。”说完赶紧回到屋里，对母亲说：“刚才我听见大雁叫，范式快来了，我们准备准备吧！”“傻孩子，山阳郡离这里一千多里路，范式怎会来呢？”他母亲不相信，摇头叹息，“一千多里啊！”张劭说：“范式为人正直，既诚实又守信，他一定会来。”老妈妈只好说：“好好，他会来，我去备点酒。”其实，老人并不相信，只是怕儿子伤心，宽慰宽慰而已。

定的日期到了，范式果然风尘仆仆地赶来了，旧友重逢，亲热异常。老妈妈激动地站在一旁直抹眼泪，感叹地说：“天下真有这么守信的朋友！”范式重信守诺的故事一直被后人传为佳话。

诚信能为你赢得高朋满座，诚信能使你的人生道路处处畅通。诚信就像一个收益丰厚的基金，讲究诚信所带来的收益要比获得千万财富更足以骄傲。言必信、行必果是中国人自古以来看重的品德，顾炎武曾赋诗曰：“生来一诺比黄金，哪肯风尘负此心。”有了诚信，才能广交真正的朋友，有了诚信才能求得贵人扶持，事业走上正轨。可见，诚信对一个人的一生有多么重大的意义。

社会在进步，人们的心态也越来越浮躁。相当一部分人甚至认为一个人的诚信建立在金钱的基础上，一个人有钱、有雄厚资本，就代表他有诚信吗？社会上有多少挥金如土的商业巨骗？这种想法是对诚信的畸形理解。诚信是用行动积累起来的无形的财富，金钱不可比量，唯一能衡量诚信的只有坦诚的心。

诚实能换来美好的回报

九二：鸣鹤在阴，其子和之，我有好爵，吾与尔靡之。

象曰：其子和之，中心愿也。

“阴”同荫。“爵”是鸟形的酒杯，这里代指酒。“靡”是共同的意思。这一爻是讲人与人的关系真诚相待，亲密无间。用大鹤与小鹤父子和鸣起兴，说明关系的天然融洽，没有丝毫虚伪造作，引出朋友间不分彼此，真心相待，有好酒愿与人同享。本性天然，没有任何自私与勉强，是人与人之间弥足珍贵的真实情感。

象辞说，“其子和之，中心愿也”。中心信实，坦诚无欺，自然和应，完全出自心愿。

诚实是人性中非常美好的品德，诚实使人与人之间充满美好的感情。投之以桃，报之以李，不管什么时候，坦诚、忠实都能让你赢得他人的信任和回报。

从前，有一个贤明而受人爱戴的老国王，他没有子嗣，眼看王位无人可继，便昭告天下：“我要亲自在国内挑选一名诚实的孩子做我的义子。”

他拿出许多花的种子，分发给每个孩子，说：“谁用这种子培养出最美丽的花朵，就是我的继承人。”

所有的孩子都在大人的帮助下播种、浇水、施肥、松土，照顾得十分细心。其中有一个叫雄日的男孩，他整天用心培育花种。但是，十天过去了，半个月过去了……花盆里的种子并没有发芽。雄日很纳闷，就去问母亲。他母亲说：“你把花盆里的土壤换一换，看看行不行。”雄日换了新的土壤，又播下了种子，但仍不见发芽。

国王规定献花的日子到了，其他孩子都捧着盛开鲜花的花盆涌上街头，等待国王的奖赏。只有雄日站在店铺的旁边，双手捧着没有花的花盆，默默流泪。

国王见了，便把他叫到面前，问道：“你为什么端着空花盆呢？”雄日诚实地将他如何用心培育，而种子却不发芽的经过告诉了国王。

国王听完，满心欢喜地拉着雄日的双手说：“你就是我忠实的儿子。因为我发给大家的种子都是煮熟了的，根本就发不了芽，开不了花。”

因为诚实，雄日成了国王的继承人。

诚实使这个手捧空花盆的孩子得到了王位，可见诚实不仅有道德价值，而且蕴涵着巨大的经济价值和社会价值。一个不诚实的人将会失去朋友，失去客户，失去工作，因为谁也不愿意与一个不诚实的人共事，打交道。相反，如果你拥有诚实，就等于得到了成功的机会。

一群印第安人围住一家新开的店铺，只看不买。酋长来了，对店主说：“我要买一条毯子，给我妻子买一块印花布……我的毯子需要付三块貂皮，印花布需要付一块貂皮。这样吧，我明天给你。”

第二天，酋长带着貂皮来到店里。他拿出四块貂皮，稍稍犹豫了一会儿，又抽出一块貂皮放在柜台上。这一块特别珍贵，特别稀有。

“已经够了，”店主把它推回去，“你只欠我四块貂皮，我只能收下我应得的。”他们推让了半天，然后酋长的脸上露出了满意的神色。

酋长把第五块貂皮收了回去，看了看店主，然后跨出门去，朝他的族人喊道：“跟他做买卖吧，他不会欺骗我们印第安人，他不是个贪心的人！”

酋长又转身对店主说：“如果你刚才收下最后一块貂皮，我就会叫他们不要跟你打交道，我们还会赶走其他顾客。但是，现在你已经是印第安人的朋友了。”

天黑之前，这家店铺里就堆满了毛皮，店主的抽屉里也塞满了现金。

我们总喜欢说，这个世界弱肉强食，充满诡诈。朋友，生活就像面镜子，你展现什么，它就映照出什么。你对别人不诚实，谁又能诚实对你？想在夏天享受花朵的芬芳，就要在春天播撒下鲜花的种子。你若种下长满刺的蒺藜，又怎能不被尖刺扎伤手？想要别人坦诚对你，一定要保持诚实和单纯。诚实，能使你享受人与人之间最美好的感情；诚实，能使你得到生活最丰厚的回报。

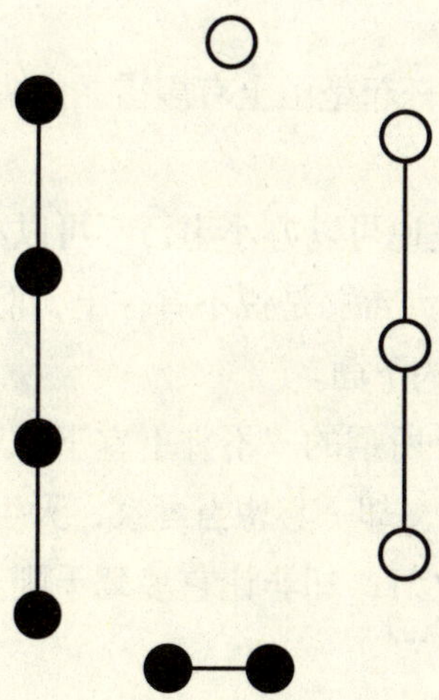

刘牧太极生两仪图

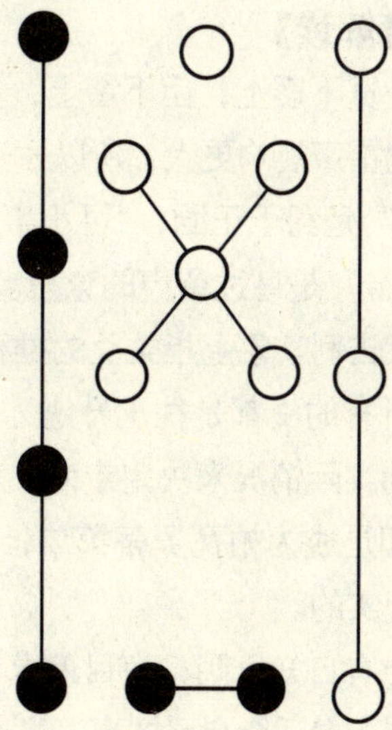

刘牧天地数十有五图

第六十二卦 ䷽【小过卦】

找准自己的位置

【原文】

小过：亨，利贞，可小事，不可大事。飞鸟遗之音，不宜上宜下，大吉。

【释义】

小过：通顺。占问有利。可以做小事，不可以做大事。飞鸟留下好音，不宜向上飞，宜向下飞，使人听见。大吉。

【智慧解读】

小过卦艮下震上，山下雷上，上下卦象组合在一起是山上有震雷。山头上的雷声比平常的雷声震响更大，所以才说它是小过。

“利贞”是利于正固，“可小事，不可大事”是说可以办小事，不可以办大事。“飞鸟遗之音”是鸟过留声的意思。“不宜上宜下，大吉”是说不宜往上，而适宜往下，往下大吉利。象上指柔爻的推移应当来到刚爻的下面。

不是所有的爻都是往上升进才吉利的。小过卦所谓的“不宜上宜下”，就是要根据自己的实际情况来决定走向。就像明明是色盲，却一心想当画家，天生五音不全，梦想却是成为帕瓦罗蒂第二，柔爻缺少刚劲之气，却非让它凌驾于刚爻之上，显然是不现实的。

做人要有自知之明，盲目追求不会带来成功的欣喜，只会招来灾祸。找好生命的最佳位置，做适合自己的事。顺着自己的本性做事，才能把能力发挥到极致。

适合自己的才是最好的

初六：飞鸟以凶。

象曰：飞鸟以凶，不可如何也。

职场中人都想获得成功，得到晋升。然而，有些人明明知道某个职位并不适合自己，即使竞争成功也无法发挥特长，也要去凑热闹争一争，要证明自己很有本事，却从来不去想一想，扬短避长的职位竞争会导致什么样的结果。

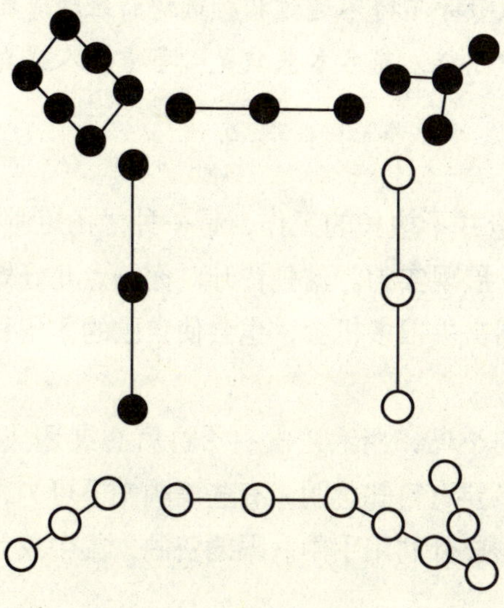

刘牧四象生八卦图

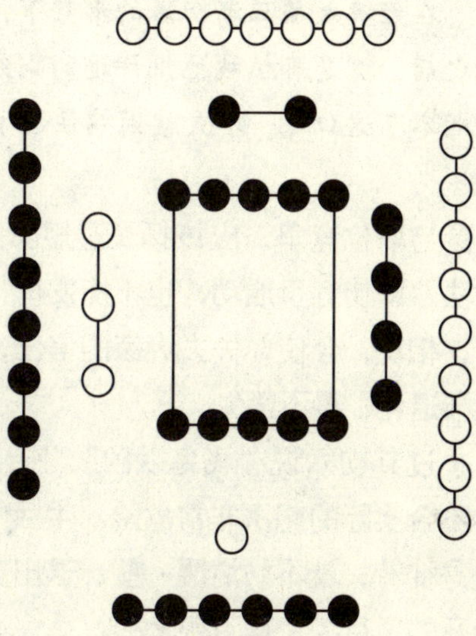

朱子启蒙河图

某高科技公司有一位技术过硬的研究人员唐冬，他研究出来的新产品曾使公司走出濒临倒闭的境地。虽然他缺乏组织才能和管理能力，但在该公司党委书记的推荐下，仍被提拔为该公司的总经理。

开始几年，由于公司那位德高望重的党委书记一直积极支持他的工作，使他能够躲开一些纷乱的行政事务和人际关系，集中精力抓新产品的开发工作，因而公司的经济效益才持续攀升。

可是，当老书记退休后，情况急转直下。领导班子内部有一个副经理，他因为孩子招工和个人买房的事受到唐冬的阻拦，没能遂愿，因而对唐冬心存芥蒂。后来，在产品销售问题上，又因为唐冬不同意销售处长的“回扣”方案，招致销售人员的不满。于是这个副经理与销售处长联合起来与唐冬作对，使公司产品的销售额日渐下降，市场也被别的厂家占领了，给公司带来了严重的损失，公司渐渐陷入困境。

在这时，如果唐冬急流勇退，辞去官职，继续搞科研，仍不失为明智之举。可是，他把自己搞科研的“犟劲”不合时宜地用在官场上了。他当着众人的面批评了这个副经理和销售处长，接着又解聘了几个不得力的中层干部，形成了一个势力不小的对立面。一些人到上级面前告状，后来甚至要求上级撤换他。

在经济效益日渐回落的形势下，上级领导不得不通过招标选聘新经理。招标之后，竟是那位被他批评过的副经理中了标。唐冬本来就是心事重的人，自然咽不下这口气，不久就因病住进了医院。

参与职位竞争，应该扬长避短。去争抢并不擅长的工作，是一种“扬短避长”的做法，即使竞争成功，也不能发挥特长、展现实力。这种晋升对你一点儿好处也没有，相反，会使你失去大家的信任，从而丧失很多机会，也会使自己的才华和能力逐渐退化，得不偿失。

小过卦初六说“飞鸟以凶”，刚出壳的小鸟，羽毛还没有干透就想展翅飞天，这种不合实际的想法非常危险。生活中行事要有自知之明，有些事明知不可为，做了也是徒劳，就不妨清醒一些，退出竞争，充分利用手中有限的资源，集中攻克力所能及的项目，才是明智之举。

善于韬光养晦，等待机会

六二：过其祖，遇其妣。不及其君，遇其臣。无咎。

象曰：不及其君，臣不可过也。

“过”与“不及”前后互文，“不及”是没赶上，“过”就是超过、越过。“妣”是祖母。六二爻说，没能遇到祖父，遇到了祖母；没能遇上君王，遇到了臣子。也就是说没有遇到大人物的机会，想做大事，没有好的时机。这种时候，就要固守本分，韬光养晦。

对于君子来说，韬光养晦常常是不得已而为之的下下策。因此，君子行晦往往心不甘情不愿，愁肠百结，忧愤积郁于心。其实，大可不必这样。殊不知君子以晦为辱，小人却对其大加顶礼膜拜，挖空心思要将它的功用发挥到无以复加的地步。

西汉王莽最初以皇亲国戚起家，屈居人下，勉力而行，从而博取名誉，赢得了家族称赞。等到他登上高位，辅佐朝政时，又是一副为国家辛勤工作、公正贤良的表象，他表面上好像宽仁厚道，本质上却虚伪奸诈，他能篡夺皇位、窃取政权，靠的就是假仁假义。

王莽出身名门，父亲虽然早死，但他的伯父、叔父在汉成帝时出将入相、封侯受赏，王氏一门可谓显赫至极。

王莽家却寒微至极：父亲早逝，只与母亲相依为命，靠亲戚周济生活。但也正因如此，王莽从小就练就了一套为人处世的本领，少年老成。无论心中多么难过或气恼，在亲戚长辈或外人面前，他都表现出十分愉悦、平和的样子，因此颇为宗族中人赏识。

一次，他的大伯父病重，他得知后跑来，守候在床前端药送水，日夜看护，一连几个月衣不解带，蓬头垢面，憔悴不堪。对此，全族上下无不夸赞，纷纷上书，为他请求封赏。

于是汉成帝封他为新都侯，并命他任宫中侍卫，成了皇帝身边的近臣。虽然地位高了，权力大了，但王莽从不露出半点骄矜、懈怠的神色，反而越发谦恭有礼，一方面广为结交公卿将相、名士大儒，另一方面赈济贫穷、轻财好施。而自己生活却十分俭朴，常常吃素菜，更不穿长袍大袖的礼服，一身短装打扮。于是朝野众人一致以一个“贤”字称赞他。

后来，他的叔父大司马王根病逝，临终举他以代。皇帝及众大臣都认为他最适当不过，于是，仅仅38岁的王莽掌握了全国最高军权。

大权在握后，王莽便开始一步步实现篡位野心。

当时，大司徒孔光是著名的儒者，辅佐过三个皇帝，为皇太后所尊敬，全国人都相信他，于是王莽极力重用孔光，选用孔光的女婿甄邯担任奉车都尉加侍中衔。所有皇帝的外戚和他向来不喜欢的在职大臣，王莽都罗列他们的罪名，写成请示奏章，让甄邯拿去交给孔光。孔光一向小心谨慎，不敢不送上这些奏章，王莽再报告皇太后，总是批准这些奏章。

与所有奸臣当道的情形一样，依附顺从王莽的人就被提拔，触犯怨恨王莽的人则被消灭。王莽脸色严厉，说话一本正经，想要有所行动，只需略微示意，同伙就会秉承他的意图，明白地报告上去，而王莽自己却磕头哭泣，坚决推辞，对上用这种手段迷惑皇太后，对下用这种手段向广大群众显示诚实。

一次，大臣们向太后报说，王莽应该比照以前的大司马霍光和萧相国成例受封。王莽奏称："我和孔光、王舜、甄丰、甄邯共同决策拥立新皇帝，现在希望孔光等人得到赏赐，放下我王莽，不要和他们相提并论。"大臣们建议："王莽虽然克己让人，朝廷还是应当表彰，及时给予赏赐，表明重视首功，不要让百官和人民失望。"皇太后便下诏把召陵、新息两县民户二万八千家封给王莽，免除他后代的差役杂务，规定子孙可以原封不动地继承他的爵位和封邑，褒赏他的功勋仿照萧相国成例。又任命王莽担任太傅，主持四辅的工作，封安汉公。把从前萧相国的官邸作为他的官邸，明确规定在法令上，永远流传下去。

当时王莽装作诚惶诚恐的样子，不得已才上朝接受策命。王莽接受了太傅的官位和安汉公的称号，辞谢了增加封地和规定子孙可以原封不动地继承爵位、封邑这两项赏赐，说是希望等到老百姓家家都富足了，再接受这样的赏赐。各大臣又力争，王莽又推辞没有接受，而建议应当把诸侯王的后代和自从高祖以来的功臣子孙赐封为列侯。

靠这些假仁假义，王莽赢得了大家的好感。

此外，王莽还极力赢取太皇太后王政君的信任。每逢四时八节，他就安排车驾请老太后巡游郊野。老太后数十年间在深宫居住，见厌了青砖灰瓦、高墙重楼，一旦见到市井人烟、青山绿水，欢喜异常。又有王莽预先安排好的众多百姓歌功颂德，满耳全是喜庆赞美之声，老太后更是高兴。王莽又预备大量钱财布帛，任老太后随意赏赐百姓，自然又招来前后左右一阵又一阵的感恩戴德之声。太后身边的人也得到王莽大量贿赂，无不在老太后面前夸赞王莽……从此，老太后更加信任王莽，索性把全部朝政放手交与王莽独自处置。

但是王莽仍不满足，因为他真正的野心是要当一位名正言顺的真龙天子，要在所有人面前称帝，建立自己的王朝。

当他派堂兄弟王舜去向王政君索要传国玉玺，准备位登大宝时，太皇太后王政君才彻底看清王莽的真面目。她痛骂王莽和王舜，把传国玉玺狠狠地摔在地上。从此，王政君与王莽彻底决裂，退居深宫，仍穿汉家服饰，按汉廷旧制生活，以示坚守名节，不与王莽同流合污。

公元6年，王莽正式称帝，国号为“新”。至此，王莽彻底暴露了“大奸似忠”的伪装面目。

小人得志常常令正义之士痛心疾首，百思不得其解。然而考察小人的发迹史，小人只是抓住并乐此不疲地运用了正人君子所不齿的“晦”作为实现其险恶目的的武器。从这件事上，我们可以得到这样的经验教训：一要警惕用晦当中的小人；二要比小人更善于用晦。

不要放纵不切实际的梦想

九三：弗过防之，从或戕之，凶。

象曰：从或戕之，凶如何也？

“弗”是不，“过”是超越。“从”通纵，是放纵的意思。“戕”是杀害。“弗过”是守住本分，不要超越。“防之”是要提防，做好防范。“从或戕之，凶”，是放纵自己，超越了本分，就不会受到戕害，招致凶的后果。

志存高远是好事，人生来就怀有很多美好的梦想，但是梦想不等于追求，因为很多梦想都是不合实际的。对自己没有基本认识，疯狂地想把头脑中荒诞的想法变成现实，会给自己带来伤害。

一位年轻人以卖鱼为生，有一天，他一面吆喝，一面环视四周，注意看是否有人来买鱼。突然，一只老鹰从空中俯冲而下，在他的摊子咬了一条鱼后立刻转身飞向空中。年轻人很生气，大喊大叫，可是，只能无奈地看着那只老鹰越飞越高、越飞越远……

他气愤地自言自语：“可惜我没有翅膀，不能飞上天空，否则一定不放过你！”那天他回家时，经过一座教堂，他就跪在教堂前，祈求耶稣保佑他变成老鹰，能展翅飞翔于天空。从此，他每天经过教堂，都会如此殷切地祈求。一群年轻人看到他天天向耶稣祈求，很好奇地相互讨论，其中一人说：“这个卖鱼的人每天都希望能变成一只老鹰，可以飞上天空。”另一人就说：“哎哟！他傻傻地祈求，要求到何时？不如我们来作弄作弄他！”大家交头接耳，想了一个方法。

第二天，一个年轻人先躲在耶稣像后面。卖鱼的年轻人来了，照样虔诚地祈求、礼拜，这时，躲起来的那个年轻人就说："你求得这么虔诚，我要满足你的愿望，你可以到村内找一棵最高的树，然后爬到树上试试看。"年轻人以为真的听到耶稣的指示，非常欢喜，赶快跑进村里找到一棵最高的树，爬了上去。那棵树实在太高了，他越往上爬，越觉得担心。他爬上树顶，向下看。"哇！这么高！我真的能飞吗？"那群年轻人也跟来了，他们在树下故意七嘴八舌地喊道："你们看，树上好像有一只大老鹰，不知道它会不会飞。""既然是老鹰，一定会飞嘛！"年轻人很高兴，他想：我果然已变成一只老鹰了！

既然是老鹰，哪儿有不会飞的呢？于是他展开双手，摆出展翅欲飞的架势，从树顶跳了下去。可想而知，他急速地向下坠落，他怕得闭上眼睛，但是已经来不及了。幸好，他落在泥浆地上，陷入烂泥和水草之中，只受了点轻伤。那些年轻人跑过来，幸灾乐祸地取笑他。他说："你们笑什么？我只是两只翅膀跌断了，不是飞不起来啊！"

青年的愚蠢使人发笑，他的执迷不悟又让人对人性产生深深的反思。人的本性中有两点最要不得：贪婪和愚蠢。贪婪使你不断祈祷得到不属于你的东西，愚蠢使你认为这贪婪的要求能变成现实。学会控制索取的要求，明白付出与获得总是成正比的。守住自己的本分，脚踏实地，生命的乐章才会谱写得更加精彩。

不要试图做超乎现实和能力之外的事情，想想故事里那个倒霉的青年。这次他摔断的是手臂，下次难保不是脖子。

第六十三卦 ䷾【既济卦】

智者恒于守业

【原文】

既济：亨，小利贞，初吉终乱。

【释义】

既济：小通顺。占问有小利。开始吉，结果乱。

【智慧解读】

既济卦离下坎上，水在火上。古人认为，火炎上，水润下。在既济卦里，火从下向上燃烧，水从上向下浸润，是水火相交之象。水火相交才能济天地之用，比如人的生存一天都离不开水、火，水火相互调剂才能得到生活的和谐。水火相交是一种正常和谐状态，但是水与火并不总是处于平衡状态，一旦失去平衡，水火都可造成灾患。

要保持水与火的这种平衡状态非常不容易，卦辞说“初吉终乱”，就是强调保住既济局面的艰难。但凡开创过事业的人都有这样的经历：创业难，守业更难。既济就是告诉我们怎样做才能守住成功。

事业成功并不是终结，而是一个崭新的起点。守业对所有人来说都是一个考验。要居安思危，才能避免初吉终乱的局面。只有每时每刻都保持忧患意识，防微杜渐，才能避免大的灾祸发生。

顺境中切不可得意忘形

初九：曳其轮，濡其尾，无咎。

象曰：曳其轮，义无咎也。

“曳”是拉，“濡”是沾湿。过河时，拉动车子的轮子，打湿车子的后部。古代的大车很简陋，车轴与车厢的连接也不坚固，有时还要把车轮卸下来，车轮与车厢很容易脱开。渡河时被水一冲，经常会因为车轮脱钩而翻车，所以要在车轴上拴上绳子拉住车轮，稳定车身。“曳其轮”是为了克服水的冲击力，保持车身中正不斜。“濡其尾”是渡河时湿了车的尾部。

在古代，由于车子不稳固，渡河非常危险，很容易车覆人翻。渡河前做了很多准备工作，渡河还算顺利，于是大大地松一口气，开始得意忘形。看起来一切都很安稳了，不会发生什么危险，即使这样也千万不要松懈精神，看，车子的尾部已经被河水打湿了，还没有完全走出险境呀。

“生于忧患，死于安乐。”意思是说，人在恶劣、危险的条件下容易提高警惕、激发潜力去渡过难关，但是如果到了安定的环境当中，人反而会放松警惕、失去斗志，更容易被小困难打倒。

青岛啤酒是我国啤酒业乃至世界啤酒业的著名品牌，在国内啤酒企业中出口稳居龙头，在国内销量仅次于燕京，位于第二位。

上百年的悠久历史、优秀的品质、良好的信用，使青岛啤酒的发展一直处于顺境当中。但是青啤公司的管理者们并没有在顺境中放松戒备，2003 年 10 月，“危机经理组织体系”在青啤公司正式组建。在企业内正式建立一种应对各种危机的组织体系，在国内企业中，尚属首例。

此举表明，青啤公司内部管理与国际接轨的步伐又向前迈出了重要的一步，企业的可持续发展又多了一层保障条件。

这一组织体系的组建是自上而下进行的，公司成立了由 30 多位主要领导组成的指挥中心——“危机管理小组”、由 50 多位部门负责人和工作人员组成的日常防范及现场解决机构——“执行小组”，以及由 200 多名各子公司一把手和中高层管理人员组成的“危机经理组织体系”的组织，使企业形成了承上启下、上下联动、互为响应的快速反应机制，并配套建立了各类预案体系。

公司将进一步在每个子公司内部建立这种体系，把这种机制渗透到每一个基层。在这一组织体系酝酿和组建的过程中，公司已经进行了不同层次和级别的不同预案的演练。一些已经进行过的预案模拟演练表明，企业总部及部门反应迅速、职责明确、角色清晰、上报及时、判断得当、处置规范，初步验证了这一机制的可行性和有效性。

危机管理体系的建立是企业国际化不可或缺的重要内涵，是企业诚信和公共形象建设的一个重要方面，所以，青啤公司把它作为国际化大公司战略进程中的一个重要步骤，他们参照国际优秀公司的模本和经验，结合企业自身的特点，以预防为主要立足点，从企业战略、财务、质量、环境、职业健康安全、食品安全到来自社会的冲击和突发事故等，进行“危机管理”的教育，并设计了多种应对预案。

青啤公司在国内多个省市拥有多家生产企业或子公司，而且公司规模还将继续扩大，这一体系的建立和运行，将在公司上下普遍树立一种危机意识和形成一种危机应对能力，可以有效地调动各种资源，积极预防和消除、化解“危机”萌芽，为企业的不断扩张和稳步发展创造有利的条件。

正是依靠这种在顺境中不放松应对危机的做法，才使得青岛啤酒几十年来大厦稳固，历经风雨也依旧巍然不倒。

事实上，求生存也好，求发展也好，逆境也好，顺境也好，都如履薄冰。但是只要我们时刻保持这种危机感，并采取必要的措施，那么逆境中也会转危为安，顺境中则可把危机消灭于萌芽之中，更上一层楼。很多人身上不同程度地存在着“小富即安，沾沾自喜”的心理，这是缺乏危机意识的典型表现。我们一定要克服这种心理，正视危机。这样，危机到来时，我们才不至于措手不及，处理问题才会更加得心应手。

保持诚恳的心态才能延续成功

九五：东邻杀牛，不如西邻之禴祭，实受其福。

象曰：东邻杀牛，不如西邻之时也；实受其福，吉大来也。

“杀牛”是规模非常盛大的祭祀。“禴祭”是商朝时的春祭或周朝的夏祭，都是五谷未熟、青黄不接时的一种比较简单的祭祀。盛大的祭祀反而不如简单的祭祀，说明上天保佑不是因为祭品多。上天不会因为谁的祭品丰盛就亲近保佑谁，而是要赐福给虔诚的人。

“东邻杀牛，不如西邻之禴祭，实受其福”，是说东邻信仰之心不虔诚，杀牛宰羊举行盛大祭祀，上天也不会赐福。西邻对上天一直保持着虔敬、谨慎和诚信的态度，做些简单的薄祭也会受到上天实实在在的福佑。

成功有时会使人骄傲，使人浮躁，失去很多宝贵的东西。真正的智者在处于成功的巅峰时，会考虑如何保持心态平和，心态不变，才能延续成功。哈佛大学校长到北京大学访问的时候，讲了一段亲身经历：

有一年，校长向学校请了三个月的假，然后告诉家人，不要问他去什么地方，他每个星期都会给家里打电话报平安。校长只身一人去了美国南部的农村，尝试过另一种全新的生活。他到农场打工，去饭店刷盘子。在田地做工时，背着老板躲在角落里抽烟，或和工友偷懒聊天，都让他有一种前所未有的愉悦。

最有趣的是，最后他在一家餐厅找到一份刷盘子的工作，干了4个小时后，老板把他叫来，跟他结账。老板对他说：“可怜的老头，你刷盘子太慢了，你被解雇了。”

“可怜的老头”重新回到哈佛，回到熟悉的工作环境后，却觉得以往再熟悉不过的东西都变得新鲜有趣起来，工作成为一种全新的享受。

这个“可怜的老头”在厌倦了哈佛日复一日的校务工作和程式化交际后，抛开哈佛校长的光环，从零开始，外出打工，享受田园生活。他这样做不仅抛弃了以往心中积攒的“垃圾”，而且让自己的内心真正归零，从而享受了一份清净，也享受了工作给他的新鲜感。

在生活中，倦怠、激情丧失，似乎是永远也绕不开的话题。每过一段时间，每到一定阶段，当感到一种难以摆脱的压抑和烦躁后，可以向那位哈佛校长学习，适当地将现状归零，换种方式前进，或许是种不错的选择。

其实，归零的心态就是谦虚的心态，就是重新开始。有这样一种现象：人们第一次成功相对比较容易，第二次却不容易了。

一位国内著名的集团老总曾经说过这样意味深长的话："往往一个企业的失败，是因为他曾经的成功，过去成功的理由是今天失败的原因。任何事物发展的客观规律都是波浪式前进，螺旋式上升，周期性变化。中国有一句古话叫'风水轮流转'，经济学讲资产重组。"生活就是不断地重新再来。不归零就不能进入新的资产重组，就不会得到持续发展。

你可能已经有很高的地位，拥有很多的财富，具有渊博的知识，但是当你想要取得更大成功的时候，你一定要有一个归零的心态。只有心态归零，你才能快速成长，才能学到更多的成功方法。一切从头再来，就像大海一样把自己放在最低点来吸纳百川。谦虚是人类最大的成就。谦虚能让你得到尊重，越饱满的麦穗越弯腰。由此可见，保持一种归零心态对于一个人长期的发展是多么重要。海尔集团首席执行官张瑞敏说："我们主张产品零库存，同样主张成功零库存。只有把成功忘掉，才能面对新的挑战。"海尔的年销售额达数百亿元，但张瑞敏从未有一丝飘飘然的感觉；相反，他却时时处处向员工灌输危机意识，要求大家面对成功始终保持一种如履薄冰的谨慎心态。

无论何时都要保持谦虚，其实就是要有一种虚怀若谷的精神，有了这种精神，人才能够不断进步，不断走向新的成功。

倾覆只在一瞬间

上六：濡其首，厉。

象曰：濡其首厉，何可久也？

上六爻说，渡河时，头在水中被浸湿，有灭顶之灾。俗话说，创业容易，守业难。兢兢业业创下的基业，很可能在瞬间就毁个精光，速度之快，如河水没过头顶，让你没有挣扎的机会。缺乏危机意识的人生存意识越薄弱，变革的意愿就越小，创新的动力就越弱，也就越容易在竞争的洪流中遭受挫败。

一个国家如果没有危机意识，迟早会出问题；一个企业如果没有危机意识，迟早会垮掉；一个人如果没有危机意识，必会遭到不可预测的灾难。

未来不可预测，而人也不是天天走运，因此我们要有危机意识，在心理及行动上有所准备，以便应对突如其来的变化。如果没有准备，不要谈应变，光是心理受到的冲击就会让人手足无措。有危机意识，或许不能把问题消灭，但可把损害降至最低，为自己打造一条新的出路。

机会总是属于有准备的人。许多人能成功，是因为他们随时都有危机意识，随时都在为竞争作准备，一旦机会来临，他们就能抓住。

纵观当今世界，企业更新、淘汰的速度越来越快，呈现出令人眼花缭乱的景象。当一些著名大企业江河日下难挽颓势之时，一大批中小企业却如旭日初升般光华显现。

每天都有新的公司创立，同样，每天都有公司倒闭，更明显的是企业的寿命越来越短，企业要想保持昔日辉煌越来越难了。从某种意义上说，市场竞争是一场不进则退、永无止境的竞赛。我们的工作方式应随着社会形势不断变化，相应地，我们的头脑也应该发生变化。如果你对这些变化不加理会并且自己也消极沉溺，那就很危险了。我们来看看松下幸之助是如何做的。

在松下公司还是无名小厂的时候，松下幸之助不得不亲自带着产品四处奔波推销。每次松下幸之助总要费尽唇舌，跟对方讨价还价，直到对方让步为止。

有一次，买主对松下幸之助的还价劲头钦佩不已，就向他讨教原因。松下幸之助微微一笑，扶了扶自己那副旧式黑框大眼镜，平静地说："每次当我要脱口说'我就便宜卖给你吧'时，脑际就会突然闪现一幅工厂景象。什么景象呢？那是正值盛夏、酷热蒸人的工厂犹如烈火烤着铁板，整座工厂宛如炙热的地狱一般令人汗如雨下，工厂中辛勤挥汗的从业人员的脸部表情。"就是这么一幅场景，时刻激励着松下幸之助不能懈怠，必须兢兢业业地工作。到了1960年，松下公司已是日本乃至全球著名的大企业了，松下幸之助仍然保持着危机意识。

松下幸之助说过，50多年来，他每天都是在连续的不安中度过的，虽然时时都处在不安与动摇中，他却具有能抑制不安与动摇的一面，克服它们，完成今天的工作，燃起新的希望，找到生活的意义。如果他没有任何不安，说不定就没有今天的他和松下公司了。

要想成为一个不败的强者，就要时时苦练内功，像狼一样保持警惕。切莫因为生活的枯燥或安逸，放弃向上拼搏的动力。要知道，安逸的生活是消耗我们智慧和本领的最大杀手，唯有不断地充实自己，才可“前程无忧”。

比尔·盖茨曾反复向员工强调“微软离破产永远只有 18 个月”，意在使员工保持创新的紧迫感。葛洛夫也有一句名言：“唯有忧患意识，才能永远长存。”并说英特尔公司一直战战兢兢，不敢有丝毫懈怠，“让对手永远跟着我们”。张瑞敏 “战战兢兢，如履薄冰”的危机意识，早已深入海尔的每一个员工内心深处。这种强烈的忧患意识和危机理念赋予这些企业一种创新的紧迫感和敏锐性，使企业始终保持着旺盛的创新能力。

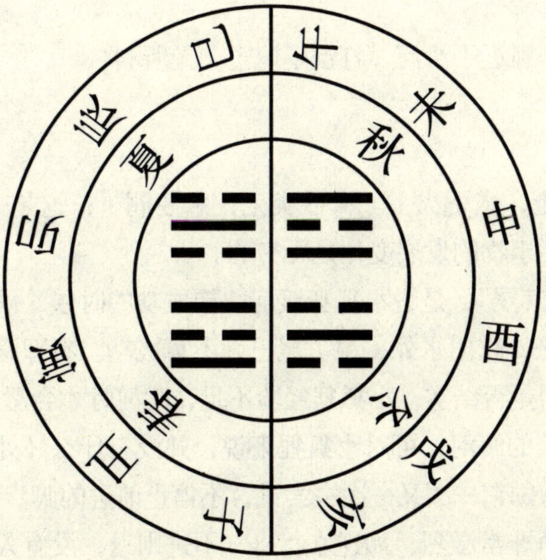

既济未济反对一升一降图

第六十四卦 ䷿【未济卦】

遗憾之美

【原文】

未济：亨，小狐汔济，濡其尾，无攸利。

【释义】

未济：通顺。小狐近于渡河，打湿了尾巴，无所利。

【智慧解读】

未济卦坎下离上，水下火上。火性炎上，水性润下，这是一种上下分离之象。未济是未成就，说明事物的发展变化是无穷的。

“小狐汔济，濡其尾”，是说小狐狸渡河快要成功的时候，尾巴被水浸湿。狐狸渡河要把尾巴抬起来，露出水外，湿了尾巴则不算成功。狐狸渡河很有经验，过冰时甚至要听一听冻得是否结实，小狐狸经验不足，渡河时才会湿了尾巴。

这不是一次完美的渡河，可对小狐狸来说，并没有什么坏处。正是因为一次一次的不完美，才会激励它一次又一次去尝试，不停止前进的脚步。

现在的社会竞争非常激烈，如逆水行舟，不进则退，没有人能一辈子坐在功劳簿上，要不断尝试新东西，不断挑战新目标，才能越来越强大，在竞争中立于不败之地。

不完美才是真完美

初六：濡其尾，吝。

象曰：濡其尾，亦不知极也。

初六爻讲，小狐狸快要渡过河水、到达彼岸的时候，湿了尾巴。这不是一次完美的渡水，比之于人生，就是所谓的“人无完人，金无足赤”。人生确实有许多不完美之处，每个人都会有这样那样的缺憾，真正完美的人是不存在的，即使是中国古代的四大美女，也有各自的不足之处。

历史记载，西施的脚大，王昭君双肩仄削，貂蝉的耳垂太小，杨贵妃还患有狐臭。道理虽然浅显，可当我们真正面对自己的缺陷和生活中不尽如人意之处时，却又总感到懊恼、烦躁。

其实，完美的标准是相对而言的，因人的审美观不同而不同，今天以肥为美，明天就可能以瘦为美。古人以脚小为美，今天则很难再见到“三寸金莲”。

追求完美没有错，可怕的是追而不得后的自卑与堕落。即使缺陷再大的人也有其闪光点，正如再完美的人也有缺陷一样。能够充分发挥自己的长处，照样可以赢得精彩人生。正如清朝诗人顾嗣协所说：“骏马能历险，犁田不如牛；坚车能载重，渡河不如舟。舍长以取短，智者难为谋；生材贵适用，慎勿多苛求。”

完美主义者在做任何事情之前，都不能克服自己追求完美的痴情与冲动。他们想把事情做到尽善尽美，这当然是可取的，但他们在做一件事情之前，总是想使客观条件和自己的能力也达到尽善尽美的完美程度后才去做。因而，这些人的人生始终处于一种等待的状态之中。他们没有做成事情并非因为不想去做，而是一直在等待所有的条件成熟，因而没有做，结果就在等待完美中度过了自己不够完美的人生。

一个完美主义者想写一篇论文，在尝试几种、十几种乃至几十种方案之后才去动手写。这么做当然是好的，可能在比较之中能找到最佳方案。但是，在他开始写的时候，他又会发现他选择的那种方案依然有些地方不够完美，多多少少还存在一些错误和缺点，都不是尽善尽美，而他却非得要找出一种“绝对完美”的方案来。

于是，他就将这种方案搁置起来，继续去寻找他认为“绝对完美”的新方案，或者，将这一论文的选题放下，又去想别的事情。

实际上，天下没有什么东西是“绝对完美”的，他要寻找的这种东西是不存在的。这种人总是不愿出现任何一种失误，担心因此而损害自己的名誉。所以，他的一生都在寻找的烦恼中度过，什么事情也没能做成。

信奉完美主义的人往往不愿意接受自己或他人的缺点和不足，他们非常挑剔。有的人没有什么好朋友，总也找不着对象，跟谁也合不来，经常换工作，为什么？那是因为他谁也看不上，甚至会因为别人的一些小毛病而忽略了别人的优点。有的人不允许自己在公共场合讲话时紧张，更不能容忍自己紧张时不自然的表情，一到发言时就拼命克制自己的紧张，结果越发紧张，形成恶性循环。有的人不允许自己身体有丝毫不舒服，经常怀疑自己得了重病，经常去医院检查。其实，每个人都有缺点和不足，都会有紧张、不适的体验，这是正常的表现，我们必须学会接受它们，顺其自然。如果非要和自然规律对抗，必然会愈抗愈烈。

完美主义者表面上很自负，内心深处却很自卑。因为他很少看到优点，总是关注缺点，总是不知足，很少肯定自己，很少有机会获得信心，当然会自卑了。不知足就不快乐，痛苦就常常跟随着他，弄得周围的人也一样不快乐。

世界并不完美，人生当有不足。留些遗憾，反倒使人清醒，催人奋进，这是好事。没有皱纹的祖母最可怕，没有遗憾的过去无法链接人生。

生命不息，前进不止

九四：贞吉，悔亡，震用伐鬼方，三年，有赏于大国。

象曰：贞吉悔亡，志行也。

九四爻陈述了一个真实的历史事件：

武乙暴虐无道，招来犬戎不时骚扰，周古公为了避开犬戎的侵扰，越过梁山，迁移到岐山脚下。到了周文王的父亲季历时，讨伐过西方部落鬼戎。经过三年努力，这次征伐终于获得胜利，得到了周天子的奖赏。

象辞说，“贞吉悔亡，志行也”。象上指九四有初六为正应，心志可行，取心志得以推行实现。

经历了三年才完成讨伐大计，这个过程的艰辛可想而知。不奋发图强，怎么能战胜困难、取得成就？想有所作为吗？那就奋发努力吧。

张先生是一位成功的商业家，他从普通职员做起，经过多年奋斗，终于拥有了自己的公司，受到了人们的尊敬。

一天，张先生从他的办公楼走出来，刚走到街上，就听见身后传来“嗒嗒嗒”的声音，那是盲人用竹竿敲打地面发出的声响。张先生愣了一下，缓缓地转过身。

那盲人感觉到前面有人，连忙打起精神，上前说道：“先生，我是一个可怜的盲人，能不能占用您一点点时间呢？”

张先生说：“我要去会见一个重要的客户，你有什么事就快说吧。”

盲人在一个包里摸索了半天，掏出一个打火机，放到张先生手里，说：“先生，这个打火机只卖一块钱，这可是最好的打火机啊。”

张先生叹口气，把手伸进西服口袋，掏出一张钞票递给盲人：“我不抽烟，但我愿意帮助你。这个打火机，也许我可以送给开电梯的小伙子。”

盲人用手摸了一下那张钞票，竟然是一百块钱！他用颤抖的手反复抚摸着钱，嘴里连连感激着：“您是我遇过的最慷慨的先生！仁慈的富人啊，我为您祈祷！菩萨保佑您！”

张先生笑了笑，正准备走，盲人拉住他，又喋喋不休地说：“您不知道，我并不是一生下来就瞎的。都是23年前某地的那次事故！太可怕了！”

张先生一震，问道：“你是在那次化工厂爆炸中失明的吗？”

盲人仿佛遇见了知音，兴奋得连连点头：“是啊是啊，您也知道？这也难怪，那次光炸死的人就有93个，伤的人有好几百，可是头条新闻哪！”

盲人想用自己的遭遇打动对方，争取多得到一些钱，他可怜巴巴地说了下去：“我真可怜啊！到处流浪、孤苦伶仃，吃了上顿没下顿，死了都没人知道！”他越说越激动，“您不知道当时的情况，火一下子冒了出来！仿佛是从地狱中冒出来的！逃命的人挤在一起，我好不容易冲到门口，可一个大个子在我身后大喊：‘让我先出去！我还年轻，我不想死！’他把我推倒了，踩着我的身体跑了出去！我失去了知觉，等我醒来，就成了瞎子，命运真不公平啊！”

张先生冷冷地说道：“事实恐怕不是这样吧？你说反了。”

盲人一惊，用空洞的眼睛呆呆地对着张先生。

张先生一字一顿地说："我当时也在那个化工厂当工人，是你从我的身上踏过去的！你长得比我高大，你说的那句话，我永远都忘不了！"

盲人站了好长时间，突然一把抓住张先生，爆发出一阵大笑："这就是命运啊！不公平的命运！你在里面，现在出人头地了，我跑了出去，却成了一个没有用的瞎子！"

张先生用力推开盲人的手，举起手中一根精致的棕榈手杖，平静地说："你知道吗？我也是一个瞎子。你相信命运，可是我不信。"

舍不得辛苦、屈服于命运的人，是没有资格觐见成功之神的。即使你遭遇不幸，躺在不幸上哀鸣，也没有人会永远给予你同情。靠自己的奋斗才能消除缺憾的阴影，赢得尊重。

成功源于与困难一次又一次的正面交锋。什么叫失败？这次输了，不是失败。真正的胜负不在一时的输赢，你放弃的时刻才是你失败的时刻。其实，世上没有所谓的失败，只要你不停止前进的脚步，成功就有到来的一天。

将成功的渴望装在心中，坚持努力，坚持奋进，终会有所作为。

平常心助你登上新高度

上九：有孚于饮酒，无咎。濡其首，有孚失是。

象曰：饮酒濡首，亦不知节也。

上九在重坎之上，坎为酒，故为"有孚于饮酒"而"无咎"。上卦处全卦上位，上为首，坎为水，水淹首之象，故言"濡其首"。"有孚失是"的"是"相当于"这"，指的是前面提到的"有孚于饮酒，无咎"，意思是说如果没有节制，到了酒淹湿头的地步，有孚信也会失去没有咎害这种好兆。即是说，变得有咎害了。

做事心态很重要，要时时保持内心平和，得意时不要过分骄傲。适度的骄傲能增强自信心，但是过分的骄傲则像前进路上的大石，使人失去更进一步发展的机会，这就如狂放地饮酒没有节制，酒多到"濡其首"，就会危及自身的前途。

富兰克林年轻时是一个骄傲自大的人，他言行傲慢，处处咄咄逼人。造成他这种个性的最大原因，归咎于他的父亲过于宠爱他，从来不对他的这种行为加以指责。倒是他父亲的一位挚友看不过去，有一天，把他叫到面前，用很亲切的言语规劝了他一番。

父亲的那位朋友对他说："富兰克林，你想想看，你那不肯谦逊的性格，事事都自以为是的行为，结果将使你怎样呢？人家受了你几次这种难堪后，谁也不愿意再听你那一味骄傲的言论了。你的朋友们将一一远避于你，免得受一肚子冤枉气，这样你从此将不能交到好朋友，也不能从别人那里获得半点知识。何况你现在所知道的事情，老实说，还只是有限得很，根本不管用。"

富兰克林听了这一番话，恍然大悟，深知自己过去的错误，决意从此痛改前非，处事待人处处改用研究的态度，言行也变得谦恭，时时表现得很谦逊、含蓄。不久，他便从一个被人鄙视、拒绝交往的自负者，成为到处受人欢迎、爱戴的人脉高手了。他一生的事业也得力于这次的转变。

保持一颗平常心，是人类一种最好的德行。心态平和能使你耳聪目明，看到别人的优势，看到自己的不足。一个拥有平常心的人，偶有所得、偶有成就，绝不会夸张地宣扬，因为他知道他的所得和成就，和过去别人的所得和成就比较起来太渺小，太微不足道。这样积极、谦逊的人，才能取得一个个成功。

西方有一句格言："愈是喜欢受人夸奖的人，愈是没有本领的人。"相反，那些真正的伟人和智者，总是不忘谦逊的美德。

美国南北战争时，北军格兰特将军和南军李将军率部交锋。经过一番空前激烈的血战后，南军一败涂地，溃不成军，李将军还被送到爱浦麦特城去受审，签订降约。格兰特将军立了大功后，并没有骄奢放肆、目中无人，他很谦恭地说："李将军是一位值得我们敬佩的人物。他虽然战败被擒，但态度仍旧镇定异常。像我这种矮个子，和他那六尺高的身材比起来，真有些相形见绌，他仍是穿着全新的、完整的军服，腰间佩着政府奖赐他的名贵宝剑；而我却只穿了一套普通士兵穿的服装，只是衣服上比士兵多了一条代表中将官衔的条纹罢了。"

平常心是一种情趣、一种修养、一种韵味。保持平常心，能使你在成功的路上越走越远，越来越有内涵，越来越有魅力。古人说，君子如兰。懂得用一生践行谦逊之道的人，就是古人所说的君子吧，他们温婉含蓄、风度翩翩，用美德的芬芳熏醉世人。